21世纪 经济管理新形态教材 国际经济与贸易系列

Practice of International Commodity Trade

Second Edition

国际货物贸易实务

（第2版）

郭雅欣　林涛　李传芳 ◎ 主编

清华大学出版社
北京

内 容 简 介

本书是国际商务、国际贸易相关专业的核心专业课教材。全书共分 15 章，按照实际业务流程系统介绍了国际货物贸易的全过程，内容涵盖进出口商品的品名、品质、数量、包装、贸易术语、价格、运输、保险、货款收付、争议的预防与处理、合同的商订与履行、加工贸易等。本书是作者多年从事进出口业务实践工作、教学工作及担任大型进出口公司培训师的经验总结，书中很多案例和相关单据都是根据作者十多年国际贸易实践工作的第一手资料进行改编的，是从事国际贸易工作珍贵的参考材料。本书适合用作高等院校国际商务、国际经济与贸易、国际金融、商务英语等涉外经济专业的本科教材，也可用作经贸界、物流界、银行界从业人员的培训学习用书。

本书封面贴有清华大学出版社防伪标签，无标签者不得销售。

版权所有，侵权必究。举报：010-62782989，beiqinquan@tup.tsinghua.edu.cn。

图书在版编目(CIP)数据

国际货物贸易实务 / 郭雅欣，林涛，李传芳主编. —2 版. —北京：清华大学出版社，2022.10
21 世纪经济管理新形态教材. 国际经济与贸易系列
ISBN 978-7-302-62033-4

Ⅰ. ①国⋯ Ⅱ. ①郭⋯ ②林⋯ ③李⋯ Ⅲ. ①国际贸易－贸易实务－高等学校－教材 Ⅳ. ①F740.4

中国版本图书馆 CIP 数据核字(2022)第 189450 号

责任编辑：王　青
封面设计：李召霞
责任校对：宋玉莲
责任印制：沈　露

出版发行：清华大学出版社
网　　址：http://www.tup.com.cn, http://www.wqbook.com
地　　址：北京清华大学学研大厦 A 座
邮　　编：100084
社 总 机：010-83470000
邮　　购：010-62786544
投稿与读者服务：010-62776969, c-service@tup.tsinghua.edu.cn
质量反馈：010-62772015, zhiliang@tup.tsinghua.edu.cn

印 装 者：三河市天利华印刷装订有限公司
经　　销：全国新华书店
开　　本：185mm×260mm　　印　张：20.75　　字　数：479 千字
版　　次：2014 年 1 月第 1 版　2022 年 11 月第 2 版　　印　次：2022 年 11 月第 1 次印刷
定　　价：59.00 元

产品编号：097054-01

前 言

《国际货物贸易实务》第1版自2014年1月出版以来,在高等院校国际商务、国际经济与贸易、商务英语等专业以及进出口贸易公司培训部使用多年,受到广大师生、外贸工作者等的欢迎和肯定。近年来,国际贸易的内外部环境及我国的国际贸易地位发生了深刻的变化,为了反映国际贸易惯例,国际贸易业务的新发展、新变化和新做法,提高教材质量,满足我国进出口业务教学及实际工作参考的需要,我们对教材进行了改版。

本版修订的主要内容包括:

(1) 2019年9月,国际商会正式发布了《2020年国际贸易术语解释通则》(Incoterms® 2020),作为国际商会第723E号出版物,于2020年1月1日生效。较之《2010年国际贸易术语解释通则》(Incoterms® 2010),新通则以DPU术语取代了原DAT术语,而且相关术语的内涵及呈现方式均有所变化。本书第2版着重对新通则下的新术语与原有术语的新内涵进行了解释说明及更新。

(2) 在"以高质量发展促高水平对外开放"思想的指导下,我国"一带一路"建设成果显著,中欧班列在我国对外贸易运输中的地位凸显,铁路运输的发展进入新时代。本版增加了"一带一路"背景下中欧班列的相关内容,希望引起师生及外贸工作者对铁路运输新发展的重视。

(3) 新增思政内容。本版挖掘了本课程所蕴含的思政元素,把做人做事的基本道理、社会主义核心价值观的要求、实现民族复兴的理想和责任融入教材相关章节中,旨在培养具有爱国情怀和开放包容的全球视野、兼具创新意识和实践精神、具有自主学习和终身学习意识的高级应用型人才。

(4) 本版新增了即测即练客观题,在完成各章的学习后,学生可以扫码答题,自测对该章重点内容的掌握情况。因为第3章与第4章的内容结合紧密,这两章的题目统一放在第4章的二维码中。

(5) 为了有效控制定价以便减轻学生购买教材的负担,本版将第五篇国际贸易其他形式中除第15章加工贸易外的其他各章改为扫码阅读。

此外,本版对第1版中的编排错误和欠妥之处进行了修正,对文字进行了润色,对练习题进行了优化,方便教学和读者学习。

最后,感谢厦门理工学院的支持!感谢各位老师的支持及使用本书从事相关课程的教学。对于书中可能存在的不足及不妥之处,敬请使用本书的老师、同学和广大读者批评指正。

编　者

2022 年 6 月

目 录

第一篇　业务准备　1

第1章　开办进出口贸易公司的前期手续 … 2
第一节　办理组织机构代码手续 … 2
第二节　办理对外贸易经营资格备案手续 … 5
第三节　办理海关注册登记手续 … 7
第四节　办理检验检疫部门备案手续 … 11
第五节　办理外汇账户开户手续 … 13
第六节　办理出口退税认定手续 … 14

第2章　国际货物贸易交易前准备 … 17
第一节　国际商品市场调研 … 17
第二节　制定进出口商品经营方案 … 22
第三节　对外客户联系和业务人员准备 … 24

第二篇　国际商务谈判与国际货物买卖合同的订立　27

第3章　国际商务谈判 … 28
第一节　交易磋商的形式与内容 … 28
第二节　交易磋商的一般程序 … 32

第4章　国际货物买卖合同的订立 … 41
第一节　合同成立的时间与合同生效的要件 … 41
第二节　合同的形式与内容 … 42

第三篇　国际货物买卖合同条款　45

第5章　商品的品名、品质、数量与包装 … 46
第一节　商品的品名 … 46

第二节　商品的品质 ……………………………………………………… 47
　　第三节　商品的数量 ……………………………………………………… 53
　　第四节　商品的包装 ……………………………………………………… 57

第6章　国际贸易术语 …………………………………………………………… 66

　　第一节　国际贸易术语与国际贸易惯例 ………………………………… 66
　　第二节　适用于任何运输方式的术语 …………………………………… 72
　　第三节　适用于海运及内河运输方式的术语 …………………………… 81
　　第四节　贸易术语的性质及选用 ………………………………………… 90

第7章　进出口商品的价格 ……………………………………………………… 95

　　第一节　进出口交易价格的掌握原则 …………………………………… 95
　　第二节　进出口成本核算 ……………………………………………… 100
　　第三节　佣金与折扣的运用 …………………………………………… 104

第8章　国际货物运输 ………………………………………………………… 108

　　第一节　运输方式 ……………………………………………………… 108
　　第二节　运费核算 ……………………………………………………… 115
　　第三节　运输单据 ……………………………………………………… 121
　　第四节　装运条款 ……………………………………………………… 131

第9章　国际货物运输保险 …………………………………………………… 141

　　第一节　保险的基本概念与基本原则 ………………………………… 141
　　第二节　海洋运输货物保险的承保范围 ……………………………… 144
　　第三节　海洋运输货物保险的险别 …………………………………… 148
　　第四节　我国陆运、空运与邮包运输保险的险别 …………………… 155
　　第五节　保险费计算及保险业务操作 ………………………………… 157
　　第六节　合同中的保险条款 …………………………………………… 163

第10章　国际货款的收付 ……………………………………………………… 168

　　第一节　支付工具 ……………………………………………………… 168
　　第二节　汇付 …………………………………………………………… 177
　　第三节　托收 …………………………………………………………… 182
　　第四节　信用证 ………………………………………………………… 189
　　第五节　银行保函与备用信用证 ……………………………………… 206
　　第六节　国际保理与出口信用保险 …………………………………… 210
　　第七节　不同结算方式的选用与结合使用 …………………………… 213
　　第八节　买卖合同中的支付条款 ……………………………………… 216

第 11 章　进出口商品检验 …… 222

第一节　商品检验的含义与重要性 …… 222
第二节　检验权及检验的时间和地点 …… 222
第三节　检验机构 …… 224
第四节　检验标准与检验流程 …… 226
第五节　检验证书 …… 228
第六节　买卖合同中的检验条款 …… 230

第 12 章　争议的预防与处理 …… 233

第一节　索赔 …… 233
第二节　罚金条款与定金罚则 …… 237
第三节　不可抗力 …… 238
第四节　仲裁 …… 242

第四篇　国际货物买卖合同的履行　249

第 13 章　出口合同的履行 …… 250

第一节　备货 …… 250
第二节　催证、审证、改证 …… 253
第三节　出口检验、托运、投保与报关 …… 258
第四节　制单结汇 …… 266
第五节　出口收汇核销与退税 …… 270

第 14 章　进口合同的履行 …… 276

第一节　信用证的开立和修改 …… 276
第二节　安排运输和保险 …… 279
第三节　审单与付款 …… 281
第四节　进口报关 …… 283
第五节　进口货物接货与检验 …… 288
第六节　进口付汇核销 …… 290

第五篇　国际贸易其他方式　297

第 15 章　加工贸易 …… 298

第一节　加工贸易的含义和基本形式 …… 298
第二节　来料加工贸易 …… 298

第三节 进料加工贸易 …………………………………………………………… 302

第四节 加工贸易与 OEM、ODM 方式 …………………………………………… 304

第五节 境外加工贸易 …………………………………………………………… 305

参考文献 …………………………………………………………………………… 308

附录　出口业务全套单据范例 …………………………………………………… 309

附录1　销售确认书 ……………………………………………………………… 309

附录2　信用证 …………………………………………………………………… 311

附录3　信用证修改电稿 ………………………………………………………… 313

附录4　汇票 ……………………………………………………………………… 314

附录5　发票 ……………………………………………………………………… 315

附录6　装箱单 …………………………………………………………………… 316

附录7　原产地证 ………………………………………………………………… 317

附录8　提单 ……………………………………………………………………… 318

附录9　保险单 …………………………………………………………………… 319

附录10　报检单 ………………………………………………………………… 321

附录11　报关单 ………………………………………………………………… 322

第一篇

业务准备

第 1 章

开办进出口贸易公司的前期手续

改革开放以来,我国对外贸易迅速发展,贸易规模不断扩大,从事进出口业务的企业也不断增加。除了长期占有对外贸易垄断经营权的国有专业外贸公司,各地自营进出口贸易企业、生产企业、外商投资企业和个体经营者纷纷涉足进出口贸易业务,形成庞大的对外贸易经营队伍。随着我国外贸经营权的放开,国内从事对外贸易业务的审批逐渐简化,准入门槛放低。2004 年 7 月 1 日开始我国全面实施对外贸易经营者的登记备案制度,对外贸易全面进入快速增长的通道。本章系统介绍开办进出口企业的相关手续,这是企业从事国际贸易业务的前提。

第一节 办理组织机构代码手续

在中国经营进出口业务的企业必须按照国家法律、法规,到工商管理部门办理企业的成立和经营范围的审批手续。在经营范围中,需明确企业经营进出口业务的权利。原内贸企业如果准备从事国际贸易业务,应该对经营范围进行变更,增加企业经营进出口业务的相关内容。凡依法成立的各种组织机构,均应当自批准成立之日起 30 日内到当地质量技术监督部门申请办理组织机构代码登记手续。从事进出口业务的企业在工商部门办理了公司成立或变更的手续,取得工商营业执照后,需要到所在地技术监督部门办理组织机构代码证。

一、组织机构代码

"统一代码标识制度"是由政府标准化行政主管部门对国内依法注册、依法登记的机关、企事业单位、社会团体和民办非企业单位等机构颁发一个在全国范围内唯一的、始终不变的法定代码标识。我国目前实施的组织机构代码(organization code)由国家质量技术监督部门根据国家标准编制,覆盖所有单位(包括法人和非法人以及内设机构),并通过政府部门在有关业务工作中的强制应用,建立企事业单位和社会团体一切社会经济活动的档案,以实现管理的社会化和现代化。

我国的机关、企事业单位和社会团体代码由八位数字(或大写拉丁字母)本体代码和一位数字(或大写拉丁字母)校验码组成,如图 1-1 所示。

对单位法人实行组织机构代码制度,是我国整个经济和社会实现现代化管理的基本制度,对建立社会主义

图 1-1 组织机构代码

市场经济体制和推动社会进步具有十分重要的意义。这一制度目前已在工商、税务、银行、公安、财政、人事劳动、社会保险、统计、海关、外贸和交通等40余个部门广泛应用。我国工商企业登记、事业编制管理、社会团体登记、银行账号管理、税收、社会治安、计划工作、统计工作、物资调拨、财政拨款、社会保障工作和知识产权登记等都使用统一的代码标识。组织机构代码是单位在进行社会交往、开展商务活动时所必需的"身份证明",是连接政府各职能部门之间的信息管理系统的桥梁和不可替代的信息传输纽带。

二、组织机构代码证

1. 定义和作用

组织机构代码证是标准化行政主管部门向每个机关、企事业单位和社会团体颁发的,证明持证单位具有法定代码标识的凭证和传递代码信息的载体,被人们称为"社会经济活动中的通行证"。

颁发代码证书不仅有利于代码的统一管理,保证代码的唯一性和稳定性,而且企事业单位和社会团体持有代码证书,也为各有关部门强制应用代码提供了查验依据。银行、税务、计划、统计、财政、物资、公安等部门强制应用代码后,机关、企事业单位和社会团体到有关部门联系业务,均需出示代码证书,经查验登记后,才能办理各项业务手续。这样,一个单位的活动情况就会被储存到有关部门的数据库中。机关、企事业单位和社会团体有了代码证书,也为它们参与社会经济活动提供了便利条件。随着我国现代化建设的加快,代码证书将像居民身份证一样,广泛应用于各种场合,成为各机关、企事业单位和社会团体在社会经济生活中的"身份证"。

2. 组织机构代码证电子副本

1999年3月,国务院召开专门会议,决定在我国实施财政、税务、金融、外贸等部门间及系统间联网工程。组织机构代码作为沟通不同系统之间互通互联的纽带,实时、动态、准确地维护和传递组织机构信息,为财政、税务、金融、外贸等部门间的业务联动服务,在协助国家对财政、税务、金融、外贸领域的监管,加强宏观经济调控,准确及时地获取决策信息以及进一步发展电子政务、电子商务方面具有不可替代的重要作用。它符合国家电子信息化要求,是国民经济信息化发展的需要,也是国家信息化最重要的基础信息。

组织机构代码证电子副本IC卡制度是国务院总理办公会议决定的、经国家集成电路卡(IC卡)注册中心批准注册的第一张行业大卡,按照国家质量监督检验检疫总局规定的"统一规范、统一格式、统一发放和统一管理"的原则组织实施。

目前,全国已建成组织机构代码基础信息管理网络系统,网络覆盖全国各省、市、自治区。组织机构代码证电子副本智能型IC卡可以直接与计算机信息管理系统交换信息,并预留有足够的存储空间,存储各应用部门的数据信息,做到一卡多用。组织机构代码证电子副本智能型IC卡在电子商务活动中能确定交易双方身份的真实性,保证传递信息的完整性和交易的不可抵赖性,保证信息在传输过程中不被篡改,保证发送和接收的信息不被他人知悉,因此能保证交易的安全性,满足国际贸易电子数据交换的需要。

三、组织机构代码证的办理程序

组织机构代码证书是企业的"身份证",是办理后续手续所必需的。组织机构代码证书应到所在地技术监督局组织机构代码管理中心有关窗口办理。下面以厦门组织机构代码管理中心的规定为例，说明企业办理组织机构代码证的注意事项。

（一）规定和要求

（1）新建单位申办：组织机构应在核准登记或批准成立之日起 30 日内申办代码标识。

（2）单位变更换证：单位名称、地址、类型、法人代表的任一项变更，须办理换证手续。

（3）证卡到期换证：持证单位应在代码证卡有效期满后的 30 日内办理到期换证手续。

（二）应提交的资料

（1）企业、事业、机关、社团分别为营业执照、事业登记证、机关成立批文、社团登记证副本原件及有效复印件，其他单位提供成立或执业证明及能证明单位主要情况的辅助材料。属变更的要持变更后的成立文件，机关持变更证明文件，企业名称变更加附工商局变更通知。

（2）填报的代码申报表。受他人委托代办的，须持有委托单位出具的代办委托书面证明。

（3）变更换证卡或到期换证卡的，应交回原颁发的所有代码证卡，有遗失毁损的证卡须登报公告并提交其复印件和补发申请书；逾期换证的，须提交逾期补办申请或接受相关处理。

（4）单位法人代表或负责人身份证复印件、经办人身份证及复印件（外籍人士提供护照，台胞提供台胞证）；分支机构需提供上级主管部门代码证复印件。

（三）代码申办步骤

（1）申办单位凭上述成立文件到"领表交费"窗口领取代码申请资料，缴纳证卡费用。

（2）按"填表说明"填写申报表，填报内容经单位负责人审核签字认可后加盖单位公章。

（3）将填写好的申请表及应提交的文件交"表格初审"窗口初审，同时出示经办人身份证明；非本单位人员代办的须持有该单位出具的代办委托书。对初审合格的，窗口人员接收申报资料并开具领取代码证卡凭单。

（4）办证单位凭领取证卡凭单及交费单据在预约时间或 5 个工作日内在"发证"窗口领取证卡并核验签字。对个别经复审建库发现不符合条件的，说明不予颁证理由并办理退费手续。

四、组织机构代码证的年审和换证制度

由于组织机构的名称、法定代表人、机构类型、经济行业、经济类型及地址等信息项经常发生变化，因此为确保代码所标识的对象相关信息的准确性，避免政府管理部门在应用组织机构代码过程中产生歧义，对代码证书和相关信息项必须实施年审制度。

（1）自颁证之日起每隔一年的当月实施一次复审（年检）。

（2）参加复审应带的资料包括本单位的所有代码证卡、法定代表人或负责人身份证复印件（外籍人士提供护照，台胞提供台胞证），以及单位有效成立文件。其中，工商企业需提交营业执照副本原件；事业单位需提交事业登记证副本原件；机关单位提交机构设置的最新批文复印件；社会团体持社团登记证副本原件；工会组织持工会法人资格证书副本原件；其他单位提供相关设立登记证或许可证原件。

（3）持上述资料在"代码年检"窗口办理复审。按时年审且经办人熟悉本单位情况的，可无须填表直接申报；逾期办理的，须递交单位出具的逾期补办申请并按相关规定处理。

（4）代码管理部门审核登录建档合格后在代码证卡上加盖复审合格标记并退还证卡资料。

按照规定，组织机构代码证书4年换证一次，期限届满30日内，组织机构应持代码证书的正本和副本到颁发证书的质量技术监督部门申请换发新证，登记、变更、注销和换发新证的费用按物价部门核定标准执行。

五、组织机构代码注销

（1）组织机构依法终止，其负责人应在终止之日起30日内办理注销代码手续。

（2）注销责任人提交原核准成立部门出具的机构终止证明文件、经办人身份证复印件及原颁发的所有代码证卡，在"代码注销"窗口办理注销。原代码证卡有遗失损毁的，应登报公告。

（3）代码管理部门经审核后对相关代码标识及数据进行废置处理并开具注销证明。

第二节 办理对外贸易经营资格备案手续

2004年以前，我国外贸经营权由政府授予一部分国有企业，成为它们独享的权利。由政府垄断外贸经营权的做法，造成有外贸经营权和无外贸经营权的企业之间事实上的不平等。当时外贸管理方式单一，一直实行的是严格的企业对外贸易经营权审批制度，在限定外贸经营者范围的同时还规定了对外贸易经营者许可制度，并对生产企业、商业企业、物资企业的自营进出口权规定了严格的审批制度。随着我国对外贸易的迅速发展和入世进程的加快，这种制度已经不能再适应外贸形势发展的需要。1998年以来，我国连续颁布了几个规定以逐步下放外贸经营权，如1999年1月1日开始执行的《关于赋予私营生产企业和科研院所自营进出口权的暂行规定》，2001年7月颁布的《关于进出口经营资格管理的有关规定》，以及2003年9月1日颁布的《商务部关于调整进出口经营资格标准和核准程序的通知》等。

2004年，十届全国人大常委会八次会议正式通过《对外贸易法》（修订草案）。新《对外贸易法》是对我国1994年生效的《对外贸易法》的全面修订，其中一项重大修订就是要便利对外贸易管理，为企业特别是中小企业从事对外贸易大开方便之门，降低门槛，以更快、更好地促进对外贸易健康发展，并更好地兑现我国的入世承诺。

新《对外贸易法》规定,对外贸易经营者是指依法办理工商登记或者其他执业手续,依照修订后的《对外贸易法》及其他相关法律、行政法规的规定从事对外贸易经营活动的法人、其他组织或者个人。将对外贸易经营者的范围扩大到依法从事对外贸易经营活动的法人、其他组织或者个人,取消了个人从事对外贸易经营活动的限制,使外贸领域的门槛基本消失,外贸经营主体实现市场化,不再有所有制形式的限制。同时,新《对外贸易法》将从事外贸经营权由审批制改为备案登记制。2004年6月25日,商务部颁布了《对外贸易经营者备案登记办法》,明确规定自2004年7月1日起,进一步放宽申领对外贸易经营资格的条件,"备案登记"后的企业均可自营进出口业务。对外贸易经营者应当办理备案登记,但法律、行政法规和国务院对外贸易主管部门规定不需要备案登记的除外。

一、新办备案企业登记程序

对外贸易经营者可以通过中华人民共和国商务部对外贸易经营者备案登记系统(http://iecms.ec.com.cn/iecms/index.jsp),点击左侧"备案登记",进入选择"所属省市——××省××市",选择"备案登记机关——××市贸易发展局",按要求规范填写后提交,保存成功后可直接打印,或记录下系统自动生成的16位"登记表系统编号",凭编号进行《对外贸易经营者备案登记表》正面打印和背面打印,对照对外贸易经营者实际情况按新办备案登记所需提交的材料要求,提交申请。

二、新办备案登记企业需提交的材料

(1)已在外贸备案表背面条款上法人签字(不可用签章)、加盖公司公章的《对外贸易经营者备案登记表》一份;

(2)加盖公章、经营范围包含进出口贸易的营业执照(副本)复印件,以及企业工商营业执照副本原件;

(3)加盖公章的组织机构代码证书复印件,以及企业组织机构代码证书原件;

(4)已设立的外商投资(经营范围包含进出口)企业,还需提交加盖公章的外商投资企业的批准证书复印件,以及外商投资企业批准证书原件,并提交主管部门的批复文件(含进出口经营范围)复印件;

(5)依法办理工商登记的个体工商户(非法人企业),还须提交合法公证机构出具的、经会计师事务所或律师事务所评估的其个人所有合法财产(包括动产和不动产)的公证证明原件。

三、《对外贸易经营者备案登记表》变更、遗失办理

若《对外贸易经营者备案登记表》(含原进出口资格证书,下同)的内容发生变更,必须提交变更申请。

变更申请需提交下列材料:

(1)浏览器搜索《对外贸易经营者备案登记表》,下载并在电脑上进行正确填写后打印表格,背面法人签字(不可用签章)、加盖公章一份;

(2)变更后加盖公章、经营范围包含进出口业务的营业执照(副本)复印件;

(3) 变更后加盖公章的组织机构代码证书复印件；

(4) 外商投资企业还需提交变更后的外商投资企业批准证书复印件，以及含进出口经营范围的批复文件（如未变更经营范围，则附企业成立时含进出口经营范围的批复文件）；

(5) 如变更中文名称，还需附上加盖公章的工商准予变更登记通知书复印件；

(6) 依法办理工商登记的个体工商户（非法人企业），还须提交合法公证机构出具的、经会计师事务所或律师事务所评估的其个人所有合法财产（包括动产和不动产）的公证证明原件；

(7) 原《对外贸易经营者备案登记表》原件。

《对外贸易经营者备案登记表》遗失的，对外贸易经营者须在相关报刊刊登有关所丢失备案登记表编号的《对外贸易经营者备案登记表》作废的遗失声明。对外贸易经营者须持刊登遗失声明的当日报刊，按外贸备案变更所需提交的材料要求准备，方可重新办理备案登记。

审批部门自收到对外贸易经营者提交的备案登记材料之日起2个工作日内办理备案登记手续并在《对外贸易经营者备案登记表》上加盖备案登记印章。

对外贸易经营者应凭加盖备案登记印章的《对外贸易经营者备案登记表》，在30日内到海关、检验检疫、电子口岸、外汇、税务等部门办理开展对外贸易业务所需的有关手续，逾期未办理的，《对外贸易经营者备案登记表》自动失效。

第三节　办理海关注册登记手续

根据《中华人民共和国海关法》和《中华人民共和国海关对报关单位注册登记管理规定》，为规范海关对报关单位的注册登记管理，办理报关业务的报关单位应当到所在地海关办理注册登记。注册登记后可以在我国关境内各个口岸地或者海关监管业务集中的地点办理本企业的报关业务。向海关注册登记（customs registration）的单位一般分两类：一类是办理报关注册登记单位；另一类是办理代理报关注册登记单位。报关业务应由报关企业和代理报关企业指派专人即报关员办理。报关员必须经过海关培训、考核合格并获得由海关颁发的报关员证才可以从事报关工作。

一、办理进出口收发货人报关注册登记的具体流程

(1) 在所在地海关门户网站下载报关单位注册登记申请书、报关单位情况登记表、报关单位管理人员情况登记表，填写企业基本信息并加盖企业公章及法人印鉴章；

(2) 到企业所在地主管海关业务现场的金关中心或在授权报关行的"中国电子口岸报关行专用版"预录入上述三张表格所有信息并获取预录入编码；

(3) 持已录入的表格及相关材料向主管海关企业备案窗口办理报关单位海关注册登记审核手续；

(4) 申请材料齐全、符合法定形式的申请人由注册地海关审核并登记备案后核发中华人民共和国海关进出口货物收发货人报关注册登记证书，以及报关专用章刻制式样，具

名签收，并在启用前向海关备案印模，报关单位凭以办理报关业务。

在海关办完进出口收发货人报关注册登记手续之后，企业需要到所在地电子口岸数据分中心办理电子口岸入网手续，办理过程中企业需要到国税、外汇等部门进行审核。

二、申请办理注册登记应当提交的文件材料

(1) 企业法人营业执照副本原件及复印件(个人独资、合伙企业或者个体工商户提交营业执照副本)；

(2) 对外贸易经营者登记备案表原件及复印件(法律、行政法规或者商务部规定不需要备案登记的除外)；

(3) 中华人民共和国外商投资企业批准证书原件及复印件(外商投资企业提交)；

(4) 企业章程原件及复印件(非企业法人免提交)；

(5) 税务登记证书副本原件及复印件；

(6) 以人民币为基本账户的银行开户证明原件及复印件；

(7) 组织机构代码证书副本原件及复印件；

(8) 报关单位注册登记申请书、报关单位情况登记表、报关单位管理人员情况登记表；

(9) 办理报关单位海关注册登记手续的人员须携带本人身份证原件及单位出具的加盖公章的介绍信。

三、一般进出口企业注册登记换证、变更和注销

(一) 注册登记换证

根据海关总署《中华人民共和国海关对报关单位注册登记管理规定》和《中华人民共和国海关报关员执业管理办法》的有关要求，中华人民共和国海关进出口货物收发货人报关注册登记证书的有效期限为3年，进出口货物收发货人在海关办理注册登记手续后，每3年到海关办理换证手续，不需要每年年审。进出口货物收发货人应当在有效期届满前30日到注册地海关办理换证手续，逾期未到海关办理换证手续的，中华人民共和国海关进出口货物收发货人报关注册登记证书自动失效。

进出口货物收发货人换证时应当向注册地海关递交下列材料：

(1) 企业法人营业执照副本复印件(个人独资、合伙企业或者个体工商户提交营业执照)；

(2) 对外贸易经营者登记备案表复印件(法律、行政法规或者商务部规定不需要备案登记的除外)；

(3) 中华人民共和国外商投资企业批准证书、中华人民共和国台、港、澳、侨投资企业批准证书复印件(限外商投资企业提交)；

(4) 报关单位情况登记表；

(5) 报关员情况登记表(无报关员的免提交)；

(6) 报关单位管理人员情况登记表。

以上需提交复印件的,海关收取复印件,企业提供原件备核。

材料齐全、符合法定形式的报关单位由注册地海关换发中华人民共和国海关进出口货物收发货人报关注册登记证书。

(二) 注册登记变更

在海关注册登记后,如果进出口货物收发货人的单位名称、企业性质、企业住所、法定代表人(负责人)等海关注册登记内容需要发生变更的,应当自批准变更之日起30日内,向注册地海关提交变更后的工商营业执照或者其他批准文件及复印件,办理变更手续。

(三) 注册登记注销

进出口货物收发货人发生下列情形之一的,应当以书面形式向注册地海关报告。海关在办结有关手续后,应当依法办理注销注册登记手续:

(1) 破产、解散、自行放弃报关权或者分立成两个以上新企业的;

(2) 被工商行政管理机关注销登记或者吊销营业执照的;

(3) 丧失独立承担责任能力的;

(4) 进出口货物收发货人的对外贸易经营者备案登记表或者外商投资企业批准证书失效的;

(5) 其他依法应当注销注册登记的情形。

四、办理中国电子口岸入网手续

(一) 什么是中国电子口岸

中国电子口岸是经国务院批准,由海关总署牵头,会同其他11个部委共同开发建设的公众数据中心和数据交换平台。它依托国家电信公网,实现工商、税务、海关、外汇、外贸、质检、公安、铁路、银行等部门,以及进出口企业、加工贸易企业、外贸中介服务企业、外贸货主单位的联网,将进出口管理流信息、资金流信息、货物流信息存放在一个集中式的数据库中,随时提供国家各行政管理部门进行跨部门、跨行业、跨地区的数据交换和联网核查,并向企业提供利用互联网办理报关、结付汇核销、出口退税、进口增值税联网核查、网上支付等实时在线业务。

电子口岸是我国"金关"工程的重要组成部分,也是海关信息化建设的"品牌"工程。中国电子口岸的建设有利于增强管理部门的管理综合效能。企业只要与电信公网"一点接入"即可通过公共数据中心在网上直接向海关、国检[①]、外贸、外汇、工商、税务、银行等政府管理机关申办各种进出口手续,从而真正实现政府对企业的"一站式"服务。中国电子口岸有利于管理部门加强进出口环节的管理。管理部门实行"电子+联网核查"的新型管理模式,从根本上解决业务单证弄虚作假的问题,严厉打击走私、骗汇、骗税违法犯罪活动,创造公平竞争的市场环境。通过中国电子口岸在线办理业务,企业既可以节省时间,

---

① 出入境检验检疫机构简称。

又可以减少奔波劳累之苦,提高贸易效率,降低贸易成本,方便企业进出口。

(二) 企业办理中国电子口岸入网流程

开展中国电子口岸业务一般分为以下四类企业:进出口企业、外贸中介服务企业、加工贸易企业、外贸货主单位。各类企业除了提供的资格审查文件和业务部门审批有所差异外,开展中国电子口岸业务的前期准备工作和注意事项基本相同,具体程序如下。

1. 企业提出入网申请

企业到所在地的数据分中心或制卡代理点领取并如实填写中国电子口岸企业情况登记表和中国电子口岸企业 IC 卡登记表,由企业法人签字并加盖公章。

2. 企业信息备案

企业到所在地的数据中心或制卡代理点进行企业信息备案工作,数据分中心或制卡代理点根据企业提供的材料开展企业信息备案工作,并生成中国电子口岸企业入网资格审查记录表,交企业到技术监督局、工商局、税务局审批。

3. 企业入网资格审批

企业持中国电子口岸入网资格审查记录表,并分别携带中华人民共和国组织机构代码证、企业法人营业执照或企业营业执照、税务登记证或外商投资企业税务登记证到所在地技术监督局、工商局、税务部门进行企业入网资格审批工作。

4. 制作企业法人卡和操作员卡

中国电子口岸企业 IC 卡是指需使用中国电子口岸的企业及其人员,通过备案申请取得的存储有用户信息的智能卡。企业 IC 卡是企业在网上使用的身份证和印章,其内部存有企业用户的密钥和证书,可进行身份认证及数字签名,是企业办理网上业务时明确法律责任、保护企业合法权益的重要工具。中国电子口岸企业 IC 卡又可分为企业法人卡和企业操作员卡两种。

企业持经所在地技术监督局、工商局、税务局审批的中国电子口岸企业入网资格审查记录表到所在地的数据分中心或制卡代理点制作企业法人卡。企业法人卡又称公章卡,是指在中国电子口岸中唯一代表企业身份的 IC 卡,必须由企业法人或其指定的代表亲自领取,指定专人妥善保管并明确规定使用管理制度。法人卡可以对本企业操作员卡进行停用、注销等管理,并可以法人名义对本企业的电子文件进行数字签名。

企业持法人卡登录中国电子口岸身份认证系统,使用"制卡发卡"功能导入(或在线录入)企业操作员信息并申报。数据分中心或制卡代理点工作人员在线审批操作员信息后,即可制作企业操作员卡。企业操作员卡相当于持卡人私章,用于企业内部人员身份认证和数字签名。其持有者经法人卡申请和主管部门批准后可以在中国电子口岸综合服务网站进行具体业务操作,并可以对所填写和修改的电子文件进行个人名义的数字签名。经法人卡授权登记,操作员卡也可以代表企业对授权范围内的电子文件进行数字签名。

各类 IC 卡均要严防保密口令泄露,避免使用电话号码、出生日期作口令字。同时,应妥善保管 IC 卡,防止丢失。

5. 业务部门审批

进出口企业、外贸中介服务企业开展海关业务之前必须由海关部门进行相关审批工作。此外,各类企业如需办理海关、外汇、外贸等相关业务,也必须分别向上述业务部门进行审批。

企业持法人卡登录中国电子口岸身份认证系统,使用"数据备案"功能向相关业务部门进行企业和 IC 卡等信息的备案。

企业分别携带报关单位登记注册证明、中华人民共和国进出口企业资格证书或中华人民共和国外商投资企业批准证书或对外贸易经营者备案登记表、外汇核销资格证明等文件到所在地海关、外贸部门、外汇部门进行相关的审批工作。

6. 企业上网

企业领卡人持单位介绍信、本人身份证明到所在地的数据分中心或制卡代理点,领取相关软硬件设备,安装中国电子口岸系统客户端程序及相关硬件设备后即可通过 95199 系统登录中国电子口岸网站办理各项业务。

第四节　办理检验检疫部门备案手续

新修订的《中华人民共和国进出口商品检验法实施条例》于 2005 年 12 月 1 日起施行,根据新条例的规定,进出口商品的收货人或者发货人可以自行办理报检手续,也可以委托代理报检企业办理报检手续。进出口商品的收货人或者发货人自行办理报检手续的,应当依法向出入境检验检疫机构备案。

根据自 2000 年 1 月 1 日起施行的我国《出入境检验检疫报检规定》,从事出入境检验检疫报检工作的自理报检单位首次报检时须持本单位营业执照和政府批文办理登记备案手续,取得报检单位备案登记号,方可办理相关检验检疫报检、申报手续。其报检人员经检验检疫机构培训合格后领取"报检员证",凭证报检。另根据国家质量监督检验检疫总局(简称国家质检总局)的有关规定,从 2004 年 11 月 1 日起,自理报检单位的备案登记须在中国电子检验检疫业务网(http://www.ecip.cn)提出申请。

国家质检总局《出入境检验检疫自理报检单位管理工作规范(试行)》规定,国家质检总局负责全国自理报检单位的统一管理工作;各直属检验检疫局负责所辖地区自理报检单位备案登记等工作的组织实施;各地检验检疫机构负责辖区内自理报检单位的备案登记、信息更改、日常监督管理等具体管理工作。

一、自理报检单位的范围

(1) 有进出口经营权的国内企业;
(2) 进口货物的收货人或其代理人;
(3) 出口货物的生产企业;
(4) 出口货物运输包装及出口危险运输包装生产企业;
(5) 中外合资、中外合作、外商独资企业;
(6) 国外(境外)企业、商社常驻中国代表机构;
(7) 进出境动物隔离饲养和植物繁殖生产单位;
(8) 进出境动植物产品的生产、加工、存储、运输单位;

(9) 对进出境动植物、动植物产品进行药剂熏蒸和消毒服务的单位；
(10) 从事集装箱的储存场地和中转场(库)、清洗、卫生除害处理、报检的单位；
(11) 有进出境交换业务的科研单位；
(12) 其他报检单位。

二、备案登记申请时应提交的材料

凡纳入自理报检单位范围的单位，首次办理报检业务时，须向当地检验检疫机构申请办理备案登记手续。申请单位一律在网上申请(包括已备案登记单位的更改申请、备案年审申请、备案登记终止申请)。栏目名称：报检单位报检员注册申请(企业用户)。

办理备案登记申请时应提交下列材料：
(1) 出入境检验检疫自理报检单位备案登记申请书；
(2) 无进出口经营权的进出口货物生产企业及其他企业，办理备案登记时，交验加盖企业公章的企业工商营业执照复印件(同时交验原件)，以及与出入境事项有关的文件或合同等；
(3) 有进出口经营权的国内企业及中外合资、中外合作、外商独资企业办理备案登记时，交验加盖企业公章的企业工商营业执照复印件(同时交验原件)和政府批文如资格证书或批准证书或对外贸易经营者备案登记表复印件，加盖企业公章，同时交验原件；
(4) 加盖企业公章的组织机构代码证复印件(同时交验原件)；
(5) 加盖企业公章的海关注册登记证明书；
(6) 事业单位需要提供行政属地县(处)级单位以上主管部门的证明材料；
(7) 单位公章印模备案；
(8) 检验检疫机构要求的其他相关材料。

申请单位提交的材料齐备真实的，检验检疫机构应当及时予以备案登记，并告知申请单位备案登记号，颁发出入境检验检疫自理报检单位备案登记证明书。

自理报检单位备案登记编号为10位数字：前四位为自理报检单位备案地检验检疫局代码(以CIQ02000检验检疫综合业务计算机管理系统为准)；后六位为流水号，但第五位不得为"9"(注："9"为代理报检单位标识)。

对自理报检单位的名称、注册地址、企业性质、法定代表人、报检员、营业场所、注册资金、电话号码、传真号码、电子信箱、联系人、邮政编码等内容更改的，各地检验检疫机构应根据自理报检单位提出的更改申请及时办理信息变更手续，确保其准确性。自理报检单位名称、地址、法定代表人更改的，应重新颁发出入境检验检疫自理报检单位备案登记证明书。

三、自理报检单位的异地备案

已经在报检单位工商注册所在地辖区的检验检疫机构办理过备案手续的自理报检单位，去往其他口岸出入境检验检疫机构报检时，无须重新登记，只需携带"自理报检单位备案登记证明书"副本或者复印件，填写异地备案登记表，履行异地备案手续。

第五节　办理外汇账户开户手续

一、我国的贸易外汇管理制度

从新中国成立之初的禁止外汇流通到统收统支、统一分配，再到当前经常项目下人民币可自由兑换，我国的外汇管理制度(management system of foreign exchange)经历了一个从完全管制到有限制放松直到部分领域完全放松管制的发展变迁过程。

随着我国外贸体制和金融体制改革的进一步深化，我国外汇制度进行了多次重大调整和改革。我国现行贸易外汇管理主要遵循以下三个重要原则：一是实行银行结汇制。境内机构贸易项下的外汇收入，除国家规定准许保留的外汇可以在外汇指定银行开立外汇账户外，都必须及时调回境内，按市场汇率卖给外汇指定银行。二是对贸易项下外汇支付不施加限制。境内机构贸易项下用汇可以按照市场汇率凭相应的有效凭证和商业单据，用人民币向外汇指定银行购汇或从其外汇账户上对外支付。三是实行以事后监管为主的真实性审核。通过对银行付汇数据和进口报关到货数据的核对审核进口付汇的贸易真实性，以出口收汇核销单为主线对出口外汇收入的真实性进行事后核查。与贸易外汇管理的原则相适应，我国的贸易外汇管理制度以银行结售付汇制为核心划分为三个主要部分：一是出口收汇核销(verification for export income)管理；二是进口付汇核销(verification for import payment)管理；三是贸易外汇账户管理。

根据我国目前的外汇收支状况，我国同时采用强制结汇和意愿结汇两种方式，即对一般中资企业经常项目外汇收入实行强制结汇，而年进出口总额和注册资本达到一定规模、财务状况良好的中资企业及外商投资企业可以开立外汇账户，实行限额结汇。境内机构的经常项目外汇收入，应当卖给外汇指定银行，或者经批准在外汇指定银行开立外汇账户；外商投资企业办理账户并进行账户区分后，其经常项目的外汇收入可在外汇账户核定的最高限额内保留，超过部分须结汇。

二、经常项目外汇账户管理

按照我国《结汇、售汇及付汇管理规定》，对暂不结汇和无须结汇的经常项目外汇收入，可以开立外汇账户，实行账户管理，以达到对不结汇外汇收入的监管。

2006年4月，为进一步满足境内机构和个人的用汇需求，促进贸易便利化，国家外汇管理局发布《关于调整经常项目外汇管理政策的通知》，自2006年5月1日起执行。该通知取消了经常项目外汇账户开户的事前审批，规定外汇管理局不再对境内机构经常项目外汇账户的开立、变更、关闭进行事先核准。境内机构凡已经开立过经常项目外汇账户的，如需开立新的经常项目外汇账户，可持开户申请书、营业执照(或社团登记证)和组织机构代码证直接到外汇指定银行办理开户手续，由银行按外汇管理要求和商业惯例直接办理并向外汇管理局备案，无须经外汇管理局审批；凡未开立过经常项目外汇账户的，则需要持营业执照(或社团登记证)和组织机构代码证先到外汇管理局进行机构基本信息登记，再到外汇指定银行办理相关开户手续。同时提高境内机构经常项目外汇账户保留外汇的限额，按上年度经常项目外汇收入的80%与经常项目外汇支出的50%之和确定。对于上年度没有经常项目外汇收支且需要开立账户的境内机构，开立经常项目外汇账户的初始限额，调整为不超过等值50万美元。

境内机构有真实贸易背景且有对外支付需要的，可在开户银行凭《结汇、售汇及付汇管理规定》及其他有关外汇管理法规规定的有效凭证和商业单据提前办理购汇，并存入其经常项目外汇账户。

另外，2004年8月国家外汇管理局《关于个人对外贸易经营有关外汇管理问题的通知》规定，个人对外贸易经营者从事对外货物贸易经营活动，应当在海关办理"中国电子口岸"入网手续后，到工商登记或者取得其他执业资格所在地的外汇管理局办理"对外付汇进口单位名录"或者出口收汇核销备案登记手续。办理上述手续后，个人对外贸易经营者才能开立个人对外贸易结算账户，办理外汇收付。

个人对外贸易经营者办理"对外付汇进口单位名录"或出口收汇核销备案登记时，应当向外汇管理局提供下列材料：①申请书；②个人有效身份证明正本及复印件；③依法取得的工商营业执照或者其他执业证明（副本）及复印件；④加盖备案登记印章的对外贸易经营者备案登记表正本及复印件；⑤海关注册登记证明书及复印件；⑥组织机构代码证书及复印件；⑦中国电子口岸IC卡；⑧外汇管理局要求的其他材料。

外汇管理局审核上述材料无误后，为个人对外贸易经营者办理相应手续。

个人对外贸易经营者经外汇管理局批准，可以按实际经营需要开立个人对外贸易结算账户。开立个人对外贸易结算账户，应当凭下列材料向外汇管理局申请：①开户申请书；②本人有效身份证明正本及复印件；③加盖备案等级印章的对外贸易经营者备案登记表正本及复印件；④组织机构代码证书及复印件；⑤外汇管理局要求的其他材料。

外汇管理局审核无误后颁发"经常项目业务核准件"，个人对外贸易经营者凭该核准件到所在地经营外汇业务的银行办理开户手续。银行开立个人对外贸易结算账户时，应当在账户名称中加注"个人"字样的标识。个人对外贸易经营者对外贸易结算账户纳入外汇账户管理信息系统管理，其限额按个人对外贸易经营者货物贸易实际外汇收入的100%核定。

第六节　办理出口退税认定手续

我国的出口货物退税制度是根据我国国情建立的、相对独立于其他国内税收管理的一种专项税收制度。对出口产品实行退税政策是国际惯例，是国家支持外贸出口的重要手段。

为了更好地适应加入WTO的要求，提高我国对外贸易的便利程度，我国对原有的出口退税登记手续进行了调整和改革。根据《国家税务总局关于贯彻〈中华人民共和国对外贸易法〉、调整出口退（免）税办法的通知》（国税函〔2004〕955号）和《国家税务总局关于印发〈出口货物退（免）税管理办法（试行）〉的通知》（国税发〔2005〕51号）的相关规定，将以前对出口企业办理核准退税登记证转变为办理出口退税认定手续，并要求出口企业应先办理出口退（免）税认定手续，再从事出口业务。

《国家税务总局关于贯彻〈中华人民共和国对外贸易法〉、调整出口退(免)税办法的通知》规定,从2004年7月1日起,从事对外贸易经营活动的法人、其他组织和个人(以下简称"对外贸易经营者"),按《外贸法》和《对外贸易经营者备案登记办法》的规定办理备案登记后,应在30日内持已办理备案登记并加盖备案登记专用章的《对外贸易经营者备案登记表》、工商营业执照、税务登记证、银行基本账户号码和海关进出口企业代码等文件,填写《出口货物退(免)税认定表》(由主管出口退税的税务机关印制),到所在地主管出口退税的税务机关办理出口货物退(免)税认定手续。办理出口货物退(免)税认定手续后,出口的货物可按规定办理退(免)税。

在该办法实施前已办理出口退税登记证,且在原核准经营范围内从事进出口经营活动的对外贸易经营者,不再办理退税认定手续;对外贸易经营者如超出原核准经营范围从事进出口经营活动,仍需按该办法办理出口退税认定手续。

对外贸易经营者应按照备案登记的身份名称开展出口业务和申请出口退(免)税。个人(包括外国个人,下同)须注册登记为个体工商户、个人独资企业或合伙企业,方可申请出口退(免)税。

对于没有出口经营资格的生产企业委托出口自产货物(含视同自产产品),应分别在备案登记、代理出口协议签订之日起30日内持出口货物退(免)税认定手续要求的有关材料,填写《出口货物退(免)税认定表》,到所在地税务机关办理。

已办理出口货物退(免)税认定的企业,其认定内容发生变化的(包括变更、解散、破产、撤并等),须自有关管理机关批准变更之日起30日内,持相关证件向税务机关申请办理出口货物退(免)税认定变更手续。

本章应知应会术语

1. organization code 组织机构代码
2. operation qualification records 经营资格备案
3. management system of foreign exchange 外汇管理制度
4. verification for import payment 进口付汇核销
5. verification for export income 出口收汇核销
6. customs registration 海关登记注册
7. export tax rebate 出口退税

思考题

1. 什么是组织机构代码?它对进出口企业管理有何作用?
2. 进出口企业如何办理对外贸易经营资格备案登记手续?
3. 进出口企业如何办理海关登记注册手续?
4. 我国目前的贸易外汇管理制度是什么?如何进行出口收汇核销和进口付汇核销?

第 2 章 国际货物贸易交易前准备

国际货物贸易的基本程序主要包括交易前的准备、交易磋商、合同签订、合同履行、交易善后五个阶段。交易前的准备是进出口公司整个国际货物买卖交易的基础和重要的准备工作，主要包括开展国外市场调查，选择合适的产品、市场与客户，制定进出口商品经营方案，与客户建立业务关系和配备进出口公司人员等。

随着经济的全球化，一件产品由多个国家共同完成的情况越来越多，中国作为国际分工链条上的一环，发挥着重要的作用。随着中国向世界其他国家与地区提供的产品和服务不断增多，其在全球扮演的角色越来越重要。外贸人员在进行交易前的准备时，要多了解我国对外贸易的地区和范围及我国在全球供应链上的重要地位，实时了解国家实力、国家政策、国家战略，激发爱国热情、增强民族自豪感，在此基础上做好交易前的准备工作，以更精准的定位进入商务谈判环节。

第一节 国际商品市场调研

国际商品市场调研是指企业或个人为了研究交易商品的销售趋势、寻求营销成功的方法，对某种产品或一组产品进行国际市场调研的活动。通过调研，企业不仅可以获取市场状况和相关统计数字，而且通过全面分析和研究，可以获得相应的结论用于企业营销决策和科学管理。国际商品市场是世界各国企业间买卖产品的场所。由于国际市场环境和变动规律不同于国内市场，企业开展国际市场营销前必须对国际商品市场进行认真调研，以此为基础制定国际营销策略。国际商品市场调研主要包括国际商品市场环境调研和国际商品市场行情调研。

一、国际商品市场环境调研

任何产品和任何人都是在市场上进行交易的，因此市场环境的优劣会决定交易的成败。市场环境通常包括政治与法律环境、经济环境、文化环境、人口与自然环境、竞争环境等。

（一）政治与法律环境

政治环境是市场环境的重要因素，因为在国外开展营销活动时，东道国根据本国的经济发展、经济结构、资源配置和发展目标会有不同的态度。企业要了解并分析贸易国家和地区的政治局势，以防范政治风险，如政局变动、社会动荡、武装冲突与战争等。一国政局是否稳定,直接关系到贸易利益的安全。政治环境主要包括社会政体状况、政局稳定性和经济同盟的关系等。

法律环境是指当地颁布的各种经济法规、法令,它直接影响贸易活动的顺利开展。国际贸易应该考虑的法律环境主要包括反不正当竞争法、反垄断法、产品责任法、价格法、知识产权保护法、投资法、外汇管理法等。

(二) 经济环境

经济环境是指一个国家或地区经济发展已达到的水平和未来的发展前景。它与企业经济活动的关系甚密,直接关系该国或地区商品市场的现状和发展变化趋势。经济环境具体包括一国的经济结构、经济发展水平、经济发展前景、产业结构特点、就业、收入分配等。此外,对于该国的对外贸易状况也应加以关注,如进出口商品的贸易额和商品结构、贸易主要对象的国别地区、外汇收支能力等。

1. 经济体制

不同的经济体制对国际市场营销和经济活动有不同的影响。在市场经济体制下,价值规律调节着市场的供求关系,市场供求又自发地调节生产和资源配置,企业可以根据自身的发展目标来制定市场销售策略,其产品也容易进入市场。而在计划经济体制下,由国家下达指令性计划,对资源的分配和产品的生产都统一进行安排,并调节市场供求关系,企业的经济活动必须服从国家计划,因此市场开拓相对比较困难。

2. 经济发展水平

不同的经济发展阶段和经济发展水平对国际市场营销也有直接或间接的影响。世界各国的经济发展阶段与水平差别较大,概括起来有三大类:一是发达国家,如美国、日本、英国、法国、德国、加拿大、澳大利亚等;二是准发达国家或新兴工业化国家和地区,如南欧各国、亚洲四小龙和拉美一些国家;三是发展中国家,即除上述两类国家以外的国家。发展中国家为数众多,发展不平衡,人均国民生产总值较低。

由于各国经济发展水平不同,对商品的需求也不相同。例如,汽车、高档家电对发达国家来说是日常生活用品,而对发展中国家来说则是高档消费品,只有少数人才买得起。但发展中国家却孕育着巨大的商品市场,其经济水平在不断提高,对产品的需求也在不断变化。这样一来,对开拓海外市场的企业来说,机会也不断增多,应该用长远的眼光来看待发展中国家的市场。

在微观层次上,对经济环境的调研包括对该目标市场的人口及增长趋势、国民生产总值和国内生产总值、个人收入和城乡居民存款、消费水平和消费结构、物价水平和物价指数、能源和资源状况等的调查。

(三) 文化环境

文化环境是指一个国家的社会结构、社会行为、教育水平及人民的知识水平和生活方式的总和。不同国家的文化环境代表不同的生活和消费模式,必然会对经济活动产生不同的影响。因此,国民收入水平相似的两个国家,可能消费结构有很大不同。在文化环境中,物质文化、文化教育水平、宗教信仰与社会风俗习惯、审美观念与语言等对经济活动带来的不同影响尤其突出。

1. 物质文化

物质文化包括工艺学和经济学两部分：前者指一个国家的生产技术水平；后者指生产、消费、交易及分配的方式。物质文化影响着消费者对商品的需求水平与结构、对质量与式样的偏好等。例如，汽车在经济发达国家需求量大，被人们广泛使用，因而市场容量比较大；而在经济落后国家，这类产品的需求有限，市场容量较小。

2. 文化教育水平

一国人民的文化教育水平是其文化素养的决定因素。不同的文化教育水平，会表现出不同的消费行为、审美观念、价值取向等，从而影响企业的经济活动。例如，现代化机械要求有较高文化程度的人来掌握，受教育少的人就难以接受这种商品。再如，在文化水平较高的地区，商品的促销宜用印刷宣传品；而在文化水平较低、文盲率较高的地区，商品的宣传就要借助广播、电视和电影等有声工具。

3. 宗教信仰与社会风俗习惯

宗教信仰与社会风俗习惯会极大地影响当地人民的生活，影响他们对生活的看法、对事业的态度及对产品的需求。

4. 审美观念与语言

世界各国和各民族有着不同的审美观念，因而形成了对产品的不同需求和偏好。此外，在国外开展营销活动时，若不懂该国语言，将面临极大的困难。

（四）人口与自然环境

人口是一国经济最基本的因素。在其他条件相同的情况下，一国人口越多，潜在的市场就越大，尤其是与人口数量有关的食品、服装等消费品市场。同时，人口的年龄结构和性别结构也是影响市场需求结构的重要因素。

自然环境包括一国的地理交通环境、自然资源供给结构、气候条件等。这些自然环境直接影响生产和运输成本，影响市场需求规模和需求结构。

1. 气候

气候对商品的需求有明显的影响，如电风扇主要销往热带国家，而寒带国家需求就少；羽绒服装则适合寒带国家，在热带国家就没有销路。

2. 地形

地形对市场营销活动的影响更为直接。例如，在沿海和平原地带交通便利，城市集中，经济就相对发达；而多山内陆地区则交通闭塞，经济落后，形成了营销活动的天然障碍。对此，应充分考虑，制定相应的策略。

3. 交通运输

目前，国际商品流动主要依靠海运、空运和陆运三种形式。在选择交通运输方式时，运输的距离、运费将直接影响运输成本，也会影响到货时间。在进行商品市场开拓时，调研人员应把这一因素考虑进去。

（五）竞争环境

竞争环境是一个企业在决定开拓海外市场前必须考虑的重要问题，因为任何商品在任何市场都会面临竞争。能否正确认识和利用竞争,是决定企业市场营销成败的关键。

1. 市场调研人员在研究竞争环境时应考虑的问题

(1) 是否存在直接竞争,即生产同样产品的各国厂商之间的竞争。

(2) 是否存在间接竞争,即各国生产相互替代产品的厂商之间的竞争。

(3) 这些直接或间接竞争的供应商是谁?各供应商所占的份额及其变动情况如何?

(4) 市场是否被少数几个大供应商垄断?

(5) 每个竞争者在生产、销售、成本方面的优劣势及其生产能力的前景。

(6) 目前的市场是否还有机会?所有的细分市场是否已被有效地占领?能否开拓出一片市场?

2. 总结竞争对手的成功经验

通过调研,学习竞争对手的经验,总结其成功和失败的原因。这是一条捷径,可以帮助企业更有效地找到打入竞争市场的机会。

3. 把握战胜竞争对手的机会

市场调研人员要想帮助企业找到一条行之有效的途径,进入市场,与竞争者一决高下,应该在多方面了解市场竞争者的情况下,就本企业的产品质量、产品定价、产品销售渠道、产品促销方式等做出相应的决策,把握竞争的机会。

二、国际商品市场行情调研

国际商品市场行情调研涉及市场营销活动的各个方面,目的是帮助企业真正了解市场商品的供求关系和情况、出口商品的生产与消费,选择合适的销售渠道和促销方式,使企业的产品进入国际市场而取得预期的经济效益。

(一) 出口商品生产的调研

调查分析出口商品的生产历史、发展趋势、产品质量及本企业所占份额,掌握生产波动的规律及商品生产的一些特点。

1. 商品的生产周期

商品的生产周期是商品从开始生产到完成生产的时间。商品不同,生产周期的长短也不同,如制造飞机、船舶需要几年时间,而服装在短时间内即可生产几百件。生产周期长的商品变动小,在短时间内不能大量增加或减少,也不能马上适应需求的变化;而生产周期短的商品则刚好相反。

2. 商品生产的季节性

粮食、水果等农副产品季节性强,收获时供给量增大,而种植期没有或很少有供给。这种生产的季节性使商品不能迅速适应需求的变化,有时供给只能依靠库存或其他替代产品。

3. 商品生产的技术条件

改进生产技术,提高生产效率即可增加商品的产量,改善商品的品质,直至替代产品的出现;有时在某种程度上可以改变自然条件,突破季节性生产的限制。

（二）出口商品消费调研

商品消费是需求的基础,其变化会引起需求的变化。在进行市场调研时,除了要分析消费趋势、消费习惯和消费对象外,还要掌握商品消费的特点。

1. 商品消费的结构

商品消费主要分为企业消费和家庭消费。企业消费是指在生产和经营过程中所进行的生产资料的消费,一般分为三类:动力和燃料、原料和半成品、机器设备。家庭消费是指家庭或个人所进行的生活和劳务用品的消费,也分为三类:耐用消费品,如汽车、家电、房屋等;非耐用消费品,如食品、服装、鞋帽等;劳务,如交通、医疗、教育、娱乐等。

因此,在开展消费调研时,应着重分析企业所经销商品的消费主体及所属类型。

2. 商品消费的周期

一般来说,消费周期长的商品,其需求波动幅度大。因为当经济好转时,周期长的商品更新快,需求增加;当经济衰退时,由于减缓更新,则需求减少。消费周期短的商品,其需求波动幅度小,因为无论经济好坏,它都要随时更新。

（三）国际商品市场供求情况的调研

供给方面,需要分析市场现实和潜在的供应量,进口数量状况,商品供应的渠道、来源,国外主要生产厂家、生产能力、数量和库存情况及本企业所占份额等,还要掌握生产波动的规律、生产周期、生产的季节性及生产的技术条件等。

商品消费是需求的基础,其变化会引起需求的变化。市场的需求是企业活动的中心,对市场需求潜力的调研是市场调研的首要任务。影响市场需求潜力的主要因素如下。

（1）当前市场需求状况。具体包括当地收入水平和消费水平、消费需求构成和购买意向、消费者层次、当年的消费量等。

（2）商品的市场占有情况。具体包括进口商品的种类和数量、进口国别、进口量占当地市场的比率、同类产品不同经营者的价格和交易条件、当地同类商品的生产数量、当地产品占市场的比率、影响进口的因素。

（3）市场潜力的评估。具体包括市场存在多少潜在的购买者、能增加多少数量、哪些市场还未被占领、进口商品是否普及、能否避开进口限制、能否提高占有率等。

（四）商品价格调研

商品价格直接关系商品的销售和企业的经济利益。由于影响价格的因素有很多,只有深入分析研究,才能灵活应变。价格调研的具体内容包括:影响价格变化的具体因素;商品需求的弹性大小和波动幅度;国际商品市场供求关系的状况及发展变化趋势;不同价格政策对商品定价及销量的影响;新产品的定价策略;商品生产周期与消费周期不同阶段的定价原则。

（五）营销方式调研

商品的营销方式主要是指营销商或企业积极宣传产品并说服消费者购买所进行的一

系列活动。其主要调研内容包括：在国外市场上对客户可能进行的营销组合；能促进营销的推广方法，如佣金、折扣、示范、赠送样品、赞助等；分析雇用或选派的推销员的素质、水平、训练费用及能起到的作用等；营销活动中可以使用的有效广告宣传方式等。

（六）商品销售渠道调研

畅通的销售渠道有利于企业加速资金周转，降低成本，提高销售效率和经济效益。其主要调研内容包括：了解国外各市场零售网点的分布和潜在的营销场所；评估和选择国外各类代理商、批发商、零售商；了解各类中间商所经销的产品，并掌握其人员、设施、服务、信用等方面的情况；了解国外市场所能使用的运输工具，以及商品运输的方式等；分析中间商在包销或代理时能否利用其销售渠道为本企业产品服务。

第二节　制定进出口商品经营方案

完成国际商品市场调研后，为了更好地对外交易，企业应该就所经营的产品制定进出口商品经营方案，即以具体进出口商品为中心，在广泛调研的基础上，根据国别政策、客户政策和经营意图，结合企业经营计划和国际经济贸易动向、市场趋势，在对外成交前，确定一定时期内相关进出口商品营销的设想、做法和全面安排。针对不同的商品制定的经营方案是不同的，其内容繁简也不同。此外，出口商品的经营方案与进口商品的经营方案也不同。企业应提前制定进出口商品经营方案，并对有关交易客户进行资信调查，以保证其经营意图的贯彻和实施。

一、出口商品经营方案

出口商品经营方案是对外洽商交易、推销商品和安排出口业务的依据。其主要内容如下。

（1）货源情况。国内生产能力、可供出口的数量，以及出口商品的品质、规格和包装等。

（2）国外市场情况。国外市场需求情况和价格变动趋势。

（3）出口经营情况。出口换汇成本、盈亏额、盈亏率，以及具体经营安排。

（4）推销计划和措施。包括分国别和地区，按品种、数量或金额列明推销的计划进度，以及按推销计划采取的措施，如对客户的利用、贸易方式、收汇方式的运用、价格佣金和折扣方面的措施。对于大宗商品或重点推销的商品通常是逐个制定出口商品经营方案；对其他一般商品可以按商品大类制定经营方案；对中小商品，则只需制定内容较为简单的价格方案。此外，出口商在出口交易前，还应在国内外进行商标注册，及时做好广告宣传工作。

二、进口商品经营方案

进口商品经营方案是对外洽商交易、采购商品和安排进口业务的依据，其主要内容包括：数量的掌握；采购市场的安排；交易对象的选择；价格的掌握；贸易方式的运用；交易条件的掌握等。

（1）数量的掌握。根据国内需要的轻重缓急和国外市场的具体情况，适当安排订货数量和进度。在保证满足国内需要的情况下，争取在有利的时机成交。既要防止前松后紧，又要避免过分集中，从而杜绝饥不择食和盲目订购的情况。

（2）采购市场的安排。根据国别或地区政策及国外市场条件，合理安排进口国别或地区，既要选择对己方有利的市场，又不宜过分集中在某一市场，力争使采购市场的布局合理。

（3）交易对象的选择。要选择资信好、经营能力强并对己方友好的客户作为成交对象。为了减少中间环节和节约外汇，一般应向厂家直接采购；在直接采购确有困难的情况下，也可通过中间代理商订购。

（4）价格的掌握。根据国际市场近期价格并结合采购意图，拟订出价格掌握的幅度，作为洽商交易的依据。在价格的掌握上，既要防止价格偏高，又要避免价格过低。

（5）贸易方式的运用。通过何种贸易方式进口，应根据采购的目的、数量、品种、贸易习惯做法等酌情掌握。例如，有的可以通过招标方式采购，有的可以按补偿贸易或易货方式进口，更多的是采用一般的单边进口方式订购。在经营方案中，对贸易方式的运用问题，一般应提出原则性意见，以利安排进口。

（6）交易条件的掌握。交易条件应根据商品品种、特点、进口地区、成交对象和经营意图，在平等互利的基础上酌情确定和灵活掌握。

三、对客户的资信调查

在国际贸易中，贸易双方发生索赔纠纷、履约障碍或收回货款方面的阻碍，而使一方遭受风险及损失，都与不了解对方的资信情况有直接关系。因此，进行资信调查（credit investigation）对于国际贸易的顺利进行有着重要作用。

（一）资信调查的内容

（1）国外企业的组织机构情况。包括企业的性质、创建历史、内部组织机构、主要负责人及担任的职务、分支机构等。调查中，应弄清厂商的中英文名称、详细地址，防止出现差错。

（2）政治情况，主要指企业负责人的政治背景、与政界的关系及对我国的政治态度等。凡愿意在平等互利的原则下进行贸易合作的客户，都应积极与其友好交往。

（3）资信情况。包括企业的资金和信用两个方面：资金是指企业的注册资本、借贷能力、财产及资产负债情况等；信用是指企业的经营作风、商业道德、履约信誉及公共关系水平等。这是客户资信调查的主要内容，对中间商更应重视。

（4）经营范围。主要是指企业生产或经营商品的品种、业务范围、经营的性质，是代理商、生产商，还是零售批发商等，以及是否与我国做过生意。

（5）经营能力。主要包括客户每年的营业额、销售渠道、经营方式，以及在当地和国际市场上的贸易关系等。

(二) 资信调查与咨询的途径

(1) 通过银行调查。这是一种常见的方法,按照国际习惯,调查客户的情况属于银行的业务范围。在我国,一般委托中国银行办理。向银行查询客户资信,一般不收费或少量收费。

(2) 通过国外的工商团体进行调查。这些团体包括商会、同业公会、贸易协会等,但对于通过这种渠道得来的信息要进行认真分析,不能轻信。

(3) 通过举办国内外交易会、展览会、技术交流会、学术讨论会主动接触客户,进行了解。

(4) 通过实际业务的接触和交往活动考察客户。

(5) 通过我国驻外机构和实际业务活动中所得的材料考察客户。

(6) 通过国外的咨询机构调查。麦肯锡等国外知名的咨询机构不仅组织庞大,效率高,而且调查报告详细且准确。此外,还可以参考评级公司的评级。国际上信誉较高的评级公司主要有美国的穆迪投资者服务公司(Moody's)、标准普尔(Standard & Poor's)、汤臣百卫(Thomson Bank Watch)、欧美合营的费奇(Fitch IBCA)等。这些评级机构的评级结果也极具参考价值。

第三节　对外客户联系和业务人员准备

一、寻找目标客户

每种商品都有自己的销售(进货)渠道。销售(进货)渠道是由不同客户组成的。企业进出口商品必须选择合适的销售(进货)渠道与客户。

寻找目标客户是进出口企业日常的重要工作。在经过详细的市场调查确定目标市场后,出口商即可寻找交易对象。在国际贸易中,企业寻找交易对象的渠道和方法有很多,归纳起来有如下几种途径。

(1) 出国访问。

(2) 根据国内外出版的各种进口商名录、国内外报刊上的广告和出版物中的"贸易机会",直接以函电进行接洽。

(3) 请国内外进出口同业公会、商会、银行或有关贸易促进机构代为介绍。

(4) 请本国驻外国使领馆的商务参赞、代办处或外国驻本国使领馆的商务参赞、代办处代为介绍。

(5) 利用国内外的专业咨询公司介绍客户,其业务关系中有许多具有一定影响、专业经验和能力的客户。

(6) 在国外做广告,招揽生意。

(7) 参加各种机构(如贸易中心、外贸协会)举办的商展,包括我国的出口商品展销会(如一年两度的广交会、一年一度的华东出口商品交易会及华北出口商品交易会),以及在国外举办的展销会,这类活动的优点是能与客户直接见面,联系的范围广。

(8) 利用互联网上各种交易平台的计算机数据库中提供的客户信息。

(9) 设立企业网站,发布本企业的简要情况及目标商品的有关情况,建立自己的搜索引擎,也可以向一些著名的公用搜索引擎网站提供自己网站的信息,以方便国外进口商选择。对于那些刚开始进行网上信息发布的企业,在公用搜索引擎网站上进行登记来推广不失为一种简便易行的好办法。企业对于网站访问者的任何提问,应及时予以回复。对于常见问题,可以使用专门的提问与回答栏目,由客户自行查询。

(10) 直接走访进口公司在我国设立的办事处。

(11) 到国外设立办事处,联络客户。

二、发出联络函电

出口商通过上述途径确定多个客户以后,与客户的联络和洽谈是业务人员的重要工作。对外联络一般是直接发出联络信。由于与客户互不熟悉,业务人员在最初的联络函电中应表达公司与客户建立业务关系的真诚意愿。联络函电的内容不应只提出交易条件,还应介绍本企业的业务情况并告知本企业的习惯做法。概括而言,主要包括:

(1) 表达与对方交易的意愿,希望与对方建立贸易关系。

(2) 自我介绍,告知对方本企业经营的产品、经营历史及经营经验等经营背景。

(3) 提供企业网页、目录、报价或具有参考性质的其他资料。

(4) 说明付款条件等贸易做法。

(5) 告知自己的开户银行,如在信中写明:"关于敝公司的财务状况,请向××银行查询。"以争取客户的信任。

以上是企业开始与客户联络的函电内容。出口商应针对本企业的具体情况和商品特性,有针对性地介绍企业和产品。通过联络函电的沟通,如果显示出双方均有合作的诚意,则可将对方视为目标客户。在以后的业务中,如可供应对方感兴趣的商品,则可向对方发盘,以开展具体交易。

三、业务人员的准备

国际贸易业务如前所述要求业务人员具有较高的从业素质。国际贸易企业所需的业务人员主要有下面几种。

(1) 外销人员:具备国际贸易业务知识,熟悉业务操作流程,熟练掌握某门外语。

(2) 跟单人员:具有产品专业知识,熟悉生产流程和质量控制。

(3) 物流操作人员:熟悉国际贸易物流工作,特别是报关、报检、保险、货运等具体操作。

(4) 制单和后勤人员:熟练掌握信用证和单据制作、企业内部文件归档整理,包括企业退税和外汇核销单据准备工作等。

各企业应针对自身情况,配备相关人员,并加强业务人员的培养和训练,形成一支高素质的团队。这是企业顺利开展国际贸易业务和取得成功的关键因素。

本章应知应会术语

1. market investigation　市场调研
2. competition environment　竞争环境
3. market price investigation　行情调研
4. production cycle　生产周期
5. credit investigation　资信调查
6. target customers　目标客户

思考题

1. 企业进行国际商品市场调研的主要内容有哪些？
2. 如何制定出口经营方案？
3. 如何制定进口经营方案？
4. 企业如何寻找目标客户？
5. 你如何理解国际贸易企业的岗位设置？

第二篇

国际商务谈判与国际货物买卖合同的订立

第 3 章 国际商务谈判

第一节 交易磋商的形式与内容

一、交易磋商的含义及谈判前准备

（一）交易磋商的含义

交易磋商是买卖双方就拟订贸易合同的各项条款，如品名、品质、包装、数量、价格、装运、支付、保险、检验、不可抗力、索赔及仲裁等进行洽谈，以便达成交易的过程，又称贸易谈判。与客户进行交易磋商是达成交易的重要环节，是订立合同的基础。国际商务谈判是国际货物贸易实务的一个重要环节。国家与国家之间，地区与地区之间，组织与组织之间，企业与企业之间，直至贸易当事人之间通常需要反复交换意见，讨价还价，最后达成协议以实现双方的共同利益。贸易谈判是一门高超的艺术，也是企业的一项重要业务活动。从事商务活动的业务人员必须具有商务谈判的基本知识，掌握谈判规律和技巧，争取国际商务业务的成功。新时代背景下，党中央实施共建"一带一路"倡议，加快构建开放型经济新体制，倡导开放型世界经济。外贸人从事进出口业务时，要与国家战略和发展思路紧密结合，培养国际视野和开放胸怀，从更高的层面理解对外贸易活动，把握"求同存异"国际合作准则，了解各国不同的地域文化、贸易惯例和商务习俗，更好地从事外贸业务的实践活动。

（二）谈判前准备

1. 选配谈判人员

谈判团队的选配是谈判成功的关键保障。企业在挑选谈判队伍时应该考虑主要谈判人员的业务素质和谈判团队的整体结构。正式的谈判团队通常由如图 3-1 所示的几个层面的人员组成。

谈判小组领导主要负责谈判的总体组织和方案的制定，应该选择业务主要负责人担任。重大项目的谈判领导应由企业业务领导担任。参加谈判的人员应该熟悉我国对外贸

图 3-1 谈判团队人员构成

易政策及有关法规,熟悉产品知识、国际贸易知识和业务操作技能等业务知识,以及国际货运、保险、金融、报关、国际贸易惯例和法规等与贸易业务相关的知识。一般商品的贸易谈判,谈判人员应能熟练掌握对方国家的语言,以便直接与外商交流,并起草贸易文件。在大型的贸易谈判中,还应有辅助的谈判人员,如翻译和文秘人员,协助业务人员做好谈判工作。

2. 熟悉目标市场

谈判前,企业应通过各种途径广泛收集信息资料,深入调研国外市场供销状况、价格走向、相关国家政策措施和贸易习惯等。通过熟悉目标市场情况,更清楚地了解谈判对手的实际和潜在需求情况及其所处的贸易环境,以便把握谈判进程。具体应开展以下几方面的调研:①国外市场进出口商品调研,掌握该市场商品的供需情况;②市场供求关系调研,掌握市场价格走向及影响供求关系的因素,如政府政策变化、消费者需求、企业投资需求、工资水平等;③目标市场竞争情况调研,掌握目标市场的竞争状况,以便合理确定谈判价格水平,以免报价过高或过低。定价过高可能丧失成交机会或影响谈判效率;定价过低,又会使企业业务利润受损失。了解国外市场竞争情况还可以让谈判有多种方案和选择,获取更多讨价还价的筹码,从而货比三家,维护本企业的利益。

3. 了解交易对象

进行商务谈判之前,企业应该做到"知己知彼",以便在谈判时心中有数,准备好相应的谈判方案。首先,应该通过各种途径了解谈判对方的背景、经营范围、经营能力、经营作风。由此分析企业在贸易中的支付能力、与其开展贸易业务的风险高低,以及能否建立长期贸易关系。其次,了解谈判对手的真实需要和习惯做法。针对对手的真实需要和潜在需要,确定谈判方案和计划。应尽量尊重对手的贸易习惯做法,以加快双方谈判速度,提高谈判效率。

4. 准备谈判方案和计划

商务谈判方案是指为了完成某种或某类商品的进出口任务而确定的经营意图、需要达到的最高或最低目标,以及为实现该目标所应采取的策略、步骤和做法。商务谈判方案是对外洽谈人员遵循的依据。方案的内容根据谈判标的大小,可以是详尽的谈判方案,也可以是较为简单的计划。一般来说,大宗进出口商品方案比较详细具体。例如,某些大宗商品的交易或重点产品的谈判应该考虑详细周全。对需要谈判的系列问题,应该分清主次,合理安排谈判次序。要明确对有关重要问题的把握尺度,准备好谈判中可能出现某些变化时的应对策略和应变措施,力争取得全盘谈判的成功。一般中小商品进出口,则只需拟定简单的价格方案。

谈判团队还应制订谈判实施计划,如谈判目的、谈判对方与己方的实力分析、谈判策略运用与实施步骤、谈判时间的掌握、谈判的最低和最高目标,甚至细到谈判地点的布置和谈判时间的安排等。

二、交易磋商的形式

交易磋商的形式主要有面对面谈判、电话谈判和函电谈判三种。

（一）面对面谈判

面对面谈判是上述三种谈判方式中应用最广泛、最普遍的一种方式。即使在信息技术较发达的今天，面对面谈判仍因其综合优势全面而在三种谈判方式中居首要位置。这种谈判方式的特点是双方人员面对面，直接以口头语言交流信息和协商交易条件。这种方式便于双方交流信息和思想感情，有利于成交。双方当面洽谈，能够对所提条件充分发表意见和建议，对有关内容做详细说明，有利于双方互相了解，促成交易。同时，面对面谈判有利于观察对方的表情和动作，掌握对方心理，及时根据对方的反应调整谈判策略，能够使谈判更为深入细致，便于施展谈判的策略和技巧，及时了解交易方的态度和诚意，尤其适合谈判内容复杂、涉及问题较多的交易。各种形式的展览会、客户来访、拜访客户和推销就是面对面谈判的主要形式。

1. 展览会

展览会是企业寻找客户，促进贸易业务扩展的主要形式。它的优点包括：①有利于宣传出口产品，扩大影响，招揽潜在的买主，促成交易；②有利于建立和发展客户关系，扩大销售地区和范围；③有利于市场调研，听取买家意见，改进质量，提高竞争力。

（1）国际展览会。包括在国外举行的各种专业性展览、综合性展览和博览会。综合性展览一般各种商品均可参展，而专业性展览只限某类专业性商品参展。

国际展览会非常多，企业应根据自己经营的产品和营销计划，有选择地参加国际展会，为企业产品拓展国际市场寻找合适的平台。主要的国际展览会包括伯明翰春季国际博览会，米兰马契夫春秋季国际博览会，法兰克福春秋季国际消费品博览会，南非国际贸易博览会SAITEX，法兰克福国际礼品办公用品博览会，德国杜塞尔多夫春秋季国际时装博览会，德国慕尼黑夏冬季国际体育用品及运动时装贸易博览会，美国拉斯维加斯春秋季国际鞋展，美国纽约国际玩具博览会，德国科隆国际五金工具展览会，美国芝加哥国际五金工具展览会，日本国际家用及室内纺织品博览会，美国亚特兰大国际礼品及家庭装饰用品展览会，美国拉斯维加斯国际礼品及消费品展览会，德国科隆国际体育、露营用品及花园家具贸易博览会，日本东京国际礼品展览会，法国国际食品展。

（2）国内展览会。在中国国内举行的各种展览会，如广交会。广交会是中国也是世界规模最大的展览会。展馆按商品类别设置展区，分工业、纺织服装、食品医药、日用消费品、礼品等五大类。在商品类下设35个商品展区。展会分为每年4月的春交会和10月的秋交会。每次展览分三期。

（3）企业参展的几个关键问题。

第一，企业应做好参展前准备。具体包括以下几项准备工作。

① 样品准备。这是参展成功的基础。送展样品应专业化，反映企业生产与工艺水平。外贸公司因通常没有自己的产品，经营产品多样化，更要注意根据展览会的专业性质选择专业产品。同时，应注意使展品成系列化，品种齐利于客户挑选。

② 人员准备。参展人员需熟悉参展产品、价格、交货期等成交条件，提高在展览会上的促销能力。参展人员除了应具备国际营销人才的素质外，还应具备匹配展览会专业性的专业人才素质。

③ 布展(摊位设计与展品安排)。专业设计能很好地体现企业的实力与产品特色,吸引客人,从而达到较好的参展效果。布展应认真细致,使企业展品的展示达到最佳效果。同时,应注意新样品的保护,不要让同行随意参观、拍照。

第二,参展期间应注意下列问题。

① 了解同行竞争对手(展品、价格)。企业参展人员应利用布展机会,了解生产同类产品企业的展品情况。对比自己的产品,分析长短处,以便与客户洽谈时心中有数。对于有特色的产品,可以坚持不降价。相同的产品,应懂得以自己的长处对比别人的短处,争取在竞争中获胜。

② 了解客户的商业经历、背景,以及与中国企业的贸易状况。知道客户的信誉,有利于掌握谈判策略和成交分寸。了解客户在中国的贸易状况,有助于掌握己方所处的竞争状况。了解客户的渠道包括与客户洽谈、通过银行和商会等。

③ 了解客户的订货意图、价格目标和质量要求。谈判人员应通过展览会了解客户是有现成的订单,还是只有意向或只想建立关系。如果客户有现成的订单,谈判人员应通过沟通了解客户的价格目标及对产品的质量要求,以便迅速判断成交的可能性。

第三,参展后总结。

① 展览会后,企业主管应会同参展人员总结展会情况。具体包括:参展样品的情况、与同行比较的竞争力高低、企业报价水平及利润情况、客户的来源和客户反映的问题等。同时,应该会同有关部门和人员总结摊位布置、展品准备、人员安排、价格制定等问题,以利今后参展时改进。

② 提出新产品的设计思路及企业产品的开发方案。

第四,展后客户与订单跟踪。

① 在展览会上签的订单,业务人员回公司后应认真落实履行。认真对待客户的第一个订单,给客户留下良好印象,争取以后再下单,发展成长期客户。

② 对待没下单的客户,应对照参展笔记记下其询问内容认真落实。如客户在展览会上通常要求送样、进一步核算报价、交货期落实、产品改进等。

③ 对有下单意向,但在展会上未下单的客户,要重点跟踪,以免订单旁落。

参展业务人员应注意避免"会上积极,会后怠慢客户"的情况。会后的跟踪在某种程度上更为重要,否则会前功尽弃。

2. 客户来访

企业接待国外客户来访是日常的一项重要工作。业务人员在接待外商来访时,要注意企业形象,积极向客户推荐企业与产品,对客户的接待应有礼有度有序。这有助于企业推销与形象的树立,发现潜在的贸易机会。客户来访最能发现企业的管理水平和企业文化,应该充分重视。重要的客户要有企业的主管参加洽谈,以示重视。

3. 出国推销与拜访客户

企业出国参展或直接出国推销拜访客户是了解客户经营情况和需求的重要渠道。拜访是相互的,双方通过相互拜访可以增强联系,巩固贸易关系。重要的客户或老客户,可定期出国拜访或登门推销产品。很多企业在展览会后顺道拜访客户。这对企业提高展会效果,在当地拓展市场至关重要。应通过上门推销与拜访客户达到如下目的:

(1) 了解客户公司的实力和信誉,所经营的商品和经营规模;
(2) 了解客户的需求和动态;
(3) 增进双方了解与信赖度。

(二) 电话谈判

电话谈判是随着电话通信的广泛采用和日益普及而产生的,在当今生活、工作节奏不断加快的时代,为现代人所青睐。这种谈判方式的优点是快速方便,联系广泛。但电话磋商也有一定的缺陷,电话谈判双方相距较远,只能听到,不能看到对方的表情、手势等,容易造成磋商双方的误解。某些事情很容易被遗漏,注意力难以集中,有时还增加了风险。同时,电话谈判需要当事人有良好的语言沟通能力和较高的外语口语水平。

(三) 函电谈判

函电谈判是国际营销商务和地区营销商务中进行业务沟通、磋商交易的一种谈判方式,这种谈判方式在各国进出口公司、外贸部门、涉外企业应用最普遍、最频繁,包括信件、传真、电子邮件等书面外贸函电联系。企业通过各种渠道了解外商名址,或平时与客户联络,需要利用信件、传真、Email 等方式,向客户介绍公司、产品、报价及其他贸易条件,以争取订单。外贸函电联络基本上以外文作工具,业务人员应该学习外贸函电知识,掌握对外联络的本领。

一方通过函电发盘或还盘,另一方以函电的形式表示接受,从而双方达成交易,签订协议或者合同,我们把这种函电来往的过程称作函电谈判。函电谈判具有快速、准确无误、材料齐全、有据可查等优点,更重要的是,函电具有法律效力。

三、交易磋商的内容

磋商的内容一般分为两部分:一部分是带有变动性的主要交易条件,如货物品质、规格、标准、数量、包装、价格、交货、支付等。这些交易条件因货物种类、交易数量及时间等因素不同,每笔交易也不尽相同。另一部分是相对固定的交易条件,称为一般交易条件,如商品检验、申诉索赔、仲裁和不可抗力等,它是由进出口商共同拟订的对每笔交易都适用的一套共性的交易条件,大多印在合同的背面或格式正面的下部。主要交易条件与一般交易条件的区分并不是绝对的。在实际业务中,买卖双方在初次接触时可就一般交易条件进行洽商,经双方共同确认后,作为将来交易的基础,在洽商具体交易时则不必逐条重复这些条件,只洽商主要条件即可,这样可以节省往来函电的费用和交易磋商的时间。双方通过交易磋商达成合同需明确的主要交易条件,即买卖合同的各项条款,包括品名、品质、数量、包装、价格、装运、保险、支付、商检、索赔、仲裁和不可抗力等。

第二节 交易磋商的一般程序

国际货物买卖的交易磋商一般包括询盘(inquiry)、发盘(offer)、还盘(counter offer)和接受(acceptance)四个环节,其中,发盘和接受是达成交易、合同成立不可或缺的基本环节和必经的法律步骤。当交易双方通过洽商就各项交易条件达成一致协议后,合同即告成立,交易双方当事人即存在合同关系。

一、询盘

询盘是准备购买或出售商品的人向潜在的供货人或买主探询该商品的成交条件或交易的可能性的业务行为,不具有法律上的约束力。在国际贸易中,多由买方主动向卖方发出询盘。

询盘的内容可以涉及某种商品的品质、规格、数量、包装、价格和装运等成交条件,也可以索取样品,其中多数是询问成交价格,因此在实际业务中也有人把询盘称作询价。如果发出询盘的一方只是想探询价格,并希望对方开出估价单(estimate),则对方根据询价要求所开出的估价单只是参考价格,并不是正式的报价,因而不具备发盘的条件。

在国际贸易业务中,发出询盘的目的,除了探询价格或有关交易条件外,有时还表达了与对方进行交易的愿望,希望对方接到询盘后及时做出发盘,以便考虑接受与否。这种询盘实际上属于邀请发盘。

询盘不是每笔交易必经的程序,如交易双方彼此都了解情况,不需要向对方探询成交条件或交易的可能性,则不必使用询盘,可直接向对方做出发盘。

二、发盘

(一) 发盘的含义

发盘又称发价或报价,在法律上称为要约。根据《联合国国际货物销售合同公约》第14条第1款的规定:"凡向一个或一个以上的特定的人提出的订立合同的建议,如果其内容十分确定并且表明发盘人有在其发盘一旦得到接受就受其约束的意思,即构成发盘。"发盘既可由卖方提出,也可由买方提出,因此有卖方发盘和买方发盘之分。后者习惯上称为递盘(bid)。

发盘应向一个或一个以上特定的人(specific persons)提出。向特定的人提出,即是向有名有姓的公司或个人提出。提出此要求的目的在于,把发盘同普通商业广告及向广大公众散发的商品价目单等行为区别开来。对广大公众发出的商业广告是否构成发盘,各国法律规定不一。大陆法规定,发盘需向一个或一个以上特定的人提出,凡向公众发出的商业广告,不得视为发盘。例如,北欧各国认为,向广大公众发出的商业广告,原则上不能作为发盘,而只是邀请看到广告的公众向登广告的人提出发盘。英美法的规定则与此相反,如英国有判例认为,向公众做出的商业广告,只要内容确定,在某些场合下也可视为发盘。《联合国国际货物销售合同公约》(以下简称《公约》)对此问题持折中态度。《公约》第14条第2款规定:"非向一个或一个以上特定的人提出的建议,仅应视为邀请发盘,除非提出建议的人明确地表示相反的意向。"根据此项规定,商业广告本身并不是一项发盘,通常只能视为邀请对方提出发盘。然而,若商业广告的内容符合发盘的条件,而且登此广告的人明确表示它是作为一项发盘提出的,如在广告中注明"本广告构成发盘"或"广告项下的商品将售给最先支付货款或最先开来信用证的人"等,则此类广告也可作为一项发盘。

鉴于《公约》对发盘的上述规定既原则又具体,且有一定的灵活性,加之世界各国对发盘有不同的理解,因此在实际应用时要特别小心。我方对外做广告宣传和寄发商品价目单,不要使对方理解我方有"一经接受,即受约束"的含义。在寄发商品价目单时,最好在其中注明"可随时调整,恕不通知"或"需经我方最后确认"等字样。

(二) 构成发盘(实盘)的要件

1. 发盘的内容必须十分确定

根据《公约》第14条第1款的规定,发盘的内容必须十分确定(sufficiently definite)。所谓十分确定,是指在提出的订约建议中,至少应包括下列三个基本要素:①标明货物的名称;②明示或默示地规定货物的数量或规定数量的方法;③明示或默示地规定货物的价格或规定确定价格的方法。凡包含上述三项基本因素的订约建议,即可构成一项发盘。如该发盘被对方接受,买卖合同即告成立。

在实际业务中,发盘人发盘时,如能明确标明要出售或要购买的货物的价格和数量,当然是最好的处理办法。然而,合同项下货物的数量,有时只能由当事人酌情处理或只能在交货时具体确定。例如,某商人向对方提出,在一年内向对方提供或购买当年生产的某项产品,可以认为在数量问题上是十分确定的。同样,确定价格也是如此。例如,在远期交货的情况下,交易双方为了避免承担价格波动的风险,可采取较为灵活的作价办法,即不规定具体价格,只规定一个确定价格,如规定按交货时某个市场的价格水平来确定该货物的价格。

在这里需要特别指出的是,订约建议中虽然没有提到关于交货时间、地点及付款时间、地点等其他内容,却并不妨碍它作为一项发盘,因而也不妨碍合同的成立。因为发盘中没有提到的其他条件,在合同成立后,可以双方当事人建立的习惯做法及采用的惯例予以补充,或者按《公约》中关于货物销售部分的有关规定予以补充。

构成一项发盘应包括的内容,各国的法律规定不尽相同。有些国家的法律要求对合同的主要条件,如品名、品质、数量、包装、价格、交货时间与地点以及支付办法等,都要有完整、明确肯定的规定,并不得附有任何保留条件,以便受盘人一旦接受即可签订一项对买卖双方均有约束力的合同。《公约》关于发盘内容的上述规定,只是对构成发盘的起码要求。在实际业务中,如发盘的交易条件太少或过于简单,会给合同的履行带来困难,甚至容易引起争议。因此,在对外发盘时,最好将品名、品质、数量、包装、价格、交货时间与地点以及支付办法等主要交易条件一一列明。

2. 表明经受盘人接受发盘人即受约束的意思

必须表明发盘人对其发盘一旦被受盘人接受即受约束的意思。发盘是订立合同的建议,这个意思应当体现在发盘中,如发盘人只是就某些交易条件建议同对方进行磋商,而根本没有受其建议约束的意思,则此项建议不能被认为是一项发盘。例如,发盘人在其提出的发盘建议中加注诸如"仅供参考""须以发盘人的最后确认为准"或其他保留条件,这样的订约建议就不是发盘,而只是邀请对方发盘。

在公司业务中,确定的发盘一般表达为"Our offer is subject to your confirmation reaching here on or before the 25th this month.(本报盘以你方在本月25日之前确认复到

本地为有效)"。如果对方在此日期之前确认接受该发盘,双方即确立买卖合同关系。

在此需要指出,《中华人民共和国民法典》对发盘及构成要件的规定同上述《公约》的规定与解释基本上是一致的。我国《民法典》第472条规定:要约是希望与他人订立合同的意思表示,该意思表示应当符合下列规定:内容具体确定;表明经受要约人承诺,要约人即受该意思表示约束。

在公司业务中,业务人员由于各种不确定因素的影响及以发盘作为联络客户、推销产品的方法,往往在发盘中加入很多条件和不确定性内容。我们把这类发盘称为虚盘,以便与上述实盘区别开来。虚盘主要具有下列特点。

1. 内容不明确、不肯定

发盘内容含糊不清,在发盘中没有订立合同的肯定表示,如在发盘中加上"以现行国际市场价格为参考""此报盘仅供参考"等。

2. 主要交易条件不完整

发盘中未列出交易的主要条件,除非双方对未在发盘中列明的条件事先已有约定,或是双方的习惯做法,否则都属于虚盘的性质。

3. 有保留条件

发盘中写明一些保留条件,如"This offer is subject to our final confirmation(本报盘以我方最后确认为准)""This offer is subject to the goods being unsold(本报盘以我方货物未售出为准)"等。这类发盘对发盘人没有约束力,在受盘人表示接受后,还需要发盘人表示确认同意才有效,否则合同不成立。

(三)发盘的有效期

通常情况下,发盘都具体规定一个有效期,作为对方表示接受的时间限制,超过发盘规定的时限,发盘人即不受约束。当发盘未具体列明有效期时,受盘人应在合理时间内接受才有效。何谓"合理时间",需根据具体情况而定。根据《公约》的规定,采用口头发盘时,除发盘人发盘时另有声明外,受盘人只能当场表示接受,方为有效。采用函电成交时,发盘人一般都明确规定发盘的有效期,其规定方法有以下几种。

1. 规定最迟接受的期限

例如,限6月6日复,或限6月6日复到此地。当规定限6月6日复时,按有些国家的法律解释,受盘人只需在当地时间6月6日24点以前将表示接受的通知投邮或发出。但在国际贸易中,由于交易双方所在地的时间大多存在差异,所以发盘人往往采取以接受通知送达发盘人为准的规定方法。按此规定,受盘人的接受通知不得迟于6月6日内送达发盘人。

2. 规定一段接受的期限

例如,发盘有效期为6天,或发盘限8天内复。采取此类方法,按《公约》规定,其期限应从发盘发出时刻或信上载明的发信日期起算。若信上未载明发信日期,则从信封所载日期起算。采用电话、电传发盘时,则从发盘送达受盘人时起算。如果由于时限的最后一天在发盘人营业地是正式假日或非营业日,则应顺延至下一个营业日。

此外,当发盘规定有效期时,还应考虑交易双方营业地点不同而产生的时差问题。

(四) 发盘生效的时间

发盘生效的时间有各种不同的情况：以口头方式做出的发盘，其法律效力自对方了解发盘内容时生效；以书面形式做出的发盘，其生效时间主要有两种不同的观点与做法：一种是发信主义，即认为发盘人将发盘发出的同时，发盘就生效；另一种是受信主义，又称到达主义，即认为发盘必须到达受盘人时才生效。根据《公约》规定，发盘送达受盘人时生效。我国《民法典》关于发盘生效时间的规定同上述《公约》的规定是一致的，即也采取到达主义。明确发盘生效的时间，具有重要的法律和实践意义。这主要表现在以下两个方面。

1. 关系到受盘人能否表示接受

一项发盘只有在送达受盘人时，才能发生效力。即只有当受盘人收到发盘之后，也就是发盘生效之后，受盘人才能表示接受，从而导致合同的成立。在受盘人收到发盘之前，即使受盘人通过其他途径已经知道发盘的发出及发盘的内容，也不能表示接受。

2. 关系到发盘人何时可以撤回发盘或修改其内容

一项发盘即使是不可撤销的，只要在发盘生效之前，发盘人仍可随时撤回或修改其内容，但撤回通知或更改其内容的通知必须在受盘人收到发盘之前或同时送达受盘人。发盘一旦生效，那就不是撤回发盘的问题，而是撤销发盘的问题。发盘的撤回（withdrawal）与撤销（revocation）是两个不同的概念：前者是指在发盘送达受盘人之前，将其撤回，以阻止其生效；后者是指发盘已送达受盘人，即发盘生效之后将发盘取消，使其失去效力。

(五) 发盘的撤回与撤销

1. 发盘的撤回

发盘发出后，发盘人是否可以撤回发盘或变更其内容，英美法与大陆法两大法系对此存在原则上的分歧。英美法认为，发盘原则上对发盘人没有约束力。发盘人在受盘人对发盘表示接受之前的任何时候，都可撤回发盘或变更其内容。而大陆法则认为，发盘对盘人有约束力，如《德国民法典》规定，除非发盘人在发盘中订明发盘人不受发盘的约束，否则发盘人就要受发盘的约束。

根据《公约》的规定，一项发盘（包括注明不可撤销的发盘）在其生效以前是可以修改或撤回的。因此，如果发盘人发盘内容有误或因其他原因想改变主意，可以用更快的通信方式将发盘的撤回或更改通知赶在受盘人收到该发盘之前或同时送达受盘人。了解这一点，对我国从事进出口业务的工作人员具有实际意义，假如想撤回或修改已经发出的发盘，就必须有准确的时间概念，如发盘是何时发出的，预计何时可送达对方，然后再考虑采取最快的通信方式是否可以撤回或修改发盘。

2. 发盘的撤销

关于发盘能否撤销的问题，英美法和大陆法存在严重的分歧。英美法认为，在受盘人表示接受之前，即使发盘中规定了有效期，发盘人也可以随时予以撤销，这显然对发盘人有利。这一观点在英美法国家也不断受到非议。有的国家在制定或修改法律时，实际上已在不同程度上放弃了这种观点。大陆法系国家对此问题的看法相反，认为发盘人原则上应受发盘的约束，不得随意将其发盘撤销。例如，德国法律规定，发盘在有效期内，或没有规定有效期,则依通常情况在可望得到答复之前不得将其撤销;法国的法律虽规定发盘在受盘人接受之前可以撤销,但若撤销不当,发盘人应承担损害赔偿的责任。

为了调和上述两大法系在发盘可否撤销问题上的分歧,《公约》采取了折中的办法,其中第16条规定,在发盘已送达受盘人,即发盘已经生效,但受盘人尚未表示接受之前这一段时间内,只要发盘人及时将撤销通知送达受盘人,仍可将其发盘撤销。一旦受盘人发出接受通知,则发盘人无权撤销该发盘。

此外,《公约》还规定,并不是所有的发盘都可撤销,下列两种情况下的发盘,一旦生效,则不得撤销:①在发盘中规定了有效期,或以其他方式表示该发盘是不可撤销的;②受盘人有理由相信该发盘是不可撤销的,并本着对该发盘的信赖采取了行动。

(六) 发盘效力的终止

任何一项发盘,其效力均可在一定条件下终止。发盘效力终止的常见原因如下。

(1) 在发盘规定的有效期内未被接受,或虽未规定有效期,但在合理时间内未被接受,则发盘的效力即告终止。

(2) 发盘被发盘人依法撤销。

(3) 被受盘人拒绝或还盘之后,即拒绝或还盘通知送达发盘人时,发盘的效力即告终止。

(4) 发盘人发盘之后,发生了不可抗力事件,如所在国政府对发盘中的商品或所需外汇发布禁令等。在这种情况下,按出现不可抗力可免除责任的一般原则,发盘的效力即告终止。

(5) 发盘人或受盘人在发盘被接受前丧失行为能力(如精神病等),则该发盘的效力也可终止。

三、还盘

还盘又称还价,在法律上称为反要约。还盘是指受盘人不同意或不完全同意发盘提出的各项条件,并提出了修改意见,建议原发盘人考虑,即还盘是对发盘条件进行添加、限制或其他更改的答复。受盘人的答复如果在实质上变更了发盘条件,就构成对发盘的拒绝,其法律后果是否定了原发盘,原发盘即告失效,原发盘人就不再受其约束。根据《公约》的规定,受盘人对货物的价格、付款、品质、数量、交货时间与地点、一方当事人对另一方当事人的赔偿责任范围或解决争端的办法等条件提出添加或更改,均视为实质性变更发盘条件。

此外,对发盘表示有条件的接受,也是还盘的一种形式。例如,受盘人在答复发盘人时,附加有"俟最后确认为准""未售有效"等规定或类似的附加条件,这种答复只能视作还盘或邀请发盘。还盘的内容,凡不具备发盘条件,即为"邀请发盘"。如还盘的内容具备发盘条件,就构成一个新的发盘,还盘人成为新发盘人,原发盘人成为新受盘人,他有对新发盘做出接受、拒绝或再还盘的权利。

在国际贸易业务中,一方发盘,如果另一方对其内容不同意,可以进行还盘。同样,一方还盘后,另一方如果对其内容不同意也可以进行还盘或再还盘,直至双方同意达成协议或无法达成协议而放弃为止。还盘不是一笔交易必须经过的步骤,有些交易可以不经过还盘即接受成交,有些交易则要经过多次还盘才能达成协议。

四、接受

(一) 接受的含义

接受在法律上称为承诺,是指受盘人在发盘规定的时限内,以声明或行为表示同意发盘提出的各项条件。可见,接受的实质是对发盘表示同意。这种同意,通常应以某种方式向发盘人表示出来。根据《公约》的规定,受盘人对发盘表示接受,既可以通过口头或书面向发盘人发表声明的方式接受,也可以通过其他实际行动表示接受。沉默或不行为本身,并不等于接受,如果受盘人收到发盘后,不采取任何行动对发盘做出反应,而只是保持缄默,则不能认为是对发盘表示接受。因为从法律责任来看,受盘人一般并不承担对发盘必须予以答复的义务。但是,如沉默或不行为与其他因素结合在一起,足以使对方确信沉默或不行为是同意的一种表示,即可构成接受。假定交易双方有协议或按业已确认的惯例与习惯做法,受盘人的缄默也可以变成接受。例如,交易双方均为老客户,根据原定协议、惯例或习惯做法,多年来卖方一直按买方的定期订货单发货,并不需要另行通知对方表示接受其订货单。若卖方收到买方订货单后,既不发货,也不通知买方表示拒绝其订货单,则卖方的缄默就等于接受,买方就可以控告卖方违约。

(二) 构成接受的条件

构成一项有效的接受,必须具备下列要件。

1. 接受必须由受盘人做出

发盘是向特定的人提出的,因此只有特定的人才能对发盘表示接受。由第三者做出的接受,不能视为有效的接受,只能作为一项新的发盘。

2. 接受的内容必须与发盘相符

根据《公约》的规定,一项有效的接受必须是同意发盘所提出的交易条件,只接受发盘中的部分内容,或对发盘条件提出实质性的修改,或提出有条件的接受,均不能构成接受,而只能视作还盘。然而,若受盘人在表示接受时,对发盘内容提出某些非实质性的添加、限制和更改(如要求增加重量单、装箱单、原产地证明或某些单据的份数等),除非发盘人在不过分延迟的时间内表示反对其间的差异外,仍可构成有效的接受,从而使合同得以成立。在此情况下,合同的条件就以该项发盘的条件及接受中所提出的某些更改为准。

3. 接受必须在发盘规定的时限内做出

当发盘规定了接受的时限时,受盘人必须在发盘规定的时限内表示接受,方为有效。如果发盘没有规定接受的时限,则受盘人应在合理的时间内表示接受。对何谓"合理时间",往往有不同的理解。为了避免争议,最好在发盘中明确规定接受的具体时限。

接受通知在规定期限内到达发盘人,对于合同的成立具有重要作用。各国法律通常都对接受到达发盘人的期限做出了规定。我国《民法典》第481条也对此做了明确规定,即承诺应当在要约确定的期限内到达要约人。要约没有确定承诺期限的,承诺应依照下列规定到达:①要约以对话方式做出的,应当及时做出承诺;②要约以非对话方式做出的,承诺应在合理期限内到达。

4. 接受必须表示出来

接受应由受盘人以声明或实际行动的方式表示出来,并传达到发盘人才能生效。默认或不行动不构成接受。所谓声明,是指用口头或书面文字表达出接受的意思;所谓做出行动,是指根据该发盘的意思或双方之间已经确立的习惯做法或惯例所做出的行动,如卖方发运货物、买方开出信用证或支付货款等。

(三) 接受生效的时间

接受是一种法律行为,这种行为何时生效,各国法律有不同的规定。在接受生效的时间问题上,英美法与大陆法存在严重分歧。英美法采用"投邮生效"的原则,即接受通知一经投邮或电报发出,则立即生效;大陆法系采用"到达生效"的原则,即接受通知必须送达发盘人时才能生效。《公约》第18条第2款明确规定,接受送达发盘人时生效。如果接受通知未在发盘规定时限内送达发盘人,或者发盘没有规定时限,且在合理时间内未曾送达发盘人,则该项接受称作逾期接受(late acceptance)。按各国法律规定,逾期接受不是有效的接受。由此可见,接受时间对双方当事人都很重要。

此外,接受还可以在受盘人采取某种行为时生效。《公约》第8条第3款规定,若根据发盘或依照当事人业已确定的习惯做法或惯例,受盘人可以做出某种行为来表示接受,无须向发盘人发出接受通知。例如,发盘人在发盘中要求"立即装运",受盘人可做出立即发运货物的行为对发盘表示同意,而且这种以行为表示的接受,在装运货物时立即生效,合同即告成立,发盘人就应受其约束。

(四) 逾期接受

逾期接受又称迟到的接受。虽然各国法律一般认为逾期接受无效,只能视作一个新的发盘,但《公约》对这个问题做了灵活的处理。《公约》第21条第1款规定,只要发盘人毫不迟延地用口头或书面通知受盘人,认为该项逾期的接受有效,愿意承受逾期接受的约束,合同仍可于接受通知送达发盘人时订立。如果发盘人对逾期的接受表示拒绝或不立即向受盘人发出上述通知,则该项逾期的接受无效,合同不能成立。《公约》第21条第2款规定,如果载有逾期接受的信件或其他书面文件显示,依照当时寄发情况,只要传递正常,它本来是能够及时送达发盘人的,则此项逾期的接受应当有效,合同于接受通知送达发盘人时订立,除非发盘人毫不迟延地用口头或书面通知受盘人,认为其发盘因逾期接受而失效。由此可见,逾期接受是否有效,关键要看发盘人如何表态。

(五) 接受的撤回或修改

在接受的撤回或修改的问题上,《公约》采取了大陆法"送达生效"的原则。《公约》第22条规定:"如果撤回通知于接受原发盘应生效之前或同时送达发盘人,接受得予撤回。"由于接受在送达发盘人时才产生法律效力,故撤回或修改接受的通知,只要先于原接受通知或与原发盘接受通知同时送达发盘人,则接受可以撤回或修改。如果接受已送达发盘人,即接受一旦生效,合同即告成立,就不得撤回或修改其内容,因为这样做无异于撤销或修改合同。

需要指出的是,在当前通信设施非常发达及各国普遍采用现代化通信手段的条件下,当发现接受中存在问题而想撤回或修改时,往往已经来不及了。为了防止出现差错和避免发生不必要的损失,在实际业务中,应当审慎行事。

本章应知应会术语

1. business negotiation   交易磋商
2. target market   目标市场
3. inquiry   询盘
4. offer   发盘
5. counter offer   还盘
6. acceptance   接受

思考题

1. 如何进行商务谈判前的准备?
2. 什么是成功的谈判团队?你认为作为商务谈判的成员必须具备哪些素质?
3. 如何选择参展样品?你如何认识样品选择的重要性?
4. 参展之前业务人员需要做哪些准备?
5. 业务人员参加展览会可以如何提高参展效果?
6. 交易磋商的主要内容是什么?
7. 交易磋商要经过哪几个阶段?你认为最重要的程序是什么?
8. 如何判断发盘属于实盘还是虚盘?请举例说明。

案例分析题

1. 我国 A 公司向国外 B 公司发盘,报谷物 300 公吨,每公吨 250 美元,发盘有效期 10 天。3 天后,B 公司复电称,对该货物感兴趣,但要进一步考虑。2 天后,B 公司两次来电,要求将货物数量增至 600 吨,价格降至 230 美元/公吨。3 天后,A 公司将这批谷物卖给另一外商,并在第 10 天复电 B 公司,通知货已售出。但外商坚持要 A 公司交货,否则以其擅自撤约为由,要求赔偿。试问 A 公司应否赔偿?为什么?

2. 我某进出口公司向国外某商人询购某商品。不久,我方收到对方 8 月 15 日发盘,发盘有效期至 8 月 22 日。我方于 8 月 20 日复电"若价格能降至每件 56 美元,我方可以接受"。对方未做答复。8 月 21 日我方得知国际市场行情有变,于当日又去电表示完全接受对方 8 月 15 日发盘。我方的接受能否使合同成立?为什么?

3. 香港某中间商 A 就某商品以电传方式邀请我方发盘,我方于 6 月 8 日向 A 方发盘限 6 月 15 日复到有效。12 日我方收到美国 B 商人按我方发盘规定的各项交易条件开来的信用证,同时收到中间商 A 的来电称:"你方 8 日发盘已转美国 B 商人。"经查,该商品的国际市场价格猛涨,于是我方将 L/C 退回开证行,再按新价直接向美商 B 发盘。而美商 B 以 L/C 于发盘有效期内到达为由,拒绝接受新价,并要求我方按原价发货,否则将追究我方责任。对方的要求是否合理?为什么?

第 4 章

国际货物买卖合同的订立

通过本章的学习,读者应掌握合同主要交易条款的拟订方法,以降低交易风险。在签约时应实事求是,注重长远利益,从国家利益和企业实际出发,通过合同条款的签订防范风险,培养风险意识和契约精神。

第一节 合同成立的时间与合同生效的要件

买卖双方经过交易磋商,交易的一方所做的发盘一经对方有效接受,合同即告成立。依法成立的合同具有法律约束力,合同自成立时生效。但合同成立与合同生效是两个不同的概念。合同成立的判断依据是接受是否生效,而合同生效是指合同是否具有法律效力。通常情况下,合同成立之时就是合同生效之日,二者在时间上是同步的。但有时合同虽然成立,却不立即产生法律效力,而是需要其他条件成立时,合同才开始生效。

一、合同成立的时间

在国际贸易中,合同成立的时间非常关键。根据《公约》的规定,合同成立的时间为接受生效的时间,而接受生效的时间又以接受通知到达发盘人或按交易习惯及发盘要求做出接受的行为为准。在实际业务中,有时双方当事人在洽商交易时约定,合同成立的时间以订约时合同上所写明的日期为准,或以收到对方确认合同的日期为准。我国《民法典》第 490 条规定,当事人采用合同书形式订立合同的,自当事人均签名、盖章或者按指印时合同成立。在签名、盖章或者按指印之前,当事人一方已经履行主要义务,对方接受时,该合同成立。法律、行政法规规定或者当事人约定合同应当采用书面形式订立,当事人未采用书面形式但是一方已经履行主要义务,对方接受时,该合同成立。同时,根据目前网络在公司业务中的普遍运用,《民法典》第 491 条进一步明确规定,当事人采用信件、数据电文等形式订立合同要求签订确认书的,签订确认书时合同成立。当事人一方通过互联网等信息网络发布的商品或者服务信息符合要约条件的,对方选择该商品或者服务并提交订单成功时合同成立,但是当事人另有约定的除外。

二、合同生效的要件

买卖双方就各项交易条件达成协议后,并不意味着合同一定有效。各国合同法一般规定,一项合同,除买卖双方就交易条件通过发盘和接受达成协议外,还需具备以下要件,才是一项有效的合同,才能得到法律上的保护。我国《民法典》第 143 条对民事法律行为有效的条件做了规定,即具备下列条件的民事法律行为有效:行为人具有相应的民事行为能力;意思表示真实;不违反法律、行政法规的强制性规定,不违背公序良俗。

(一) 合同当事人必须具有签约的行为能力

签订买卖合同的当事人主要为自然人或法人。各国法律一般规定,自然人签订合同的行为能力,是指精神正常的成年人才能订立合同;未成年人、精神病人订立合同必须受到限制。关于法人签订合同的行为能力,各国法律一般规定,法人必须通过其代理人,在法人的经营范围内签订合同,即越权的合同不具有法律效力。例如,只有经过政府允许和批准的有外贸经营权的企业,才能从事对外贸易活动,才能就其有权经营的商品订立销售合同。没有取得外贸经营权的企业或经济组织要签订对外贸易合同,必须委托有外贸经营权的企业代理。

(二) 合同必须有对价或约因

英美法认为,对价(consideration)是指当事人为了取得合同利益所付出的代价。大陆法认为,约因(cause)是指当事人签订合同所追求的直接目的。按照英美法和大陆法的规定,合同只有在有对价或约因时,才是法律上有效的合同。

(三) 合同的标的或内容必须合法

标的合法是指合同涉及的买卖货物和货款必须合法。合同内容合法包括不得违反法律,不得违反公共秩序或公共政策,以及不得违反公序良俗或道德三个方面。

(四) 合同必须符合法律规定的形式

世界上大多数国家,只对少数合同才要求必须按法律规定的特定形式订立,而对大多数合同,一般不从法律上规定应当采取的形式。我国《民法典》第469条规定:"当事人订立合同,可以采用书面形式、口头形式或者其他形式。"

(五) 合同当事人的意思表示必须真实

各国法律都规定,合同当事人的意思表示必须是真实的才能成为一项有约束力的合同。买卖双方必须在自愿和真实的基础上达成协议。任何一方采取欺诈、威胁或暴力手段订立的合同无效。

第二节 合同的形式与内容

一、合同的形式

在国际贸易中,订立合同的形式有书面形式、口头形式、以行为表示三种。随着国际贸易的迅速发展和国际通信技术的不断改进,当前国际货物买卖合同一般都是通过现代化的通信方法达成的,在此情况下,很难要求必须用书面形式订立合同。为了加速成交和简化订立合同的手续,很多国家对国际货物买卖合同一般不做形式上的要求,即使要求书面形式,也只是起证据的作用。

根据国际贸易的习惯做法,交易双方通过口头或来往函电磋商达成协议后,多数情况下还会签订一定格式的正式书面合同。签订书面合同具有以下三方面的意义。

(一) 合同成立的证据

合同是否成立,必须有证明,而书面合同即可作为合同成立的证明。尤其是口头磋商达成的协议更需要签订一份书面的合同,否则一旦买卖双方发生纠纷和争议,需要提交仲裁或诉讼时将缺少充足的证据来证明双方的买卖关系和责任,难以得到法律保护。

(二) 合同生效的条件

交易双方在发盘或接受时,若声明以签订一定格式的正式书面合同为准,则在正式签订书面合同时合同方为成立。

(三) 合同履行的依据

交易双方通过口头谈判或函电磋商达成交易后,把彼此磋商一致的内容集中订入一定格式的书面合同中,双方当事人可以以此书面合同为准,作为合同履行的依据。

在我国对外贸易实践中,书面合同的形式包括合同(contract)、确认书(confirmation)、协议书(agreement)和订单(order)等,其中以采用"合同"和"确认书"两种形式的居多。从法律效力来看,这两种形式的书面合同没有区别,只是格式和内容的繁简有所差异。在我国对外贸易业务中,合同或确认书通常一式两份,由双方合法代表分别签字盖章后各执一份,作为合同订立的证据和履行合同的依据。

二、合同的内容

我国对外贸易企业与外商签订的买卖合同,无论采取哪种形式,都是调整交易双方经济关系和规定彼此权利与义务的法律文件。其内容通常包括约首、基本条款和约尾三部分。

(一) 约首部分

一般包括合同名称、合同编号、缔约双方名称和地址、电话号码、电传号码等内容。

(二) 基本条款

基本条款是合同的主要内容,包括品名、品质、规格、数量(或重量)、包装、价格、交货条件、运输、保险、支付、检验、索赔、不可抗力和仲裁等内容。商定合同,主要是指洽商如何约定这些基本条款。各个具体合同条款的内容和注意事项将在下一篇专门阐述。

(三) 约尾部分

一般包括订约日期、订约地点及双方当事人签字等内容。合同的订约地点往往涉及合同准据法的问题,应该重视。我国出口合同的订约地点一般都写我国。

为了提高履约率,在规定合同内容时应考虑周全,力求使合同中的条款明确、具体、严密和相互衔接,且与洽商的内容一致。双方应该争取在平等互利的基础上达成协议和签订书面合同,并使约定的合同条款既公平合理又切实可行。

三、合同的格式

在国际货物贸易中,合同的名称与格式并无统一规定,合同格式的繁简程度也不一致,究竟采用详细的买卖合同格式还是简易的销售确认书,取决于贸易习惯做法和交易双方的意愿。重要的贸易合同应该会同法律专家、会计师、专业技术人员和资深业务人员等一起研究。

由于合同是很重要的法律文件,企业应加强对贸易合同的管理工作,如合同编号和档案管理。应该把与合同相关的往来函电、单据、资料一起存档,以便日常业务管理,这些也是企业日后发生贸易纠纷时的重要法律证据。

本章应知应会术语

1. execution of contract　合同生效
2. establishment of contract　合同成立
3. consideration　对价
4. cause　约因
5. contract　合同
6. confirmation　确认书
7. agreement　协议书
8. order　订单
9. preface of contract　约首
10. end of contract　约尾
11. basic terms　基本条款

思考题

1. 我国有关合同成立的时间是怎么规定的?
2. 合同生效需要哪些条件?
3. 如何认识签订书面合同的重要意义?
4. 合同的基本内容是什么?
5. 企业如何加强合同管理?

第三篇

国际货物买卖合同条款

第 5 章

商品的品名、品质、数量与包装

第一节　商品的品名

一、商品的品名与 H.S. 编码制度

　　商品的名称，或称品名(name of commodity)，是指能使某种商品区别于其他商品的一种称呼或概念。商品的品名在一定程度上体现了商品的自然属性、用途及主要的性能特征。商品的品名是国际贸易合同中不可或缺的主要交易条件，是进出口双方交接货物的基本依据，关系买卖双方的权利和义务。

　　国际上为了便于以共同的标准对商品进行统计和征税，1950 年由联合国经济理事会发布了《国际贸易标准分类》(Standard International Trade Classifications，SITC)。其后，世界各主要贸易国又在比利时布鲁塞尔签订了《海关合作理事会商品分类目录》(Customs Co-operation Council Nomenclature，CCCN)，又称《布鲁塞尔海关商品分类目录》。CCCN 与 SITC 对商品的分类有所不同，为了避免采用不同目录分类在关税和贸易、运输中出现分歧，在上述两个规则的基础上，海关合作理事会主持制定了《协调商品名称及编码制度》(Harmonized Commodity Description and Coding System)，简称 H.S. 编码制度，该制度于 1988 年 1 月 1 日生效，可用于商品的计费与统计、计算机数据传递、国际贸易单证简化、普惠制的利用、海关税则、贸易统计等方面，目前广泛应用于世界各国的航运业、国际经济分析及国际贸易中。我国于 1992 年 1 月 1 日起采用 H.S. 编码制度。我国的进出口商在为商品命名时，应与该制度规定的品名相对应。

二、国际货物买卖合同中的品名条款

　　合同中的品名条款，通常是写在"商品名称"标题下，也有的只在合同的开头部分，载明交易双方同意买卖某种商品的文句。对于一般商品而言，订立品名条款时只要列明商品名称即可。但有些商品为明确起见，需要将有关商品的品种、等级或型号包括进去，以便做进一步限定，有时甚至把商品的质量规格也包括进去。在此情况下，它实际就是品名、质量条款的合并。

三、规定品名条款的注意事项

(一) 品名应具体明确

　　在规定品名条款时，必须订明交易标的物的具体名称，避免宽泛、笼统或含糊，以确切

地反映商品的用途、性能和特点,便于合同的履行。例如,合同中不能简单笼统地将商品命名为 Beans,而应具体明确地注明是 Green Beans、Red Beans、Kidney Beans,还是 Broad Beans。

(二)切实反映商品的实际情况

条款中规定的品名,必须是卖方能够供应而买方也需要的商品,凡做不到或不必要的描述性词句,都不应列入,以免给履行合同带来困难。

(三)使用国际上通用的名称

有些商品的品名,各地叫法不一,为了避免误解,应尽可能使用国际上通行的名称。若使用地方性的名称,交易双方应事先就其含义达成共识。对于某些新商品的定名及其译名,应力求准确、易懂,并符合国际上的习惯称呼。

(四)注意选用合适的品名

有些商品具有不同的名称,因而存在同一商品因名称不同而交付关税和班轮运费不一的现象,且其所受的进出口限制也不同。例如,20 世纪 90 年代,我国纺织企业大量进口瑞士、意大利等国的清钢联。清钢联生产线由开棉机、清棉机、梳棉机等一系列设备组成,并由一个控制系统控制。当时的情况是:如果在合同中将控制系统命名为电脑或计算机,则需办理进口许可证且进口关税税率不低于 70%;若命名为"数字控制系统",则不需要办理进口许可证,且关税税率约为 14%[1]。可见,在订立国际货物买卖合同时,应注意选用合适的品名以降低关税、方便进出口和节省运费开支。

第二节　商品的品质

一、商品品质的重要性

商品的品质(quality of goods)是指商品内在品质和外观形态的综合表现,是进口商在选择商品时关注的主要因素,品质的优劣是决定商品使用效能和影响商品市场价格的重要因素。在国际市场竞争日趋激烈和贸易保护主义盛行的形势下,提升商品品质是企业打开国际市场、提高声誉、增强出口竞争力的重要手段,也是企业应对绿色壁垒、技术壁垒等非关税壁垒的重要举措。

合同中的品质条款不仅是构成商品说明的重要组成部分,也是买卖双方交接货物的主要依据。《联合国国际货物销售合同公约》(以下简称《公约》)第 35 条及第 46 条规定,如果卖方交付的货物不符合合同的品质规定,即构成根本性违约(fundamental breach of contract),买方有权要求损害赔偿,也可要求修理或交付替代物,甚至拒收货物、解除合同。

---

[1] 资料来源:李昭华,潘小春.国际贸易实务:第 2 版[M].北京:北京大学出版社,2012:11.

二、表示品质的方法

在国际货物买卖中,商品种类繁多、特点各异,表示商品品质的方法也多种多样,归纳起来可分为两大类:以实物表示;以文字说明表示。

(一)以实物表示商品品质

以实物表示商品品质的方法,是指以作为交易对象的实际商品或以代表商品品质的样品表示商品的品质,包括看货买卖和凭样品买卖两种。

1. 看货买卖

看货买卖是根据现有商品的实际品质进行的交易。采用这种方法时,通常是先由买方(或其代理人)在卖方所在地验货,交易达成后,只要卖方交付的是经买方验看过的商品,买方就不得对交货品质提出异议。实务中,由于交易双方距离遥远,看货成交的情况较少,主要在处理库存、拍卖、寄售、展卖等业务中采用。

2. 凭样品买卖

样品(sample)通常是指从一批商品中抽出来的或由生产使用部门设计加工出来的、足以反映和代表整批商品质量的少量实物。凭样品买卖(sale by sample)是指买卖双方按约定的足以代表实际货物的样品作为交货品质依据的交易。在国际货物贸易中,有些商品的品质难以用文字说明,无法确定固定的标准或难以用科学的指标说明其质量,只能借助样品来确定其品质。还有一些商品出于市场习惯而采用凭样品买卖的方法。凭样品买卖一般适用于在造型上有特殊要求的商品。目前,我国出口的某些工艺品、服装、轻工业品等常用这种方式来表示其品质。

在实际业务中,凭样品买卖按样品提供者的不同,可分为下面几种。

(1) 凭卖方样品买卖(sale by seller's sample)。按卖方提供的样品进行磋商和订立合同,并以卖方样品作为交货的品质依据。凭卖方样品成交时,卖方提供的必须是能充分代表日后交货品质的代表性样品(representative sample)。在向买方送交代表性样品时,应留存一份或数份相同的样品,即复样(duplicate sample)或留样(keep sample),以备将来组织生产、交货或处理质量纠纷时进行核对。

(2) 凭买方样品买卖(sale by buyer's sample)。在我国又称凭来样成交,是指按买方提供的样品进行磋商和订立合同,并以买方样品作为交货品质的依据。由于买方熟悉目标市场的需求状况,来样往往能更直接地反映当地市场的需求,因此采用这种方法可以提高出口货物的适应性和竞争能力。采用来样成交时,卖方应充分考虑按来样生产特定商品的可能性及可行性,即是否具备按来样生产的原材料、技术、设备和生产能力,还需考虑购置所需原料、设备的成本是否超过交易的收益等。此外,还需防止被卷入侵犯第三者工业产权的纠纷。

(3) 凭对等样品买卖(sale by counter sample)。所谓对等样品,是指卖方根据买方提供的样品,加工复制出一个类似的样品供买方确认,经确认后的样品就是对等样品,有时也称"回样",或"确认样"(confirming sample)。凭对等样品买卖适用于卖方认为按来样成交无确切把握的情况,这种交易方式相当于把凭买方样品买卖转变为凭卖方样品买卖。

样品除了按提供方可分为买方样品与卖方样品之外,还可按用途分为参考样品(reference sample)与标准样品(standard sample)。参考样品是促成交易的媒介,其作用在于使交易对方对商品的品质有一个大致的了解,以便考虑是否可能谈成交易,因此参考样品仅供参考,不作为交货的最终依据。标准样品又称成交样品,是买卖双方成交货物品质的最后依据,采用这种方式时,卖方要保证其所交的货物与样品完全一致。

采用凭样品买卖时,应注意以下事项:①凡凭样品买卖,卖方交货品质必须与样品完全一致;②采用凭样品成交而对品质无绝对把握时,在合同中应约定交货品质与样品大体相同或相似;③凡能用科学的指标表示商品质量时,不宜采用凭样品买卖,此法只能酌情使用。

(二) 以文字说明表示商品品质的方法

国际货物买卖中,大多数商品采用文字说明来规定其质量,具体包括下面几种。

1. 凭规格买卖(sale by specification)

商品的规格是指用以反映商品质量的主要指标,如化学成分、含量、纯度、性能、容量、长短、粗细等。在国际贸易中,买卖双方洽谈交易时,对于适合凭规格买卖的商品,应提供具体规格来说明商品的基本品质状况,并在合同中订明。用规格表示商品品质的方法具备科学性且简单易行、明确具体,故在国际贸易中使用最为广泛。

例1:100% Pure Cotton Apron　Art. No. 49394

例2:Grey Fabric,Poly/Cotton 65/35

例3:Wheat Flour　　Wet Gluten(湿面筋)　　　28%～30%

　　　　　　　　　Ash(灰分)　　　　　　　0.5%～0.55%

　　　　　　　　　Moisture(水分)　　　　　13.5%±0.5%

2. 凭等级买卖(sale by grade of goods)

商品的等级(grade of goods)是指同一类商品按规格上的差异,分为品质优劣各不相同的若干等级,如特级、一级、二级等。等级的产生是长期生产与贸易实践的结果,等级不同的商品规格不同。按此方法成交的前提条件是买卖双方对等级的含义理解一致,如双方不熟悉等级的内容或对等级的含义有不同的看法,则合同中应同时列明每一等级对应的规格。

例1:

Name of Commodity (品名)	Grade (等级)	Weight per cherry (单果重)	Malformation (畸形果)
Lapin Cherry (拉宾斯樱桃)	Special Grade(特级)	10.4gm up	0%
	First Grade(一级)	7.9～10.4gm	0%
	Second Grade(二级)	4.8～7.9gm	5% max.

例2：

Name of Commodity （品名）	Grade （等级）	Net Weight （净重）
Frozen Rabbit With Bones （带骨冻兔）	Extra Large （特大）	1 500gm min.
	Large （大）	1 000gm min.
	Medium （中）	600gm min.
	Small （小）	400gm min.

3. 凭标准买卖（sale by standard of goods）

商品的标准（standard of goods）是指将商品的规格和等级予以标准化。商品的标准有国际标准、国外先进标准、本国标准、同业工会标准等。国际标准如国际标准化组织（ISO）标准，国外先进标准如英国的 BS、美国的 ANSI、日本的 JIS 等，这些标准均在国际贸易中被广泛采用。我国有国家标准、行业标准、地方标准和企业标准。

在国际贸易中，买卖一些质量容易变化的农副产品，以及品质构成条件复杂的某些工业制成品，由于长期形成的习惯或出口国家尚未对产品予以等级化或标准化，采用以下方法说明其品质。

（1）良好平均品质（fair average quality，FAQ）。良好平均品质主要指一定时期内某地出口货物的平均品质水平，一般是指中等货，主要适用于品质变化较大而难以规定统一标准的农副产品。对于这类商品，同业公会或检验机构从一定时期或季节、某地装船的各批货物中分别抽取少数实物加以混合拌制，并由该机构封存保管，以此实物所显示的平均品质作为该季同类商品质量的比较标准。

在我国出口的农副产品中，也有用 FAQ 来说明品质的，习惯上称其为"大路货"，是与"精选货"（selected goods）相对而言的。采用这种方法时，除在合同中注明 FAQ 字样，一般还要订明该商品的主要规格指标，作为交货时的主要依据。

例1：Tapioca Chips,2009 Crop. ,FAQ,moisture 16％ max.

例2：Chinese Rice   F.A.Q.

Broken Grains（max.）20％

Admixture（max.）0.2％

Moisture（max.）10％

（2）尚好可销品质（good merchantable quality，GMQ）。尚好可销品质是指卖方交货时只需保证商品的品质适于销售。在国际上，有些商品没有公认的规格和等级，如冷冻鱼、冻虾等，有时卖方在交货时，只要保证所交的商品在品质上具有"商销性"即可。由于这种表示方法的含义笼统，难以掌握，履约时容易引起争议，故不宜采用。但是如果卖方交货时因采用这一标准发生争议，通常由同业公会以仲裁方式解决。

4. 凭品牌或商标买卖（sale by trade mark or brand）

品牌是指工商企业给其制造或销售的商品所冠的名称，以便与其他企业的同类产品区别开来。商标是指生产者或商号用来说明其所生产或出售的商品的标志，可由一个或几个具有特色的单词、字母、数字、图形或图片等组成。凭品牌或商标买卖，主要适用于在市场上行销已久、质量稳定、信誉良好、为消费者熟悉和喜爱的工业制成品或经科学加工的初级产品。

例1：Forever Brand Bicycle 26″ Men's Style

例2：MAXAM Brand Dental Cream

例3：OMEGA Brand Men's Watch

5. 凭产地名称买卖(sale by name of origin)

在国际货物买卖中，有些商品(尤其是传统农副产品)因产区的自然条件、传统加工工艺等因素的影响，在品质方面具有其他产区的商品所不具有的独特风格和特色。对于这类商品，可用产地名称来表示其品质，称为凭产地名称买卖，如四川榨菜(Sichuan preserved vegetable)、中国东北大米(Chinese northeast rice)等。

6. 凭说明书和图样买卖(sale by illustrations and description)

在国际贸易中，有些机器、电器、仪表、大型设备等技术密集型商品，因结构复杂、制作工艺不同，无法用几个简单的指标来反映其质量的全貌。因此，对这类商品的品质，通常是以说明书并附以图样、照片、图纸、分析表及各种数据来完整说明其具有的质量特征。按此方式进行的交易，称为凭说明书和图样买卖。

例：Multi-shuttle Box Loom, Model HV22
　　Quality and technical data as per attached descriptions & illustrations

上述表示商品品质的六种方法可以单独运用，也可以根据商品的特点、市场或交易的习惯，将几种方式结合运用。但要注意，在规格与样品同时使用的进出口贸易中，必须明确表明是以规格为准，还是以样品为准。因为根据国外一些法律的规定，凡是既凭样品又凭规格达成的交易，卖方所交货物必须既符合样品，又要与规格保持一致，否则买方有权拒收货物，并可以提出索赔要求。

三、国际货物买卖合同中的品质条款

(一) 品质条款的基本内容

在国际货物买卖合同中，品质条款的内容有繁有简，视不同商品和不同表示品质的方法而定，一般包括商品的品名、规格、等级、标准、品牌、商标或产地名称等内容。凭样品买卖时，除了列明商品名称外，还应列明样品的编号、寄送日期，有时还要加列交货品质与样品"大致相符"或"完全相符"的说明等。

(二) 品质公差与品质机动幅度

在国际货物买卖中，卖方交货品质必须与合同规定的质量条款相符。但是，由于商品自身特点、生产工艺、自然损耗、天气影响等诸多方面原因，有时难以保证交货质量与合同规定完全一致。对于这些商品，如质量指标订得过于绝对化，必然会给卖方履约带来困难。为了避免交货品质与合同稍有不符而造成违约，保证交易的顺利进行，可以在合同条款中做出某些变通规定。常见的规定办法有以下两种。

1. 品质公差(quality tolerance)

品质公差是指工业制成品的质量由于科技水平或生产水平所限制而产生的国际上公

认的误差。这种公认的误差,即使合同没有规定,只要卖方交货在公差范围内,也不视为违约,买方不得拒收货物。但为了明确起见,最好在合同中规定一定幅度的品质公差,如"货物尺寸允许有±3%~5%的合理公差"等类似条款。

2. 品质机动幅度(quality latitude)

对于某些初级产品,由于卖方所交货物品质难以完全与合同规定的品质相符,为便于卖方交货,合同中规定允许所交货物的特定质量指标在一定范围内灵活浮动。机动幅度的规定方法主要有以下两种:①规定一定的差异范围;②规定上下极限,如最大、最高、最多(maximum,max),最小、最低、最少(minimum,min)等。卖方交货质量在品质公差或品质机动幅度允许的范围内时,一般均按合同单价计价,而不再按质量高低另做调整。

例1:Grey Duck Feather, Down content 18%, allowing 1% more or less

例2:Green Bean, Moisture 15% max, Admixture 1% max

(三)订立品质条款时的注意事项

1. 品质条款应具体明确

为防止品质纠纷,合同中的品质条款应尽量具体、明确,避免采用大约、左右之类笼统含糊或模棱两可的措辞,以免在交货品质问题上引起争议。例如,采用凭标准买卖的方法时,不仅要订明是哪个国家、哪个行业的标准,而且要订明是哪一年度的版本。

2. 正确选用表示品质的方法

规定品质条款时,应根据商品的特性和行业习惯选择表示品质的方法。对于可用科学的指标来说明其质量的商品,尽量用凭规格买卖等文字说明的方法,不要轻易采用看货成交或凭样品成交的方法。因为看货成交一般用于库存处理、寄售、展卖、拍卖等业务中,其使用具有局限性;而凭样品买卖的做法在双方交接货物的过程中很容易引起争议,故不宜轻易使用。

3. 实事求是地约定品质条件

订立品质条款时,要根据需要和可能,实事求是地确定品质条件,避免品质条件出现偏高或偏低的现象。例如,在出口业务中,订立商品的品质条件除考虑客户的需求外还应考虑自身的供货能力,如客户对品质要求过高,属于我方做不到的条件,则不应接受。反之,在进口业务中,订立商品的品质条件也应从实际需要出发,防止盲目提高质量要求,造成不必要的浪费。

4. 合理选订质量指标

在品质条款中,凡对品质有重大影响的重要指标应当具体订明,相对次要的质量指标可少订,与品质无关紧要的条件和说明则不宜订入,以免条款过于琐碎。此外,订立品质条款时还应注意各项质量指标之间的内在联系,避免出现指标间相互矛盾的情况。

5. 合理采用品质机动幅度条款

对于受商品特性、生产加工工艺、气候等因素影响,难以保证交货质量与合同规定完全一致的商品,应在合同中加列品质机动幅度条款,避免把商品质量订得过死或绝对化。采用凭样品成交的方式时,买卖双方往往带有一些主观因素,对所交货物是否达到质量标准意见不一,容易引起争议。买卖双方应在订立品质条款时加上"交货品质与样品大致相同或相似"之类的条文,以利于生产加工和合同履行。

第三节　商品的数量

商品的数量是指以一定的计量单位所表示的合同标的物的量的测度,主要体现为一定的重量、个数、长度、面积、容积、体积等。

在国际货物买卖中,商品的数量不仅是国际货物买卖合同的主要交易条件之一,而且是构成有效合同的必备条件。《公约》把商品数量作为构成发盘内容不可或缺的基本要素,要求在提出的订约建议中,必须明示或默示地规定货物的数量或规定数量的方法。《公约》第35条规定,卖方交付的货物必须与合同所规定的数量相符。如果卖方交货数量少于约定的数量,卖方应在规定的期限内补交,由此造成的损失,买方有权提出损害赔偿要求[①];如果卖方交货数量多于约定的数量,买方可以拒收多交的部分,也可收取多交部分的全部或一部分,但买方对其多收的货物,仍应按合同价格付款[②]。

一、国际贸易中常见的度量衡制度

在国际贸易中,各国使用的度量衡制度不同,目前常用的有四种:①公制(或米制)(Metric System),如公斤、公吨、公里等;②美制(U. S. System),如短吨等;③英制(British System),如英尺、英寸、长吨等;④国际单位制(International System of Units)。国际单位制是在公制的基础上发展起来的,现已为越来越多的国家所采用,这标志着计量制度的日趋国际化和标准化。我国采用的是以国际单位制为基础的法定计量单位。在进出口业务中,我国出口商品除照顾对方国家的贸易习惯采用公制、英制或美制计量单位外,应使用法定计量单位。我国进口的机器设备和仪器等,应使用法定计量单位,除非确有特殊需要并经有关标准计量管理部门核准,一般不允许进口。

二、计量单位

国际货物贸易中不同类型的商品,需要采用不同的计量单位,常见的计量单位如表5-1所示。

表5-1　国际货物贸易中常用的计量单位及适用商品

计量单位	常见单位	适用的进出口商品
重量单位	克(gram)、千克(kilogram)、吨(ton)、公吨(metric ton,M/T)、长吨(long ton)、短吨(short ton)、磅(pound)、盎司(ounce)	主要适用于一般天然产品,以及部分工业制成品,如羊毛、谷物、矿产品、盐、油类、钢铁等
容积单位	公升(litre)、加仑(gallon)、蒲式耳(bushel)	主要适用于小麦、玉米、汽油、天然瓦斯、化学气体、煤油、酒精、啤酒、双氧水等谷物类,以及部分流体、气体物品

---

① 参见《联合国国际货物销售公约》第37条。
② 参见《联合国国际货物销售公约》第52条。

续表

计量单位	常见单位	适用的进出口商品
个数单位	只(piece)、件(package)、双(pair)、台(set)、打(dozen)、罗(gross)、大罗(great gross)、令(ream)、卷(roll)、辆(unit)、头(head)、箱(case)、包(bale)、桶(barrel)、袋(bag)、盒(box)、听(tin,can)	主要适用于成衣、文具、纸张、玩具、车辆、拖拉机、活牲畜、机器零件等杂货类商品及一般制成品
长度单位	码(yard)、米(meter)、英尺(foot)、厘米(centimeter)	主要适用于布匹、塑料布、电线电缆、绳索、纺织品等
面积单位	平方码(square yard)、平方米(square meter)、平方英尺(square foot)、平方英寸(square inch)	主要适用于玻璃、地毯、铁丝网、纺织品、塑料板、皮革等板型材料，皮制商品和塑料制品
体积单位	立方码(cubic yard)、立方米(cubic meter, CM)、立方英尺(cubic foot)、立方英寸(cubic inch)	主要适用于化学气体、木材等

三、计量方法

国际货物贸易中使用的计量方法多种多样，如按重量(weight)计量、按容积(capacity)计量、按个数(numbers)计量、按长度(length)计量、按面积(area)计量、按体积(volume)计量等，其中按重量计量的商品数量最多。根据商业习惯，计算重量的方法主要有下面几种。

1. 毛重(gross weight)

毛重是指商品本身的重量加皮重，即商品连同外包装的重量。这种计重方法以毛重作为计算价格和交付货物的计量基础，一般适用于价值较低的商品(如大米、蚕豆等用麻袋包装的农产品)。

2. 净重(net weight)

用净重计量主要适用于价值较高的商品。用净重计量时，应在毛重的基础上扣除皮重(外包装的重量)。去除皮重的方法有四种：①实际皮重(actual tare)，即将所有商品的包装逐一称重，取得实际皮重；②平均皮重(average tare)，从整批商品中抽取一定件数，称出皮重，除以抽取的件数，即得到平均皮重，再乘以整批商品的总件数，作为整批商品的总皮重；③习惯皮重(customary tare)，某些商品的包装形成规格化，皮重成为市场所公认的固定值；④约定皮重(computed tare)，即按买卖双方事先约定的包装重量。在国际货物贸易中，大部分按重量成交的商品都是以净重作价。有些价值较低的农产品及其他商品采用以毛作净的方法计量。所谓以毛作净，实际上就是把毛重当作净重计价。由于这种计重方法直接关系到价格的计算，因此在销售这类商品时，不仅在规定数量时需明确"以毛作净"，在规定价格时也应加注此条款。

3. 法定重量(legal weight)

按照一些国家海关法的规定，在征收从量税时，商品的重量是以法定重量计算的。法定重量是纯商品的重量加上直接接触商品的包装物料(如销售包装等)的重量。

4. 净净重(net net weight)

净净重是去除内外包装后纯商品的重量,又称实物净重。

5. 理论重量(theoretical weight)

理论重量适用于有固定规格和固定体积的商品。规格一致、体积相同的商品,每件重量也大致相等,根据件数即可算出其总重量,如马口铁、钢板等。

6. 公量(conditioned weight)

国际货物贸易中棉花、羊毛、生丝等商品具有较强的吸湿性,其所含的水分受客观环境的影响较大,故其重量很不稳定。为准确计算这类商品的重量,国际上通常采用按公量计算的方法,即以商品的干净重(烘去商品水分后的净重)加上国际公定回潮率与干净重的乘积所得出的重量。其计算公式有下面两种:

(1) 公量=商品干净重×(1+公定回潮率)

(2) 公量=商品净重×$\dfrac{1+公定回潮率}{1+实际回潮率}$

例题:我国某公司从澳大利亚进口羊毛,双方约定单价为每公吨6 200美元(公量),羊毛的公定回潮率为10%。这批羊毛测得实际净重(含水分的重量)为50公吨,实际回潮率为8%。该批货物的总价是多少?

解:公量=商品净重×$\dfrac{1+公定回潮率}{1+实际回潮率}$

$=50\times\dfrac{1+10\%}{1+8\%}$

$=50.93$(公吨)

总价=50.93×6 200=315 766(美元)

四、国际货物买卖合同中的数量条款

(一)数量条款的基本内容

合同中的数量条款主要包括成交数量和计量单位,有的合同还需规定确定数量的方法。以下是数量条款的一些实例。

例1:100% Pure Cotton Apron　Art. No. 49394,3 000PCS

例2:Plush Twin Bear　Art. No. KB0278,504SETS

例3:Chinese Rice　F. A. Q.

　　200M/T gross for net,5% more or less allowed at Seller's option

(二)溢短装条款

在国际货物买卖中,有些商品是可以精确计量的,如金银、药品、生丝等。但在实际业务中,有许多商品受本身特性、生产、运输或包装条件及计量工具的限制,在交货时不易精确计算。例如,散装谷物、油类、水果、粮食、矿砂、钢材等的交货数量往往难以完全符合合同约定的某一具体数量。为了便于合同顺利履行,减少争议,买卖双方通常都要在合同中规定数量的机动幅度条款,允许卖方在一定范围内灵活掌握交货数量。买卖合同中的数量机动幅度条款一般就是溢短装条款(more or less clause),卖方交货数量只要在允许增减的范围内即为符合合同有关交货数量的规定。溢短装条款主要包括下列内容。

1. 溢短装幅度

溢短装幅度通常由当事人在合同中订明。在合同中未明确规定机动幅度的情况下,根据国际商会《跟单信用证统一惯例》(第 600 号出版物)第 30 条 b 款的规定,只要总支取金额不超过信用证金额,货物的数量可允许有不超过 5% 的增减幅度,但货物数量按包装单位或个体计数时,这项规则不适用。根据这一规定,凡属散装货物,在信用证未规定增减幅度也未使用"约"量时,可以有 5% 的数量机动幅度。

2. 溢短装的选择权

合同中规定有溢短装条款,具体伸缩量的掌握大都由卖方决定(at seller's option),在由买方派船装运时,也可由买方决定(at buyer's option)。在采用租船运输时,为了充分利用船舱容积,便于船长根据轮船的运载能力考虑装运数量,也可授权船方掌握并决定装运增减量。在此情况下,买卖合同应明确由承运人决定伸缩幅度(at carrier's option)。

3. 溢短装数量的价格

在数量机动幅度范围内,多装或少装货物一般都按合同价格结算货款。但是,实务中溢短装条款存在被一方当事人刻意利用的可能。例如,就卖方而言,在市场价格下跌时大都按照最高约定数量交货,反之则往往尽量争取少交货,从而使买方处于不利地位。据此,为了防止拥有数量增减选择权的当事人利用数量机动幅度,根据市场价格情况故意多装或少装货物以获取额外收益,买卖双方可在合同中规定,多装或少装数量的价款不按合同计价,而是按装运日或到货日的市场价格计算,以体现公平合理的原则。

(三) 约数条款

约数条款(approximate clause)是指在合同数量前冠以大约、近似、左右等伸缩性的字眼,用以说明合同的数量只是一个约数,从而使卖方交货的数量可以有一定的灵活性。对于"约"字,国际商会《跟单信用证统一惯例》(第 600 号出版物)第 30 条 a 款关于信用证金额、数量与单价的伸缩度有如下规定:"约"(about)或"大约"(approximately)用于涉及信用证金额或信用证规定的数量或单价时,应解释为允许有关金额、数量或单价可有 10% 的增减幅度。由于"约数"的含义在国际贸易中有不同的解释,容易引起纠纷,一般不宜采用。

(四) 约定数量条款时的注意事项

1. 正确把握成交量

影响买卖双方成交数量的因素有很多。国内货源的供应情况、销售商的营销意图、国外的供求情况、国际市场价格走势、外商的资信及经营能力、运输条件等,都是卖方在确定具体销量时要考虑的因素。如果卖方忽视对上述经济因素的分析,一味追求扩大销量,不仅会对卖方顺利履约、收汇产生负面影响,还有可能影响卖方在目标市场上的售价与利润。买方在商定进口数量时,则要考虑自身的实际支付能力及当地市场的需求等。此外,买卖双方商品成交数量的多寡,常受到各国政府进出口商品管理政策、产业政策等宏观经济因素的影响。因此,正确把握成交数量具有十分重要的意义。

2. 合理订立溢短装条款

对于需要订立溢短装条款的商品买卖,合同中应合理规定溢短装的幅度、选择权及溢短装数量的计价方法,尽量体现公平合理的原则,避免溢短装条款被一方当事人利用。

3. 数量条款应具体明确,尽量避免使用"约数条款"

为了避免买卖双方日后出现争议,合同中的数量条款应完整准确,双方对计量单位的实际含义应理解一致,对成交数量一般不宜采用大约、近似、左右等带伸缩性的字眼。

第四节　商品的包装

包装条款是国际货物买卖合同中的一项主要条款,按照合同约定的包装要求提交货物是卖方的主要义务之一。《联合国国际货物销售合同公约》第35条规定:"卖方必须按照合同规定的方式装箱或者包装""卖方必须按照同类货物通用的方式装箱或者包装,如果没有此种通用方式,则按照足以保全和保护货物的方式装箱和包装""否则即为与合同不符"。许多国家的法律也规定,若卖方交付的货物未按约定包装,或者货物包装不符合行业习惯,买方有权拒收货物。由此可见,重视出口商品包装工作对顺利履行合同具有重要意义。

一、包装的种类

根据包装在流通过程中所起作用的不同,可将商品包装分为运输包装(外包装)和销售包装(内包装)两大类。前者的作用在于保护商品、防止出现货损货差;后者除起保护商品的作用外,还有促销功能。

(一)运输包装

运输包装(transport packing)又称外包装(outer packing)、大包装(big packing),是指将货物装入特定的容器,或以特定的方式成件或成箱地进行包装。

国际贸易中的货物,除矿石、煤等无须包装,可直接装入运输工具中的散装货物(bulk cargo),以及钢材、铝锭、巨型设备等在形态上自成件数,不必包装或者只需略加捆扎即可成件的裸装货物(nude cargo)外,其他绝大多数商品都需要包装。表5-2列出了常见的运输包装。

表5-2　运输包装的常见种类

类　别	常用运输包装	适用商品
箱类	木箱(wooden case) 板条箱(crate) 纸箱(carton) 瓦楞纸箱(corrugated carton)	不能紧压的货物

续表

类　　别	常用运输包装	适 用 商 品
桶类	木桶(wooden drum) 铁桶(iron drum) 塑料桶(plastic cask)	液体、半液体、粉状或粒状货物
袋类	麻袋(gunny bag) 布袋（cloth bag) 纸袋（paper bag) 塑料袋（plastic bag)	粉状、颗粒状、块状的农产品及化学原料
包类	包(bale)	羽毛、羊毛、棉花、生丝、布匹等可以紧压的货物

（二）销售包装

销售包装又称内包装(inner packing)或小包装(small packing)，其主要作用是美化商品、方便陈列展销、促进商品销售。

二、运输包装的标志

运输包装的标志是指货物因运输、装卸、仓储的识别需要，在运输包装上刷写的文字和图形。根据用途，运输包装的标志可分为运输标志(shipping mark)、指示标志(indicative mark)和警告性标志(warning mark)三类。

（一）运输标志

运输标志又称唛头(shipping mark)，通常由一个简单的几何图形和一些英文字母、数字及简单的文字组成，其作用在于使货物在运输过程中的每个环节便于识别，如在装卸、运输、存放、保管等过程中易于被有关人员辨别，以防发生错装、错运、错转、错交和无法交付等情况。此外，当由于某种原因发生票货分离时，运输标志也便于港务工作人员快速确认货物所有人。

运输标志的主要内容包括：①收货人代号；②发货人代号；③目的港（地）名称；④件数、批号。此外，有的运输标志还包括合同号、许可证号、体积与重量、原产地等内容。运输标志的内容繁简不一（如图 5-1 及图 5-2 所示），由买卖双方根据商品特点和具体需要商定。

鉴于运输标志的内容差异较大，有的过于繁杂，联合国欧洲经济委员会简化国际贸易程序工作组在国际标准化组织和国际货物装卸协调协会的支持下，制定了一种运输标志向各国推荐使用。该标准化运输标志包括四个组成部分：①收货人代号，即收货人或买方名称的英文缩写字母或简称；②参考号，如贸易合同号、订单号、发票号或运单号；③目的地，即货物运送的最终目的地或目的港的名称；④件数代号，即本批每件货物的顺序号和本批货物的总件数。

应当注意，为了便于刷唛、刻唛，节省时间和费用，标准运输标志不使用几何图形或其

图 5-1　唛头样式(一)

图 5-2　唛头样式(二)

他图形。

现举例说明简化后的标准运输标志：

ABC ……………………………………………………………… 收货人代号

S/C NO. 1001 …………………………………………………… 参考号

NEW YORK ……………………………………………………… 目的地

C/NO. 1-100 ……………………………………………………… 件数代号

运输标志在国际贸易中具有特殊的作用。《公约》规定，在商品特定化以前，风险不转移到买方承担。而商品特定化最常见的有效方式是在商品外包装上标明运输标志。此外，国际贸易主要采用凭单付款的方式，而主要的出口单据如发票、提单、保险单上都必须显示运输标志。商品以集装箱方式运输且是"整箱货"时，运输标志可被集装箱号码和封口号码取代。

(二) 指示性标志

指示性标志(indicative mark)是指根据商品的特性，在外包装上用醒目的图形或文字标出的操作标志，用以提示人们在搬运、装卸、存放和保管货物过程中需要注意的事项。例如，在易碎商品的外包装上标以"小心轻放(handle with care)"，在受潮后易变质的商品外包装上标以"保持干燥(keep dry)"，在倒置后箱内货物功能易受影响的商品外包装上标以"此端向上(this way up)"等，并配以图形指示。

为了统一各国运输包装指示标志的图形与文字，国际标准化组织(ISO)、国际航空运输协会(LATA)等国际组织分别制定了包装储运指示性标志，并建议各会员国予以采纳。我国制定有运输包装指示性标志的强制性国家标准《包装储运图示标志》，其所用图形与国际上通用的图形基本一致。表 5-3 列举了一些常用的指示性标志。至于在运输包装上标打哪种标志，应根据商品性质正确选用。在文字使用上，最好采用出口国和进口国的文字，但一般使用英文的居多。

表 5-3　常用的指示性标志

标志图形及标志名称	使 用 说 明	标志图形及标志名称	使 用 说 明
易碎物品（FRAGILE）	运输包装件内装易碎品，因此搬运时应小心轻放	禁用手钩（USE NO HOOK）	搬运运输包装时禁用手钩
向上（THIS WAY UP）	运输包装件的正确位置是竖直向上	怕晒（KEEP COOL）	运输包装件不能直接受到日光照射
怕辐射（STOW AWAY FROM RADIATION）	包装物品一旦受辐射便会完全变质或损坏	怕雨（KEEP DRY）	包装件怕雨淋

资料来源：《包装储运图示标志》(GBT 191-2008)。

(三) 警告性标志

警告性标志(warning mark)又称危险品标志(dangerous cargo mark)，是指在装有爆炸品、易燃物品、有毒物品、腐蚀物品、氧化剂和放射性物品等危险货物的运输包装上用图形或文字表示各种危险品的标志，以示警告，使装卸、运输和保管人员按货物特性采取相应的防护措施，以保护物品和人身的安全。

为保证国际危险货物运输的安全，联合国政府间海事协商组织制定了《国际海运危险品标志》(部分标志如图 5-3 所示)，现已被许多国家采用。我国国家质量检验检疫总局也于 2000 年发布了《危险货物包装标志》。在我国出口的危险货物的运输包装上，为防止出现问题，一般要标打我国和联合国政府间海事协商组织所规定的两套危险品标志。

图 5-3　部分危险品标志

三、定牌、无牌与中性包装

（一）定牌

定牌（OEM）是指卖方按照买方的要求，在所出售的商品或包装上标明买方指定的商标或牌号。定牌在国际贸易中并不少见，出口方使用定牌包装的主要原因是利用买方的企业商誉或品牌声誉，以提高商品售价和扩大销量。有时出口商为迎合进口国在商品包装上及商标品牌上的特殊要求，也可使用定牌包装。从进口商的角度看，采用定牌方式交易往往是在自身无生产能力或生产能力不足时，委托出口方代工生产。在我国出口贸易中，接受定牌生产的通常做法是，在商品或包装上采用买方指定商标或品牌，同时注明"中国制造"字样。

定牌生产从法律意义上看属于以委托加工形式呈现的一种劳务合同关系。在这一法律关系中，加工方按照委托方的要求完成合同规定的生产任务，无权以自己的名义销售这些委托加工的产品。

（二）无牌

无牌是指按照买方的要求在出口商品或包装上免除任何商标或牌名的做法，主要用于一些尚待进一步加工的半制成品，如供印染用的棉坯布，或供加工成批服装用的呢绒、布匹和绸缎等，其目的主要是避免浪费，降低成本。除非另有约定，采用无牌时，在我国出口商品和/或包装上均须标明"中国制造"字样。

（三）中性包装

中性包装（neutral packing）是指商品的内外包装上既不标明生产国别、地名和厂商名称，也不标明商标或品牌。中性包装有"无牌中性包装"和"定牌中性包装"之分。前者是指包装上既无生产国别和厂商名称，又无商标和牌名；后者是指包装上仅有买方指定的商标或牌名，无生产国别和厂商的名称。

中性包装是国际贸易中常见的包装方式，其目的是避开某些进口国家与地区的关税和非关税壁垒，以及适应交易的特殊需要（如转口销售等），是出口国家厂商加强对外竞销和扩大出口的一种手段。

值得注意的是，近年来中性包装的做法在国际上屡遭非议，中性包装商品的出口受到种种限制，因此出口商品采用中性包装时应了解进出口国家的相关规定，谨慎从事。此外,采用中性包装的出口商品,如因故转为内销,必须重新拆开包装,分别在产品及包装上依照我国《产品质量法》的有关要求,附上产品质量检验合格证、中文书写的产品名称、规格型号、生产厂家、厂址、生产日期等。

四、国际货物买卖合同中的包装条款

(一)包装条款的基本内容

包装是国际货物买卖合同的主要交易条件之一,买卖双方必须认真协商,取得一致意见,并在合同中做出明确具体的规定。合同中的包装条款主要包括包装材料、包装方式、包装规格、包装标志,有时也包括包装费用等内容。包装条款举例如下:

例:Ladies' Silk Garments, Art. No. JFSE 022,
　　　Quantity:6000PCS
　　　Packing:each in a plastic bag,6 pieces in different colors to a cardboard box,10 cardboard boxes to a carton,lined with waterproof paper and secured by two metal straps outside,total 100 cartons.
　　　Shipping mark:　BTC
　　　　　　　　　　S/C No. QJC0659
　　　　　　　　　　　SYDNEY
　　　　　　　　　CARTON NO. 1-100

(二)订立包装条款的注意事项

根据《联合国国际货物销售合同公约》的规定,商品包装是确定所交货物与合同规定是否相符的内容之一。因此,对合同中的包装条款的订立应慎重,并须注意以下几点。

1. 考虑商品特点和不同运输方式的要求

商品种类繁多、形状各异,因而对包装的要求各不相同,订立包装条款时应根据商品特点确定采用何种包装方式和包装材料等。此外,由于不同运输方式对包装的要求各不相同,订立的包装条款应与成交商品所用的运输方式相符。

2. 包装的规定应明确具体

订立包装条款时,应明确规定包装材料、方式和规格,切忌使用笼统含糊的词语。例如,一般不宜采用惯常包装(customary packing)、适合海运包装(seaworthy packing)或卖方习惯包装(seller's usual packing)等含糊的包装术语。

3. 明确由何方提供运输标志

按照国际贸易习惯,运输标志一般由卖方决定,无须在合同中做具体规定。若买方要求,唛头也可由买方提供,此时合同中应做出相应的规定。运输标志规定不要过于复杂,在可能的情况下,尽量采用由联合国推荐的标准唛头。

4. 明确包装费用由何方负担

按照国际贸易惯例,包装费用一般包括在货价之内,不另计价,在包装条款中无须另行订明。但有些情况下,买方不愿接受卖方的通常包装,而要求特殊的包装,超出的包装费用原则上应由买方承担。若双方商定由买方负责供应全部或部分包装材料,合同中应同时规定包装材料最迟送达卖方的时限和逾期到达责任。

5. 考虑有关国家的法律规定及消费习惯

订立包装条款时,还应考虑进口国对包装的有关法律及消费习惯。例如,日本、加拿大及欧美各国禁用稻草、干草和报纸等作为包装衬垫物;澳大利亚等多个国家规定含有木质包装的货物进口时需提供熏蒸证明;阿拉伯国家规定进口商品的包装禁用六角星图案(阿拉伯国家对带有六角星图案的东西非常反感和忌讳);德国规定进口商品的包装禁用类似纳粹和军团符号的标志等。可见,出口商应注意不同国家对包装的相关规定,以免造成不必要的损失。

本章应知应会术语

1. sale by sample　凭样品买卖
2. representative sample　代表性样品
3. original sample　原样
4. type sample　标准样品
5. duplicate sample　复样
6. keep sample　留样
7. counter sample　对等样品
8. reference sample　参考样品
9. sale by specification　凭规格买卖
10. sale by standard　凭标准买卖
11. fair average quality,FAQ　良好平均品质
12. good merchantable quality,GMQ　尚好可销品质
13. sale by brand or trade mark　凭牌名或商标买卖
14. sale by description and illustration　凭说明书和图样买卖
15. quality tolerance　质量公差
16. gross weight　毛重
17. tare weight　皮重
18. net weight　净重
19. gross for net　以毛作净
20. legal weight　法定重量
21. net net weight　净净重
22. conditioned weight　公量
23. metric ton,M/T　公吨
24. piece,Pc.　只(件)
25. gross,Gr.　罗
26. great gross,G.Gr.　大罗
27. square meter　平方米

28. cubic meter 立方米
29. more or less clause 溢短装条款
30. approximate clause 约数条款
31. at seller's option 由卖方决定
32. at buyer's option 由买方决定
33. at carrier's option 由承运人决定
34. bulk cargo 散装货物
35. nude cargo 裸装货物
36. transport packing 运输包装
37. outer packing 外包装
38. selling packing 销售包装
39. inner packing 内包装
40. wooden case 木箱
41. crate 板条箱
42. carton 纸箱
43. corrugated carton 瓦楞纸箱
44. gunny bag 麻袋
45. shipping mark 运输标志
46. indicative mark 指示性标志
47. warning mark 警告性标志
48. neutral packing 中性包装
49. seaworthy packing 适合海运的包装
50. customary packing 惯常包装

思考题

1. 列出国际货物买卖合同中品名条款的注意事项。
2. 凭卖方样品成交时应注意哪些事项？凭买方样品（来样）成交时应注意哪些事项？
3. 以文字说明商品品质的方法都有哪些？国际贸易中最常用的表示品质的方法是什么？
4. 何谓"以毛作净"？
5. 什么是溢短装条款？溢短装条款包括哪些内容？
6. 订立数量条款时应注意哪些事项？
7. 出口商品的外包装上一般有哪些标志？

8. 什么是运输标志？运输标志的作用是什么？标准运输标志包括哪几个组成部分？
9. 指示性标志和警告性标志分别指什么？它们的作用是什么？分别举一例说明。
10. 什么是定牌、无牌和中性包装？在我国出口业务中，何种情况下采用这些方法？

案例分析题

1. 我国 A 公司与中东某外商有多年印花衬衫布交易往来，常由该客户提供实物样品，由 A 公司按来样生产供应。2019 年 A 公司组团到美国参展，美国一外商提出 A 公司对中东出口的印花衬衫布中有部分花样侵犯其工业产权，要求 A 公司承担赔偿责任。对此 A 公司应如何处理？

2. 买方向卖方订购童车 900 辆，合同规定按"BS01、BS02、BS03"三种规格每种 300 辆搭配。卖方发货后按合同开立发票，买方凭发票及其他单据付了款。货到后买方发现所有 900 辆童车均为 BS01 款，只同意接受其中的 1/3，并要求退回 2/3 的货款。卖方争辩说，不同规格搭配与合同不符，只能给予适当的经济赔偿，不能拒收，更不能退款。于是买方诉诸法院。你认为本案应如何判决？

3. 我国某粮油进出口公司从美国进口小麦，合同数量 3 000 公吨，允许溢短装 10%，而外商装船时共装了 3 400 公吨。对于多装的部分我方应如何处理？

4. 买卖合同中的数量条款规定"100M/T 5% MORE OR LESS AT SELLER'S OPTION"，卖方最多和最少可交多少公吨货物？多交部分如何作价？若双方未约定多交部分如何作价，当市场价格上涨时，卖方应该多交还是少交？

5. 德国某外商欲购我国某企业生产的自行车，该企业自有品牌飞跃有一定的知名度。外商在洽谈中提出用该外商指定的"SPD"牌商标，并且不得在包装上注明"Made in China"的字样。请问：外商的这种做法叫什么？我方可否接受？应注意哪些问题？

第 6 章

国际贸易术语

第一节 国际贸易术语与国际贸易惯例

一、贸易术语的含义与作用

国际贸易与国内贸易相比,具有明显的复杂性。买卖双方在交易磋商过程中需要考虑的问题更多。例如:卖方在何处交货?卖方需要向买方提交哪些单据?风险何时由卖方转移给买方?由谁负责办理运输、保险和进出口清关手续?由谁承担运费、保费及进出口海关关税和相关费用?如果每笔交易都要逐一对上述问题进行磋商谈判,势必要耗费大量的时间和精力,从而影响交易的效率。为了解决这一问题,贸易术语在长期的国际贸易实践中逐渐产生和发展起来。

贸易术语(trade terms)又称价格术语(price terms),是由三个英文字母组成的缩写,是在长期的国际贸易实践中产生的,用来表明商品的价格构成,说明商品在货物交接过程中有关风险、责任和费用划分问题的专门用语。

贸易术语由于明确了买卖双方在货物交接方面应承担的风险、责任和费用,也明确了商品的价格构成,因而大大简化了谈判环节,缩短了洽谈时间,降低了交易成本,减少了当事人之间的误解和争议。

早在 18 世纪末 19 世纪初,国际贸易中就已出现了装运港船上交货的术语 FOB,当时的 FOB 指的是买方事先在装运港租好船,并要求卖方将其出售的货物交到买方租好的船上,这是 FOB 术语的雏形。到 19 世纪中叶,以 CIF 为代表的单据买卖方式逐渐成为国际贸易中最常用的做法。此后,随着贸易实践的发展,各种新术语应运而生,过时的术语则被淘汰。可见,贸易术语产生后并不是一成不变的,而是随着贸易实践的变化而发展的。

二、关于贸易术语的国际贸易惯例

18 世纪末 19 世纪初,国际贸易中已经开始使用贸易术语,但在相当长的时间内,国际上并没有形成对各种贸易术语的统一解释。不同国家和地区对同一贸易术语有着不同的解释和做法。合同当事人之间因互不了解对方国家的习惯解释而引起误解、争议乃至诉讼的情况时有发生,影响了国际贸易的发展。为了解决这一问题,国际商会等国际组织及美国的一些著名商业团体经过长期努力,分别制定了解释国际贸易术语的规则。这些规则在国际上被广泛采用,从而形成了国际贸易惯例。

有关贸易术语的国际贸易惯例主要有三种,即《1932年华沙-牛津规则》《1990年美国对外贸易定义修订本》和《2020年国际贸易术语解释通则》。

(一)《1932年华沙-牛津规则》

《1932年华沙-牛津规则》(Warsaw-Oxford Rules 1932)是国际法协会专门为解释CIF合同规定的,这一规则对CIF的性质、买卖双方所承担的风险、责任和费用的划分以及所有权转移的方式等问题都做了比较详细的解释。

(二)《1990年美国对外贸易定义修订本》

《1990年美国对外贸易定义修订本》(Revised American Foreign Trade Definitions 1990)是由美国几个商业团体制定并经美国联合委员会通过的,该定义中解释的贸易术语共有六种,如表6-1所示。

表6-1 《1990年美国对外贸易定义修订本》中的六种贸易术语

术语缩写	英文全称	中文解释
EXW	Ex Works	产地交货
FOB	Free on Board	在运输工具上交货
FAS	Free along Side	在运输工具旁边交货
CFR	Cost and Freight	成本加运费
CIF	Cost, Insurance and Freight	成本、保险费加运费
DEQ	Delivered Ex Quay	目的港码头交货

《美国对外贸易定义修订本》主要在美洲一些国家采用,它对FOB和FAS的解释与《国际贸易术语解释通则》有明显的差异,因此在与美国、加拿大及其他美洲国家或地区的贸易企业进行交易时,不能笼统规定采用某种术语,还应明确所适用的国际贸易惯例及版本,以免引起不必要的纠纷。近年来,美国许多贸易界人士呼吁放弃《美国对外贸易定义修订本》,而采用国际上更为通行的《国际贸易术语解释通则》。

(三)《2020年国际贸易术语解释通则》(INCOTERMS 2020)

《国际贸易术语解释通则》(International Rules for the Interpretation of Trade Terms,INCOTERMS)(以下简称《通则》),是国际商会为了统一对各种贸易术语的解释而制定的。

《通则》最早的版本于1936年颁布,后经多次修订,最新版本是2020年1月1日起正式生效的《2020年国际贸易术语解释通则》(以下简称《2020通则》)。《2020通则》的修订重点是如何优化贸易术语的呈现方式,以便更好地引导使用者对其销售合同选择合适的贸易术语,从而帮助国际贸易参与者顺利地进行出口或进口交易。

20世纪80年代以来,我国使用过的版本包括《1980通则》《1990通则》《2000通则》《2010通则》及《2020通则》。目前,我国贸易界正在经历由《2010通则》向《2020通则》的过渡。应当注意的是,《2020 通则》实施后并非《2010 通则》就自动废止,当事人在订立贸易合同时仍可选择适用《2010 通则》甚至更早的版本。

《2020 通则》是在《2010 通则》的基础上修正和补充而成的,其形式上的变化主要是以用户解释说明(Explanatory Notes for Users)替代《2010 通则》的使用说明(Guidance Note),强调为用户服务,并在文字说明的基础上增加彩色配图,图文并茂地解释该贸易术语的基本原理及使用要点。另一个主要变化是调整了买卖双方义务的排序,《2020 通则》与《2010 通则》买卖双方 10 项义务排序和标题对比如表 6-2 和表 6-3 所示。

表 6-2 《2010 通则》中 11 种术语下买卖双方义务的编排格式

A. 卖方义务(The Seller's Obligations)	B. 买方义务(The Buyer's Obligations)
A1 卖方一般义务(General obligations of the seller)	B1 买方一般义务(General obligations of the buyer)
A2 许可证、授权、通关及其他手续(Licenses, authorizations, security clearances and other formalities)	B2 许可证、授权、通关及其他手续(Licenses, authorizations, security clearances and other formalities)
A3 运输合同与保险合同(Contract of carriage and insurance)	B3 运输合同与保险合同(Contract of carriage and insurance)
A4 交货(Delivery)	B4 收取货物(Taking delivery)
A5 风险转移(Transfer of risks)	B5 风险转移(Transfer of risks)
A6 费用划分(Allocation of costs)	B6 费用划分(Allocation of costs)
A7 通知买方(Notice to the buyer)	B7 通知卖方(Notice to the seller)
A8 交货凭证(Delivery documents)	B8 交货证据(Proof of delivery)
A9 查对—包装—标记(checking-packing-marking)	B9 货物检验(Inspection of goods)
A10 协助提供信息及相关费用(Assistance with information and related costs)	B10 协助提供信息及相关费用(Assistance with information and related costs)

表 6-3 《2020 通则》中 11 种术语下买卖双方义务的编排格式

A. 卖方义务(The Seller's Obligations)	B. 买方义务(The Buyer's Obligations)
A1 卖方一般义务(General obligations of the seller)	B1 买方一般义务(General obligations of the buyer)
A2 交货(Delivery)	B2 收取货物(Taking delivery)
A3 风险转移(Transfer of risks)	B3 风险转移(Transfer of risks)
A4 运输(Carriage)	B4 运输(Carriage)
A5 保险(Insurance)	B5 保险(Insurance)
A6 交货凭证(Delivery documents)	B6 交货证据(Proof of delivery)
A7 出口/进口清关(Export/Import Clearance)	B7 出口/进口清关(Export/Import Clearance)
A8 查对—包装—标记(checking-packing-marking)	B8 货物检验(Inspection of goods)
A9 费用划分(Allocation of costs)	B9 费用划分(Allocation of costs)
A10 通知买方(Notice to the buyer)	B10 通知卖方(Notice to the seller)

《2020通则》下买卖双方一般义务基本与2010年的版本一致,其他9项义务的排序及内容都有较大调整,主要包括:第一,突出交货的风险转移核心功能。《2020通则》将交货和风险转移前移至A2/B2和A3/B3,突出贸易术语解决国际贸易中货物交接的核心功能。第二,"运输"和"保险"由一项拆分为独立的两项,并且简化标题,不再强调签订"合同"。第三,"出口/进口清关"后移,呼应免税关区贸易的发展,同时强调该规定既适用于国际贸易也适用于国内贸易。国际货物贸易都采取海关管理,一般货物进出口必须办理清关,但在一些自由贸易区或特殊的海关监管区,货物进出口无须办理清关。随着免税关区的不断扩大,《2010通则》在涉及清关问题的规定时,增加"如适用(where applicable)"的表述。《2020通则》在保留相关规定的同时,将进出口清关的顺序由原来的A2/B2后移至A7/B7。第四,"费用划分"后移,便于罗列费用清单。第五,"协助提供信息及相关费用"条款内容不再单列,而是融入其他相关条款中。

《2020通则》内容上的实质性变化包括如下几点。

(1) 删除DAT术语,新增DPU术语。《2020通则》仍对11种贸易术语做了解释,并以新的DPU术语取代了原DAT术语(运输终端交货),将DPU列在DAP之后,其他10个贸易术语不变。

《2020通则》沿袭《2010通则》,根据适用的运输方式将11种术语分为两大类:"适用于任何运输方式或多式联运的术语(RULES FOR ANY MODE OR MODES OF TRANSPORT)"及"适用于海运及内河运输的术语(RULES FOR SEA AND INLAND WATERWAY TRANSPORT)",如表6-4所示。

表6-4 《2020通则》项下的11种贸易术语及其分类

组 别	术语缩写	术 语 全 称	中 文 翻 译
第一组 适用于任何运输 方式或多式联运	EXW	EX Works	工厂交货
	FCA	Free Carrier	货交承运人
	CPT	Carriage Paid To	运费付至
	CIP	Carriage and Insurance Paid To	运费、保险费付至
	DAP	Delivered At Place	目的地交货
	DPU	Delivered at Place Unloaded	目的地卸货后交货
	DDP	Delivered Duty Paid	完税后交货
第二组 适用于海运及 内河运输方式	FAS	Free Alongside Ship	船边交货
	FOB	Free On Board	装运港船上交货
	CFR	Cost and Freight	成本加运费
	CIF	Cost, Insurance and Freight	成本加保险费、运费

从表6-4中可以看出,DPU取代DAT并置于DAP之后,这一改变更加符合买卖双方的交易习惯和表达。新的排序也使卖方的责任递进更加一目了然。从DAP到DPU再到DDP,卖方的责任层层递进,更容易接受和理解。

《2020 通则》还在引言中指出,《2010 通则》之前的版本将术语分为 E(启运)、F(主运费未付)、C(主运费已付)、D(到达)四组,这种分组方式有助于使用者理解交货地点,至今仍具有重要的参考意义。

(2) FCA 术语增加了卖方提交已装船提单的选择机制。信用证通常要求卖方提交全套清洁已装船提单,如果卖方无法取得已装船提单,则无法顺利交单议付。而在使用 FCA 术语时,卖方的交货义务在货物交给承运人也就是在货物装船前已经完成,因此如果承运人不配合,卖方将无法从承运人处获得已装船提单。为解决这一矛盾,《2020 通则》首次在 FCA 术语 A6/B6 中增加了一个附加选项,即买卖双方可以约定"买方有义务指示其承运人在货物装船后向卖方签发已装船提单",卖方随后才有义务(通过银行)向买方提交已装船提单。这个新增的附加选项可以确保卖方在货物装船后顺利取得已装船提单,卖方通过这种约定可保障自己的正当权益。

(3) 提高了 CIP 术语的默认保险险别。《2020 通则》规定,CIP 术语的默认保险险别从《2010 通则》规定的最低险别 ICC(C) 或 CIC 的平安险(FPA)提高到 ICC(A) 或一切险(ALL RISKS),双方另有约定的除外。

这一改变对于保险的实际受益人买方而言是有益的。但 CIP 术语的卖方在投保时会因为这一改变增加保险费支出。出口商采用 CIP 术语时一定要注意这个变化:一是报价时要注意保险费率的不同,在计算出口报价时应该相应调高报价;二是注意在投保时保险险别一定不能出错,在合同没有另外的特别约定时必须投保 ICC(A)险或 CIC 的一切险(ALL RISKS)。用信用证结算时尤其应注意这一变化,否则很可能因为投保险别不符合新规则的要求而被银行拒付。

(4) FCA、DAP、DPU 及 DDP 允许买方或卖方使用自己的运输工具。在传统的进出口贸易中,买卖双方基本没有自行负责运输的情形,所以《2020 通则》之前的版本中都默认国际货物运输是由第三方承运人完成的。但近年来这种情况有所变化,卖方或买方使用自己的运输工具运输货物的情形越来越常见,尤其是一些大的跨国公司在多样化经营后开始拥有自己的运输和物流公司。《2020 通则》中也充分考虑了这种情况:卖方与买方之间的货物运输可能不涉及第三方承运人,而是自己负责运输。因此,在 FCA(货交承运人)中,买方可以使用自己的运输工具(汽车尤为常见)收货并运输至目的地。同样,DAP(目的地交货)、DPU(目的地卸货后交货)及 DDP(完税后交货)中,也允许卖方使用自己的运输工具将货物运至指定的目的地完成交货。

(5) 扩大了链式交易的适用范围。《2020 通则》对 FCA、CPT、CIP、DAP、DPU 和 DDP 术语添加了一项规定,即"或取得已经如此交付的货物"。添加这项规定后,除 EXW 外,其他 10 个贸易术语都适用于链式交易。

在有关贸易术语的三种国际贸易惯例中,《通则》包括的内容最多、适用范围最广、影响最大,因此在后面的章节我们只介绍《2020 通则》中的 11 种贸易术语。

三、《2010 通则》及《2020 通则》专有名词解释

《2010 通则》中出现了不少以前版本所没有的专用词及新词,《2020 通则》继续沿用这些专有名词。透彻地理解这些词有助于应用《2020 通则》中的新术语及理解原有术语的

新规定。

1. 链式销售(string sales)与多次转卖(multiple sales)

《2010通则》首次提及"链式销售"一词,并指出这一方式下卖方发货义务的变化。链式销售主要指货物在运输途中被多次转卖,如甲卖给乙、乙卖给丙、丙再卖给丁,从而形成一环扣一环的销售链。这种贸易方式常见于大宗货物的买卖中,但此前的《通则》并未予以反映。《2010通则》在第二类术语(FAS、FOB、CFR、CIF)的使用说明中首次提到:链式销售方式下货物由销售链中的第一个卖方运输,因而作为中间环节的卖方无须再装运货物(deliver the goods),而是通过"取得"已装运的货物(procure the goods already so delivered)来履行其发货义务。《2010通则》充分反映了链式销售方式下卖方交货义务的不同,弥补了以前版本的不足,《2020通则》沿用了这一提法。

2. 电子记录或程序(electronic record or procedure)

电子记录或程序是由一条或多条电子信息组成的整套信息,如电子提单、电子商业发票等。实际工作中通常把这个概念称为"电子单据",此前的专业书籍则把它们统称为"电子信息"[①]。在各方约定或符合惯例的情况下,赋予电子记录或程序与纸质单据同等的效力。

3. 安全清关(security clearances)与监管链(chain of custody)

安全清关这一表述首次出现在《2010通则》中,它明确规定买卖双方均有义务取得或协助提供另一方当事人所需的安全清关信息。该词的出现主要是以美国"9·11"事件为背景的。"9·11"事件后,货物安全性日益成为重要问题,许多国家高度关注货物运送过程中的安全,对通关货物采取诸如"集装箱扫描"等强制性检验措施并要求提供通关货物的监管链信息(chain-of-custody information),以确认货物不会对生命和财产构成威胁。监管链涵盖包括材料供应商、工厂、出口贸易商、货运代理、报关行、承运人、进口商、发货站、零售商店等在内的整个供应链(chain of supply),监管链信息可以用"出口商出函、书面声明、证据或回答海关问卷"的形式提供。

4. 交货(delivery)

交货一词在贸易法律与实务中有多种含义,但在《通则》中,它指的是货物灭失与损坏的风险从卖方转移至买方的点,即划分买卖双方风险的分界线。

5. 交货单据(delivery documents)

交货单据是"证明卖方已经交货的凭证",既可以是纸质的,也可以是电子记录。交货单据按其性质可分为两类:一类是"物权凭证",如海运提单,收货人须凭此方能向承运人提货;另一类是"非物权凭证",如航空运单,收货人无须凭此提货,这种单据只是证明承运人已收到承运货物。

6. 包装(packaging)

新版通则的导言中指出,"包装"一词可用于三个目的:一是为满足买卖合同的要求对货物进行包装,这里的"包装"包括商品的内包装和外包装;二是为适应运输需要对货物进行包装,这里的"包装"一般仅指商品的外包装,即运输包装;三是在集装箱或其他运载工

---

① 田运银.国际贸易实务精讲:第五版[M].北京:中国海关出版社,2012:9.

具中装载已包装好的货物,这里的"包装"指的是"将包装好的货物装入集装箱内",这是包装一词的新含义。新通则同时指出,在新版术语中包装一词仅指以上第一种和第二种情况,不涉及贸易各方在集装箱内的装货义务,如需要的话,各方应在买卖合同中做出约定。

四、使用国际贸易惯例的注意事项

1. 国际贸易惯例不等同于习惯做法

国际贸易惯例源于习惯做法,是在长期、大量的贸易实践的基础上制定出来的,但贸易惯例并不等同于习惯做法,而是国际贸易业务反复实践的习惯做法,经过权威机构加以总结、编纂与解释而成的,故高于习惯做法。

2. 国际贸易惯例并非法律

法律具有强制性,但国际贸易惯例的适用是以当事人的意思自治为基础的,它本身不是法律,因而对贸易双方不具有强制性约束力,故买卖双方有权在合同中做出与某项惯例不一致的规定,只要这一规定合法,其效力就超越了惯例的规定。

3. 合同中应注明适用的国际贸易惯例及其版本

为避免争端,买卖双方在选定贸易术语的同时应在合同中注明适用何种国际贸易惯例。例如,买卖双方商定使用《2020 通则》中的 FOB 术语,则合同内应注明"FOB Xiamen, China, Incoterms® 2020"或"This contract is subject to and governed by Incoterms® 2020"。如上所述,贸易惯例不是法律,不具强制性,但双方当事人一旦在合同中明确表示采用某种惯例来约束这项交易,这项约定的惯例就具有强制性,双方当事人均应遵守。

4. 国际贸易惯例下相关术语使用范围的问题

传统的国际贸易术语仅在国际销售合同中运用,此类交易下货物运输都需跨越国界,但区域经济一体化的发展使不同国家间的边界不再重要。《通则》早期的版本已提及"术语内贸化"问题,《2010 通则》直接将标题定为:"Incoterms® 2010—ICC rules for the use of domestic and international trade terms",副标题中"domestic"及"international"两个词表明《2010 通则》正式认可所有的术语既可用于国际贸易也可用于国内贸易。《2020 通则》同样适用于国际贸易和国内贸易。经国际商会修订后的《2020 通则》更加适合现行国际贸易的实际需要,可以相信,它将更广泛地为世界各国贸易界所接受。

第二节　适用于任何运输方式的术语

适用于任何运输方式或多式联运的术语包括 EXW、FCA、CPT、CIP、DAP、DPU 及 DDP,共七个术语。

一、EXW

(一) EXW 术语的含义

EXW 的英文全称是 Ex Works(insert named place of delivery),中文意思是"工厂交

货(插入指定交货地点)",术语后应注明适用《2020通则》。

EXW的含义是:卖方在其所在地或其他指定地点(如工厂、车间或仓库等)将货物交给买方处置时,即完成交货义务。买方承担在指定地点收取货物以后所产生的全部费用和风险。卖方无须将货物装上任何前来接货的运输工具,也不负责办理出口清关手续。

EXW是11种贸易术语中卖方承担风险、责任和费用最小的术语,适用于包括公路、铁路、江河、海洋、航空运输在内的各种运输方式以及多式联运。

(二)关于买卖双方主要义务的规定

采用EXW术语成交时,风险、责任及费用均以"货物在产地或所在地交由买方控制"为界划分,商品产地或所在地包括工厂、矿山、农场、酒庄、仓库等。卖方承担交货之前与货物相关的一切风险、责任和费用;买方承担接受货物后所发生的一切风险、责任及费用,包括将货物从交货地点运往目的地的运输、保险及其他各种费用,以及办理货物出口和进口的一切海关手续所涉及的关税及其他费用。

(三)使用EXW术语时应注意的问题

1. 关于货物的交接问题

采用EXW术语成交时,存在"货物"与"运输工具"衔接的问题。为了避免出现诸如"货等车"或"车等货"从而产生损失和费用的情况,卖方在货物备妥后应通知买方具体交货时间和地点。如果买方未能在规定的时间、地点受领货物,或者在其他有权受领货物的时间、地点没有及时给予适当通知,那么只要货物已被特定化为合同项下的货物,买方就要承担由此产生的费用和风险。

2. 装货义务问题

采用EXW术语成交时,卖方并无义务负责将货物装上买方备妥的运输工具,如果买方要求卖方在发货时负责将货物装上收货运输工具,并承担一切装货费用和风险,则应在贸易合同中订明。

3. 出口清关手续问题

采用EXW术语成交时,出口清关手续须由买方办理,因此买方应了解出口国相关规定,如是否允许在该国无常驻机构的当事人在该国办理出口清关手续。《2020通则》指出,该术语可能更适用于完全无意出口的国内货物贸易。如果买方无法直接或间接办理货物的出口清关手续,则不应采用EXW术语,而应改用FCA术语。

4. EXW术语在国内贸易中的使用

目前,EXW在国内贸易中的应用十分普遍。例如,国内一些生产企业由于不熟悉货物出口的有关手续,经常采用EXW术语将货物卖给国内出口商,再由国内出口商以其他贸易术语将该批货物转卖给国外的进口商。EXW等术语在各国内贸中的广泛应用,也是国际商会明确将贸易术语的适用范围扩大至内外贸的直接原因之一。

二、FCA

(一) FCA 术语的含义

FCA 的英文全称是 Free Carrier (insert named place of delivery)，中文意思是"货交承运人(插入指定交货地点)"，术语后应注明适用《2020 通则》，如"FCA 38 Cours Albert 1er, Paris, France Incoterms® 2020"。

FCA 术语下，卖方在其所在处所或另一指定地，将货物交付买方指定的承运人或另一人，或取得已经如此交付的货物，即完成交货。风险在交货地点货交承运人后转移至买方。对于 FCA 的交货义务，《2020 通则》增加了"或取得已经如此交付的货物"，以适用于大宗商品的链式交易。FCA 术语适用于各种运输方式，包括公路、铁路、江河、海洋、航空运输以及多式联运。

在上述定义中，承运人是指承担运输责任的法人或自然人，可以是拥有运输工具的实际承运人(actual carrier)，也可以是无运输工具的订约承运人(contracting carrier)，如货运代理(freight forwarder)。按运输方式，承运人可分为海运承运人、空运承运人、铁路运输承运人、公路运输承运人、多式联运承运人等。需要特别注意的是，FCA 术语下的承运人指的是"买方指定的"承运人。

(二) 关于买卖双方主要义务的规定

买卖双方的义务主要可以从交货地点、风险划分、责任划分、费用划分几个方面进行说明。

1. 交货地点(point of delivery)

以"出口国内指定地点"为交货地点，包括卖方所在地及其他指定地点，如出口国的集装箱码头、堆场、启运机场、铁路起点站、货运起点站等。

2. 风险划分(division of risks)

以"货交承运人"为界划分风险，货物交给买方指定的承运人之前的风险由卖方承担，此后的风险由买方承担。

3. 责任划分(allocation of responsibilities)

(1) 办理运输：买方负责安排运输、与承运人签订运输合同。

(2) 办理保险：买方自行办理。买方对卖方无订立保险合同的义务，但因货物交给指定的承运人后的风险由买方承担，因此通常由买方自行投保。

(3) 进出口海关手续：各自办理。买卖双方各自负责本国的一切海关手续，包括取得出口(进口)许可证或其他官方批准证件。

4. 费用划分(allocation of costs)

卖方承担货交承运人前所涉及的各项费用，买方承担货交承运人后所涉及的各项费用。

(1) 运费：买方承担从装运地(装运港)至目的地(目的港)的运费。

(2) 保费：买方自行支付。

(3) 进出口关税和相关费用:买卖双方各自承担。

(三) 使用 FCA 术语时应注意的问题

1. 关于交货地点的问题

《2020 通则》下的每种贸易术语都有其特定的交货地点,如 FOB 的交货地点为"装运港船上"。FCA 术语因适用于多种运输方式,其交货地点不是单一的,而是多样化的,即具体的交货地点需按不同的运输方式而定。如果双方约定的交货地点是在卖方所在地,卖方要负责把货物装上买方安排的承运人提供的运输工具,在承运人的运输工具上完成交货;如果交货地点是在其他地方,卖方只须将货物交由买方指定的承运人处置,在自己的运输工具上完成交货义务。

2. 关于风险转移的问题

采用 FCA 术语成交时,买卖双方承担的风险以货交承运人为界划分。但如果买方不按时排载接货,在货物已特定化的前提条件下,风险由规定交货之日或期限届满之日起,转由买方承担。

3. 关于买方的运输责任及代办运输的问题

按 FCA 术语成交,买方必须自负费用订立从指定地点承运货物的合同,如果买方有要求,卖方也可代为安排运输,但有关费用和风险需由买方承担。当然,卖方也可拒绝订立运输合同,如拒绝,应立即通知买方,以便买方另行安排。

在《2010 通则》中,关于运输义务的规定,无论卖方代办还是买方负责运输,都"必须签订或取得运输合同",即由第三方承运人运输货物。近年来,随着一些大型跨国公司开始拥有自己的运输和物流公司,卖方或者买方不委托第三方承运货物而是使用自己的运输工具运输货物的情形越来越常见。有鉴于此,《2020 通则》FCA 术语下买方运输义务的规定也有所调整,除了自付费用订立运输合同委托第三方承运货物外,还增加了一项选择,即买方可使用自己的运输工具,从指定交货地开始运输货物。

4. 增加卖方提交已装船提单的选择机制

当货物以 FCA 术语经由海运方式运输时存在一个问题,即交货在货物装船之前已经完成,因此无法确定卖方能否从承运人处获取已装船提单,而只有在货物实际装船后,承运人才会签发已装船提单。然而,在实践中采用海运方式的 FCA 合同,卖方可能需要已装船提单,以满足银行托收或信用证结算的单据要求。

为满足卖方采用 FCA 术语销售时可能需要提交已装船提单作为结算单据的需要,《2020 通则》首次在 FCA 术语中提供了一种可选择的机制,即买卖双方可以约定是否提交已装船提单,具体在买方义务"B6 交货/运输单据"中增加了"买方必须自负风险及费用,指示承运人向卖方出具载明货物已经装载的运输单据(如已装船提单)",对应卖方义务"A6 交货/运输单据"中增加了"若买方指示承运人向卖方出具 B6 项下的运输单据,则卖方需向买方提交承运人出具的这一单据"。

5. 货物集合化的费用负担

与 FOB 术语一样,FCA 术语下卖方承担完成交货义务前的一切费用,买方承担其后的费用。鉴于在采用 FCA 术语时,货物大都做了集合化或成组化处理,如装入集装箱或装上托盘,因此卖方应考虑将货物集合化所需的费用也计算在价格之内。

三、CPT

(一) CPT 术语的含义

CPT 的英文全称是 Carriage Paid To (insert named place of destination),中文意思为"运费付至(插入指定目的地)",其后应注明使用《2020 通则》。

CPT 术语的含义是:卖方在约定地点将货物交给卖方指定的承运人或另一人,或取得已经如此交付的货物时,即完成了交货义务。卖方必须签订运输合同,并支付将货物运至指定目的地所需的费用。货运风险在卖方将货物交付承运人后转移至买方。CPT 适用于各种运输方式,包括公路、铁路、江河、海洋、航空运输以及多式联运。

(二) 关于买卖双方主要义务的规定

1. 交货地点

以"出口国内指定地点"为交货地点,包括卖方所在地及其他指定地点,如出口国的集装箱码头、堆场、启运机场、铁路起点站、货运起点站等。

2. 风险划分

以"货交承运人"为界划分风险,货物交给卖方指定的承运人之前的风险由卖方承担,此后的风险由买方承担。

3. 责任划分

(1) 办理运输:卖方负责安排运输、与承运人签订运输合同,将货物从交货地点运送到指定的目的地。

(2) 办理保险:买方自行办理。按《通则》的解释,买方对卖方无订立保险合同的义务,但因货物交给指定的承运人后的风险由买方承担,因此通常由买方自行投保。

(3) 进出口海关手续:各自办理。买卖双方各自负责本国的一切海关手续,包括取得出口(进口)许可证或其他官方批准证件。

4. 费用划分 (allocation of costs)

(1) 运费:卖方承担货交承运人前所涉及的各项费用,以及将货物运至指定目的地的运费。

(2) 保费:买方自行支付。

(3) 进出口关税和相关费用:买卖双方各自承担。

(三) 使用 CPT 术语时的注意事项

1. 风险划分的界限问题

采用 CPT 术语成交时,卖方虽支付从装运地至目的地的运费,但只承担在出口国将货物交给承运人控制前的风险。

2. 运费承担问题

按 CPT 术语成交,卖方只是承担从交货地点到指定目的地的正常运输费用。正常运输之外的其他有关费用,一般由买方负担。

3. 运输与保险衔接的问题

在 CPT 合同中,卖方负责安排运输,而买方自行办理货物运输保险,为避免二者脱节导致漏保,卖方将货物交给承运人后应及时发出装运通知。

四、CIP

(一) CIP 术语的含义

CIP 的英文全称是 Carriage and Insurance Paid To (insert named place of destination),中文意思是"运费、保险费付至(插入指定目的地)",其后应注明适用《2020通则》。

CIP 术语的含义是:卖方在约定地点将货物交给卖方指定的承运人或另一人,或取得已经如此交付的货物时,即完成交货义务。卖方必须签订运输合同和保险合同,并支付将货物运至指定目的地所需的运费和保险费。货物在交付承运人时,风险转移至买方。如果运输涉及多个承运人,则货物交给第一承运人时风险转移。CIP 适用于各种运输方式,包括公路、铁路、江河、海洋、航空运输以及多式联运。

(二) 关于买卖双方主要义务的规定

1. 交货地点

以"出口国内指定地点"为交货地点,包括卖方所在地和其他指定地点,如出口国的集装箱码头、堆场、启运机场、铁路起点站、货运起点站等。

2. 风险划分

以"货交承运人"为界划分风险,货物交给卖方指定的承运人之前的风险由卖方承担,此后的风险由买方承担。

3. 责任划分

(1) 办理运输:卖方负责安排运输、与承运人签订运输合同,将货物从交货地点运送到指定的目的地。

(2) 办理保险:卖方负责办理货物运输保险。

(3) 进出口海关手续:各自办理。买卖双方各自负责本国的一切海关手续,包括取得出口(进口)许可证或其他官方批准证件。

4. 费用划分

(1) 运费:卖方承担货交承运人前所涉及的各项费用,以及将货物运至指定目的地的运费。

(2) 保费:卖方承担。

(3) 进出口关税和相关费用:买卖双方各自承担。

(三) 使用 CIP 术语时应注意的问题

1. "风险划分"与"费用划分"分离

采用 CIP 术语成交时,卖方虽支付从装运地至目的地的运费,但只承担在出口国将货物交给承运人控制前的风险。

2. 保险险别提高

《2020通则》提高了CIP项下卖方投保的默认险别,即"需符合《协会货物条款》(A)或适用于货物运输方式的类似条款",也就是需投保ICC(A)或《中国保险条款》的一切险。《2020通则》还规定,如果买方要求且能向卖方提供所需的信息,卖方必须提供相应的附加险别,如符合《协会货物战争险》和/或《协会货物罢工险》或任何类似条款的险别。当然,在实际业务中买卖双方当事人仍可以根据需要自由商定选用合适的险别,包括责任较低的险别。应当注意的是,《2020通则》下CIP仍默认按最低险别投保。

《2020通则》中包括三个到达术语(DAP、DPU和DDP),其交货地点都在进口国国内,按这三种术语成交的合同称为"到达合同",都属于"实际交货"的范畴。以下介绍三个到达组术语。

五、DAP

(一) DAP术语的含义

DAP的英文全称是Delivered At Place (insert named place of destination),中文意思是"目的地交货(插入指定目的地)",术语后应注明适用《2020通则》。

DAP术语的含义是:卖方在指定目的地将运输工具上待卸的货物交由买方处置时,即完成交货义务。卖方承担将货物运至指定目的地前的一切风险。DAP术语适用于包括公路、铁路、江河、海洋、航空运输在内的各种运输方式以及多式联运。

DAP术语的交货地点可以是两国边境的指定地点,也可以是在目的港的船上,还可以是进口国国内的任一指定地点,因此DAP的适用范围很广。

(二) 关于买卖双方主要义务的规定

1. 交货地点

(进口国)指定目的地。

2. 风险划分

在指定目的地以"货物待卸并交由买方控制"为界划分风险。

3. 责任划分

(1) 办理运输:卖方负责与承运人签订运输合同,将货物运至合同约定的目的地特定交货地点。

(2) 办理保险:卖方自行办理。按《2020通则》的解释,卖方对买方无订立保险合同的义务,但因货物抵达进口国指定地点交由买方控制前的风险由卖方承担,因此通常由卖方自行投保。

(3) 进出口海关手续:各自办理。买卖双方各自负责本国的一切海关手续,包括取得出口(进口)许可证或其他官方批准证件。

4. 费用划分

卖方承担交货前所涉及的各项费用,买方承担交货后所涉及的各项费用。

(1) 运费:卖方负责支付将货物运至进口国指定地点的运费和相关费用。
(2) 保费:卖方自行支付。
(3) 进出口关税和相关费用:买卖双方各自承担。

(三) 使用 DAP 术语时应注意的问题

使用 DAP 术语时,主要应注意 DAP 与《2010 通则》中 DAT 的区别。二者主要有以下两点不同:一是"卸货义务不同",DAT 术语下卖方有义务将货物从运输工具卸下并交由买方处置,而 DAP 术语下卖方只是在目的地将运输工具上待卸的货物交由买方处置,无卸货义务;二是"交货地点不同",DAT 术语下交货地点为进口国运输终端,而 DAP 的交货地点则为目的地任何指定地点,该任何地点可以是从两国边境起到买方仓库的任何地方,包括但不限于"运输终端"。可见,DAP 的交货地点比 DAT 交货地点的范围更广。

六、DPU

(一) DPU 术语的含义

DPU 的英文全称是 Delivered at Place Unloaded (insert named place of destination),中文意思是"目的地卸货后交货"(插入指定目的地),术语后应注明适用《2020 通则》。

DPU 术语的含义是:卖方在指定目的地的约定地点(如有)将货物从抵达的载货运输工具卸下并交由买方处置,或取得已经如此交付的货物时,即完成交货义务。卖方承担将货物运至指定目的地并将货物卸下之前的一切风险。

DPU 术语是《2020 通则》中的新术语,它取代了《2010 通则》中的 DAT(运输终端交货)。DPU 的交货点"目的地"可以是任何地方,而不只是运输终端(进口国目的港码头、目的地机场、仓库、集装箱堆场或公路的终点站、铁路终点站等)。DPU 术语适用于包括公路、铁路、江河、海洋、航空运输在内的各种运输方式以及多式联运。

(二) 关于买卖双方主要义务的规定

1. 交货地点
(进口国)指定目的地。

2. 风险划分
在指定目的地以"货物卸下并交由买方控制"为界划分风险。

3. 责任划分
(1) 办理运输:卖方负责与承运人签订运输合同,将货物运至合同约定的目的地特定交货地点并卸下。
(2) 办理保险:卖方自行办理。按《2020 通则》的解释,卖方对买方无订立保险合同的义务,但因货物抵达进口国指定地点交由买方控制前的风险由卖方承担,因此通常由卖方自行投保。
(3) 进出口海关手续:各自办理。买卖双方各自负责本国的一切海关手续,包括取得出口(进口)许可证或其他官方批准证件。

4. 费用划分

卖方承担交货前所涉及的各项费用,买方承担交货后所涉及的各项费用。

(1) 运费:卖方负责支付将货物运至进口国指定地点的运费、卸货费和相关费用。

(2) 保费:卖方自行支付。

(3) 进出口关税和相关费用:买卖双方各自承担。

(三) 使用 DPU 术语时应注意的问题

1. 尽可能清晰地约定"目的地"的明确位置

实践中使用 DPU 术语时,卖方应确保其打算交付货物的地点是能够卸货的地点,如果该地点不能卸货,则可能引起后续的争议和纠纷,因此双方应尽可能清楚地约定目的地的可卸货点。

2. 注意卖方责任的限度

采用 DPU 术语成交时,卖方负责将货物运至进口国指定的目的地并卸下,交由买方处置,这里应注意卖方负有卸货义务并承担合同约定的与卸货有关的费用,但卖方承担的责任以此为限。

七、DDP

(一) DDP 术语的含义

DDP 的英文全称是 Delivered Duty Paid (insert named place of destination),中文意思是"完税后交货(插入指定目的地)",术语后应注明适用《2020 通则》。

DDP 术语的含义是:卖方在指定目的地,办理完进口清关手续,将交货运输工具上待卸的货物交由买方处置时,即完成交货义务。卖方承担将货物运至目的地指定地点前的一切风险和费用,并有义务办理货物的进出口清关手续、支付进出口关税、办理所有的海关手续。

DDP 是 11 种贸易术语中,卖方承担风险、责任和费用最大的一种,适用于包括公路、铁路、江河、海洋、航空运输在内的各种运输方式以及多式联运。

(二) 关于买卖双方主要义务的规定

1. 交货地点

(进口国内)指定目的地。

2. 风险划分

在指定目的地以"货物待卸并交由买方控制"为界划分风险。

3. 责任划分

(1) 办理运输:卖方负责订立运输合同,将货物运至合同约定的目的地的特定地点交货。

(2) 办理保险:卖方自行办理。卖方对买方无订立保险合同的义务,但因货物抵达进口国内指定地点交由买方控制前的风险由卖方承担,因此通常由卖方自行投保。

(3) 进出口海关手续:均由卖方负责办理并承担风险。

4. 费用划分

卖方承担交货前所涉及的各项费用,买方承担受领货物之后所发生的各项费用。

(1) 运费:卖方负责支付将货物运至进口国内指定地点的运费和相关费用。

(2) 保费:卖方自行支付。

(3) 进出口关税和相关费用:均由卖方承担。

(三) 使用 DDP 术语时应注意的问题

1. 关于办理保险的问题

按照 DDP 术语成交时,卖方对买方虽无订立保险合同的义务,但由于 DDP 是到达合同,卖方要承担货物到达目的地指定地点前的风险,为了使货物在运输途中遭受的风险能得到赔偿,一般情况下,卖方应办理货物运输保险。

2. 关于进口清关问题

在 DDP 交货条件下,卖方是在办理了进口结关手续后在目的地指定地点交货的,如果卖方直接办理进口手续有困难,可以要求买方协助办理。如果卖方不能直接或间接地取得进口许可证或进口核准书,则不应使用 DDP 术语。此外,如果双方当事人同意在卖方承担的义务中排除货物进口时应支付的某些费用(如增值税),应写明"Delivered Duty Paid,VAT Unpaid",即"完税后交货,增值税未付"。否则,任何增值税或其他应付的进口税款都由卖方承担。

3. 关于卸货问题

在卸货问题上,DDP 与 DPU 不同,卖方在指定目的地将交货运输工具上待卸的货物交由买方处置时,即完成交货义务。DDP 术语作为 11 种术语中卖方责任最大的术语,却不含卖方卸货义务,这一点要特别注意。

第三节 适用于海运及内河运输方式的术语

适用于海运及内河运输方式的术语包括 FAS、FOB、CFR 和 CIF。其中 FOB、CFR 和 CIF 是国际货物贸易中诞生最早、使用最频繁的术语,熟悉和掌握这三种术语的含义、买卖双方的义务,以及在使用中的注意事项具有重要的意义。

一、FAS

(一) FAS 术语的含义

FAS 的英文全称是 Free Alongside Ship(insert named port of shipment),中文意思是"船边交货(插入指定装运港)",术语后应注明适用《2020 通则》。

FAS 术语的含义是:卖方在指定的装运港将货物交到买方指定的船边(如置于码头

或驳船上)时,即完成交货义务。货物灭失或损坏的风险在货物交到船边时发生转移,同时,买方承担自那时起的一切费用。该术语仅适用于海运及内河运输。

(二) 关于买卖双方主要义务的规定

采用 FAS 术语成交时,风险、责任及费用均以"装运港船边"为界划分。卖方承担交货之前的一切费用;买方承担受领货物之后所发生的一切费用,包括装船费用以及将货物从装运港运往目的地的运费、保险费及其他各种费用。进出口清关手续及海关关税由买卖双方各自办理、各自承担。

(三) 使用 FAS 术语时应注意的问题

采用 FAS 术语成交时,应注意两个问题:一是不同惯例对 FAS 的不同解释。例如,按照《1990 年美国对外贸易定义修订本》的解释,FAS 是 Free Along Side 的缩写,指交到运输工具的旁边,并不一定是在装运港的船边,在 FAS 后面加上 Vessel 字样才表示"船边交货"。二是货物采用集装箱运输方式时不能使用 FAS 术语,因为该方式下通常是由卖方将货物运到堆场或集装箱货运站交给承运人,而不是交到装运港船边,因此 FAS 术语不适宜。

二、FOB

(一) FOB 术语的含义

FOB 的英文全称 Free On Board (insert named port of shipment),中文意思是"船上交货(插入指定装运港)"。FOB 是国际货物买卖中最常用的贸易术语之一。

FOB 术语的含义是:卖方在指定装运港将货物装上买方指定的船舶,或通过取得已如此交付的货物,完成交货义务。货物灭失或损坏的风险在货物交到船上时转移,同时买方承担自卖方交货时起的一切费用。

在上述定义中,"取得已如此交付的货物"(procure the goods already so delivered)指的是链式销售中作为中间商的卖方并非通过将货物装上船完成交货义务,而是通过"取得已装船货物"的方式交货,即通过"取得代表货权的运输单据"完成交货,以迎合在大宗商品销售中对在途货物做转售交易的需要。前文对"链式销售"已有解释,这里不再赘述。

按《2020 通则》的要求,FOB 术语的表达式为:FOB+指定装运港+Incoterms® 2020,如 USD300 per dozen FOB Xiamen, China, Incoterms® 2020。可见,凡使用新版通则的,应当在术语后添加 Incoterms® 2020 作为后缀,以便明确术语所适用的惯例及其版本。

(二) 关于买卖双方主要义务的规定

1. 交货地点

装运港船上交货。卖方在指定装运港将货物装上买方指定的船即完成交货义务。

2. 风险划分

以"装运港船上"为界划分风险,此前的风险由卖方承担,此后的风险由买方承担。

3. 责任划分

（1）租船订舱：买方负责租船或订舱、与承运人签订运输合同。

（2）办理保险：买方自行办理。按《通则》的解释，买方对卖方无订立保险合同的义务，但因货物装船后风险由买方承担，因此通常由买方自行投保。

（3）进出口海关手续：各自办理。买卖双方各自负责本国的一切海关手续，包括取得进口（出口）许可证或其他官方批准证件。

4. 费用划分

卖方承担交货前所涉及的各项费用，买方承担交货后所涉及的各项费用。

（1）运费：买方承担从装运港到目的港的运费。

（2）保费：买方自行支付。

（3）进出口关税和相关费用：买卖双方各自承担。

（三）使用FOB术语时应注意的问题

1. 以"装运港船上"为交货点

按《2020通则》，各种贸易术语都有其特定的"交货点"（point of delivery），即"风险划分点"（point for division of risk）。《2020通则》规定，FOB卖方必须在装运港将货物交至船上或"装上船"。当货物装上船时，风险转移，卖方完成交货义务。由此可见，FOB术语的交货点为装运港船上。

这里需要说明的是，《2010通则》之前的版本规定，FOB、CFR、CIF的交货地点为装运港船舷。当货物越过船舷时，风险转移，卖方完成交货。由于这一规定在实际业务中并不适用，自《2010通则》实施起，以"船舷"为交货点的规定已被取消。

以"船上为界"代替"船舷为界"划分风险的优点是不言而喻的：第一，该原则更贴近实际业务操作。实际业务中采用传统三大术语时，外贸合同中买方往往要求卖方提供"已装船"提单作为货款结算的必备单据，这意味着交货点及风险划分点已经从"船舷"延伸到"船上"，因此实际业务中"船舷原则"早已形同虚设，贸易商在长期的对外贸易实践中已按照"船上原则"来履约。第二，"船上为界"在时间和空间上体现了装船过程的连续性，避免了以往以"船舷"这条虚拟垂线为界划分风险而人为地割裂整个装船过程。第三，"船上为界"迎合了大宗商品销售中对"已装船货物"或"在途货物"进行转售交易的需要。第四，海上运输中"滚装滚卸"等特殊装卸方式下，"船舷"已失去意义，"船上为界"很好地解决了这个问题。

2. 关于船货衔接的问题

按FOB术语成交时，买方有租船接货或订舱的义务，卖方则要在合同规定的期限内将货物装上买方指派的船，此时应注意船货衔接的问题，避免出现"船等货"或"货等船"的情况。例如，买方指派的船只按时到达装运港，而卖方却未能备妥货物，此时卖方应承担由此产生的空舱费（dead freight）、滞期费（demurrage）等。反之，如果卖方已备妥货物，而买方未能派船或延迟派到装运港，卖方由此增加的仓储费等应由买方承担。

实际业务中，双方按FOB术语成交时，买方委托卖方代办租船订舱手续的情况十分普遍,在代办方式下买方往往只是指定承运人①,例如,买方指定货物应由丹麦马士基(MAERSK)或中国台湾长荣(EVERGREEN)旗下的船舶运载,具体的订舱手续仍要卖方代办,真正由买方自己租船或订舱的情况十分罕见。代办方式下应当注意的是,租船或订舱的费用和风险仍由买方承担。

3. 个别国家对 FOB 术语的不同解释

《1990 年美国对外贸易定义修订本》将 FOB 术语分为六种,其中只有第五种 FOB Vessel 与《2020 通则》解释的 FOB 术语相近。根据《1990 年美国对外贸易定义修订本》的解释,FOB 如要表示将货物装到船上,必须在其后面加注"Vessel"字样,如"FOB Vessel San Francisco",如果只是将术语订为"FOB San Francisco",卖方有可能在旧金山市内陆运输工具上交货。此外,按照《1990 年美国对外贸易定义修订本》的解释,FOB 术语下卖方只是"在买方请求并由其负担费用的情况下,协助买方取得由原产地及/或装运地国家签发的,为货物出口或在目的地进口所需的各种证件",这也与《2020 通则》有明显不同。因此,我国外贸企业与美国、加拿大等美洲国家外商按 FOB 成交时应特别注意,以免发生不必要的争议和损失。

4. FOB 术语仅适用于海运或内河运输

外贸实务界中进出口商因未能充分理解各种术语的适用条件而误用滥用贸易术语的情况十分普遍,最典型的例子就是在空运方式或铁路运输方式下使用 FOB 术语,从而导致许多纠纷。《2020 通则》沿用《2010 通则》,对 11 种术语采用新的分类标准后,以更醒目的方式明确了常用的三种术语"FOB,CFR,CIF"和 FAS 仅适用于单一的海运及内河运输方式,因此当事人应注意避免在其他运输方式下错用 FOB 术语。

三、CFR

(一) CFR 术语的含义

CFR 的英文全称是 Cost and Freight (insert named port of destination),中文意思是"成本加运费(插入指定目的港)"。该术语是国际货物买卖中常用的贸易术语之一,仅适用于海运及内河运输。

CFR 术语的含义是:卖方在(装运港)将货物装上船或通过"取得已如此交付的货物",完成交货义务。货物灭失或损坏的风险在货物交到船上时转移。卖方必须订立运输合同,并支付将货物运至指定目的港所需的费用。

按《2020 通则》的要求,CFR 术语的表达式为:CFR+指定目的港+Incoterms 2020,如 USD260 per set CFR Los Angeles, USA Incoterms® 2020。注意术语后应添加 Incoterms® 2020 作为后缀,以明确所适用的惯例及其版本。对比 CFR 与 FOB 可以发现,CFR 术语后跟的是指定目的港(named port of destination),而 FOB 术语后跟的是指定装运港(named port of shipment);此外,从价格构成看,CFR 价中增加了货物从装运港

---

① 这里承运人指的是"广义承运人",包括实际承运人和无船承运人(货代)。

至目的港的运费及杂费,因此 CFR＝FOB＋Freight。

(二) 关于买卖双方主要义务的规定

1. 交货地点

装运港船上交货。卖方在指定装运港将货物装上船即完成交货义务。

2. 风险划分

以"装运港船上"为界划分风险,此前的风险由卖方承担,此后的风险由买方承担。

3. 责任划分

(1) 租船订舱:卖方负责租船或订舱,与承运人签订运输合同,将货物运到合同约定的目的港。

(2) 办理保险:买方自行办理。按《通则》的解释,买方对卖方无订立保险合同的义务,但因货物装船后风险由买方承担,因此通常由买方自行投保。

(3) 进出口海关手续:各自办理。买卖双方各自负责本国的一切海关手续,包括取得出口(进口)许可证或其他官方批准证件。

4. 费用划分

(1) 运费:卖方承担交货前涉及的各项费用,以及从装运港到目的港的运费和相关费用。

(2) 保费:买方自行支付。

(3) 进出口关税和相关费用:买卖双方各自承担。

(三) 使用 CFR 术语时应注意的问题

1. 关于卖方的装运义务

采用 CFR 术语成交时,卖方要承担将货物由装运港运往目的港的义务。为了保证按时完成在装运港交货的义务,卖方应根据合同中规定的装运期及时租船订舱和备货,并按期发货。按照《联合国国际货物销售合同公约》的规定,卖方延迟装运或者提前装运均属违约,买方有权根据具体情况拒收货物或提出索赔。

2. 装船通知的重要作用

CFR 术语下存在"运输"与"保险"由不同当事人办理的情况,即卖方负责租船订舱并在装运港将货物装上船,而买方自行办理货物运输保险,如果卖方装船后未及时通知买方,可能导致船舶启航后仍未办理保险的情况,即所谓"漏保"。一旦货物在海运途中灭失或损坏,其损失将得不到赔偿。因此,按 CFR 术语成交时卖方需特别注意,货物装船后必须毫不延迟地(without delay)向买方发出详尽的装船通知(shipping advice),以便买方办理投保手续。根据有关货物买卖合同的适用法律,卖方未能及时发出装船通知导致买方漏保的,货物在海运途中的风险和损失视为由卖方承担,不能以风险已在"装运港船上"转移为由免除责任。可见,CFR 术语下的装船通知具有至关重要的意义。

实务中,进口业务较多的外贸企业往往与保险公司订有预约保险合同,该合同下的货物一经装船保险自动生效,这也是避免漏保的有效方式之一。

附例：装船通知样本

Dalian Space Trading Company

No. 707 Sihai Road Dalian, China
Tel:86-411-88889999, Fax:86-411-88888888

TO：Vancouver Import Trading Co. ,Ltd. (Fax No：03-3333-2793)
FROM：Dalian Space Trading Company (Fax No：86-411—88888888)
DATE：September 10,2012
ATTN：John Smith

SHIPPING ADVICE

　　This is to advise you that the goods under contract No. 09DL-23H have been shipped on board s. s. "Cosco Hellas" on September 10, details are as follows:

Contract No. ：09DL-23H
L/C No. ：AM/VA07721
Invoice No. PTS-0373
Name of Commodity：Plush Toys
Quantity：3600pcs. Total 300 cartons in 1X20′FCL
Container No. / Seal No. ：CBHU75989764/ 35738
Total Value：USD20,000.00
Shipping Mark：　　　VITC
　　　　　　　　　09DL-23H
　　　　　　　　　Vancouver
　　　　　　　　CTN/No. 1-368
Name of Vessel and Voyage：Cosco Hellas, V. 013W
Port of Loading：Dalian, China
Port of Discharge：Vancouver, Canada
ETD：September 11,2012
ETA：October 5,2012

　　　　　　　　　　　　　　　　Dalian Space Trading Company
　　　　　　　　　　　　　　　　　(authorized signature)

四、CIF

（一）CIF 术语的含义

　　CIF 的英文全称是 Cost Insurance and Freight (insert named port of destination)，中文意思是"成本加保险费、运费（插入指定的目的港）"。该术语是国际货物买卖中常用的贸易术语，仅适用于海运及内河运输。

　　CIF 术语的含义是：卖方在（装运港）将货物装上船或通过"取得已如此交付的货物"，完成交货义务。货物灭失或损坏的风险在货物交到船上时转移。卖方必须订立运输合同和保险合同,并支付将货物运至指定目的港所需的成本、运费和保险费。

按《2020 通则》的要求,CIF 术语的表达式为:CIF＋指定目的港＋Incoterms2020,如 USD260 per set CIF Los Angeles, USA, Incoterms® 2020。注意术语后应添加 Incoterms® 2020 作为后缀,以明确所适用的惯例及其版本。对比 CIF 与 FOB 可以发现, CIF 术语后跟的是指定目的港(named port of destination),而 FOB 术语后跟的是指定装运港(named port of shipment);此外,从价格构成看,CIF 价中增加了货物从装运港至目的港的运费及保险费,因此 CIF＝FOB＋Freight＋Insurance Premium。

(二) 关于买卖双方主要义务的规定

1. 交货地点

装运港船上交货。卖方在指定装运港将货物装上船即完成交货义务。

2. 风险划分

以"装运港船上"为界划分风险,此前的风险由卖方承担,此后的风险由买方承担。

3. 责任划分

(1) 租船订舱:卖方负责租船或订舱,与承运人签订运输合同,将货物运到合同约定的目的港。

(2) 办理保险:卖方负责办理货物运输保险。

(3) 进出口海关手续:各自办理。买卖双方各自负责本国的一切海关手续,包括取得出口(进口)许可证或其他官方批准证件。

4. 费用划分

(1) 运费:卖方承担交货前涉及的各项费用,以及从装运港到目的港的运费和相关费用。

(2) 保费:卖方承担。

(3) 进出口关税和相关费用:买卖双方各自承担。

(三) 使用 CIF 术语时应注意的问题

1. 卖方办理保险的责任

按 CIF 术语成交时,卖方负有办理货物运输保险的责任。关于卖方保险责任的问题,不同的国际贸易惯例有不同的规定。根据《2020 通则》的解释,如无相反的明示协议,卖方只需按协会货物保险条款或其他类似的保险条款中最低责任的保险险别投保。按此规定,如按中国的《海洋运输货物保险条款》投保,只需保"平安险";如按伦敦保险协会的《协会货物保险条款》投保,只需保 ICC(C)。如买方要求按更高的险别投保,或要求投保战争、罢工、暴动和民变险,则在买方承担风险和费用的情况下,卖方亦可代办。明确险别后,最低保险金额为合同价款加成 10%,并以合同币别投保。对于卖方的保险责任问题,《2020 通则》还规定:"保险合同应与信誉良好的保险公司订立,使买方或其他对货物有可保利益者有权直接向保险人索赔。"

2. 卖方租船或订舱的责任

按 CIF 术语成交时,卖方的基本义务之一是租船或订舱,办理从装运港至目的港的运输事项。如果卖方未能及时租船或订舱从而导致不能如期装船交货,即构成违约,需承担违约责任。关于运输问题,卖方只负责按照惯常条件租船订舱,使用适合装运有关货物的通常类型的轮船,经惯驶航线装运货物。因此,买方如提出关于限制船舶国籍、船型、船龄、船级及指定装载某班轮公司的船只等要求,卖方均有权拒绝接受。但卖方也可放弃这一权利,根据具体情况给予通融。

3. 象征性交货问题

从交货方式来看,CIF 是一种典型的象征性交货(symbolic delivery)。所谓象征性交货是针对实际交货(physical delivery)而言的。实际交货是指卖方要在规定的时间和地点,将符合合同规定的货物交给买方或者其指定人,而不能以交单代替交货。象征性交货则是指卖方只要按期在约定地点完成装运,并向买方提交合同中规定的包括物权凭证在内的有关单据,就算完成了交货义务,而无须保证到货。

象征性交货的特点是:"卖方凭单交货、买方凭单付款",只要卖方如期向买方提交了合同规定的全套合格单据,即使货物在运输途中损坏或灭失,买方也必须履行付款义务。当然,买方付款后可凭提单向船方或凭保单向保险公司索赔。应当注意的是,采用 CIF 术语订立合同时,卖方不可在合同中承诺"到货时间",否则该合同将成为一份有名无实的 CIF 合同。

4. 风险划分点与费用划分点分离

我国外贸实务界及理论界都曾把 CIF 术语称为"到岸价",但从 CIF 术语的性质和特点来看,这种说法是不妥的,其理由在于按 CIF 术语成交时风险划分点与费用划分点是分离的。尽管费用划分点在"目的港",即卖方不仅需自费将货物交至装运港船上,还需支付自装运港至目的港的正常运费和保险费,但是风险划分点在"装运港船上",卖方在装运港将货物装上船后即完成了交货义务,风险也随之转移至买方。从这个意义上说,将 CIF 称为"到岸价"仅从费用划分的角度考虑问题,而忽略了风险划分的因素,因而是不妥当的。

课堂练习:简述 FOB、CFR、CIF 三种术语的异同,并将表 6-5 填写完整。

表 6-5 传统三大贸易术语比较

贸易术语	交货地点	风险划分界限	租船订舱支付运费	办理保险支付保费	出口报关	进口清关
FOB						
CFR						
CIF						

在使用 FOB、CFR、CIF 三个术语时,将其与 FCA、CPT、CIP 三个以"货交承运人"为界划分风险的术语进行比较,熟知二者的区别也十分重要。两类术语的主要不同之处如表 6-6 所示。

表 6-6 衍生组术语与传统组术语的主要区别①

主要不同点	传统组术语 （FOB、CFR、CIF）	衍生组术语 （FCA、CPT、CIP）
交货地点	装运港船上	以"卖方所在地"或"其他指定地点"为交货地点，如出口国的集装箱码头或堆场、启运机场、铁路起点站、货运起点站
风险划分界限	装运港船上	货交承运人
适用的运输方式	适用海运及内河运输	适用多种运输方式及多式联运
运输单据	已装船海运提单	视不同运输方式，可为提单、海运单、航空运单、铁路运单或多式运输单据

五、常用贸易术语的变形

常用贸易术语（FOB、CFR、CIF）的变形是为了解决大宗货物租船运输方式下装卸费用的负担问题，主要有如下几种。

（一）FOB 的变形

FOB 的变形主要是为了解决租船运输方式下装船费用由谁承担的问题。《2010 通则》已将 FOB 术语的风险划分界限及费用划分界限延伸到"装运港船上"，即表明装船费用应由卖方承担，《2020 通则》也延续了这一规定。但考虑到新通则实施后《2000 通则》并未废止，因此仍有必要对 FOB 术语的变形进行简要的介绍。

(1) FOB Liner Terms(FOB 班轮条件)：装船费用按照班轮条件的做法处理。

(2) FOB Under Tackle(FOB 吊钩下交货)：卖方负担费用将货物交到买方指定船只的吊钩所及之处，而吊装入舱及其他各项费用概由买方负担。

(3) FOB Stowed(FOB 理舱费在内)：卖方承担装货费和理舱费。

(4) FOB Trimmed(FOB 平舱费在内)：卖方承担装货费和平舱费。

(5) FOB Stowed and Trimmed(FOBST)：卖方承担装货费、理舱费及平舱费。

（二）CFR 的变形

CFR 的变形主要是为了解决大宗货物租船运输中的卸货费用负担问题，常见的有以下几种。

(1) CFR Liner Terms(CFR 班轮条件)：卸货费按班轮做法处理，即买方不负担卸货费。

(2) CFR Landed(CFR 卸至码头)：由卖方承担卸货费，包括可能涉及的驳船费。

(3) CFR Ex Tackle(CFR 吊钩下交接)：卖方负责将货物从船舱吊起一直到吊钩所及之处（码头上或驳船上）的费用，船舶不能靠岸时，驳船费用由买方负担。

(4) CFR Ex Ship's Hold(CFR 舱底交接)：船到目的港在船上办理交接后，由买方自行启舱，并负担货物由船底卸至码头的费用。

---

① "传统组"与"衍生组"的提法系参照李兆华、潘小春编著的《国际贸易实务》第二版第 120 页。

(三) CIF 的变形

CIF 的变形主要有四种：CIF Liner Terms、CIF Landed、CIF Ex Tackle、CIF Ex Ship's Hold,具体含义与 CFR 的变形相同,都是为了解决大宗货物租船运输中的卸货费用负担问题。

学习贸易术语的变形时应注意以下问题：①它们仅适用于大宗货物的租船运输方式,如采用班轮运输,则不存在术语变形的问题；②买卖合同中贸易术语的变形应与租船合同采用的运费术语相匹配,即买卖双方应在 Liner Terms、FI、FO、FIO、FIOST 这五种程租船运费术语中选择与变形后的贸易术语相一致的一种,以免负责租船的一方遭受不必要的损失；③贸易术语的变形仅限于费用的划分,通常不影响风险的划分,买卖双方对此如有不同理解,应在贸易合同中订明。

第四节　贸易术语的性质及选用

一、贸易术语的性质与合同的性质

贸易术语是确定买卖合同性质的重要因素之一。一般来说,贸易术语的性质与买卖合同的性质是相吻合的。《2020 通则》下 11 种贸易术语的性质及这些术语项下对应的合同性质如表 6-7 所示。

表 6-7　贸易术语的性质与对应的合同性质

贸 易 术 语	贸易术语的性质	买卖合同的性质
EXW	产地交货术语	产地交货合同(consignment contract)
FAS、FOB、CFR、CIF FCA、CPT、CIP	装运术语	装运合同(shipment contract)
DAP、DPU、DDP	到达术语	到达合同(arrival contract)

表 6-7 中,产地交货合同的特点是卖方在商品产地或卖方所在地(矿山、农场、酒庄、工厂、仓库等)完成交货；装运合同的特点是卖方按合同约定的时间在出口国指定地点将货物装运后或交给指定的承运人后完成交货义务,合同中不承诺到货时间、不保证货物必然到达目的地或目的港；到达合同的特点是卖方必须在合同规定的期限内将货物送达指定的目的地,并承担货物交至该处为止的一切风险,在进口国国内完成交货义务。贸易术语的合同性质对判定买卖双方的责任义务和处理贸易争议都有重要作用。

二、选用贸易术语时应考虑的主要因素

在国际贸易中,贸易术语是确定合同性质、决定交货条件的重要因素。交易的当事人在选择贸易术语时主要应考虑以下因素。

(一) 运输方式和货物装载方式

买卖双方选择何种贸易术语,与货物的运输方式有关。如果货物需采用空运、铁路运

输、公路运输等非海运方式或多式联运方式来运送,则不应使用 FOB、CFR、CIF、FAS 等专门用于水上运输的术语,而应选用 FCA、CPT 或 CIP 等适用于任何运输方式或多式联运的术语。此外,贸易术语的选用还与货物的装载方式有关。例如,矿砂、木材、废铁等无法用集装箱运载的大宗初级产品因通常采用租船方式运送货物,可采用 FAS 术语或传统三术语;而当货物采用集装箱运输方式时,因卖方不可能在船边把货物交给买方指定的承运人,因此不应采用 FAS 术语。

(二)货源地距离港口的远近

贸易术语的选择与货源所在地有关。如果货源地靠近沿海地区,可选用 FOB、CFR、CIF 等适合水上运输的术语。如果货源地离港口较远却选用了 FOB 等水上运输术语,则卖方需承担从产地或货源地至港口这段路途的风险,货物在这段路途中如果遭受损失或灭失,卖方将无法如期履行在装运港船上交货的义务,从而处于极其被动的不利局面。因此,当货源地离港口较远时,应当首选 FCA 等向承运人交货的术语,使货物交给前来接货的第一承运人后,风险即得以转移至买方。

(三)运费因素

运费是商品价格的重要组成部分,在选用贸易术语时,应考虑货物经由路线的运费收取情况和运价变动趋势。一般来说,当运价看涨时,为了避免承担运价上涨的风险,可以选用 FCA、FOB 等由对方安排运输并支付运费的贸易术语;如因某种原因必须按我方安排运输、支付运费的术语成交,则应将运价上涨的风险考虑到货价中去,以免遭受运价变动损失。

(四)自身的风险承受能力

国际贸易中,货物运输路线长、风险高,每一种术语下买卖双方承担的风险和责任是不同的。六大常用术语(FOB、CFR、CIF、FCA、CPT、CIP)下双方责任及风险承担相对较为折中,因此是各行业广泛接受的贸易术语。其他术语,要么卖方责任过大(如 DAP、DPU、DDP 三种到达术语)、要么买方责任过大(如 EXW),若自身的风险承受能力不足,则不要轻易采用。

(五)办理进出口清关手续的难易程度

《2020 通则》的 11 种术语下,多数由买卖双方各自办理本国的清关手续、各自支付关税和相关费用,但 EXW 和 DDP 术语存在一方当事人需办理对方国家海关手续的问题。此时应了解对方国家的相关规定,买方不能直接或间接办理出口报关手续时,不宜按 EXW 条件成交;卖方不能直接或间接办理进口清关手续时,则不宜采用 DDP 术语。

(六)船货的衔接和货物的安全

为了更好地衔接船货,可选择由我出口方办理运输的术语,这样可以根据自身组织货源的情况及时办理租船或订舱。此外,为了使"运输"与"保险"更好地衔接从而保障货物的安全,可考虑选择由我出口方办理保险的术语,此时不但不会产生漏保的情况,而且由出口方负责的国内运输途中遭遇的损失可依"仓至仓"条款获得赔偿。综合上述两点,为确保"船货衔接"及"运输保险衔接",我出口方可选择 CIF 或 CIP 术语。

(七) 客户的具体要求

当今世界中的商品贸易多数是典型的买方市场,卖方尽管从自身利益的角度希望选择这样或那样的贸易术语,但真正与国外客户谈判时,因明显处于弱势地位,往往只能按照国外买方指定的贸易术语成交,这种情况下卖方应结合购销意图,在风险可承受的情况下酌情考虑接受对方指定的贸易术语。

本章应知应会术语

1. trade terms　贸易术语
2. price terms　价格术语
3. International Law Association　国际法协会
4. International Chamber of Commerce,ICC　国际商会
5. Warsaw-Oxford Rules 1932(W. O. Rules 1932)　《1932年华沙-牛津规则》
6. Revised American Foreign Trade Definitions 1990　《1990年美国对外贸易定义修正本》
7. International Rules for the Interpretation of Trade Terms,INCOTERMS　《国际贸易术语解释通则》
8. EX Works,EXW　工厂交货
9. Free Alongside Ship,FAS　船边交货
10. Free On Board,FOB　装运港船上交货
11. Cost and Freight,CFR　成本加运费
12. Cost,Insurance and Freight,CIF　成本加保险费、运费
13. Free Carrier,FCA　货交承运人
14. Carriage Paid To,CPT　运费付至
15. Carriage and Insurance Paid To,CIP　运费、保险费付至
16. Delivered At Place,DAP　目的地交货(插入指定目的地)
17. Delivered at Place Unloaded,DPU　目的地卸货后交货(插入指定目的地)
18. Delivered Duty Paid,DDP　完税后交货
19. string sales　链式销售
20. multiple sales　多次买卖
21. electronic record or procedure　电子记录或程序
22. security clearances　安全清关
23. chain of custody　监管链
24. chain of supply　供应链
25. delivery　交货

26. take delivery　提货

27. symbolic delivery　象征性交货

28. physical delivery　实际交货

29. place of delivery　交货地

30. point of delivery　交货点

31. delivery documents　交货单据

32. actual carrier　实际承运人

33. contracting carrier　订约承运人

34. freight forwarder　货运代理

35. dead freight　空舱费

36. demurrage　滞期费

37. shipping advice　装船通知

38. shipping instruction　装船指示

39. insurance premium　保险费

40. customs duty　关税

41. customs formalities　海关手续

42. customs declaration　报关

43. customs clearance　清关

44. arrival contract　到货合同

45. shipment contract　装运合同

思考题

1. 什么是贸易术语？贸易术语的作用何在？

2. 有关贸易术语的国际贸易惯例有哪几个？哪一个国际贸易惯例包括的内容最多、使用范围最广、影响最大？

3. 国际贸易惯例与习惯做法的关系如何？国际贸易惯例是不是法律？

4. 《2020通则》中的11种贸易术语分别是哪几种？它们如何分类？

5. 卖方承担责任最小和最大的术语分别是哪一种？卖方报价最低和最高的术语分别是哪一种？

6. 以"装运港船上"为界划分风险的三个术语是什么？三者的递进关系如何？它们的异同点是什么？

7. 《2020通则》中FOB术语下关于"卖方交货义务"规定的变化是什么？

8. CFR术语下隐藏着什么风险？如何规避？

9. CIF 术语称为"到岸价"有何不妥？为什么？

10. 什么是实际交货？什么是象征性交货？象征性交货与实际交货的区别是什么？

11. 以"货交承运人"为界划分风险的三个术语是什么？三者的递进关系如何？

12. "货交承运人三术语"与"传统三大贸易术语"的联系和区别是什么？

13. DAP 与 DPU 的主要区别是什么？

14. DDP 与 DAP 的区别是什么？

15. 国际贸易中出口商选用贸易术语时应考虑哪些因素？

案例分析题

1. 我某进出口公司向鹿特丹某贸易公司出口 2 000 箱蘑菇罐头，按 CFR 鹿特丹成交，合同规定保险由买方自理。6 月 6 日上午货物装船完毕，受载货轮于当日下午启航，业务员直至 8 日上午上班时才向鹿特丹客户发出装船通知。客户收到装船通知后向当地保险公司投保时，该保险公司经查获悉装载货物的船舶于 8 日凌晨 3 时遇难沉没，货物灭失，因而拒绝承保。客户随即致电我出口公司，说明货物灭失，要求我方承担一切损失。试分析我方应如何处理。

2. 我国某外贸公司向加拿大某进口商出口 600 公吨核桃仁，按 CIF 魁北克成交。由于该货季节性很强，到货的迟早会影响货物的销售价格，因此买方要求在合同中规定："卖方需于 10 月 31 日前自中国港口装运，不得分批和转运，卖方保证载货船舶于 11 月 30 日前抵达魁北克。否则买方有权取消合同、拒收货物，如货款已经收妥，则须退还买方。"我出口公司考虑到这批货的成交量大、利润较高，因此接受了上述条款。问：我方与加拿大进口商签订的合同存在哪些问题？为什么？

3. 我国某出口企业以 CIF 条件出口一批货物。货物自装运港启航不久后，载货船舶因遇海难而沉没。在这种情况下，我方仍将包括商业发票、保险单、提单在内的全套单据寄给买方，要求买方支付货款。问：进口方有无义务付款？为什么？

4. 我某进出口公司向马来西亚某贸易公司出口一批货物，按 FOB 宁波成交，装运期为 7 月份，集装箱装运。我方 7 月 13 日收到买方的装运通知，为及时装船，公司业务员于 7 月 14 日将货物存于宁波码头仓库。不料货物因当夜仓库发生火灾而全部灭失。问：(1)货损应由哪一方承担？(2)在该笔业务中，我方若采用 FCA 术语成交，是否需承担损失？为什么？(3)从本案中可以吸取什么教训？

5. 我国 A 公司向德国某客户发盘，供应餐具 800 套，每套 CIF 汉堡 50 美元，装运港厦门。现德商要求我方改报 FOB 厦门价。问：我出口公司应对价格做何调整？如果最后按 FOB 条件签订合同，买卖双方在所承担的责任、费用和风险方面有什么区别？

6. 我国 B 公司按照 FCA 条件进口一批急需的生产资料，合同中规定由卖方代办运输。结果在装运期满时，国外卖方来函通知无法租到船，不能按期交货。因此，B 公司向国内用户支付了 15 万元延期违约金。问：我公司这 15 万元的损失可否向国外卖方索赔？

第 7 章

进出口商品的价格

在国际货物贸易中,价格及约定合同中的价格条款,是买卖双方交易磋商的一个重要内容。进出口商品的价格直接关系买卖双方的经济利益,是国际货物贸易重要的交易条件。因此,正确制定价格是决定买卖双方贸易谈判成败的重要因素。确定双方可以接受的合理价格是一项十分重要和复杂的工作,涉及进出口商品的作价原则,以及对国际市场行情的了解、对商品成本和利润的测算、对国际货币的运用和换算、对影响价格的各有关因素的把握。价格条款与使用的贸易术语及合同中的其他交易条件密切相关,有着不可分割的内在联系。正确掌握价格及订好合同中的价格条款,具有十分重要的意义。

第一节 进出口交易价格的掌握原则

一、进出口商品作价原则

在确定进出口商品成交价格时,企业应该注意下列四项原则。

(一) 按照国际市场价格水平作价

国际市场价格是以商品的国际价值为基础并在国际市场竞争中形成的,是交易双方都能接受的价格,是确定进出口商品价格的客观依据。企业在制定进出口价格时应注意参考该商品在世界主要产地的价格水平、在主要消费地区的价格水平及国际市场上的平均价格水平。在对外贸易中,企业应注意国际市场价格水平的变化,及时调整企业对外成交价格。

(二) 结合国别、地区政策和经济发展水平作价

随着我国市场经济的发展和逐步完善,企业经济行为受国家对外政策等的影响越来越小。但是,由于贸易保护主义和贸易摩擦的盛行,企业的对外经济交往受到很多国家的政治和外交等对外政策的影响。在某些特定情况下,企业应服从国家对外政策需要,以国家利益为重,配合政治和外交政策。企业的对外成交作价需要服从国家政策和对外需要,以维护国家和企业利益。

同时,企业的报价还应该根据成交国家和地区的经济发展水平,正确选择合适的产品,以合适的价格对外成交。不同经济发展水平的国家和地区,对产品的质量标准和要求不同,企业应根据客户需要,针对不同质量的产品和要求,给出不同的报价。

(三) 结合企业营销战略和购销意图作价

进出口商品价格战略是企业战略管理的重要内容。企业对外成交作价应该以企业的营销战略为指导,根据自己的购销意图来制定价格。第一,如果企业计划开拓新市场,推销新产品,价格可以适当低些。如果产品技术性强,属于企业独家开发的新产品,价格可以定得高些。第二,企业需要与一些信誉较好,有长期贸易关系的老客户建立较为稳固的合作关系,价格可以优惠一些。第三,市场需求量大,货源紧张的产品,企业可以制定较高的价格,这样也有利于企业以较高的价格争取到货源。反之,企业应制定较低的价格争取竞争优势,避免库存积压。

(四) 以成本核算为基础,制定合理价格,保证企业利润

企业的对外定价归根到底应该以企业自身产品成本为依据,以产品的成本核算为基础,结合企业的利润要求合理定价,以保证企业从效益出发,注重企业自身管理,保证企业合理利润和健康发展。我国外贸的经营体制要求外贸企业注重自身的效益,自负盈亏。认真进行成本核算,以企业效益为中心,是企业对外报价最基本的原则。

二、影响价格的各种具体因素

(一) 商品的质量和档次

在国际市场上一般遵循按质论价的原则,即好货好价、次货次价。品质的优劣,档次的高低,包装装潢的好坏,式样的新旧,商标、品牌的知名度,都会影响商品的价格。

(二) 运输距离

国际货物买卖通常都要经过长途运输。运输距离的远近会影响运费和保险费,从而影响商品的价格。因此,确定商品价格时,必须认真核算运输成本,做好比价工作,以体现地区差价。

(三) 交货地点和交货条件

在国际贸易中,由于交货地点和交货条件不同,买卖双方承担的责任、费用和风险有别,在确定进出口商品价格时,必须考虑这些因素。例如,同一运输距离内成交的同一商品,按 CIF 条件成交与按 DAP 条件成交,其价格应当不同。此外,目的港的港口装卸条件不同,价格也应该有所不同。

(四) 季节性需求的变化

在国际市场上,某些节令性商品如能赶在节令前到货,抢行应市,即可卖上好价,而过了节令的商品,往往售价很低,甚至只能以低于成本的"跳楼价"出售。因此,企业应充分利用季节性需求的变化,掌握季节性差价,争取按对己方有利的价格成交。

(五) 成交数量

按国际贸易的习惯做法,成交量的大小影响价格。成交量大时,在价格上应有适当优惠,如给予数量折扣;反之,成交量过少,甚至低于起订量时,则可以适当提高售价。无论成交量大小价格都相同的做法是不妥的,企业应当掌握好数量方面的差价。

(六) 支付条件和汇率变动的风险

支付条件是否有利及汇率变动风险的大小,都会影响商品的价格。例如,同一商品在其他交易条件相同的情况下,采取预付货款、信用证付款和托收支付等不同的付款条件,其价格应有所区别。同时,在确定商品价格时,一般应争取采用对己方有利的货币成交,不得不采用对己方不利的货币成交时,应当把汇率变动的风险考虑到货价中去,即适当提高出售价格或压低购买价格。

除上述因素外,交货期的长短、市场贸易习惯和消费者的爱好等因素也对确定价格有一定影响。国际贸易从业人员必须在调查研究的基础上,切实注意上述影响进出口商品成交价格的各种因素,通盘考虑,权衡得失,确定适当的成交价格。

三、进出口商品的定价方法

在国际货物贸易中,定价方法多种多样,由交易双方当事人磋商决定。通常采用的定价方法可归纳为下面几种。

(一) 固定价格

固定价格(fixed price)是指交易双方在协商一致的基础上,对合同价格给出明确、具体的规定。按照《联合国国际货物销售合同公约》的有关规定,合同中的价格可以由当事人用明示的方法规定,也可以用默示的方法规定。只要当事人根据合同或事先约定,可以将价格明确、具体地确定下来,即可称之为固定价格。各国法律规定,合同价格一经确定,就必须严格执行,任何一方都不得擅自更改。例如,"每公吨500欧元,CIF鹿特丹",如合同中无其他规定,则可认为是固定价格。采用固定价格是国际市场上较常见的做法。我国进出口业务中多采用这种定价方法。这种规定价格的方法既明确、具体和肯定,也便于核算和执行。如果买卖双方无明确约定,应理解为固定价格,即订约后买卖双方按此价格结算货款。即使订约后市场价格有重大变化,任何一方也不得要求变更原定价格。

但是,国际商品市场受各种因素的影响,市场行情瞬息万变,价格涨落不定,因此在国际货物买卖合同中规定固定价格,就意味着买卖双方要承担从订约到交货付款以至转售时价格变动的风险。如果市场行情变动过于剧烈,这种做法还可能影响合同的顺利执行。一些不守信用的商人很可能为逃避巨额利益损失而寻找各种借口撕毁合同。为了减少风险,在采用固定价格时,必须注意下列事项:

(1) 仔细研究影响商品供需的各种因素,并在此基础上,对价格的前景做出正确的判断,作为确定合同价格的依据。

(2) 深入了解和认真研究客户资信情况,审慎选择合适的成交对象,以免在市场价格暴涨暴跌时出现外商违约或毁约的情况。

（3）对价格一直相对稳定的商品，以及成交数量不大或近期交货的商品，通常可以按固定价格成交。如属远期交货、大量成交或市场价格起伏不定的商品，则不宜轻易采用固定价格的做法，以减少价格变动的风险。

（二）非固定价格

在国际货物贸易中，为了减少价格变动的风险、促成交易和提高履约率，对于合同价格的规定往往采用一些灵活变通的做法，即按非固定价格（non-fixed price）成交。这类定价方法又可分为下面几种。

1. 暂不固定价格（temporarily non-fixed price）

某些货物因其国际市场价格变动频繁且幅度较大，或交货期较长，买卖双方对市场价格趋势难以预测，但双方又有订约的意向，则可以就货物的品质、数量、包装、交货和支付等条件先进行约定，而价格暂不固定，只规定确定价格的方法。例如，在合同中规定以某时某地有关商品交易所该商品的收盘价为基础，再加（或减）多少美元。按此方法作价，双方可以避免市场波动的风险。

2. 暂定价格（temporarily fixed price）

买卖双方在洽谈某些市场价格波动大、交货期长的交易商品时，先在合同中约定一个暂定价格，作为开立信用证和初步付款的依据，待日后交货期前的一定时间，由双方按照当时的市价确定最终价格。例如，"单价暂定 CIF 神户，每公吨 1 000 美元，定价方法：以××交易所 3 个月期货，按装船月份平均价格加 5 美元计算。买方按本合同规定的暂定价格开立信用证。"在我国进出口业务中，企业与信用可靠、业务关系密切的客户洽谈大宗货物的远期交易，有时会采取这种暂定价格的办法。

3. 滑动价格（sliding price）

在国际货物贸易中，对于某些货物，如成套机械设备等，从合同成立到最终履行需要较长的时间。为了避免因原材料、工资等变动造成货物价格变动的风险，双方可以采用滑动价格的方法：在买卖合同中规定一个基础价格，交货时或交货前一段时间，按照工资、原材料价格变动的指数做相应调整，以确定最终价格。目前，随着某些国家通货膨胀的加剧，有些商品合同，特别是加工周期较长的机器设备合同，采用滑动价格法时普遍规定"价格调整条款"（price adjustment clause），要求在签约时只规定初步价格（initial price），同时规定，若原料价格、工资发生变化，卖方保留调整价格的权利。

在价格调整条款中，通常使用下式来调整价格：

$$P = P_0[A + B(M/M_0) + C(W/W_0)]$$

式中：P——商品交货时的最终价格；

P_0——签合同时约定的初步价格；

M——计算最终价格时引用的有关原料的平均价格或指数；

M_0——签合同时引用的有关原料的价格或指数；

W——计算最终价格时引用的有关工资的平均数或指数；

W_0——签合同时引用的工资平均数或指数；

A——经营管理费用和利润在价格中所占的比重;

B——原料在价格中所占的比重;

C——工资在价格中所占的比重。

A、B、C 所分别代表的比例,在签合同时确定后固定不变。

价格调整条款的基本内容,是按原料价格和工资的变动来计算合同的最终价格。在通货膨胀的情况下,它实质上是出口厂商转嫁国内通货膨胀、确保利润的一种手段。但值得注意的是,这种做法已被联合国欧洲经济委员会纳入它所指定的一些"标准合同"之中,而且其应用范围已从原来的机器设备交易扩展到一些初级产品交易,因而具有一定的普遍性。

由于这类条款是以工资和原料价格的变动作为调整价格的依据,因此在使用这类条款时必须注意工资指数和原料价格指数的选择,并在合同价格条款中具体写明。此外,在国际货物贸易中,人们有时也应用物价指数作为调整价格的依据,如合同期间的物价指数发生的变动超出一定的范围,价格即做相应调整。在使用价格调整条款时,合同价格的调整通常是有条件的,如约定用来调整价格的各个因素在合同期间发生的变化必须超过一定的限度才予以调整,未超过限度的不予调整。

四、计价货币的选择

计价货币(money of account)是指买卖双方约定用来计算价格的货币。如果合同中的价格是用一种双方当事人约定的货币(如美元)来表示的,且没有约定用其他货币支付,则合同中规定的货币(美元)既是计价货币,又是支付货币(money of payment)。如果在计价货币之外还约定了用其他货币(如欧元)支付,则这种指定的货币欧元就是支付货币。

在国际货物买卖合同中,价格通常表现为一定量的特定货币(如每公吨为 300 美元),而不再规定支付货币。在国际货物贸易实际业务中,用来计价的货币可以是出口国家的货币,也可以是进口国家的货币或交易双方同意的第三国的货币,还可以是某一种记账单位,具体由双方当事人协商确定。由于世界各国的货币价值并非一成不变的,而且在世界许多国家普遍实行浮动汇率的条件下,通常被用来计价的各种主要货币的币值更是经常波动。加之国际货物买卖的交货期一般比较长,从订约到履约往往需要一段时间,在此之间计价货币的币值可能会发生变化,甚至会出现大幅波动,必然直接影响进出口双方的经济利益。因此,合同计价货币的选择具有重大的经济意义,这是买卖双方确定价格时必须注意的问题。

企业在国际货物贸易中,主要应该从两个方面考虑货币的选择。第一,使用国际通用可自由兑换的货币,如美元、欧元、日元等。这种货币有利于调拨和运用,在必要时容易操作,避免汇价风险。第二,选择对自己有利的货币。一般来说,出口交易应该选择币值相对稳定或币值有上浮趋势的"硬币",即尽可能多使用从成交到收汇这段时间内汇价比较稳定且趋势上浮的货币。进口业务应该争取多使用从成交到付汇这段时间汇价比较疲软且趋势下浮的货币,即所谓的"软币"。

在国际货物贸易中,如果贸易双方所在国之间订有贸易协定或支付协定,而其交易本身又属于上述协定项下的交易,则必须按规定的货币进行清算。除此之外,一般进出口合同都是采用可兑换的、国际上通用的或双方同意的货币进行计价和支付。但是,由于目前各种货币在国际市场上的地位和发展趋势不同,其中有的走向疲软,有的日益坚挺,因此任何一笔交易都必须在深入调查研究的基础上,尽可能争取发展趋势于己有利的货币作为计价货币。但在实际业务中,以什么货币作为计价货币还应根据双方的交易习惯、经营意图和具体价格确定。如果为了达成交易而不得不采用对自己不利的货币成交,则可采用下面两种补救措施:

(1) 根据该种货币今后可能的变动幅度,相应调整对外报价。

(2) 在可能的条件下,争取订立保值条款。在当前许多国家普遍采用浮动汇率的情况下,交易双方签订买卖合同时可以约定合同货币与其他一种货币的汇率。付款时,若汇率发生变动,即按比例调整合同价格,以避免计价货币汇率变动的风险。

第二节 进出口成本核算

加强成本核算,是企业对外成交报价的基础。进口商品的价格构成主要包括进口货物的 FOB 价、运费、保险费、进口税费、目港卸货费、码头费用、检验费、仓储费用、国内运杂费、其他杂费、佣金和预期利润等。出口商品的价格构成主要包括成本、费用和利润,其中成本是指进货成本,费用包括国内费用和国外费用。

一、出口成本核算

(一) 出口商品换汇成本

出口商品换汇成本(exchange cost),又称出口商品换汇率,是指以某种商品的出口总成本(total cost for export commodity)与出口所得的外汇净收入(net income of foreign exchange in export)之比,得出用多少人民币换回一美元。其计算公式为

$$出口商品换汇成本 = \frac{出口商品总成本(人民币)}{出口外汇净收入(美元)}$$

出口外汇净收入是指出口商品外汇收入扣除以外汇支付的费用,如运费、保险费、佣金等的外汇净收入,即 FOB 出口外汇收入。出口换汇成本反映了出口商品的盈亏情况,是考核企业出口业务有无经济效益的重要指标,其衡量标准是人民币对美元的汇价。如果出口商品换汇成本高于银行外汇牌价的现汇买入价,则出口亏损;反之,则出口盈利。例如,在一笔出口交易中,计算出的出口换汇成本为 5.3 元/美元,如果当时外汇牌价买入价为 1 美元折 6.3 元人民币,则出口 1 美元该商品将取得 1 元人民币的盈利;反之,如果计算出的出口换汇成本为 7.3 元,则出口 1 美元该商品将承受 1 元人民币的亏损。

(二) 出口总成本

出口总成本是指外贸企业为出口商品支付的国内总成本,其中包括进货成本和国内费用及出口退税收入(export tax rebates)的扣减。对于需缴纳出口税的商品,其出口总成本中还应包括出口税。

出口商品总成本 = 购进价（含增值税）+ 费用 − 出口退税收入

费用主要包括利息、码头、报关杂费、银行费用和工资等。

$$退税收入 = \frac{购进价(含增值税)}{1+增值税税率} \times 退税率$$

（三）出口盈亏额与盈亏率

出口盈亏额（profit and loss amount of export）是指出口销售的人民币净收入与出口总成本的差额。如果差额是正数，为盈余额；如果差额是负数，则为亏损额。

出口盈亏率（profit and loss rate of export）是盈亏额与出口总成本的比例，用百分比表示。它是衡量出口盈亏程度的一项重要指标。其计算公式为

出口盈亏额 =（出口外汇净收入 × 银行外汇买入价）− 出口商品总成本

$$出口盈亏率 = \frac{出口盈亏额}{出口总成本} \times 100\%$$

（四）计算例题

某公司出口鞋子 10 000 双，出口价为 USD3.50/双 CIF NEW YORK，CIF 总价为 USD35 000，其中运费 USD2 000、保险费 USD150。该公司从工厂购进价为每双人民币 20 元，共计人民币 200 000 元（含 13% 的增值税），费用定额率为 3%，出口退税率为 13%，银行买入价 1 美元 = 6.30 元人民币。求该商品的换汇成本、盈亏额和盈亏率。

解：

$$鞋子换汇成本 = \frac{200\,000 + (200\,000 \times 3\%) - [200\,000/(1+13\%) \times 13\%]}{USD35\,000 - USD2\,000 - USD150}$$

$$= \frac{200\,000 + 6\,000 - 23\,008.85}{USD32\,850}$$

$$= 5.57(元/美元)$$

盈亏额 = USD32 850 × 6.30 − 182 991.15 = 23 963.85（元）

$$盈亏率 = \frac{23\,963.85}{182\,991.15} \times 100\% = 13.10\%$$

二、价格构成和价格换算

在国际贸易中，商品价格通常指单价（unit price），包括单位价格、计价数量单位、计价货币、贸易术语四个组成部分，如 USD500/MT CFR NEW YORK。贸易术语是进出口商品价格的组成部分，不同的贸易术语表示其价格构成因素不同，即包括不同的从属费用。例如，FOB 术语中不包括从装运港至目的港的运费和保险费；CFR 术语中包括从装运港至目的港的通常运费；CIF 术语中除包括从装运港至目的港的通常运费外，还包括保险费。在对外洽商交易过程中，有时一方按某种贸易术语报价，而另一方不同意报价中使用的贸易术语，希望对方改用其他贸易术语报价。因此，外贸从业人员不仅要了解主要贸易术语的价格构成，还应了解主要贸易术语的价格换算方法。

（一）主要贸易术语的价格构成

1. FOB、CFR 和 CIF 的价格构成

这三种常用的贸易术语的价格构成包括进货成本、各项费用开支和净利润三方面的内容，其中费用开支包括国内费用开支和国外费用开支两部分。

（1）国内费用：项目较多，主要包括加工整理费、包装费、保险费、国内运费、装船费、检验费、公证费、产地证费、领事签证费、许可证费、报关单费、邮电费、贴现利息和手续费，以及预计损耗等。

（2）国外费用：主要包括从装运港至目的港的运输费用及海上货物运输保险费用，如有中间商，还应包括付给中间代理商的佣金。

三种常用贸易术语价格构成的计算公式如下：

$$FOB 价格 = 进货成本价 + 国内费用 + 净利润$$

$$CFR 价格 = 进货成本价 + 国内费用 + 国外运费 + 净利润$$

$$CIF 价格 = 进货成本价 + 国内费用 + 国外运费 + 国外保险费 + 净利润$$

2. FCA、CPT 和 CIP 的价格构成

这三种贸易术语的价格构成与上述 FOB、CFR 和 CIF 三种贸易术语相类似，其价格构成也包括进货成本、各项费用开支和净利润三部分。由于使用的运输方式不同，交货地点与交货方式也有别，故其发生的具体费用不尽相同。

（1）国内费用：通常包括加工整理费、包装费、保管费、国内运费（运至码头、车站、机场、集装箱货运站或堆场）、拼箱费、商检费、公证费、领事签证费、许可证费、报关单费、邮电费、贴现利息和手续费以及预计损耗等。

（2）国外费用：主要包括自出口国内陆起运地至国外目的地的运输费用和国外保险费，在有中间商介入时，还应包括支付给中间代理商的佣金。

FCA、CPT 和 CIP 三种术语价格构成的计算公式如下：

$$FCA 价格 = 进货成本价 + 国内费用 + 净利润$$

$$CPT 价格 = 进货成本价 + 国内费用 + 国外运费 + 净利润$$

$$CIP 价格 = 进货成本价 + 国内费用 + 国外费用 + 国外保险费 + 净利润$$

（二）主要贸易术语的价格换算

在磋商交易过程中，交易双方都希望选用对自己有利的贸易术语，如一方不接受另一方提出的贸易术语，而要求改用其他某种贸易术语，则可采用下列价格换算方法。

1. FOB、CFR 和 CIF 三种价格的换算

CIF 的价格构成为

$$CIF 价格 = FOB 价格 + 国外运费 + 国外保险费$$

这里要特别注意的是，国外保险费是以 CIF 价格为基础计算的。因此，如果写明保险费的计算方法，则为

$$CIF 价格 = FOB 价格 + CIF 价格 \times (1 + 保险加成率) \times 保险费率 + 国外运费$$

（1）如已知 FOB 价格，现改报 CFR 价格或 CIF 价格，则 CFR 价格和 CIF 价格分

别为

$$CFR 价格 = FOB 价格 + 国外运费$$

$$CIF 价格 = \frac{FOB 价格 + 国外运费}{1 - (1 + 保险加成率) \times 保险费率}$$

（2）如已知 CIF 价格，现改报 FOB 价格或 CFR 价格，则 FOB 价格和 CFR 价格分别为

$$FOB 价格 = CIF 价格 \times [1 - (1 + 保险加成率) \times 保险费率] - 国外运费$$

$$CFR 价格 = CIF 价格 \times [1 - (1 + 保险加成率) \times 保险费率]$$

（3）如已知 CFR 价格，现改报 FOB 价格或 CIF 价格，则 FOB 价格和 CIF 价格分别为

$$FOB 价格 = CFR 价格 - 国外运费$$

$$CIF 价格 = \frac{CFR 价格}{1 - (1 + 保险加成率) \times 保险费率}$$

2. FCA、CPT 和 CIP 三种价格的换算

CIP 的价格构成为

$$CIP 价格 = FCA 价格 + 国外运费 + 国外保险费$$

需要特别注意的是，保险费应以 CIP 价格为基础计算，所以如果写明保险费的计算办法，则应为

$$CIP 价格 = FCA 价格 + CIP 价格 \times (1 + 保险加成率) \times 保险费率 + 国外运费$$

（1）如已知 FCA 价格，现改报 CPT 价格或 CIP 价格，则 CPT 和 CIP 价格分别为

$$CPT 价格 = FCA 价格 + 国外运费$$

$$CIP 价格 = \frac{FCA 价格 + 国外运费}{1 - (1 + 保险加成率) \times 保险费率}$$

（2）如已知 CIP 价格，现改报 FCA 价格或 CPT 价格，则 FCA 价格和 CPT 价格分别为

$$FCA 价格 = CIP 价格 \times [1 - (1 + 保险加成率) \times 保险费率] - 国外运费$$

$$CPT 价格 = CIP 价格 \times [1 - (1 + 保险加成率) \times 保险费率]$$

（3）如已知 CPT 价格，现改报 FCA 价格或 CIP 价格，则 FCA 价格和 CIP 价格分别为

$$FCA 价格 = CPT 价格 - 国外运费$$

$$CIP 价格 = \frac{CPT 价格 - 国外运费}{1 - (1 + 保险加成率) \times 保险费率}$$

3. 计算例题

某公司出口货物，价格为 USD2 000/MT CIF NEW YORK，现客户要求改报 FOB 上海价。已知该货物出口运费为 USD150/MT，原报 CIF 价中投保险别为一切险，保险费率为 1%，按 CIF 价加成 10% 投保。求应报的 FOB 上海价。

解：

$$FOB 价 = CIF 价 \times [1 - (1 + 投保加成率) \times 保险费率] - 运费$$

$$= 2\,000 \times (1 - 110\% \times 1\%) - 150$$
$$= USD1\,828$$

应报 FOB 上海价为 1 828 美元/公吨

第三节 佣金与折扣的运用

在进出口合同的价格条款中,有时会涉及佣金与折扣的运用。价格条款中所规定的价格可分为包含佣金或折扣的价格和不包含这类因素的净价(net price)。在实际业务中,包含佣金的价格通常被称为含佣价。

一、佣金

(一) 佣金的含义与作用

在国际货物贸易中,有些交易是通过中间代理商进行的。中间代理商因介绍生意或代买代卖而收取一定的酬金,这项酬金被称为佣金(commission),它具有劳务费的性质。佣金直接影响商品的价格,货价中是否包含佣金及佣金比例的大小都会影响商品的价格。显然,含佣价比净价高。正确运用佣金制度有利于调动中间代理商的积极性和扩大交易。因此,物色中间代理商、合理确定佣金额度及约定进出口合同中的佣金条款,具有重要的意义。

(二) 佣金的规定方法

(1) 在商品价格中如果包含佣金,一般应该以文字进行说明。凡价格中包括佣金的,即为"含佣价"。例如,"USD300 per M/T CIF NEWYORK including 3% commission"。

(2) 用英文字母"C"代表佣金,并注明佣金的百分比。例如,"USD300 per M/T CIFC3% NEWYORK"。

(3) 佣金也可以用绝对数表示。例如,"Commission: USD50.00 per M/T"。

买卖双方在洽谈交易时,如果将佣金明确表示出来并写入价格条款中,则称为"明佣"。如果交易双方对佣金虽然已经达成协议,但却约定不在合同中表示出来,约定的佣金由乙方当事人按约定另行支付,则称为"暗佣"。国外中间商为了赚取"双头佣"(中间商同时从买卖双方获取佣金),或为了逃汇或逃税等,往往要求采取"暗佣"的做法。

(三) 佣金的计算方法

计算佣金有不同的方法,最常见的是以买卖双方的成交额或发票金额为基础计算佣金。

佣金的计算公式为

$$含佣价 = \frac{净价}{1 - 佣金率}$$

$$佣金额 = 含佣价 \times 佣金率$$

净价＝含佣价－佣金额

净价＝含佣价×（1－佣金率）

例题：我某公司对外报价某商品 USD2 000/MT CIF NEW YORK，外商要求 4％佣金。在保证我方净收入不变的情况下，应该报的含佣价是多少？

解：

$$\text{CIFC}4\% = \frac{\text{CIF 净价}}{1-4\%}$$

$$= \frac{2\ 000}{1-4\%}$$

$$= \text{USD}2\ 083.33$$

二、折扣

（一）折扣的含义与作用

折扣（discount, rebate, allowance）是指卖方给予买方一定的价格减让，即在价格上给予一定的优惠。在对外贸易中，使用折扣主要是为了照顾老客户、确保销售渠道与扩大销售等。在实际业务中应根据具体情况，针对不同的客户，灵活运用各种折扣方法。例如，为了扩大销售，使用数量折扣（quantity discount）；为发展同客户的关系或为实现某种特殊目的给予的特别折扣（special discount）及年终回扣（turnover bonus）等。折扣直接关系到商品的价格，在货价中是否包括折扣和折扣率的大小都会影响商品价格。折扣率越高，则价格越低。在国际货物贸易中，折扣通常在约定价格条款时用文字明确表示出来。凡在价格条款中明确规定折扣率的，称为"明扣"；凡交易双方就折扣问题已达成协议，而在价格条款中却不明示折扣率的，称为"暗扣"。正确运用折扣，有利于调动采购商的积极性和扩大销路。在国际货物贸易中，折扣是出口商加强对外竞销的一种手段。

（二）折扣的规定办法

明示的折扣，可酌情采用适当的规定方法。例如，"USD300 per M/T CIF NEW YORK including 3％ discount"。还可以表示为："USD300 per M/T CIF NEW YORK less 3％ discount"。此外，折扣也可以用绝对数来表示，如"Discount：USD10.00 per M/T"。

（三）折扣的计算与支付方法

折扣通常是以成交额或发票金额为基础计算的。其计算方法为

单位货物折扣额＝原价（或含折扣价）×折扣率

卖方实际净收入＝原价－单位货物折扣价

例题：某商品出口价为 USD1 000 减 3％折扣，求该商品的折扣和卖方实际收入。

解：

$$\text{折扣} = 1\ 000 \times 3\% = \text{USD}30$$

$$\text{卖方实际收入} = 1\ 000 - 30 = \text{USD}970$$

折扣一般是在买方支付货款时预先予以扣除。也有的折扣金额不直接从货价中扣除,而是按双方当事人暗中达成的协议,由卖方以"暗扣"或"回扣"的方式另行支付给买方。这种做法在实际业务中也常被采用。

本章应知应会术语

1. pricing principle of commodity　商品作价原则
2. international market price　国际市场价格
3. marketing strategy　营销战略
4. purchasing purpose　购销意图
5. cost accounting　成本核算
6. fixed price　固定价格
7. non-fixed price　非固定价格
8. temporarily non-fixed price　暂不固定价格
9. temporarily fixed price　暂定价格
10. sliding price　滑动价格
11. payment currency　支付货币
12. pricing currency　计价货币
13. exchange cost　换汇成本
14. total cost for export commodity　出口商品总成本
15. net income of foreign exchange in export　出口外汇净收入
16. export tax rebates　出口退税
17. profit and loss amount of export　出口盈亏额
18. profit and loss rate of export　出口盈亏率
19. commission　佣金
20. discount　折扣

思考题

1. 企业在进出口作价中应该注意什么原则?
2. 企业在对外报价中应如何基于不同国家和地区的发展水平报出合适的价格?
3. 为什么说企业对外报价的基本原则是以企业成本核算为基础?如何节约企业成本获取企业经济效益?
4. 商品质量高低如何影响企业报价?
5. 企业报价时应如何注意汇率风险对企业收益的影响?

6. 你如何理解换汇成本与企业利润的关系？
7. FOB、CFR、CIF 三种贸易术语的价格构成有何不同？
8. 佣金和折扣在贸易成交中的作用是什么？

计算题

1. 我某出口商品对外报价为每公吨 1 200 英镑 FOB 黄浦。对方来电要求改报 CIF5％伦敦，试求：CIFC5％伦敦价（已知保险费率为 1.68％，投保加成率为 10％，运费合计 9.68 英镑）。

2. 我某出口商品原报价为 350 美元/桶 CIF NEW YORK，现外商要求改报 CFRC5％，已知保险费率为 0.6％，投保加成率为 10％，试求我方修改后的报价。

3. 某企业出口服装 2 万打，出口价格 USD20.00/打 CIF 汉堡，其中运费 USD0.50/打，保费按加成率 10％、费率 0.8％投保。工厂采购价￥150.00/打（含 13％的增值税），费用定额率为 2％，出口退税率为 13％，银行买入价为 6.30。试求换汇成本、盈亏额和盈亏率。

课堂讨论题

出口产品的国际市场竞争力分析。

要求：

1. 可从宏观角度分析总体情况，或从具体行业、商品的角度进行分析。

2. 6～10 人为一组，开展团队研究，提交团队书面报告（纸质版和电子版，不少于 3 000 字），并制成 PPT 在课堂上宣讲、讨论。

3. 请在研究报告中写明每位成员的贡献率。

第 8 章

国际货物运输

第一节 运输方式

国际货物运输方式多种多样,包括海洋运输、航空运输、铁路运输、公路运输、邮政运输、多式联运等。外贸工作者必须了解各种运输方式的基本特点及其运营的相关知识,才能在国际贸易业务中合理地选择运输方式。

一、海洋运输

在国际货物运输中,海洋运输因其通过能力强、运量大、运费低等优点,成为国际贸易中最主要的运输方式。目前,世界外贸海运量在国际贸易运输总量中约占 80%,我国进出口货物的运输也大多采用海洋运输方式。从总体上看,无论是现在还是将来,海洋运输在国际货物运输中都将占据主导地位。

按照船舶经营方式的不同,海洋运输可以分为班轮运输和租船运输两种。

(一)班轮运输

班轮运输(liner transport),又称定期船运输,是指船舶按照固定的船期表,沿着固定的航线和港口并按相对固定的运费率收取运费的运输方式。

班轮运输的特点如下:

(1)"四固定"。固定的船期表(sailing schedule)、固定的航线、固定的停靠港口和相对固定的运费率,是班轮运输的基本特点。

(2)"一负责"。货物由承运人负责配载和装卸,装卸费包含在运费内,船货双方不计算滞期费和速遣费。

(3)承运人和托运人双方的权利义务及责任豁免均以班轮公司签发的提单条款为依据。

(4)承载货物的品种繁多、数量灵活,可适应多种货物的运输要求。

实际业务中,从事班轮运输的承运人通常称为"船公司"。按运载力及市场份额计算,目前全球排名前十的集装箱船公司如表 8-1 所示。

表 8-1　全球排名前十的集装箱船公司（截至 2022 年 4 月）

排名	班轮公司	国籍	运载力/TEU	市场份额/%
1	地中海航运（Mediterranean Shg Co）	意大利	4 351 960	17.1
2	马士基航运（APM-Maersk）	丹麦	4 248 120	16.7
3	法国达飞轮船（CMA CGM Group）	法国	3 271 868	12.9
4	中远集运（COSCO Container Line）	中国	2 927 413	11.5
5	赫伯罗特（Hapag-Lloyd）	德国	1 743 296	6.9
6	海洋网联（ONE-Ocean Network Express）	日本	1 510 621	5.9
7	长荣海运（Evergreen Line）	中国	1 504 564	5.9
8	现代商船（HMM Co Ltd）	韩国	820 520	3.2
9	阳明海运（Yang Ming Marine Transport Corp）	中国	664 349	2.6
10	以星航运（ZIM）	以色列	463 277	1.8

数据来源：Alphaliner

（二）租船运输

租船运输（charter transport）又称不定期船（tramp）运输，具有"四不固定"的特点，即无固定的船期表、无固定的航线、无固定的挂靠港口、无固定的运价表。船期、航线、挂靠港、运费均按租船人（charterer）和船东（ship owner）双方签订的租船合同（charter party）而定。租船运输通常适用于大宗货物的运输。

目前，国际租船运输包括定程租船（voyage charter）、定期租船（time charter）和光船租船（bare boat charter）。

1. 定程租船

定程租船又称程租船或航次租船，是以航次为基础的租船方式。在这种方式下，由船东提供船舶，在指定港口之间进行一个或数个航次，承运指定的货物。程租船有以下几种租赁方式：

（1）单程航次租船（single trip charter）。

（2）来回程航次租船（return trip charter）。

（3）连续航次租船（consecutive voyages）。

（4）包运合同：船货双方订立合同包运某批货物，在约定的期限内，由船方派若干船只，按同样的租船条件完成运送任务。这也可视为若干个单程航次租船的综合。

2. 定期租船

定期租船简称期租船，是指船舶所有人将船舶出租给租船人使用一定时期，并且按租赁时间计收租金的租船运输。

3. 光船租船

光船租船又称船壳租船，是指租期内船东只负责提供空船，由租方自行配备船长、船员，提供工资给养，负责船舶的经营管理和航行各项事宜。在租期内，租船人对船舶有使用权和营运权。光船租船在性质上属于财产租赁,实际业务中外贸公司采用光船租船方式运载货物的可能性微乎其微,海运承运人在自身可供营运的船舶不足而购船资金又有限的情况下才会考虑光船租船。

近年来,国际上出现了一种介于航次租船与定期租船之间的租船方式,即航次期租(time charter on trip basis,TCT)。这是以完成一个航次运输为目的,根据完成航次所耗费的时间,按约定的租金率计算租金的一种租船方式。

二、航空运输

国际航空货物运输作为一种现代化运输方式,具有其他许多运输方式所无可比拟的优越性,如运输速度快、货运质量高、不受地面条件影响、安全准确等。随着国际货运技术现代化水平的提高,空运方式日趋普遍。

航空货物运输方式主要分为以下几种。

1. 班机运输

班机运输(scheduled airline)是指在固定的航线上定期航行的航班。与班轮运输相似,班机运输具有固定航期、固定航线、固定始发站和到达站、一定时期内运费相对固定的特点,适用于运送急需物品、鲜活易腐货物及季节性强的货物。

2. 包机运输

包机运输(chartered carrier)是指包租整架飞机或由几个发货人(或航空货运代理公司)联合包租一架飞机来运送货物的运输。包机运输分为整机包机和部分包机两种形式,前者适用于运送数量较大的商品,后者适用于多个发货人且货物到达站相同的货物运输。

3. 集中托运

集中托运(consolidation)是指航空货运代理公司将若干批单独发运的货物组成一整批,向航空公司办理托运,采用一份航空总运单集中发运到同一目的站,由集中托运人在目的地指定的代理人收货,再根据集中托运人签发的航空分运单分拨给各实际收货人的运输方式。

4. 航空快递业务

航空快递业务(air express service)是目前国际航空运输中最快捷的运输方式。它不同于航空邮寄和航空货运,而是由快递公司与航空公司合作,设专人用最快的速度在货主、机场、收件人之间传送急件,被称为"桌到桌运输"(desk to desk service)。航空快递运输业务适用于急需的药品、医疗器材、贵重物品、图纸资料、货样及单证等的传送。

三、铁路运输

铁路运输具有运量大、速度较快、受气候影响小、运输风险较低、办理手续简单等特点。铁路运输可以分为国际铁路货物联运和国内铁路货物运输。

1. 国际铁路货物联运

国际铁路货物联运(international railway cargo through transport)是指货物在运输中需要经过两个或两个以上的国家,使用一份铁路联运运单,发货人办理完托运后,由各国铁路运输部门以连带责任办理货物跨国全程运输,中途不需要收货人和发货人的参与。

上述定义中,"连带责任"可以理解为货运所在国的铁路运送部门全权负责货物在其辖区内的装卸、运输、出入境手续,以及与前段、后段铁路运输部门的交接手续。这里的"连带"有连续、连贯和承上启下的含义[①]。

采用国际铁路联运,有关当事国事先必须有书面约定。目前我国参加的国际铁路联运主要是我国与蒙古、朝鲜、越南、苏联及东欧国家共同签订的《国际铁路货物联运协定》(简称《国际货协》)。国际铁路联运中另一个重要条约是欧洲各国签订的《国际铁路货物运送公约》(简称《国际货约》)。这些协定的签订为欧亚大陆间铁路联运提供了便利的条件。

2013 年我国提出"一带一路"倡议以来,中欧铁路运输通道建设速度加快。2016 年 6 月 8 日起,中国铁路正式启用"中欧班列"(China Railway Express,CR)品牌,按照统一品牌标志、统一运输组织、统一全程价格、统一服务标准、统一经营团队、统一协调平台的机制运行。依托新亚欧大陆桥和西伯利亚大陆桥,形成了西、中、东 3 条中欧铁路运输通道。截至 2020 年,国内已有 70 个城市开通运行中欧班列,运行线路近 100 条,运量年均增长超过 50%,运输网络覆盖欧洲、中亚、南亚、东盟等地区的 20 余个国家共 100 多个城市。在新冠肺炎疫情期间,相比传统国际物流通道,中欧班列展现出了较为突出的稳定性和巨大的发展潜力。据其发展建设规划,中欧班列将创新运输服务方式,推动与铁路合作组织、国际铁路联盟、世界海关组织、万国邮政联盟等国际组织的合作,建立统一互认的单证格式、货物安全、保险理赔、通关便利、数据共享等规则体系和技术标准,以提高班列服务质量和效率。

2. 国内铁路货物运输

国内铁路货物运输是指仅在本国范围内按《国内铁路货物运输规程》的规定办理的货物运输。我国出口货物经铁路运输至港口装船及进口货物卸船后经铁路运往各地,均属国内铁路运输的范畴。

四、集装箱运输

集装箱运输(container transportation)是以集装箱为单位进行货物运输的现代化运输方式,适用于海洋运输、铁路运输、公路运输、内河运输及国际多式联运等,并以高效、快速、低价、安全而被世界许多国家与地区广泛采用和推广。

(一)集装箱的含义及主要种类

集装箱是一种大型的装货容器,其外形像一个箱子,可将货物集中装入箱内,故称集装箱,外贸实务界及物流界将其称为货柜。

集装箱的种类繁多,常用的有干货集装箱和冷冻集装箱两种。

1. 干货集装箱

干货集装箱(dry cargo container)是一种通用集装箱,用以装载除液体货、需要调节温度的货物及特种货物以外的一般件杂货。干货集装箱的适用范围极广,占集装箱总数

---

① 田运银. 国际贸易实务精讲:第五版[M]. 北京:中国海关出版社,2012:87.

的 70%~80%，其结构特点是"封闭式"、一端或侧面设有箱门。

2. 冷冻集装箱

冷冻集装箱（refer container）是专门为冷冻货或低温货的运输要求而设计的集装箱，分为带有冷冻机的内藏式机械冷藏集装箱和不带冷冻机的外置式机械冷藏集装箱，温度可介于$-28℃$~$+26℃$。冷冻集装箱适合在夏天运载黄油、巧克力、冷冻鱼肉、冻蔬菜、炼乳等需冷藏的货物。

除干货集装箱和冷冻集装箱外，还有罐式集装箱、散货集装箱、台架式集装箱、平台集装箱、敞顶集装箱、汽车集装箱、牲畜集装箱等。

（二）常用的集装箱术语及其含义

如表 8-2 所示，集装箱运输方式下，常见的术语主要有六种。当集装箱运输与海洋运输相结合时，这些术语经常出现在海运提单上，对托运人和收货人正确理解某票货物的运输细项有着重要的提示作用。

表 8-2　常用的集装箱术语

缩　写	英文全称	中文翻译
TEU	Twenty-foot Equivalent Unit	20 英尺标准集装箱
FEU	Forty-foot Equivalent Unit	40 英尺标准集装箱
FCL	Full Container Load	整箱货
LCL	Less Than Container Load	拼箱货
CY	Container Yard	集装箱堆场
CFS	Container Freight Station	集装箱货运站

1. TEU

20 英尺标准集装箱，俗称"小柜"。TEU 是集装箱的基本单位。实际业务中，当提单上显示"1×20′FCL"时，表示货物装入一个 20 英尺标准集装箱，箱内货物为整箱货。

2. FEU

40 英尺标准集装箱，俗称"大柜"。40 英尺的集装箱有普柜和高柜之分，实际业务中当提单上显示"1×40′HQ"时，表示货物装入一个 40 英尺的高柜，HQ 即"加高集装箱"之意。

3. FCL

整箱货，指满足四个"同一"的货物[①]：由同一个托运人托运，装载于同一个集装箱，运往同一个目的港，由同一个收货人收取的货物。

4. LCL

拼箱货，指货量不足一整箱，需由承运人在集装箱货运站（CFS）负责将不同发货人的少量货物拼在一个集装箱内，货到目的地后，再由承运人拆箱分拨给各收货人的货。严格

---

① 对装箱货和拼箱货的定义参照田运银《国际贸易实务精讲》（2012）第 82 页以及李昭华《国际贸易实务》（2012）第 41 页。

地说,只要上述四个"同一"的条件有任意一项不满足,就称为"拼箱货"。

5. CY

集装箱堆场,即堆放集装箱的场所。

6. CFS

集装箱货运站,即拼箱货装箱和拆箱的场所。

(三)集装箱货物的交接方式

1. 按货物的装箱方式划分

(1) 整箱交/整箱接(FCL/FCL):发货人整箱交货,收货人整箱接货。
(2) 整箱交/拆箱接(FCL/LCL):发货人整箱交货,收货人拆箱接货。
(3) 拼箱交/整箱接(LCL/FCL):发货人拼箱交货,收货人整箱接货。
(4) 拼箱交/拆箱接(LCL/LCL):发货人拼箱交货,收货人拆箱接货。

2. 按承运人收取货物及交付货物的地点划分

按承运人收取货物及交付货物的地点,集装箱货物的交接方式分为如表8-3所示的几种方式。

表8-3 集装箱货物交接方式一览表

缩 写	英文全称	中 文	承运人提供运输服务的起止地点
D/D	Door to Door	门到门	由发货人仓库至收货人仓库
D/CY	Door to CY	门到场	由发货人货仓或工厂仓库至目的地的集装箱堆场
D/CFS	Door to CFS	门到站	由发货人货仓或工厂仓库至目的地集装箱货运站
CY/D	CY to Door	场到门	由起运地集装箱堆场至收货人仓库
CY/CY	CY to CY	场到场	由起运地集装箱堆场至目的地集装箱堆场
CY/CFS	CY to CFS	场到站	由起运地集装箱堆场至目的地集装箱货运站
CFS/D	CFS to Door	站到门	由起运地集装箱货运站至收货人仓库
CFS/CY	CFS to CY	站到场	由起运地集装箱货运站至目的地集装箱堆场
CFS/CFS	CFS to CFS	站到站	由起运地集装箱货运站至目的地集装箱货运站

五、国际多式联运

(一)国际多式联运的含义

国际多式联运(international multimodal transportation, international combined transport)是在集装箱运输的基础上产生并发展起来的一种综合性的连贯运输方式,通常以集装箱为媒介,把各种单一的运输方式有机结合起来。根据《联合国国际货物多式联运公约》所下的定义,国际多式联运是指按照多式联运合同,以至少两种不同的运输方式,由多式联运经营人将货物从一国境内接管货物的地点运至另一国境内指定的交付货物地点的运输方式。

(二)构成国际多式联运的条件

构成国际多式联运,应具备下列条件:

(1) 必须有一个多式联运合同。多式联运合同(multimodal transportation contract)是指多式联运经营人与托运人之间订立的凭以收取运费、负责完成或组织完成国际多式联运的合同,合同中明确规定了多式联运经营人与托运人之间的权利、义务、责任和豁免。

(2) 必须由一个多式联运经营人对全程运输负总的责任。国际多式联运方式下某段运输出现问题时,托运人并非直接与该段承运人联系,而是找多式联运经营人(multimodal transportation operator)进行交涉。多式联运经营人可以是某段运输的实际承运人(如海运承运人),也可以是无船承运人(non-vessel operating common carrier, NVOCC),由其将全程运输交由各段实际承运人分别承载。

(3) 必须使用一份包括全程的多式联运单据。国际多式联运方式下,托运人并非从各段承运人处获得各段的运输单据。例如,采用"海洋—铁路—航空"联运方式时,托运人发货后并非获得"提单、铁路运单、航空运单"三种运输单据,而是获得由多式联运承运人签发的一份包括全程的多式联运运单。

(4) 必须是全程单一的运费费率。托运人一次性向多式联运经营人支付托运货物的全程运杂费,而不是分段向各段承运人分别支付运费。

(5) 必须是两种或两种以上不同运输方式的连贯运输。

(6) 必须是国际间的运输。仅限于国内的运输,哪怕涉及两种或两种以上不同方式的连贯运输,也不能划归"国际多式联运"的范畴。

(三)关于多式联运的公约与规则

1. 《联合国国际货物多式联运公约》

世界上第一个关于多式联运的公约《联合国国际货物多式联运公约》是在联合国贸发会议的主持下起草的,于1980年5月24日在日内瓦举行的联合国国际联运会议上经与会的84个贸易和发展会议成员国一致通过。我国参加了该公约的起草并在最后文件上签了字。《联合国国际货物多式联运公约》旨在调整多式联运经营人与托运人之间的权利、义务关系以及国家对多式联运的管理。

2. 《国际集装箱多式联运惯例规则》

《国际集装箱多式联运惯例规则》由中国交通部和铁道部共同颁布,并于1997年10月1日开始实施。

六、其他运输方式

1. 公路运输

公路运输(road transportation)是使用汽车在公路上运送货物的运输方式。这种方式机动灵活、简捷方便,在短途货物集散运转方面比铁路、航空运输具有更大的优越性,尤其是在"门到门"的运输中,其重要性更为显著。公路运输是连接铁路、水运、航空运输的起端与末端不可缺少的环节。但公路运输也有一定的不足,如载重量小、不适宜长途运输,车辆运行过程中震动较大易造成货损货差等。

2. 内河运输

内河运输(inland water transportation)是水上运输的重要组成部分,是由船舶在江河航线之间经营客运和货运业务。内河运输是连接内陆腹地与沿海地区的纽带,也是边疆地区与邻国边境河流的连接线,在进出口货物的运输和集散中起着重要的作用。与海洋运输相比,内河运输方式下船舶吨位较小,但是成本低、耗能小,风险也相对较低。

3. 邮政运输

邮政运输(parcel post transportation)是一种较简便的运输方式,适用于重量轻、体积小的货物的传递。国际邮政运输具有国际多式联运和"门到门"运输的特点。托运人只需按邮局章程一次托运、一次付清足额邮资,取得邮政包裹收据(parcel post receipt),交付手续即告完成。邮件到达目的地后,收件人可凭邮局到件通知向邮局提取。各国邮政部门之间订有协定和合约,通过这些协定和合约,各国的邮件包裹可以相互传递,从而形成国际邮包运输网。

4. 大陆桥运输

大陆桥运输(land bridge transportation)是指使用横贯大陆的铁路(公路)运输系统作为中间桥梁,把大陆两端的海洋连接起来的集装箱连贯运输方式。大陆桥运输具有运费低廉、运输时间短、货损货差率低、手续简便等特点。世界上最大的三条大陆桥运输路线是西伯利亚大陆桥、新欧亚大陆桥和北美大陆桥。

5. OCP 运输

OCP 是"overland common points"的缩写,译为"陆路共通点",是美国大陆桥运输的形式之一。OCP 的运输过程,就是远东地区出口到美国的货物海运至美国西部港口(旧金山、西雅图或洛杉矶)卸货,再通过陆路运输(主要是铁路运输)向东运至指定的内陆地区。按 OCP 条款运输,可享受比直达西海岸港口更优惠的内陆运输费率,通常低 3%~5%。采用 OCP 条款运输的条件是:①货物最终目的地必须属于 OCP 地区范围;②货物须经由美国西海岸港口中转;③提单备注栏及货物唛头应注明最终目的地,如 CIF Seattle (OCP Detroit)。

6. 管道运输

管道运输(pipeline transportation)是货物在管道内借助高压气泵的压力输往目的地的一种运输方式,主要适用于运输液体和气体货物。管道运输具有高度专业化、单向运输、输送能力大、输送速度快、损耗少等优点,但前期固定投资比较多。目前,欧美许多国家及石油输出国组织的石油运输均采取这种运输方式。

第二节 运费核算

一、海洋运输的运费

(一)散杂货班轮运费的计算

班轮运费包括基本运费和附加费两部分。

1. 基本运费

基本运费是指货物从装运港到卸货港所应收取的运费,它是构成全程运费的主要部分。基本运费按班轮运价表(liner's freight tariff)规定的标准计算收取。班轮运价表是班轮公司收取运费、货方支付运费的计算依据。在班轮运价表中,不同商品的计费标准是不一样的,如按重量(W)、体积(M)或价格(A.V.)计费。总体而言,基本运费的计收方法有如表8-4所列的几种。

表8-4 散杂货基本运费的计收方法[①]

计收方法	表示方法	含 义	适用货物
重量法	W	按货物毛重计收,即按重量吨(weight ton)计收	重金属、建材等
体积法	M	按货物体积或容积计收,即按尺码吨(measurement ton)计收	纺织品、日用百货、家具等
从价法	A.V. / Ad Val	按货物价格的一定百分比收取	古玩、精密仪器等贵重物品
选择法	W/M; W/M/A.V.	按货物的毛重或体积择高收费;或按重量、体积、价格三者择高收费	货物存在不确定因素
综合法	W/M plus A.V.	按货物重量或尺码择其高者,再加上从价运费	特殊商品
计件法	per unit; per head	按货物的件数计收	活牲畜、车辆等
议定法	Open rate	按托运人与船公司临时洽商议定的价格计收	农副产品、矿产品等

应当注意的是,如果不同商品混装在同一包装内,则全部运费按其中较高者计收。同一种商品如包装不同,其计费标准及等级也不同。托运人应按不同包装分列毛重及体积,才能分别计算运费,否则全部货物均需按较高者支付运费。同一提单内如有两种或两种以上不同货物,托运人应分别列出不同货物的毛重或体积,否则需全部按较高者支付运费。

2. 附加费

附加费是对一些需要特殊处理的货物或由于突发事件或客观情况的变化导致运输成本增加,班轮公司为弥补损失而额外加收的费用。附加费的种类很多,而且随着客观情况的变化而变化。常见的附加费及其含义如表8-5所示。

表8-5 常见的附加费及其含义

附 加 费	含 义
燃油附加费(bunker adjustment factor, BAF)	承运人因石油涨价导致运输成本增加而向托运人加收的费用
货币贬值附加费(currency adjustment factor, CAF)	承运人因运费的计价货币汇率贬值导致实际收入减少而向托运人加收的费用
旺季附加费(peak season surcharge, PSS)	承运人因旺季时舱位紧张、供不应求而向托运人加收的费用

---

① 莫莎. 国际贸易实务[M]. 大连:东北财经大学出版社,2008:115.

续表

附　加　费	含　义
港口拥挤附加费（port congestion surcharge,PCS）	承运人为弥补由于港口拥挤造成的船期延长、运输成本增加等损失而向货方加收的费用
超重附加费（overweight surcharge）	由于单件货物的重量超过一定限度而加收的费用
超长附加费（overlength surcharge）	由于单件货物的长度超过一定限度而加收的费用
直航附加费（direct additional）	承运人应托运人要求将大宗货物直接运达非基本港卸货而加收的费用
转船附加费（transshipment surcharge）	承运人因货物在中转港办理换装和转船手续导致作业费增加而向托运人加收的费用
选港附加费（optional surcharge）	因运输合同中订立了两个或两个以上选卸港从而需要在积载方面给予特殊安排而向托运人加收的费用
变更卸货港附加费（change of destination surcharge）	因托运人在货物运输途中要求变更卸货港而向其加收的费用

各种附加费的计算方法主要有两种：一种是以百分比表示，即在基本运费的基础上增加一个百分比；另一种是用绝对数表示，即每运费吨增加若干金额，可以与基本费率直接相加计算。应当注意的是，货币贬值附加费的计算较为特殊，它是在"基本运费与所有附加费之和"的基础上计算的附加费，其理由在于，既然运费的计价货币贬值了，那么基本运费及其他附加费就都存在贬值的问题，因此都需要计算货币贬值附加费（CAF）。

例：我国某出口商从厦门出口 1 000 箱货物到美国西雅图。已知该批货物每箱体积为 $55\times 45\times 38$ CM，每箱毛重为 90 公斤，计费标准为 W/M，每个运费吨的基本运费为 USD60，另加收燃油附加费（BAF）20% 和货币贬值附加费（CAF）10%。试计算这批货物的总运费。

解：

该批货物总体积 $M = 0.55\times 0.45\times 0.38\times 1\,000 = 94.05$ (CBM)

该批货物总重量 $W = 0.090\times 1\,000 = 90$ (M/T)

$M > W$，所以应按货物的体积计收。

基本运费 $= 94.05\times 60 =$ USD5 643

燃油附加费 $= 5\,643\times 20\% =$ USD1 128.6

货币贬值附加费 $= (5\,643 + 1\,128.6)\times 10\% = 677.16$

总运费 = 基本运费 + 燃油附加费 + 货币贬值附加费

$= 5\,643 + 1\,128.6 + 677.16$

$=$ USD7 448.76

应当注意的是，上述例题只是件杂货（散货）班轮运输运费的计收方法，应与集装箱班轮运费的计算相区别。

（二）集装箱班轮运费的计算

20 世纪 90 年代中期开始，国际海洋班轮运输货物大多是通过集装箱运输的，运费的计算也大为简化。目前集装箱海运运费基本上分为两大类：一类适用于整箱货，即以每个集装箱为计费单位，采用包箱费率加附加费的计算方法；另一类适用于拼箱货，即以运费吨为计费单位，沿用传统的散杂货运费计算方法。目前总的趋势是包箱费率的计算方法逐步取代了传统散杂货运费的计算方法。以下介绍三种常见的包箱费率。

（1）FAK 包箱费率(freight for all kinds)：以每个集装箱为计费单位，对每个集装箱不细分箱内货物的货类级别，不计货量（在重量限额范围内），只按箱型和集装箱尺寸统一规定费率。例如，从厦门出口至德国汉堡的普通货物不分货类，统一报价"小柜(20′GP) USD1600""大柜(40′GP)USD3 100"等。

（2）FCS 包箱费率(freight for class)：按不同货物等级制定包箱费率。

（3）FCB 包箱费率(freight for class & basis)：按不同货物等级或货物类别以及计算标准制定费率。

（三）租船运费的计算

租船运输有程租船、期租船和光船租船三种。用期租船运输货物时，租船人实际上支付的是租金，租金按月（或30天）、按日（一般每半个月预付一次）或按每载重吨（DWT）的若干金额计算。采用光船租船方式时，因光船租船实际上是一种财产租赁，因此租船人支付的并非运费而是长期租赁的租金。这里主要介绍程租船的运费及相关费用。

1. 程租船的运费

程租船运费的计算方法有两种：一种是按规定运费率(rate freight)，即按每单位重量或单位体积规定的运费额计算，同时还要规定运费是按照装船重量(taken quantity)还是卸船重量(delivered quantity)计算，运费是预付还是到付等；另一种是整船包价(lump-sum freight)，即规定一笔整船运费，船东保证船舶能提供的载货重量和容积，不管租方实际装货多少，均按整船包价支付。

2. 程租船的装卸费

程租船运输方式下，有关货物的装卸费由租船人和船东协商确定后在程租船合同中做出明确规定，具体做法是在租船合同中选用表 8-6 中的术语明确规定船方是否承担装卸费及理舱费、平舱费等。

表 8-6　程租船装卸费术语

术语缩写	术语全称	术语含义
—	Liner terms	班轮条件
F. I.	Free In	船方管卸不管装
F. O.	Free Out	船方管装不管卸
F. I. O	Free In and Out	船方不管装也不管卸
F. I. O. S. T	Free In and Out, Stowed and Trimmed	船方不负担装卸费、理舱费、平舱费

3. 滞期费和速遣费

程租船方式下，除了采用 Liner terms 术语外，其余四种术语(F. I.)都涉及租船人自行负责装货和(或)卸货的问题,此时租船人装卸货时间的长短将影响船舶的使用周期和在港费用,直接关系到船方的利益。因此,为了督促租船人快装快卸,程租船合同中通常会规定装卸时间(lay days)、滞期费(demurrage)和速遣费(dispatch money)。

装卸时间即租船合同中规定租船人完成装卸作业的期限。在规定的装卸期限内,如果租船人未能完成装卸作业,导致船舶在港停泊时间延长,给船方造成经济损失,则对超过的时间租船人应向船方支付一定的罚款,这种罚款就是滞期费。反之,如果租船人在约定的装卸时间内提前完成装卸任务,使船方节省了船舶在港的费用开支,则船方应向租船人支付一定金额的奖金,这就是速遣费。按惯例,速遣费一般为滞期费的一半。

二、航空运费的核算

随着现代运输技术的发展,国际货物以航空方式运送的比例明显增加,学会核算航空运费,是出口商正确对外报价的基础。核算航空运费时,首先要区分"航空运价"与"航空运费"这两个不同的概念。航空运费是空运承运人承运货物收取的报酬,而计算运费的单价(或费率)则称为航空运价。

(一) 航空运价的含义

航空运价是计算航空运费的单价,一般以公斤或磅为计算单位。航空运价仅包括机场与机场间(airport to airport)的空中费用,不包括承运人、代理人或机场收取的其他费用,也不包括提货、报关、接交和仓储费用等额外费用。航空运价只适用于单一方向。

(二) 航空运价的主要种类

针对航空运输货物的不同性质与种类,主要的航空运价有以下四类:

(1) 普通货物运价或一般货物运价(general cargo rate,GCR)。

(2) 特种货物运价或指定商品运价(special cargo rate; specific commodity rate,SCR),这是一种优惠性质的运价,通常比普通货物运价低。

(3) 货物的等级运价(class cargo rate,CCR)。

(4) 集装箱货物运价(unitized consignment rate,UCR)。

(三) 航空运价的主要代码

(1) M(minimum charge):起码运费(未达到起码运费的按起码运费收取)。

(2) N(normal rate):一般运价,指45公斤以下货物适用的普通货物运价。

(3) Q(quantity rate):折扣运价,指45公斤和45公斤以上货物适用的普通货物运价。

(4) C(specific commodity rate):指定商品运价,又称"特种运价"。

(5) R(class rate reduction):折扣等级运价,指低于普通货物运价的等级货物运价。

(6) S(class rate surcharge):附加等级运价,指高于普通货物运价的等级货物运价。

(四)普通货物航空运费的计算

空运货物一般按托运货物的重量或体积计收运费。具体来说,计算航空运费时,可按如下步骤进行:第一步,求出货物的体积(cm^3);第二步,算出体积重量,即按每6 000cm^3折合一公斤计算;第三步,将货物的"实际毛重"与"体积重量"相比,二者选择高者作为计费重量,不足0.5公斤的按0.5公斤计算,超过0.5公斤不足一公斤的按一公斤计算;第四步,从公布的航空运价表中选择对应档次的运价,将适用的运价与计费重量相乘,从而得出某一批货物的航空运费。航空货物运费计算公式为

$$货物运费 = 适用的运价 \times 计费重量$$
$$计费重量 = 实际毛重与体积重量二者择其高$$
$$体积重量 = 货物体积/6\ 000cm^3/kg$$

例题:Routing:SHANGHAI,CHINA (SHA) to PARIS,FRANCE (PAR)
　　　Commodity:TOYS
　　　Gross Weight:5.8kgs
　　　Dimension:40cm×30cm×24cm

公布运价如下:

SHANGHAI	CN		SHA
Y. RENMINBI	CNY		kgs
PARIS	FR	M	320.00
		N	50.22
		45	41.43
		300	37.90
		500	33.42
		1 000	30.71

解:Volume(体积):40cm×30cm×24cm=28 800(cm^3)
　　Volume Weight(体积重量):28 800÷6 000=4.8kgs
　　Gross Weight(毛重):5.8kgs
　　Chargeable Weight(计费重量):6.0kgs
　　Applicable Rate(适用运价):GCR　N　CNY 50.22/K
　　Weight Charge(航空运费):6.0×50.22=CNY301.32
　　Minimum Charge(起码运费):CNY320

计算出的运费低于起码运费按起码运费收取,因此该票货的航空运费应为CNY320。

三、国际铁路联运货物的运费计算

联运货物的运输费用有如下规定:发送国铁路的运送费用,按发送国铁路的国内运价计算;到达国铁路的运送费用,按到达国铁路的国内运价计算;过境国铁路的运送费用,按

《国际货协统一过境运价规程》(简称《统一货价》)的规定计算。

(一) 过境运费的计算

过境运费的计算按《统一货价》规定计算,其计算步骤为:

(1) 根据运单上载明的运输路线,在过境里程表中,查出各通过国的过境里程。

(2) 根据货物品名,在货物品名分等表中查出其适用的运价等级和计费重量标准。

(3) 在慢运货物运费计算表中,根据货物运价等级和总的过境里程查出适用的运费率。

其计算公式为

$$基本运费额 = 货物运费率 \times 计费重量$$

$$运费总额 = 基本运费额 \times (1 + 加成率)$$

加成率是指运费总额应按托运类别在基本运费额基础上增加的百分比。快运货物运费按慢运运费加 100%,零担货物加 50% 后再加 100%。随旅客列车挂运整车费,另加 200%。

(二) 国内段运费

国内段运费按我国的《铁路货物运价规则》计算,其计算步骤为:

(1) 根据货物运价里程表确定发到站间的运价里程。一般应根据最短路径确定,并需将国境站至国境线的里程计算在内。

(2) 根据运单上所列货物品名,查找货物运价分号表,确定适用的运价号。

(3) 根据运价里程与运价号,在货物运价表中查出适用的运价率。

(4) 计费重量与运价率相乘,即得出该批货物的国内运费。

其计算公式为

$$运费 = 运价率 \times 计费重量$$

四、公路运费的计算

公路运费费率分为整车(FCL)和零担(LCL)两种,后者一般比前者高 30%~50%。按我国公路运输部门的规定,一次托运货物在 2.5 吨以上的为整车运输,适用整车费率;不满 2.5 吨的为零担运输,适用零担费率。整车轻泡货物的运费按装载车辆核定吨位计算;零担轻泡货物计算"体积重量",即每 4 立方分米折合 1 千克,以千克为计费单位。此外,还有包车费率(lump-sum rate),按车辆使用时间计算。

第三节 运 输 单 据

运输单据是承运人收到承运货物后签发给出口商的重要单据。不同的运输方式使用的运输单据各有不同,主要有海运提单、海运单、航空运单、铁路运输单据、多式联运单据、邮政收据等。

一、海运提单

海运提单(bill of lading,B/L),简称提单,是指由船公司或其代理人签发的,证明已收到特定货物,允诺将货物运到特定目的地并交付收货人的凭证。

(一)海运提单的性质和作用

1. 货物收据(cargo receipt)

提单是承运人或其代理人签发的货物收据,证明承运人已经收到或接管了提单上所列的货物。

2. 物权凭证(title document)

提单是一种货物所有权的凭证,在法律上具有物权证书的作用,货物抵达目的港后承运人应向提单的合法持有人交付货物。提单可以背书转让,从而转让货物的所有权。提单的合法持有人亦可凭提单向银行办理抵押贷款或叙做押汇。

3. 运输契约的证明(evidence of contract of carriage)

提单是承运人与托运人之间订立运输契约的证明。提单条款明确规定了承运人与托运人之间的权利、责任和豁免,是解决他们之间有关海洋运输方面争议的依据。

(二)海运提单的内容

海运提单包括班轮提单和租船合同项下的提单两种。前者除提单正面列有有关货物与运费等记载项目外,背面还印有涉及承运人与托运人、承运人与收货人之间的权利、义务和责任豁免的条款;后者仅在提单正面列有简单的记载事项,而提单背面则未印有条款。以下仅介绍班轮提单。

1. 班轮提单正面内容

(1)"人"(对当事人的描述):托运人(shipper);收货人(consignee);被通知人(notify party);承运人(carrier)。

(2)"船"(对运输状况的描述):船名及航次(name of vessel and voyage);收货地(place of receipt);装运港(port of loading);卸货港(port of discharge);交货地(place of delivery)。

上述"收货地"指的是承运人向托运人收取货物的地点,"交货地"指的是承运人向收货人交付货物的地点。

(3)"货"(对货物状况的描述):货名(description of goods);件数和包装种类(number and kind of packages);唛头(shipping marks);重量和尺码(gross weight, measurement);集装箱号(container No.);封铅号(seal No.)。

(4)"费"(对基本运费和附加费的描述):运费和费用(freight and charges);运费预付或运费到付(freight prepaid or freight collect)。

(5)"单"(对提单的相关描述):提单字样(bill of lading);对提单性质的醒目提示

(not negotiable unless consigned to order①);提单号码(B/L No.);正本提单份数(number of original B(s)/L);签发地及签发日期(place and date of issue);提单签名(signature)。

2. 班轮提单背面条款

具体包括定义条款(definition clause),管辖权条款(jurisdiction clause),责任期限条款(duration of liability),运费和其他费用(freight and other charges),自由转船条款(transshipment clause),错误申报(inaccuracy in particulars furnished by shipper),承运人责任限额(limit of liability),共同海损(general average),美国条款(American clause),舱面货、活动物和植物(on deck cargo,live animals and plants)等。

3. 关于提单的国际公约

由于提单的利害关系人常分属不同国籍,提单的签发地或起运港和目的港又分处不同的国家,一旦当事人发生争议或涉及诉讼,就会产生提单的法律适用问题,因此统一各国有关提单的法规具有重要意义。目前有关提单及海上货物运输的国际公约主要有《海牙规则》《维斯比规则》《汉堡规则》及《鹿特丹规则》。

(1)《海牙规则》(Hague Rules)。《海牙规则》的全称是《统一提单若干法律规定的国际公约》,1924年8月由26个国家在布鲁塞尔签订,1931年6月生效。由于公约草案1921年在海牙通过,因此定名为《海牙规则》。《海牙规则》使海上货物运输中有关提单的法律得以统一,在促进海运事业发展、推动国际贸易发展方面发挥了积极作用,是最重要且目前仍被普遍使用的国际公约。我国于1981年承认该公约。《海牙规则》的特点是较多地维护了承运人的利益,从而造成风险分担的不均衡。

(2)《维斯比规则》(Visby Rules)。《维斯比规则》的全称是《关于修订统一提单若干法律规定的国际公约的议订书》,1968年2月在布鲁塞尔通过,于1977年6月生效。它主要对《海牙规则》的适用范围、赔偿金额、集装箱运输的赔偿计算单位,以及承运人的责任限制、提单的证据效力等内容做出了修改,但对于承运人的不合理免责条款等实质性问题,却没有改动。

(3)《汉堡规则》(Hamburg Rules)。《汉堡规则》的全称是《1978年联合国海上货物运输公约》,1976年由联合国贸易法律委员会草拟,1978年6月审议通过,该公约于1992年生效。《汉堡规则》全面修改了《海牙规则》和《维斯比规则》,其内容在较大程度上加重了承运人的责任,保护了货方的利益。

(4)《鹿特丹规则》(The Rotterdam Rules)。《鹿特丹规则》的全称是《联合国全程或部分海上国际货物运输合同公约》(United Nations Convention on Contracts for the International Carriage of Goods Wholly or Partly by Sea),2008年12月经联合国大会审议通过,2009年9月23日在荷兰鹿特丹开放签署。《鹿特丹规则》不仅涉及包括海运在内的多式联运、在船货双方的权利义务之间寻求新的平衡点,而且引入了如电子运输单据、批量合同、控制权等新的内容,并特别增设了管辖权和仲裁的内容。《鹿特丹规则》生效实施后,此前三个规则将废止,这无疑将对国际航运、国际贸易实务及航运立法等产生

---

① "指示提单方可转让",其言下之意是"记名提单不可转让"。

重大影响。

(三)海运提单的种类

海运提单的种类繁多,可以从不同的角度来划分。

1. 按货物是否已装船,可分为已装船提单和备运提单

已装船提单(on board B/L)是指承运人在货物已装上指定船舶后所签发的提单。已装船提单必须以文字表明货物已装上或已装于某具名船只,具体来说,这类提单上一般印有"On Board"字样,并同时列明装船日期、船名、航次。若提单上未明确说明装船日期,提单的签发日视为装船日期。

备运提单(received for shipment B/L),又称收妥待运提单,是指承运人在接管托运人送交的货物后,在装船之前,应托运人的要求签发的提单。银行结汇一般不接受备运提单。

2. 按提单上对货物外表状况有无不良批注,可分为清洁提单和不清洁提单

清洁提单(clean B/L)是指货物在装船时表面状况良好,承运人未在提单上加注任何货物残损、包装不良或存在缺陷等批注的提单。承运人签发清洁提单仅确认货物装船或待运时凭目视所及的范围,对其内在质量并不负责。国际贸易惯例一般都明确规定卖方提供的已装船提单必须是清洁提单。银行结汇时,也要求提交清洁提单。

不清洁提单(unclean B/L,foul B/L)是指承运人在签发的提单上明确加注"货物及/或包装状况不良或存在缺陷"等批注的提单。例如,提单上批注:"ONE BAG BROKEN""ALL TIMBER LOADED WET""TWO BOXES CRASHED,CONTENTS EXPOSED""TWO DRUMS,NOS. 3,5,BADLLY DENTED"等。买方一般不接受不清洁提单,不清洁提单也不能用于结汇。

3. 按提单的不同抬头,可分为记名提单、不记名提单和指示提单

记名提单(straight B/L)是指提单上的收货人栏内填明特定收货人的名称,只能由该特定收货人提货的提单。这种提单不能通过背书方式转让给第三方,不能流通,故在国际贸易中很少使用。

不记名提单(bearer B/L)是指提单上的收货人一栏内未写明收货人,只填写"To Bearer"字样,即货交提单持有人,或收货人一栏为空白。这种提单无须背书即可转让,手续非常简单,流通性极强,因此风险很高,目前在实际业务中基本不用。

指示提单(order B/L)是指在提单正面收货人一栏内填上"凭指示"(To Order)或"凭某人指示"(To Order of sb.)①字样的提单。收货人一栏仅填上"To Order"字样的,称为"空白抬头"。指示提单是一种可转让提单。指示提单的持有人可通过背书方式把它转让给第三人,而无须经过承运人同意,所以这种提单为买方所欢迎。在国际贸易中,指示提单被广为使用。我国在出口业务中大多使用凭托运人指示、空白背书的提单,习惯上称为"空白抬头、空白背书"提单。

---

① 通常为"To Order of Shipper"或"To Order of (issuing bank)"。

4. 按提单的签发人，可分为船东提单和货代提单

船东提单和货代提单是实际业务中两个十分常见且重要的概念。

船东提单（master B/L）是指船公司签发的海运提单，又称船东单，简称"M 单"。船东单是物权凭证，可直接用于提货。

货代提单（house B/L）是指货代签发的提单，又称货代单，简称"H 单"。严格意义上说，货代提单应称为"无船承运人"提单，是经交通部批准并备案取得 NVOCC 资格的货代所签发的提单。货代提单可用于拼箱货的出口，其使用过程如下：

（1）当出口货物不足一整箱时，货主通过货代集中拼箱，再由货代以"集中托运人"的身份向船公司订舱；

（2）船公司接货后向货代签发"船东单"，货代据此向各货主签发"货代单"；

（3）各货主将"货代单"传递到各自收货人手中；

（4）货到目的港后，各收货人凭货代单（H 单）向目的港货代换取船东单（M 单），再凭船东单（M 单）向船公司提货。

从上述流程可以看出，货代单不是物权凭证，收货人在目的港需办理换单手续后方能提货。

5. 按运输方式可分为直达提单、转船提单和联运提单

直达提单（direct B/L）是指货物从装运港装船后，中途不换船而直接运到目的港所使用的提单。直达提单上仅列有装运港和目的港的名称。凡合同和信用证规定不准转船者，必须使用这种直达提单。

转船提单（transshipment B/L）是指货物须经中途转船才能到达目的港而由承运人在装运港签发的全程提单。这种提单上应注明"转船"或"在××港转船"字样。

联运提单（through B/L）是指承运人对经由两种或两种以上运输方式（海/海、海/陆、陆/海）联运的货物所出具的覆盖全程的提单。转船、海陆、海空等联合运输均可签发联运提单。应当注意的是，联运提单中有一程必须是海运。

6. 按提单的签发日期，可分为过期提单、倒签提单和预借提单

有两种情况会构成过期提单（stale B/L）：第一种是信用证支付方式下，受益人向指定银行提交提单的时间晚于信用证规定的交单期限，从而导致"过期"；第二种是指由于航线较短或银行流转速度过慢，以致货物到达目的港时，收货人尚未收到提单，造成提货受阻。例如，从上海至大阪通常只需 2~3 天的航程，而单据（提单）流转到买方手上最快也需一周。这种情况下，提单晚于货物到达是很正常的。这类提单严格来说不应属于"过期提单"的范畴。

倒签提单（anti-dated B/L）是指货物装船完毕后，承运人应托运人的要求，在货物的实际装船日期迟于信用证或合同规定的装运时限时，倒签日期以符合装运期限的一种提单。倒签提单是一种既违约又违法的行为，在许多国家都被视为卖方和船方的共同欺诈，一经发现，承运人将不得不与托运人共同赔偿收货人因此而遭受的损失。

预借提单（advanced B/L）是指货物在装船前或装船完毕前，托运人为即时结汇向承运人预先借用的提单。与倒签提单相比，预借提单的风险更高。预借提单也是一种违法的行为。

7. 根据提单的使用效力，可分为正本提单与副本提单

正本提单是指有承运人、船长或其代理人签名盖章并注明签发日期的提单。正本提单上必须注明"正本"（original）字样。正本提单一般签发三份，凭其中任何一份提货后，其余各份即告失效。为了防止他人冒领货物，买方与银行通常要求卖方提供船公司签发的全部正本提单，即所谓"全套提单"或"3/3 提单"。实际业务中，为了防止提单在邮寄过程中丢失，也有卖方自行留存一份正本的做法，此时卖方寄给国外买方的就是"2/3 提单"。

副本提单一般标明"副本"（copy）或"不可转让"（non-negotiable）字样，提单右下方没有承运人、船长或其代理人的签名盖章，且提单背面也无条款。这种提单主要是供工作参考之用。

8. 根据提单内容的繁简，可分为全式提单和略式提单

全式提单（long form B/L）是指背面列有承运人或托运人的权利、义务、责任和豁免等详细条款的提单。

略式或简式提单（short form B/L）是指仅保留正面的必要记载事项，而无背面详细条款的提单。这种提单一般都列有"本提单货物的收受、保管、运输和运费等项，均按本公司全式提单内所印的条款为准"的字眼。租船合同项下签发的提单通常是简式提单。

（四）正本提单遗失的补发程序

货物装船后，船公司将向托运人签发正本提单，托运人（货主）收到正本提单后应按贸易合同约定的结算方式将正本提单传递给收货人以便其提货。实际业务中，货主丢失提单的情况并不少见，由于正本提单是货物所有权凭证，因此丢失提单是一件重要且需紧急处理的事，以下介绍正本提单遗失的补发程序。

1. 遗失提单申请补发的前提条件是须由船公司相关负责人向目的地营业机构确认货物尚未被提领，方可受理。
2. 申请补发正本提单需办理的手续及提交的资料如下：

（1）申请人需连续登报 3 天声明遗失的事实。

（2）向银行申请开立银行保证书（letter of indemnity）（参见附例 1），若无法出具银行保证书则应提供相当于货值或双倍的保证金，保证金期限可长达一年。按照相关船公司的规定，如申请人为大型国有企业或国际知名大公司，可酌情同意免于提供银行保证书、免于提供保证金或减少保证金数额。

附例：银行保证书

LETTER OF INDEMNITY

M. V. _____ VOY. NO. _____

B/L No.	Container No. and Seal No., Marks & Nos.	Packages	Contents	Shipper

In consideration of your issuing a duplicate negotiable Bill of Lading for the above mentioned shipment, original set being unreceived/lost. We hereby undertake to hold you harmless and keep you indemnified against all claims which may be made upon you under the said Bill of Lading or any of the set of which it forms a part against all loss. Costs (as between Attorney or Solicitor and Clients) damages and expenses which you may suffer or be put to by any reason of signing a duplicate set of Bill of Lading.

If a claim should be raised against you as a consequence of the issuing of this duplicate set of Bill of Lading, we further authorize you to settle such a claim direct with the claimant, and we undertake to keep you indemnified for all costs in this respect.

If any proceeding should be commenced in this respect, we undertake to provide you from time to time with sufficient funds to meet your costs to such proceedings.

In case the vessel or any property belonging to you should be arrested for any claims as a consequence of your issuing this duplicate Bill of Lading. We undertake to provide bail to get the vessel or the other arrested property released and to indemnify you for any loss and expenses caused you by the arrest, whether same is justified or not.

This indemnity shall be construed in accordance with the law of the Republic of China and each and every person liable under this indemnity shall submit to jurisdiction of the District of Court of China.

Yours faithfully

For and on behalf of

_____

(Bankers)

(3) 申请人出具保函,保证因补发提单出现的所有责任由申请人自行承担。

上述事项办妥后,持3天的报纸(如为争取时效可权宜以第一天的报纸及登报3天的缴费收据代替)、银行连带保证书及申请人加盖公章的保函到船公司办理补发。

3. 补发的正本提单在 BILL OF LADING 前将加盖"REISSUED"章。

4. 补发的正本提单在品名栏内将加注以下条款:

(1) GOODS ARE TO BE DELIVERED AGAINST THIS REISSUED SECOND SET OF B/L ONLY IN THE CASE THAT THE GOODS SHOULD NOT HAVE BEEN DELIVERED AGAINST THE ORIGINAL SET OF B/L.

(2) SHOULD THE GOODS HAVE ALREADY BEEN DELIVERED AGAINST THE ORIGINAL SET OF B/L, THIS REISSUED SECOND SET OF B/L SHALL BE AUTOMATICALLY CONSIDERED NULL AND VOID.

(3) IN CASE THE ORIGINAL SET OF B/L SHOULD BE PRESENTED AFTER THE GOODS HAVE BEEN DELIVERED AGAINST THE REISSUED SET OF B/L, THE ORIGINAL B/L SHALL BE NULL AND VOID.

　5. 第二套正本提单核发后,船公司发邮件通知卸货港及目的地以第二套正本提单放货。

(五) 电放提单的做法

1. "电放"及"电放提单"的含义

国际集装箱班轮近洋航线上,于1993年年初出现了"电放提单"。

电放提单是以传统提单为基础的一种变通做法。所谓电放指的是由托运人(卖方)向船公司提出申请并提供保函后,由船公司电传通知目的港代理,某票货物无须凭正本提单放货,收货人可凭加盖公章①的电放提单传真件或凭身份证明提取货物。所谓电放提单,是指船公司或其代理人签发的注有"Surrendered"或"Telex Release"字样的提单。

2. 电放提单产生的原因

电放提单的产生主要是为了解决目的港"货到提单未到"的矛盾。一方面,随着国际集装箱运输的普及、造船技术的提高和先进导航设备的应用,货物从装运港运至目的港所需的时间大大缩短;另一方面,提单的流转速度并没有加快,仍将经历背书、审查、结汇、邮寄等环节,一般在数十天之后才能到达最后收货人手中,这会不可避免地引发"货等单"的矛盾,这一矛盾在近洋运输中显得更加突出。

在"货等单"情况下,如果坚持凭正本提单提货,势必造成货物在目的港的滞箱费、港口费用和仓储费用大幅增加,买方也失去了及时销售货物的有利商机。为了解决这个问题,实践中产生了"电放"的做法,即收货人无须凭正本提单提货,仅凭电放提单传真件即可向目的港承运人提货。

3. 电放提单的申请及使用程序:

(1) 船公司收取货物后,托运人(卖方)向船公司提出电放申请并提供电放保函(参见附例2)。

附例2:电放保函

电 放 保 函

致:厦门 ABC 物流有限公司

　兹有我司向贵司排载的如下货物:

　　　　提单号:CXMC03072688
　　　　船名/航次:KANG PING/V.220E
　　　　装运港:XIAMEN,CHINA
　　　　卸货港:TORONTO,ONTARIO

---

　① 指的是收货人的公章。

柜型柜号：TCLU8804277/OOLBTK6277

因贸易需要及相关单证要求，请求贵公司将上述提单号项下的货物电放给收货人。

我司对此保证以下几点：

一、无条件退还承运人已签发且经我司背书的全套正本提单。

二、收货人凭电放通知及提单副本在目的港提货。收货人名称及联系方式如下：

收货人：MIROLIGHT INC.
119 BLINT RD. TORONTO, ONTARIO
M2J 3J7 CANADA
TEL:416-747-0469
FAX:416-747-4322

三、因电放产生的一切责任、后果、费用以及给贵司造成的一切损失均由我司承担。

托运人签章：

2022 年 6 月 16 日

（2）船公司接受申请后向托运人签发电放提单（在已经签发传统提单情况下则在收回以后再签发电放提单）。

（3）船公司以电信方式通知目的港船代，允许该票货物由托运人指定的收货人凭加盖公章的电放提单传真件提货。

二、海运单

海运单（sea waybill）是证明海上运输合同和货物由承运人接管或装船，以及承运人保证据以将货物交付给单据所载明的收货人的一种不可流通的单据，因此又称"不可转让海运单"。

海运单的基本特点是，它只具备"货物收据"和"运输合同证明"的性质，不代表货物的所有权，故不能凭以提货也不能转让。货到目的港后，收货人仅凭承运人或其代理人的到货通知提货。海运单能方便收货人及时提货，手续简便、费用较低，并可避免因提单遗失或伪造带来的风险，因此受到欧洲、北美及某些远东、中东地区贸易界人士的青睐。当然，由于收货人仅凭到货通知提货，卖方对货物的控制权在货物装运后就已失去，因此在收到货款前面临很大的风险。

在国际业务中，海运单一般适用于下列货物运输：中途不被转售的制成品货物的班轮运输；出售给跨国公司的一家分公司或一家联营公司、相关公司之间的贸易；以记账贷款为基础的买卖；结算方式为直接汇付、往来账户、现金贸易；其他不需要信用证的贸易。

三、航空运单

航空运单(air waybill)与海洋提单有很大的不同,它是航空运输货物的主要单据,是航空承运人与托运人之间订立的运输合同的证明,也是承运人或其代理人签发的接收货物的单据,但它不是物权凭证,不可转让。货物运达目的地后,收货人凭承运人的到货通知提货。

航空运单的正本一式三份,每份都印有背面条款,其中一份交给发货人,是承运人或其代理人接收货物的依据;一份由承运人留存,作为记账凭证;还有一份随货同行,在货物到达目的地,交付收货人时作为核收货物的依据。

航空运单依签发人的不同可分为主运单和分运单。前者是由航空公司签发的,后者是由航空货运代理公司签发的。航空分运单是集中托运人在办理集中托运业务时向货主签发的,证明集中托运人与货主之间的运输契约关系。

四、铁路运输单据

我国对外贸易铁路运输,按营业方式分为国际铁路运输和国内铁路运输。前者使用国际铁路联运单据,后者使用承运货物收据。

1. 国际铁路联运单据

国际铁路联运单据是国际铁路联运的主要运输单据,是参加联运的发送国铁路与发货人之间订立的运输契约,对收发货人和铁路运输部门都具有法律约束力。国际铁路联运单据一式五联,除运单正本和副本外,还有运行报单、货物交付单和货物到达通知单。运单正本随同货物到达终点站,交给收货人,它既是铁路承运货物出具的凭证,也是铁路与货主交接货物、核收运杂费及处理索赔与理赔的依据。运单副本于运输合同缔结后交给发货人,是卖方凭以向收货人结算货款的主要单据。

2. 承运货物收据

承运货物收据(cargo receipt)是港澳铁路运输中使用的一种结汇单据。该收据包括内地段和港澳两段运输,是代办运输的外运公司向出口人签发的货物收据,也是承运人与托运人之间的运输契约,同时还是出口人办理结汇手续的凭证。

五、多式联运单据

多式联运单据(multimodal transportation documents,MTD)是证明多式联运合同以及多式联运经营人接管货物并负责按照合同条款交付货物的单据。

多式联运单据与联运提单在形式上有相同之处,但在性质上存在下列不同:

(1) 提单的签发人不同。多式联运单据由多式联运经营人签发,而且可以是完全不掌握运输工具的"无船承运人",全程运输均安排各分承运人负责。联运提单由承运人或其代理人签发。

(2) 签发人的责任不同。多式联运单据的签发人对全程运输负责,而联运提单的签发人仅对第一程运输负责。

(3) 运输方式不同。多式联运提单的运输既可用于海运与其他运输方式的联运,也可用于不包括海运的其他运输方式的联运。联运提单的运输仅限于海运与其他运输方式的联运。

六、邮政收据

邮政收据(parcel post receipt)是邮包运输的主要单据。它既是邮局收到寄件人的邮包后所签发的凭证,也是收件人凭以提取邮件的凭证,还可以作为索赔和理赔的依据,但邮包收据不是物权凭证。

《跟单信用证统一惯例》规定,如果信用证要求邮政收据或邮寄证明,则该邮政收据或邮寄证明表面应有信用证规定的寄发地盖戳并加注日期,该日期即为装运或发运日期;如果信用证要求专递或快递机构出具的单据,则快递单据的表面应注明专递或快递机构的名称并盖章、签字且经证实,表明取件或收件日期,此日期即为装运日期或发运日期,银行将接受由任何专递或快递机构开立的单据。

第四节 装运条款

装运条款的内容及其订立与合同的性质和运输方式有着密切的关系,因此装运时间、装卸港、转运、分批装运、装运通知、滞期与速遣条款等内容都应包括在装运条款中。

一、装运时间

(一) 装运时间的含义

装运时间又称装运期(time of shipment),是指卖方将合同规定的货物装上运输工具或交给承运人的期限。装运时间是买卖合同的要件,如违反这一要件,买方有权撤销合同,或要求卖方赔偿损失。

(二) 装运时间与交货时间的区别

在规定装运时间时,应注意它与交货时间(time of delivery)的区别。如前所述,装运时间是指卖方将合同规定的货物装上运输工具或交给承运人的时间;而根据《2010通则》在其导言中所做的解释,"交货"一词指的是货物灭失和损坏的风险自卖方转移至买方的时间与地点,因此"交货时间"是风险转移的时间。据此规定,按常用六大术语(FOB、CFR、CIF、FCA、CPT、CIP)签订的贸易合同,其装运时间与交货时间的概念是一致的;而按照到达术语(DAP、DPU、DDP)成交的合同,其装运时间与交货时间是两个完全不同的概念,二者不可混淆、不可相互替代使用,以免引起不必要的纠纷。

(三) 合同中装运时间的规定方法

1. 规定某月装运

例1:shipment in March,2022

例2:shipment during August,2022

2. 规定跨月装运

例1：shipment during Feb/Mar./Apr.,2022

例2：shipment during November/December,2022

3. 规定最迟装运期限

例1：shipment not later than May 20,2022

例2：shipment on or before July 15,2022

4. 规定在收到信用证后若干天内装运

例1：shipment within 30 days after receipt of L/C

例2：shipment within 45 days after receipt of L/C,the Buyer must open the relative L/C to reach the Seller on or before June 19,2022.

(四)规定装运时间的注意事项

1. 根据生产情况或货源情况掌握装运时间

如果工厂生产进度快或货源充足,装运时间可定得早一些;如果工厂资金短缺、原材料难以采购、生产能力不足或货源紧张,装运期应定得晚一点。

2. 装运时间不可定得过死

例如,"Shipment on August 25,2022"(2022年8月25日装运),这种方法把装运时间定在指定的某一天,明显缺乏弹性,实际业务中很难执行。如果这一天适逢无船期或舱位已满,或遭海关抽验货物无法在当天装船等,任何一个环节出问题都将使卖方处于非常被动的局面。

3. 装运时间应具体、明确、规范

应避免使用"近期装运"术语,如"立即装运"(immediate shipment)、"迅速装运"(prompt shipment)、"尽快装运"(shipment as soon as possible)等。这类术语各国、各地区和各行业中并无统一解释,且其主观性非常强,合同中使用这类规定方法将使装运条款显得含混不清,极易引起买卖双方的争议。

4. 装运期不可过短或过长

装运期的长短应根据商品的特性及租船订舱、商检、出口通关的情况而定,特别应注意与船期相匹配,不可过短,以免造成船货衔接困难;也不宜过长,以免行情变化、合同落空。

5. 装运时间应尽量避开大型节假日

特别应注意避免在春节前一周装运,因为此时拖车公司的搬运工人大都已回乡,留守的工人十分紧缺,有时花费数倍工钱也难以找到合适的搬运工,这种情况下货物的正常装运势必受到影响。

6. 避免合同中既规定装运时间又规定到货时间

在出口业务中,有时国外客户对销售季节性很强的商品,不仅要求在合同中规定装运时间,还要求保证到货时间,这种既规定装运时间又规定到货时间的做法,往往会破坏原有的合同性质。实际业务中,除非确有必要,出口方应坚持装运合同(FOB、CFR、CIF、FCA、CPT及CIP术语项下的合同)中只规定装运时间。

二、装运港(地)和目的港(地)

装运港(port of shipment)是指货物起始装运的港口。目的港(port of destination)是指最终卸货的港口。在国际贸易中,装运港(地)一般由卖方提出,经买方同意后确认;目的港(地)一般由买方提出,经卖方同意后确认。

(一)装运港和目的港的规定方法

在买卖合同中,装运港和目的港的规定方法有以下几种:

(1) 一般情况下,装运港和目的港各规定一个。例如,装运港:厦门(Port of Shipment:Xiamen);目的港:鹿特丹(Port of Destination:Rotterdam)。

(2) 按实际业务需要,有时也可分别规定两三个装运港或目的港,或采用选择港的办法。例如,"装运港:大连/青岛/上海"(Port of shipment:Dalian/Qingdao/Shanghai);再如,"CIF 伦敦,选择港汉堡或鹿特丹"(CIF London, Optional Hamburg/Rotterdam)。

(3) 规定某一航区上的基本港为装运港或目的港。例如,"目的港:欧洲基本港"(Port of Destination:European Main Ports),即最后交货时选择欧洲的一个主要港口为目的港。

(二)规定装运港的注意事项

1. 出口贸易规定装运港的注意事项

出口贸易中,对国内装运港的规定,原则上应选择靠近产地或货源地、交通便捷、基础设施完善的地方,且不能接受内陆城市为装运港的条件。

2. 进口贸易规定装运港的注意事项

进口贸易中,对方提出的装运港或装运地必须是我国政府允许进行贸易往来的国家和地区的港口或地方,其装载条件应当是良好的。

(三)规定目的港的注意事项

(1) 对目的港或目的地的规定,应力求明确具体。应尽量避免使用"欧洲基本港""非洲基本港"之类的笼统规定。

(2) 目的港应接近用货单位或消费地区,且不能接受以内陆城市为目的港的条件。

(3) 必须注意目的港的具体条件。例如,有无直达班轮、港口和装卸条件,以及运费和附加费水平等。如属租船运输,还应进一步考虑码头泊位的深度,有无冰封期,冰封的具体时间及对船舶国籍有无限制等。

(4) 目的港必须是船舶可以安全停泊的港口。应避免把正在发生战争或有政治动乱的地方作为目的港或目的地。

(5) 注意国外港口有无重名情况,如有重名,港口后应加上国别名称。

(6) 正确使用选卸港。使用选卸港时应注意:①合同中选卸港的数目一般不超过三个,且备选港必须在同一航线上。②选卸港必须是班轮公司都停靠的基本港。③选卸方式下,在货物抵达第一个备选港口前,托运人应按船公司规定的时间,将最后确定的卸货港通知船公司或其代理人(货代)。如未在规定时间将选定的卸货港通知船方,船方有权在任何一个备选港卸货。④采用选港方式时,船方将向托运人加收"选港附加费"。

三、分批装运

(一)分批装运的含义及分批的原因

分批装运(partial shipment)是指一个合同项下的货物分若干批装运。在大宗货物或成交数量较大的交易中,买卖双方根据交货数量、运输条件和市场等因素,可在合同中规定分批装运条款。

(二)合同中分批装运的规定方法

1. 原则规定允许分批

合同中只原则性地规定允许分批,对于分批的具体时间、批次和数量均不做规定。这种规定方法对卖方来说较主动,具有灵活性。例如,"Partial Shipment Allowed"(允许分批)。

2. 具体订明每批装运的时间和数量

在规定分批装运条款时,明确订明每批装运的时间和数量。这种做法对卖方的限制较严格,具体可分为限批、限时、限量等方式。

例1:分两批装运(限批)

Shipment in two lots / in two shipments

例2:3~4月分两等批装运(限时+限批)

Shipment during March/April in two equal lots

例3:3~4月分两等批每月平均装运(限时+限批+限量)

Shipment during March/April in two equal monthly lots

(三)分批装运的注意事项

(1)当合同中未明确规定允许分批时,各国法律及国际惯例对卖方能否分批装运有着不同的规定。因此,为了避免不必要的误解、争议和防止交货时发生困难,除非买方坚持不允许分批装运,卖方原则上应明确在贸易合同中规定"允许分批转运"(Partial Shipment to be Allowed)。

(2)认定某种交货方式是否属于分批装运时,应注意《跟单信用证统一惯例》第31条b款的如下规定:"运输单据表面上注明货物是使用同一运输工具装运并经同一路线运输的,即使每套运输单据注明的装运日期不同,以及/或装运港、接受监管地不同,只要运输单据注明的目的地相同,也不视为分批装运。"因此,满足"同一运输工具""同一航次""同一目的地"的多次装运不视为分批装运。

(3)对于限批、限时、限量的条款,卖方的机动余地很小,只要其中任何一批未按时按量装运,即构成违反合同(合同另有规定的除外)。《跟单信用证统一惯例》对限期、限量分批装运还规定:"信用证规定在指定时期内分期支款及/或发运,其中任何一期未按时支款及/或发运,除非信用证另有规定,则信用证对该期及以后各期均告失效。"

四、转运

(一) 转运的含义

按《跟单信用证统一惯例》(UCP600)第 19 条的规定,转运是指在从信用证规定的发运接受监管或装运地至目的地的运输过程中,从一运输工具卸下,再装上另一运输工具(不论是否为不同运输方式)的行为。国际货物运输过程中需要转运的情况并不少。例如:海运方式下没有驶往目的港的直达船或船期不定或航次间隔时间太长;空运方式下有时需从国内某机场先运至国内另一机场再转至国际航线;铁路运输方式下两国轨距有时不同,需从出口国火车上卸下再装上进口国火车等。上述情况下转运都不可避免。

(二) 合同中"转运"的规定方法

国际货物买卖合同中的转运条款通常是与装运时间条款和分批条款结合起来规定的。

例 1:5/6 月份装运,允许分批和转运

Shipment in May/June, partial shipment and transshipment allowed

例 2:2 月份装运,由上海至惠灵顿,禁止转船

Shipment in February, from Shanghai to Wellington, transshipment prohibited

例 3:9 月 30 日前装运,在香港转船(转运)

Shipment on or before September 30, transshipment at Hong Kong

(三) 关于转运的注意事项

(1) 近年来随着运输技术和国际贸易的发展,客观条件发生了很大变化,在许多情况下(如进出口国轨距不同的情况),转运不可避免。为了减少因转运而引发的纠纷,国际商会第 600 号出版物对"禁止转运"做了淡化和从宽的规定,即 UCP600 所谓的"禁止转运"实际上仅指禁止海运港至港除集装箱以外的货物(即散货)运输的转运。

(2) 上述关于"禁止转运"的规定仅适用于信用证业务的处理而不涉及买卖合同条款的理解,因此为了明确责任和便于安排运输,买卖双方是否同意转运以及有关转运的办法等问题应在买卖合同中订明,以利合同的履行。

五、装运通知

装运通知(shipping advice)是指卖方在货物装船后或把货物交付承运人后向买方发出的列明货物详细装运情况的通知。其作用在于方便买方办理保险、办理进口报关手续和做好接卸货物的准备等。装运通知的内容一般包括合同号、货物名称、数量、质量、发票金额、船名、航次及装船日期等。合同中规定"装运通知"条款的目的在于明确买卖双方的责任,促使买卖双方互相合作,共同做好船货衔接工作。

六、滞期、速遣条款

"滞期、速遣条款"原来是程租船合同中的条款,这里指的是程租船运输方式下大宗商品买卖合同中的相关条款。

在国际贸易中,大宗商品多数采用程租船运输。当装卸货物由租船人负责时,由于装卸时间直接关系船方的经济效益,船方在租船合同中对装卸时间、滞期费、速遣费都会做出具体的规定。

问题的关键在于,实际业务中负责装卸货物的不一定是租船人,也有可能是买卖合同的另一方当事人。例如,FOB合同的租船人是买方,而装货由卖方负责;反之,CIF合同的租船人是卖方,而卸货由买方负责。因此,负责租船的一方为了督促对方及时完成装卸任务,在买卖合同中也要求规定装卸时间、装卸率和滞期、速遣条款。买卖合同中的"滞期、速遣条款"应与租船合同的"滞期、速遣条款"相匹配,以免租船的一方遭受不必要的损失。

关于装卸时间、滞期费、速遣费的相关概念,前文在介绍程租船运费及装卸费时已做了解释,这里不再赘述。

本章应知应会术语

1. liner transport   班轮运输
2. sailing schedule   船期表
3. charter transport   租船运输
4. charterer   租船人
5. ship owner   船东
6. charter party   租船合同
7. voyage charter   定程租船
8. time charter   定期租船
9. bare boat charter   光船租船
10. single trip charter   单程航次租船
11. return trip charter   来回程航次租船
12. consecutive voyages   连续航次租船
13. dry cargo container   干货集装箱
14. refer container   冷冻集装箱,冻柜
15. twenty-foot equivalent unit,TEU   20英尺标准集装箱
16. forty-foot equivalent unit,FEU   40英尺标准集装箱
17. full container load,FCL   整箱货
18. less than container load,LCL   拼箱货
19. container yard,CY   集装箱堆场
20. container freight station,CFS   集装箱货运站
21. door to door,D/D   门到门

22. CY to CY, CY/CY 场到场

23. CFS to CFS, CFS/CFS 站到站

24. international multimodal transportation, international combined transport 国际多式联运

25. multimodal transportation operator 多式联运经营人

26. non-vessel operating common carrier, NVOCC 无船承运人

27. liner's freight tariff 班轮运价表

28. weight ton, W 重量吨

29. measurement ton, M 尺码吨

30. bunker adjustment factor, BAF 燃油附加费

31. currency adjustment factor, CAF 货币贬值附加费

32. peak season surcharge, PSS 旺季附加费

33. port congestion surcharge, PCS 港口拥挤附加费

34. lump-sum freight 整船包价

35. liner terms 班轮条件

36. free in, F.I. 船方管卸不管装

37. free out, F.O. 船方管装不管卸

38. free in and out, F.I.O 船方不管装不管卸

39. free in and out, stowed and trimmed, F.I.O.S.T 船方不负担装卸费、理舱费、平舱费

40. lay days 装卸时间

41. demurrage 滞期费

42. dispatch money 速遣费

43. bill of lading, B/L 海运提单

44. shipper 托运人

45. consignee 收货人

46. notify party 被通知人

47. carrier 承运人

48. place of receipt 收货地（指承运人向托运人收取货物的地点）

49. port of loading 装运港

50. port of discharge 卸货港

51. place of delivery 交货地（指承运人向收货人交付货物的地点）

52. description of goods 货物描述

53. container No. 集装箱号

54. seal No. 封铅号

55. on board B/L 已装船提单

56. received for shipment B/L 备运提单

57. clean B/L 清洁提单

58. unclean B/L　不清洁提单

59. straight B/L　记名提单

60. bearer B/L　不记名提单

61. order B/L　指示提单

62. master B/L　船东提单

63. house B/L　货代提单

64. direct B/L　直达提单

65. transshipment B/L　转船提单

66. through B/L　联运提单

67. stale B/L　过期提单

68. anti-dated B/L　倒签提单

69. advanced B/L　预借提单

70. original B/L　正本提单

71. copy B/L　副本提单

72. non-negotiable　不可转让

73. sea waybill　海运单

74. air waybill　航空运单

75. multimodal transportation documents，MTD　多式联运单据

76. time of shipment　装运时间

77. time of delivery　交货时间

78. port of destination　目的港

79. partial shipment　分批装运

80. shipping advice　装运通知（装船通知）

思考题

1. 什么是班轮运输？班轮运输的基本特点是什么？

2. 租船运输可分为几种？每一种方式的特点是什么？

3. 构成国际多式联运的条件是什么？

4. 散杂货班轮运费的计算方法与集装箱整柜货班轮运费的计算方法有何不同？

5. 提单的性质和作用是什么？

6. 如果承运人在提单上批注"承运人对货物的质量和箱内的数量不负责任""对装入纸袋内的货物因包装性质而引起的损失或损坏，承运人不负责任"，或"货物的包装是旧桶""旧麻袋包装"这类字样，是否构成不清洁提单？

7. 提单根据收货人抬头的不同可分为三类。经初步学习后有同学认为:(1)记名提单比不记名提单风险高,所以很少使用;(2)记名提单和指示提单都可以背书转让;(3)习惯上称为空白抬头、空白背书的提单,就是不填写收货人和不要背书。你是否认同上述观点?

8. 船东提单和货代提单有何不同?

9. 如何区分正本提单与副本提单?正本提单如遗失应如何申请补发?

10. 什么是电放?什么是电放提单?电放提单用于何种情况?如何向船公司申请电放?

11. 多式联运单据和联运提单有何不同?

12. 什么是装运时间?什么是交货时间?装运时间与交货时间是否等同?

13. 合同中规定装运时间应注意哪些事项?

14. 《跟单信用证统一惯例》对分批装运的相关规定是什么?

15. 大宗商品贸易合同中的"滞期、速遣条款"与租船合同中的"滞期、速遣条款"如何衔接?

计算题

1. 我方出口商品共100箱,每箱体积为30×60×50CM,毛重为40千克,查运费表得知该货为9级,计费标准W/M,基本运费为每运费吨100美元,另收燃油附加费(BAF)20%、港口拥挤附加费(PCS)20%、货币贬值附加费(CAF)10%。试计算该批货物的运费。

2. 某公司出口货物400箱,对外报价USD350/箱CFR马尼拉。现外商要求将价格改报为FOB价,试求每箱应付运费及应改报的FOB价。已知该货物每箱体积为45×35×25CM,毛重30千克,计费标准W/M,每运费吨基本运费120美元,到马尼拉港需加收燃油附加费(BAF)20%、货币贬值附加费(CAF)10%、港口拥挤附加费(PCS)20%。

案例分析题

1. 我国某公司向国外公司出口500公吨蚕豆。国外客户在合同规定时间开来一份不可撤销信用证,证中装运条款规定:"SHIPMENT FROM CHINESE PORT TO SINGAPORE IN JUNE, PARTIAL SHIPMENT PROHIBITED"。该出口公司按信用证规定,于6月10日将200公吨蚕豆在福州港装上"东风"号轮,又由同一艘船在厦门港续装300公吨。6月15日该公司同时取得福州港和厦门港签发的两套提单。该公司在信用证有效期内在银行交单议付,却遭到银行以单证不符为由拒付。问:银行拒付是否有理?为什么?

2. 我国某公司向意大利出口2 200公吨冻肉。合同规定2021年5~8月交货,即期信用证支付。来证规定:SHIPMENT DURING MAY/AUGUST, MAY SHIPMT 600M/T, JUNE 600M/T, JULY SHIPMENT 600M/T, AUGUST SHIPMENT 400M/T。我公司实际出口情况是:5、6月交货正常,并顺利结汇,7月因船期延误,拖延到8月12日才实际装运出口。8月17日我方在同轮又装了400M/T,付款行收到单据后,来电表示拒绝支付这两批货款。问:我方有何失误?付款行拒付有何依据?

3. 我国 A 公司与外商签订农产品出口合同,共计 2 500 公吨,价值 10 万英镑。装运期为当年 4~5 月。但由于原定的装货船舶出故障,只能改装另一艘外轮,致使货物到 6 月 9 日才装船完毕。在 A 公司的请求下,承运人将提单的日期改为 5 月 31 日,货物到达汉堡后,买方对装货日期提出异议,要求 A 公司提供 5 月份装船证明。A 公司坚持提单是正常的,无须提供证明。结果买方聘请律师上货船查阅船长的船行日志,证明提单日期是伪造的,立即凭律师拍摄的证据向当地法院控告并由法院发出通知扣留该船。经过 4 个月的协商,最后,A 公司赔款 2.5 万英镑,买方才肯撤回上诉而结案。分析:上述提单属于何种类型?A 公司和船方应分别吸取什么教训?

4. 一批货物共 200 箱,自厦门运至鹿特丹,船公司签发"已装船提单",且提单上没有关于货物表面状况不佳、包装破损或缺陷的不良批注。承运人在提单上注明:"SHIPPER'S LOAD, STOW AND COUNT, CONTAINER SEALED BY SHIPPER"。等货到目的港,收货人发现下列情况:(1)集装箱封铅完好,无损坏痕迹,但集装箱内只有 195 箱货物;(2)10 箱包装严重破损,内部货物散失 50%;(3)15 箱包装完好,但箱内货物短少。问:上述三种情况分别属于承运人的责任还是托运人的责任?

5. 我国 C 公司以 FOB 价进口大宗货物一批,共 6 000 公吨。买卖双方签订的贸易合同规定:"装货标准每天 1 000 公吨,6 天装完。每提前一天完成装货任务奖励 USD200,每延迟一天罚 USD400"。后来 C 公司租用程租船到国外接货,并与船方按照 FIO 术语签订租船合同,租船合同中规定:"每天装货 1 200 公吨,每提前一天完成装货任务奖励 USD100,每延迟一天罚 USD200"。问:上述条款是什么条款?从 C 公司的角度看,两份合同的规定有无问题?为什么?

第 9 章

国际货物运输保险

保险是一种经济补偿制度,从法律角度看,是一种补偿性契约行为,即被保险人向保险人提供一定的对价(保险费),保险人则对被保险人可能遭受的承保范围内的损失负赔偿责任。保险种类繁多,本章只介绍国际货物贸易中每笔交易通常都需办理的国际货物运输保险。

第一节 保险的基本概念与基本原则

一、基本概念

(一)保险人与被保险人

保险人(insurer)又称承保人(underwriter),即保险公司。被保险人(the insured)是指财产或人身受保险合同保障,享有保险金请求权的人。国际货物运输保险中,被保险人为贸易合同的卖方或买方,依具体的贸易术语而定。

(二)保险标的与保险利益

保险标的(subject matter insured)是指保险所要保障的对象,国际货物运输保险的"保险标的"主要是指货物。保险标的是保险利益的载体。

保险利益又称可保利益(insurable interest),是指投保人或被保险人对保险标的因有"利害关系"而产生的为法律所承认的、可以投保的经济利益。"利害关系"主要指被保险人对保险标的享有所有权、债权或承担某种经济风险和责任,并因此产生可投保的利益。就货物运输保险而言,"经济利益"主要包括货物本身的价值、运费、保险费、关税和预期利润等可用货币计量的利益。被保险人因为保险标的的安全或按期抵达而获益,或因该标的发生灭失或损毁而蒙受损失或承担责任。

投保海上货物运输保险时,保险标的是货物,但投保人并非要求保险公司保证这些货物完好无损,而是要求货物发生损失致其经济利益受损时得到赔偿。

(三)保险价值

保险价值(insurable value)是指被保险人与保险人共同约定记载于保险合同中的保险标的的价值,一般包括货价、运费、保险费及预期利润等。保险人与被保险人未约定保险价值的,根据我国《海商法》第219条(2)规定:"货物的保险价值,是保险责任开始时货物在起运地的发票价格或者非贸易商品在起运地的实际价值以及运费和保险费的总和",即相当于 CIF 价格,不包括预期利润。

(四)保险金额

保险金额(insured amount)是保险人承担损失赔偿责任的最高限额,也是保险人计算保险费的基础。我国《海商法》第 220 条规定:"保险金额由保险人与被保险人约定。保险金额不得超过保险价值;超过保险价值的,超过部分无效。"

(五)保险费

保险费(insurance premium)简称保费,是保险人因承担特定的赔偿或给付责任而向被保险人收取的费用。保险费等于保险金额乘以费率。

二、保险的基本原则

保险的基本原则是被保险人与保险人签订保险合同、履行各自义务以及办理索赔和理赔工作所必须遵守的原则。保险的基本原则如下。

(一)可保利益原则

投保人对保险标的应当具有可保利益,投保人对保险标的不具可保利益的,保险合同无效,这就是可保利益原则(principle of insurable interest)。国际货物运输保险与其他保险一样,要求被保险人对保险标的具有可保利益,但在被保险人应于何时具有可保利益这一问题上有一定的灵活性:国际货物运输保险允许投保人在投保时可以不具有保险利益,但在发生事故及向保险人索赔时必须具有可保利益。这种特殊规定是由国际贸易的特点决定的。例如,采用 FOB、CFR、FCA、CPT 四种术语订立的货物买卖合同,由买方负责办理保险,而买方在投保时通常还不具有可保利益,此时如硬性规定被保险人在投保时就必须有保险利益,则按这些术语达成的合同,买方便无法在货物装船或交付承运人之前及时为货物办理保险。因此,在国际货运保险业务中,保险人可视为买方具有预期的保险利益而同意承保,随着货物风险转移至买方使买方具有可保利益后,保险合同正式生效。

(二)最大诚信原则

最大诚信原则(principle of utmost good faith)是海上保险合同的重要原则之一。对被保险人来说,最大诚信原则主要包括以下三个方面的内容。

1. 告知

告知(disclosure)是指合同订立前,被保险人应当将其知道的或者在通常业务中应当知道的有关保险标的的重要事实如实告知保险人,以便保险人做出是否承保及按何条件承保的决定。若投保时被保险人故意隐瞒重要事项,即构成不告知(non-disclosure)。

2. 陈述

根据英国 1906 年《海上保险法》的规定,被保险人除了要向保险人如实告知重要情况外,还要对一些事实或期望进行正确的陈述。如果所做的陈述不真实,即为错误陈述

(misrepresentation)。在《中华人民共和国保险法》(简称《保险法》)和《中华人民共和国海商法》(简称《海商法》)关于最大诚信原则的规定中,没有"陈述"这个概念。

3. 保证

保证(warranty)是指被保险人在保险合同中所做的保证要做或不做某种事情,保证某种情况的存在或不存在,或保证履行某一条件等。例如,保证货物不用 15 年以上船龄的旧船装运,保证载货船舶不驶入某些海域等。保证有"明示保证"和"默示保证"之分,前者指写进保单中的保证条款,后者指保单中虽未明文规定,但按法律或惯例,被保险人应保证对某种事情的行为或不行为。

(三) 补偿原则

保险的补偿原则(principle of indemnity)是指当保险标的发生保险责任范围内的损失时,保险人应按照保险合同的约定履行赔偿责任。保险的补偿原则体现在以下几个方面:一是保险人的赔偿金额不能超过保单上的"保险金额",因为保险人是按照保险金额收取保费的,其赔偿责任也不应超过这一限额;二是被保险人在保险事故发生时必须具有可保利益,且赔偿金额以被保险人在保险标的中具有的"可保利益金额"为限;三是赔偿金额不得超过被保险人遭受的"实际损失",即保险人的赔偿不应使被保险人获得额外利益,否则容易引发道德风险。

代位追偿原则是保险补偿原则派生出来的一项原则。若保险标的发生了保险责任范围内的由第三者责任造成的损失,被保险人从保险人处得到全部损失赔偿后,必须将其对第三者请求赔偿的权利转让给保险人,由保险人在赔偿金额范围内代位行使求偿权,被保险人不得再从第三者处得到赔偿。因为如果被保险人从保险公司处得到了赔偿,又从第三方处得到赔偿,他就因为保险而获得了额外收益,违反了补偿性原则。

重复保险分摊原则是保险补偿原则派生出来的又一项原则。重复保险(double insurance),亦称双重保险,是指被保险人将同一保险标的、同一保险利益、同一保险事故分别与两个或两个以上保险人订立保险合同,且保险金额总和超过保险价值的保险。在出现重复保险的情况下,为了防止被保险人从所受损失中获得多重赔偿,把保险标的的损失赔偿责任在各保险人之间按照其承保的保险金额占保险金额总和的比例分摊,便是重复保险的分摊原则。根据我国《海商法》的规定:重复保险的情况下,除合同另有约定外,被保险人可以向任何保险人提出赔偿请求。任何一个保险人支付的赔偿金额超过其应当承担的赔偿责任的,有权向其他保险人追偿。

(四) 近因原则

近因原则(principle of proximate cause)是保险理赔工作中必须遵循的重要原则之一,是在保险标的发生损失时,用来确定保险标的所受损失能否获得赔偿的一项重要依据。近因原则的基本含义是:若引起保险事故的发生,造成保险标的损失的近因属于保险责任,则保险人承担赔偿责任;若近因属于除外责任,则保险人不负赔偿责任。

近因原则的应用中一项重要工作即为认定近因。对于单一原因造成的损失,单一原因即为近因;对于多种原因造成的损失,持续地起决定或有效作用的原因为近因。近因原则在理论上简单明了,实际运用中对于多种原因致损的情况,有时要认定近因并不容易,需要根据案情结合重要判例的援用加以辨别。

近因原则的里程碑案例是英国 Leyland 船运公司诉 Norwich 保险公司一案。一战期间,Leyland 船运公司为其某艘货船向 Norwich 保险公司投保"海上危险"。投保这种险别时,"敌对行为和类似战争行为的一切后果"是除外责任。该货船在某次航程中被德国潜艇的鱼雷击中后严重受损,被拖到法国勒哈佛尔港。港口当局担心该船沉没后会阻碍码头的使用,于是该船在港口当局的命令下停靠在港口防波堤外。由于风浪较大及该船被鱼雷击中后头重脚轻的共同作用,船舶最终沉没。Leyland 船运公司向 Norwich 保险公司索赔遭拒后诉至法院,审理此案的英国上议院大法官 Lord Shaw 认为,导致船舶沉没的原因包括鱼雷击中和海浪冲击,但船舶在鱼雷击中后始终没有脱离危险,因此船舶沉没的近因是鱼雷击中而不是海浪冲击,"鱼雷击中"属其投保险别的除外责任,故保险人不负赔偿责任。

第二节 海洋运输货物保险的承保范围

海洋运输货物保险保障的范围包括承保的风险、承保的损失与承保的费用三方面内容,正确理解这三者的含义和范围,对合理选择投保险别和正确处理保险索赔问题具有重要的意义。

一、风险

海洋货物运输保险承保的风险包括海上风险和外来风险两类。如表 9-1 所示,海上风险包括自然灾害和意外事故,外来风险则有一般外来风险和特殊外来风险之分。

表 9-1 海洋运输货物保险承保的风险类型

风险类型	主要类别	风险内容
海上风险 (perils of the sea)	自然灾害 (natural calamity)	恶劣气候、雷电、海啸、地震、洪水、火山爆发、浪击落海等
	意外事故 (fortuitous accidents)	船舶搁浅、触礁、沉没、碰撞、互撞、遇流冰、失火、爆炸等
外来风险 (extraneous risk)	一般外来风险 (general extraneous risks)	偷窃、提货不着、淡水雨淋、短量、混杂沾污、渗漏、破损破碎、串味、受潮受热、钩损、包装破裂、锈损等
	特殊外来风险 (special extraneous risks)	战争、罢工、交货不到、拒收等

(一)海上风险

海上风险是指船舶或货物在海上航行中或随附海上运输所发生的风险。在现代海上保险业务中,保险人所承保的海上风险是有特定范围的:一方面,它并不包括在海上发生的一切风险;另一方面,它又不局限于航海中所发生的风险,还包括发生在与海上航运相关联的内陆、内河、内湖运输过程中的一些风险。海上风险一般包括自然灾害和意外事故两种。

1. 自然灾害

自然灾害(natural calamities)是指不以人的意志为转移的自然界力量所引起的灾害,如恶劣气候、雷电、海啸、地震、洪水、火山爆发等。这些灾害在保险业务中都有其特定的含义。

2. 意外事故

意外事故(accident)是指由于偶然的、难以预料的原因所造成的事故,如船舶搁浅、触礁、沉没、碰撞、互撞、遇流冰、失火、爆炸等。

(二) 外来风险

外来风险是指海上风险以外的其他外来的原因所造成的风险。外来风险包括两种类型:一是"一般外来风险",指偷窃、提货不着、淡水雨淋、短量、混杂沾污、渗漏、破损破碎、串味、受潮受热、钩损、包装破裂、锈损等外来风险。它们分别由 11 种对应的一般附加险承保。二是"特殊外来风险",主要指由于军事、政治、国家政策法令和行政措施等原因所致的风险损失,如战争、罢工、交货不到、拒收等。它们分别由战争险、罢工险、黄曲霉素险、交货不到险等 8 种对应的特殊附加险承保。

二、损失

被保险货物因遭受海洋运输中的风险所导致的损失称为海上损失,或简称海损(average)。海损按损失程度的不同,可分为全部损失和部分损失;按性质的不同,可分为共同海损和单独海损。

(一) 全部损失与部分损失

1. 全部损失

全部损失简称全损,可以分为实际全损(actual total loss)和推定全损(constructive total loss)。

(1) 实际全损。海上保险标的发生实际全损的表现形式主要包括以下几种:

① 保险标的物全部灭失。发生保险事故后,保险标的的物质实体完全毁损和不复存在。例如,船载货物被大火烧毁,船舱进水致使糖、盐等货物被海水溶解等。

② 保险标的物失去原有商业价值或用途。保险标的受损后,虽然物质形体尚在,但已失去了原有的使用价值。例如,水泥受海水浸泡后结块,食品被有毒物质沾污等。

③ 被保险人对保险标的失去所有权,且无法挽回。保险标的仍然存在,也没有丧失原有用途,但被保险人已丧失了对它的有效占有,且无法挽回。例如,货物被敌国没收等。

④ 船舶失踪。船舶在合理时间内未从被获知最后消息的地点抵达目的地,除合同另有约定外,满两个月后仍没有消息的,为船舶失踪。船舶失踪视为实际全损。

被保险货物在遭到实际全损时,被保险人可按其投保金额获得保险公司全部损失的赔偿。

(2) 推定全损。根据我国《海商法》的规定,货物发生保险事故后,实际全损已经不可避免,或者为避免发生实际全损所需支付的费用与继续将货物运抵目的地的费用之和超过保险价值的,为推定全损。

当保险标的发生推定全损时,被保险人有两个选择:一是要求按全部损失赔偿。此时被保险人必须向保险人发出委付通知(notice of abandonment),声明愿意将保险标的的一切权利和义务转让给保险人,并要求保险人按全损给予赔偿。委付需经保险人同意后方能生效,但保险人应当在合理的时间内将接受委付或者不接受委付的决定通知被保险人。委付一经接受,不得撤回。二是被保险人保留标的,而向保险人要求部分损失的赔偿,此时无须发出委付通知。

2. 部分损失

不属于实际全损和推定全损的损失,为部分损失,即没有达到全部损失程度的损失。

(二)共同海损与单独海损

1. 共同海损

(1)共同海损的定义。共同海损(general average)是指在同一海上航程中,船舶、货物及其他财产遭遇共同危险,为了共同安全,有意地、合理地采取措施所直接造成的特殊牺牲、支付的特殊费用。共同海损应当由受益方按照各自分摊价值的比例分摊。

(2)构成共同海损的条件。构成共同海损,必须具备以下条件:第一,导致共同海损的危险必须是真实存在的或不可避免的,而非主观臆测的;第二,船方采取的措施必须是为了船货的共同安全而有意采取的紧急、合理的措施;第三,所做的牺牲具有特殊性,支出的费用是额外的,是为了解除危险,而不是由危险直接造成的;第四,所采取的措施必须是最终有效的,即最终避免了船货的同归于尽,船舶和货物的全部和部分最后安全抵达航程目的港。

(3)共同海损牺牲与分摊。共同海损牺牲(sacrifice)是指由于共同海损措施直接造成的船舶或货物或其他财产的特殊损失和支付的特殊费用。例如,载货船舶在航行遭遇暴风雨导致船身严重倾斜,船长为了使船、货脱险,下令将部分货物抛弃,弃货后船身恢复平衡转危为安、安全抵达目的港,被抛弃的货物就是共同海损牺牲。

共同海损分摊(contribution)是共同海损法律制度中的一项基本原则,是指船舶发生共同海损事件后,凡属共同海损范围内的牺牲和费用,均可通过共同海损理算,由有关获救受益方(船方、货方和运费收入方)根据获救价值按比例分摊。共同海损的分摊价值应根据各项财产在船舶遭遇共同海损事故的航程终止日期和地点的实际净值来计算。

(4)共同海损理算。共同海损事故发生后,共同海损牺牲和费用需由全体受益方共同分摊。为此,需要确定共同海损牺牲的项目及金额、各受益方获救财产的净值、各受益方应分摊的金额、最后应付的金额以及结算办法、编制理算书等。这一系列工作称为共同海损理算。共同海损理算工作由专门的理算机构或理算师进行,统称海损理算人。海运比较发达的国家均有专门的理算机构。我国国际贸易促进委员会设有海损理算处,凡在提单或租船合同中约定共同海损在中国理算的,均由该理算处进行理算。

共同海损理算的基本步骤包括:①船方在船舶到达第一港口后48小时内宣告发生共同海损;②船方向海损理算人提出理算申请;③理算人受理申请;④确定共同海损牺牲的金额;⑤确定各受益方获救财产的净值;⑥计算各受益方的分摊金额;⑦编制理算书。

(5) 共同海损牺牲的赔付。共同海损牺牲的赔付,主要解决的是受损方的损失如何获得赔偿的问题。理论上,受损方的损失应由全体受益方按获救财产价值的比例赔偿。实务中,如果受损方有投保,则无论投保何种基本险,均可就其遭受的共同海损牺牲和支付的共同海损费用,先从保险公司取得相应的赔偿,再由保险公司取得代位追偿权向各受益方求偿。

(6) 共同海损分摊的赔付。共同海损分摊的赔付,解决的是受益方如何支付分摊金额的问题。如果被保险人的货物本身没有发生共同海损牺牲,但需要承担共同海损分摊金额,一般是由保险人出具共同海损担保函,被保险人(收货人)凭此担保函先行提货,待理算完毕确定分摊金额后,保险人再对分摊金额予以赔付。当然,如果被保险人已向其他利害关系方支付了共同海损分摊金额,则可根据保险合同,向保险公司索赔。

2. 单独海损

单独海损(particular average)是指保险标的在运输过程中遭遇海上风险而直接造成船舶或货物的部分损失。这些损失只能由标的物的所有人单独负担。当然,如果损失是由承保风险所引起的,被保险人可以向保险人索赔。

3. 共同海损与单独海损的区别

(1) 造成损失的原因不同。单独海损是由海上风险直接造成的货物损失,没有人为因素在内;共同海损则是在遭遇共同危险的紧急情况下人为有意地采取措施而导致的损失。

(2) 承担损失的责任方不同。单独海损的损失一般由受损方自行承担,如涉及第三者责任方的过失,则由过失方负责赔偿。如受损方投保了海上保险,其损失由保险公司根据保险条款承担赔偿责任。共同海损损失是为了船货的共同安全造成的,因此应由各受益方按获救财产价值的比例共同分摊。如果受益方投保了运输货物保险或船舶险,保险公司对于受益方应承担的分摊金额予以赔偿。

三、费用

保险人不仅负责赔偿由于承保风险而造成的损失,也承担为营救被保险货物所支出的施救费用和救助费用。

(一) 施救费用

施救费用(sue & labor charge)是指被保险货物在遭遇承保责任范围内的灾害事故时,被保险人或其代理人、雇用人员或保单受让人为了避免或减少货物损失,采取各种抢救与防护措施所支出的合理费用。保险人对这种施救费用负责赔偿。值得注意的是,施救费用的赔偿并不考虑措施是否成功。只要措施得当、费用支出合理,即使施救措施不成功,没有达到目的,保险人对施救费用也应负责。这一规定调动了被保险人对保险标的进行施救的积极性,从而也保护了保险人自己的利益。

(二) 救助费用

救助费用(salvage charge)是指海上保险财产在遭遇承保范围内的灾害事故时,由保险人和被保险人以外的第三者采取救助措施并获成功,由被救方支付给救助方的一种报酬。

长期以来,国际上都采取"无效果、无报酬"的原则给付救助报酬,若无救助效果,即使救助方付出相当大的代价,也不给报酬。自 1980 年以来,这一原则发生了一些变化,即对全部或部分装载石油的邮轮进行救助,即使救助不成功,也可索取合理费用。此外,应当注意的是,保险人对救助费用的赔偿以获救财产的保险金额为限,且救助费用与保险标的本身损失的赔偿相加不得超过保险金额。这就意味着如果保险标的发生全损,保险人对于救助费用不再赔偿。

(三) 施救费用与救助费用的区别

(1) 采取行为的主体不同。施救是由被保险人及其代理人等采取的行为,而救助是保险人和被保险人以外的第三者进行的。

(2) 给付报酬的原则不同。施救费用是施救不论有无效果,都予以赔偿,而救助则是"无效果,无报酬"。

(3) 保险人的赔偿责任不同。施救费用可在保险货物本身的保额以外,再赔一个保额;而保险人对救助费用的赔偿责任以不超过获救财产的价值为限。

第三节　海洋运输货物保险的险别

对我国进出口商而言,海洋运输货物保险最常用的两类条款是《中国保险条款》(China Insurance Clauses)下的《海洋运输货物保险条款》(Ocean Marine Cargo Clauses)和英国伦敦保险协会的《协会货物保险条款》(Institute Cargo Clauses)。

一、我国海洋运输货物保险的险别

现行的中国人民财产保险公司《海洋运输货物保险条款》是在 1981 年 1 月 1 日修订的,其主要内容如下。

(一) 基本险

中国海洋运输货物保险可以分为基本险和附加险。其中,基本险是指可以单独投保的险别,分为平安险、水渍险和一切险三种。下面介绍这三种险别的责任范围、除外责任及保险责任起讫。

1. 平安险

平安险(free from particular average, F. P. A.)是三种险别中责任范围最小的险种,其英文原意是指"单独海损不赔"。经过长期实践的不断修订和补充,平安险的承保范围已非其英文原意所能概括的。按照我国的《海洋运输货物保险条款》,平安险的责任范围共有如下八项:

(1) 被保险货物在运输途中由于恶劣气候、雷电、海啸、地震、洪水等自然灾害造成整批货物的全部损失或推定全损。当被保险人要求赔付推定全损时,须将受损货物及其权利委付给保险公司。被保险货物用驳船运往或运离海轮的,每一驳船所装货物可视作一个整批。

（2）由于运输工具遭受搁浅、触礁、沉没、互撞、电与流冰或其他物体碰撞以及失火、爆炸等意外事故造成货物的全部或部分损失。

（3）在运输工具已经发生搁浅、触礁、沉没、焚毁等意外事故的情况下，货物在此前后又在海上遭受恶劣气候、雷电、海啸等自然灾害所造成的部分损失。

（4）在装卸或转运时由于一件或数件的整件货物落海造成的全部或部分损失。

（5）被保险人对遭受承保责任范围内危险的货物采取抢救、防止或减少货损的措施而支付的合理费用，但以不超过该批被救货物的保险金额为限。

（6）运输工具遭遇海难后，在避难港由于卸货所引起的损失以及在中途港、避难港由于卸货、存仓及运送货物所产生的特别费用。

（7）共同海损的牺牲、分摊和救助费用。

（8）运输契约包含"船舶互撞责任"条款，根据该条款规定应由货方偿还船方的损失。

2. 水渍险

水渍险(with particular average, W. P. A.)的英文原意是"负责赔偿单独海损"，其责任范围比平安险大，但比一切险小。除包括上述平安险的各项责任外，水渍险还负责被保险货物由于恶劣气候、雷电、海啸、地震、洪水等自然灾害所造成的部分损失。

3. 一切险

一切险(all risks, A. R.)是三种基本险中责任范围最大的险种，但不能如其字面一样解释为保险人负责赔偿所有风险造成的损失。一切险的承保范围除包括上述平安险和水渍险的各项责任外，还负责被保险货物在运输途中由于一般外来风险所致的全部或部分损失。

课堂练习：根据上述解释，判断三种基本险是否承保表 9-2 所列的各项损失与费用。保险公司负责赔偿的项目打"√"，不予赔偿的打"×"。

表 9-2　三种基本险承保范围比较表

风险	损失与费用			平安险	水渍险	一切险
海上风险	海上损失	全损				
		部分损失	单独海损	自然灾害造成的单独海损			
				意外事故造成的单独海损			
			共同海损			
	海上费用	施救费用				
		救助费用				
外来风险	一般外来风险导致的损失	运输途中由于偷窃、雨淋、渗漏、短量、钩损、碰损、玷污、串味、受热受潮等所致的损失				
	特殊外来风险导致的损失	由于战争、罢工、交货不到、拒收、没收等特殊外来风险所致的损失				

对海洋运输货物保险的三种基本险,保险公司规定有如下除外责任:

(1) 被保险人的故意行为或过失所造成的损失。

(2) 属于发货人责任所引起的损失。

(3) 在保险责任开始前,被保险货物已存在的品质不良或数量短差所造成的损失。

(4) 被保险货物的自然损耗、本质缺陷、特性,以及市价跌落、运输延迟所引起的损失或费用。

(5) 海洋运输货物战争险条款与货物运输罢工险条款规定的责任范围和除外责任。

在保险责任起讫方面,与国际保险市场的习惯做法一样,我国《海洋运输货物保险条款》规定的责任期间也采用"仓至仓"条款(warehouse to warehouse clause, W/W clause),即保险责任自被保险货物运离保险单所载明的起运地仓库或储存处所开始运输时生效,包括正常运输过程中的海上、陆上、内河和驳船运输在内,直至该项货物到达保险单所载明目的地收货人的最后仓库或储存处所或被保险人用作分配、分派或非正常运输的其他储存处所为止。如未抵达上述仓库或储存处所,则以被保险货物在最后卸载港全部卸离海轮后满60天为止。若在上述60天内被保险货物需转运到非保险单所载明的目的地,则以该项货物开始转运时终止。

(二) 附加险

附加险是对基本险的补充和扩大,只有在投保了基本险的基础上才可以加保。目前,《中国保险条款》中的附加险可以分为一般附加险和特殊附加险两类。

1. 一般附加险

一般附加险所承保的是由于一般外来风险所致的全部或部分损失,其险别共有如下11种:

(1) 偷窃、提货不着险(theft, pilferage and non-delivery, T. P. N. D.)。承保被保险货物因偷窃行为所致的损失和整件提货不着导致的损失。

(2) 淡水雨淋险(fresh water and/or rain damage)。承保被保险货物直接由于淡水、雨淋所造成的损失。雨淋所致损失包括雨水、冰雪融化等给货物造成的损失;淡水所致损失包括因船舱内水汽凝聚而成的舱汗、船上淡水舱或淡水管漏水给货物造成的损失。

(3) 短量险(risk of shortage)。承保被保险货物在运输过程中因外包装破裂或散装货物发生数量散失和实际重量短缺的损失,但正常的途耗除外。

(4) 渗漏险(risk of leakage)。承保液体、流质类货物在运输过程中因容器损坏而引起的渗漏损失,装运原油等油类的管道破裂造成的渗漏损失,以及用液体储藏的货物因储液渗漏而引起的货物腐烂变质等损失。

(5) 混杂、玷污险(risk of intermixture and contamination)。承保被保险货物在运输途中因混进杂质或被玷污所造成的损失。例如,散装粮食、谷物、矿砂等,容易混进泥土、碎石、草屑等,以致质量受损;布匹、服装等纺织品可能被油类或带色物质污染而引起损失。当然,如果货物属集装箱运输方式下的整箱货,则被他物混杂玷污的可能性极小。

(6) 碰损、破碎险(risk of clash and breakage)。承保被保险货物在运输途中因震动、碰撞、受压或搬运不慎造成的破碎、裂损、弯曲、凹瘪、脱瓷、脱漆等损失。易发生碰损的主要是家具、漆木制品、金属制品等;易破碎的则包括玻璃制品、陶瓷制品、大理石板等。应当注意的是,碰损、破碎险作为一种一般附加险,主要是对搬运不慎或装卸不当等一般外来原因导致的碰损破碎损失承担赔偿责任,因自然灾害或运输工具发生意外事故导致的碰损破碎损失并不在本险的赔偿范围内。

(7) 串味险(risk of odor)。承保被保险货物在运输途中因受其他物品气味的影响而引起的串味、变味损失。食品、茶叶、中药材、化妆品等易发生串味损失的货物在运输途中如与有腥味、异味的物品存放在一起,很可能被串味而使本身品质受损;此外,这些货物如装载在未洗净有异味的集装箱内,也极易受串味影响。

(8) 受潮受热险(damage caused by sweating and heating)。承保被保险货物在运输过程中因气温突变或由于船上通风设备失灵致使船舱内水汽凝结、发潮或发热所造成的损失。

(9) 钩损险(risk of hook damage)。承保被保险货物在运输、装卸过程中,因使用手钩、吊钩等钩类工具而致本身被钩破,或外包装被钩坏造成货物外漏的损失。袋装粮食发生钩损的情况较多。保险人不但负责赔偿货物被钩坏的损失,对因包装被钩破而进行修补或调换所支付的合理费用也予以承担。

(10) 锈损险(risk of rust)。承保被保险货物在运输过程中因生锈而造成的损失。易发生锈损的有金、金属制品等。对于极易生锈的铁丝、钢丝绳、水管零件等,以及不可避免生锈的裸装金属条、金属板等,保险人往往拒绝承保该险。

(11) 包装破裂险(loss or damage caused by breakage of packing)。承保被保险货物在运输过程中因搬运或装卸不慎,导致包装破裂所造成的损失,以及为继续运输安全需要而产生的修补或调换包装所支付的费用。如果包装破裂是由于包装不良等原因所致,则保险人不承担赔偿责任。

应当注意的是,由于一切险的承保范围已包含了所有一般附加险的责任,所以在投保了一切险之后,就无须加保一般附加险。而在投保了平安险或水渍险时,则可根据货物的特性或根据需要加保一种或几种一般附加险。

2. 特殊附加险

特殊附加险承保由于特殊外来原因导致的全部或部分损失,共有以下 8 种。

(1) 战争险(war risk)。对直接由于战争、类似战争行为和敌对行为、武装冲突或海盗行为所致的损失,以及由于上述行为引起的捕获、拘留、扣留、禁制、扣押所造成的损失,包括水雷、鱼雷、炸弹等各种常规武器所致的损失,以及由于以上原因造成的共同海损的牺牲、分摊和救助费用负赔偿责任。但对使用原子或热核武器所致的损失和费用不负赔偿责任。

战争险的责任起讫不是采用"仓至仓",而是"水面危险"原则,即自被保险货物装上保险单所载起运港的海轮或驳船时开始,到卸离保险单所载目的港的海轮或驳船时为止,如果被保险货物不卸离海轮或驳船,保险责任最长期限以海轮到达目的港的当日午夜起算满 15 天为止,待再装上海轮续运时恢复有效。

(2) 罢工险(strike risk)。对被保险货物由于罢工者、被迫停工工人或参加工潮、暴动、民动、民众斗争的人员的行动,或任何人的恶意行为所造成的直接损失及上述行动或行为所引起的共同海损、牺牲、分摊和救助费用负赔偿责任。投保罢工险应注意以下问题:①罢工险只承保罢工行为所致的被保险货物的直接损失,因罢工行为使货物无法正常运输装卸导致的间接损失不在赔偿范围内;②罢工险的责任起讫和基本险一样,是"仓至仓"而不是"水面危险";③在投保战争险的前提下,加保罢工险不另收费。

(3) 黄曲霉素险(aflatoxin risk)。承保被保险货物因所含黄曲霉素超过进口国的限制标准,被拒绝进口、没收或强制改变用途而遭受的损失。花生、大米等往往含有黄曲霉素,进口国对这种毒素的含量都有严格的限制标准,一旦超标,就会被拒绝进口或强制改变用途。可见,黄曲霉素险是一种专门的拒收险。

(4) 交货不到险(failure to deliver risk)。承保不论任何原因,已装上船的被保险货物不能在预定抵达目的地的日期起 6 个月内交货的损失。引起交货不到的原因,以政治方面的原因居多,如禁运或在中途港被强行卸载等。

(5) 舱面险(on deck risk)。又称"甲板险",除按保险单所载条款负责外,还承保存放在舱面的货物被抛弃或被风浪冲击落水的损失。随着集装箱运输的发展,装于舱面的集装箱货物提单早已为国际贸易界普遍接受,因此,保险人通常把装载在舱面的集装箱货物视为舱内货物承保。

(6) 进口关税险(import duty risk)。当被保险货物遭受保险责任范围以内的损失,而被保险人仍须按完好货物价值完税时,保险公司对损失部分货物的进口关税负责赔偿。投保该险时,应注意保险金额应为被保险货物须缴纳的关税,而非货物本身的保险金额。

(7) 拒收险(rejection risk)。承保被保险货物在目的港被进口国政府或有关当局拒绝进口或没收所造成的货物的损失。

(8) 货物出口到香港(包括九龙)或澳门存仓火险责任扩展条款(fire risk extension clause—for storage of cargo at Destination Hong Kong, including Kowloon or Macao)承保被保险货物到达目的地卸离运输工具后,如直接存放于保险单载明的过户银行指定的仓库所造成的存仓火险损失,直至银行收回抵押款解除货物的权益为止,或运输责任终止时期满 30 天为止。

(三) 专门险

海运货物专门险又称特种货物保险,是保险公司根据某些商品的特性及某些特殊需要开设的属于基本险性质的专门险种,可以单独投保。下面介绍两种主要的专门险。

1. 海洋运输冷藏货物保险

海洋运输冷藏货物保险包括冷藏险和冷藏一切险两种。冷藏险的责任范围包括水渍险的全部责任和"由于冷藏机器停止工作连续达到 24 小时以上所造成的被保险货物的腐败或损失"。冷藏一切险的责任范围包括冷藏险的全部责任和"被保险货物在运输途中由于一般外来原因所造成的腐败或损失"。海洋运输冷藏货物保险适用于新鲜蔬菜、水果以及冷冻鱼虾、冻肉等运输时须置于冷藏容器或冷藏舱内并保持一定温度的货物。

2. 海洋运输散装桐油保险

桐油是我国大宗出口的商品之一,因其特性,桐油在运输途中易遭受污染、短量、渗漏和变质等损失,保险公司专门为满足这种货物的特殊需要而设立了"海洋运输散装桐油保险",以承保不论何种原因造成的被保险散装桐油的短少、渗漏、沾污或变质的损失。

二、伦敦协会海洋运输货物保险条款

长期以来,在世界保险业务中,英国所制定的保险法、保险条款、保险单等对世界各国影响很大。目前,仍有许多国家和地区的保险公司在国际货物运输保险业务中直接采用英国伦敦保险协会制定的《协会货物保险条款》(Institute Cargo Clauses,ICC)。我国现行的《海洋运输货物保险条款》的三种基本险及若干附加险就是在参照 ICC 制定的。

(一)《协会货物保险条款》的产生与修订

《协会货物保险条款》最早制定于 1912 年,后经多次修改,其中影响较大的版本是 1982 年 1 月 1 日修订完成并于 1983 年 4 月 1 日起实施的 ICC 条款,该版本的 ICC 条款在内容与形式上都有变化,不再沿用三种基本险(FPA、WA、AR)的旧名称而是改为采用六种险别。最近一次修订是在 1982 年版本的基础上做出的,于 2009 年 1 月 1 日生效。新条款主要修订内容包括:澄清条款所载的不承保事项;条款改用现代化文字,对条款中容易产生争议的用词做出更为明确的规定,条款中的文字结构也更为简洁、严密;更重要的是扩展了保险责任起讫期;对保险公司引用免责条款做出了一些条件限制。

(二)《协会货物保险条款》的六种险别

2009 版的《协会货物保险条款》主要险别仍为六种:
(1) 协会货物条款(A)(Institute Cargo Clause A);
(2) 协会货物条款(B)(Institute Cargo Clause B);
(3) 协会货物条款(C)(Institute Cargo Clause C);
(4) 协会战争险条款(货物)(Institute War Clause-Cargo);
(5) 协会罢工险条款(货物)(Institute Strike Clause-Cargo);
(6) 恶意损害险条款(Malicious Damage Clause)。

以上六种保险条款中,前三种为主险,ICC(A)相当于中国保险条款中的一切险,其责任范围采用"一切风险减除外责任"的方式说明;ICC(B)、ICC(C)都采用"列明风险"的方式表明其承保范围,ICC(B)大体相当于水渍险,ICC(C)相当于平安险。

六种险别中,只有恶意损害险不能单独投保,其他五种险结构统一、体系完整,均可作为独立的险别单独投保。应当注意的是,由于恶意损害险的责任范围已被列入 ICC(A)的承保风险,因此只有在投保 ICC(B)和 ICC(C)时,才在需要时予以加保。恶意损害险承保被保险人以外的其他人(如船长、船员等)的故意损坏、故意破坏保险标的或其任何部分所造成的损失或费用。但恶意行为若出于政治动机,则不属于本险别的承保范围,而属于罢工险的承保范围。

(三) ICC 三种主险的承保范围及责任期间

1. ICC 三种主险的承保范围

ICC(A)险承保责任范围较广,对承保风险采用"一切风险减除外责任"的方式。2009

年版 ICC 条款的除外责任分为四类：一般除外责任、不适航不适货除外责任、战争除外责任以及罢工和恐怖主义除外责任，具体如表 9-3 中(19)～(22)所示。ICC(B)与 ICC(C)均采用"列明风险"的方式，即把所承保的风险——列举，凡属承保责任范围内的损失，无论是全部损失还是部分损失，保险人按损失程度均负赔偿责任。

为方便比较，我们将《协会货物保险条款》(A)、(B)、(C)的承保风险列示于表 9-3 中。

表 9-3 ICC(A)、ICC(B)、ICC(C)承保风险比较表

承 保 风 险	(A)	(B)	(C)
(1)火灾、爆炸	√	√	√
(2)船舶、驳船的触礁、搁浅、沉没或倾覆	√	√	√
(3)陆上运输工具倾覆或出轨	√	√	√
(4)船舶、驳船或运输工具与除水以外的任何外界物体碰撞	√	√	√
(5)在避难港卸货	√	√	√
(6)共同海损牺牲	√	√	√
(7)抛货	√	√	√
(8)共同海损分摊和救助费用	√	√	√
(9)运输合同订有"船舶互撞责任条款"，据条款规定，应由货方赔偿船方的损失	√	√	√
(10)续运费用	√	√	√
(11)合理的施救费用	√	√	√
(12)地震、火山爆发或雷电	√	√	×
(13)浪击落海	√	√	×
(14)海水、湖水或河水进入船舶、驳船、运输工具、集装箱、大型海运箱储存处所	√	√	×
(15)货物在装卸时落海或跌落造成整件的全损	√	√	×
(16)被保险人以外的其他人（如船长、船员等）的故意不法行为造成的损失费用	√	×	×
(17)海盗行为	√	×	×
(18)由于一般外来原因所造成的损失或费用	√	×	×
(19)被保险人故意的不法行为、保险标的内在缺陷或自然损耗、包装不当或配载不当、延迟、船舶所有人或经营人破产或困难、使用原子武器等造成的损失或费用	×	×	×
(20)不适航、不适货造成的损失或费用	×	×	×
(21)战争、内战、敌对行为、捕获、扣留（海盗除外）、鱼雷等造成的损失	×	×	×
(22)罢工和恐怖主义造成的损失或费用	×	×	×

注：(19)～(22)为 ICC(A)险的除外责任，同时适用于(B)险和(C)险。

2. ICC 三种主险的责任起讫

2009 年版《协会货物保险条款》扩展了保险人的责任起讫，即保险责任自保险标的开始进入仓库或储存处所时生效，包括正常运输过程，直至运到下述地点时终止：①合同载

明的目的地最后仓库或储存处所,从运输车辆或其他运输工具完成卸货;②合同载明的目的地任何其他仓库或储存处所,或在途中任何其他仓库或储存处所,从运输车辆或其他运输工具完成卸货,上述任何其他仓库或储存处所是由被保险人或者其雇员选择用于在正常运送过程之外储存货物、分配货物或分派货物;③被保险人或其雇员在正常运输过程之外选择任何运输车辆或其他运输工具或集装箱储存货物;④自保险标的在最后卸货港卸离海轮满60天为止。上述情况以先发生者为终止条件。如果保险标的在最后卸货港卸离海轮后,但本保险责任终止前,需被转运至非保单载明的其他目的地,则该项保险标的开始转运之时保险责任即告终止。

第四节 我国陆运、空运与邮包运输保险的险别

在国际贸易中,货物运输除了主要采用海上运输方式外,还采用陆上运输、航空运输和邮包运输方式。随着国际经济联系日益密切和频繁,通过后三种运输方式进行运输的货物数量在整个国际贸易货运量中的比重呈明显上升趋势,与之相适应的陆空邮运输货物保险业务也不断增长。

一、陆上运输货物保险

根据中国人民保险公司1981年1月1日修订的《陆上运输货物保险条例》,陆上运输货物保险的基本险别分为陆运险与陆运一切险两种。适用于陆运冷藏货物的专门保险,即陆上运输冷藏货物险,其性质也属基本险。此外,在附加险中,主要包括仅适用于火车运输的陆上运输货物战争险(火车)。上述险别的主要内容如表9-4所示。

表9-4 陆上货物运输保险的主要险别与承保范围

险 别	险别性质	承 保 范 围
陆运险	基本险	承保被保险货物在运输途中遭受暴风、雷电、洪水、地震等自然灾害或由于运输工具遭受碰撞、倾覆、出轨或在驳运过程中因驳运工具遭受搁浅、触礁、沉没、碰撞;或由于遭受隧道坍塌、崖崩或失火、爆炸等意外事故所造成的全部或部分损失;亦承保合理的施救费用
陆运一切险	基本险	除承担上述"陆运险"的赔偿责任外,还负责被保险货物在运输途中由于一般外来风险所造成的全部或部分损失
陆上运输冷藏货物险	基本险（专门险）	除承担上述"陆运险"的赔偿责任外,还负责赔偿由于冷藏机器或隔温设备在运输途中损坏所造成的被保险货物解冻融化以致腐败的损失
陆上运输货物战争险(火车)	特殊附加险	承保火车运输途中由于战争、类似战争行为和敌对行为、武装冲突所致的损失,以及各种常规武器(包括地雷、炸弹)所致的货物损失

陆上运输货物险的责任起讫也采用"仓至仓"责任条款。陆上运输冷藏货物险的责任自被保险货物运离保险单所载起运地点的冷藏仓库装入运送工具开始运输时生效,包括正常的陆运及其有关的水上驳运在内,直至货物到达保险单所载明的目的地收货人仓库为止。但是最长保险责任的有效期限以被保险货物到达目的地车站后10天为限。

陆上运输货物战争险的责任起讫与海运战争险相似,以货物置于运输工具时为限。如果被保险货物不卸离火车,则以火车到达目的地的当日午夜起算,满 48 小时为止;如在运输中途转车,则不论货物在当地卸载与否,保险责任以火车到达该中途站的当日午夜起计算满 10 天为止。如货物在此期限内重新装车续运,仍恢复有效。

二、航空运输货物保险

近年来,随着航空技术的迅速发展及对航空运输的需求猛增,航空运输在国际贸易货物运输中的重要性日益显著,航空运输货物保险业也蓬勃发展起来。为了满足我国外贸业务发展的需要,中国人民保险公司也接受办理航空运输货物保险业务,并制定航空运输险和航空运输一切险两种基本险条款以及航空运输货物战争险的附加险条款,其基本内容如表 9-5 所示。

表 9-5 我国航空运输货物保险的主要险别与承保范围

险 别	险别性质	承 保 范 围
航空运输险	基本险	承保被保险货物在运输途中遭受雷电、火灾、爆炸或由于飞机遭受恶劣气候或其他危难事故而被抛弃,或由于飞机遭受碰撞、倾覆、坠落或失踪等自然灾害和意外事故所造成的全部或部分损失
航空运输一切险	基本险	除承担上述航空运输险的全部责任外,还负责赔偿被保险货物由于被偷窃、短少等一般外来原因所造成的全部或部分损失
航空运输货物战争险	特殊附加险	承保航空运输途中由于战争、类似战争行为、敌对行为或武装冲突以及各种常规武器和炸弹所造成的货物的损失,但不包括因使用原子或热核武器所造成的损失

航空运输货物险的两种基本险的保险责任也采用"仓至仓"条款,但与海洋运输货物险的"仓至仓"责任条款不同的是:如货物运达保险单所载明目的地而未运抵保险单所载明的收货人仓库或储存处所,则以被保险货物在最后卸载离飞机后满 30 天为止。如上述 30 天内被保险货物需转送到非保险单所载明的目的地,则以该项货物开始转运时终止。

航空运输货物战争险的保险责任起讫是自被保险货物装上保险单所载明的启运地的飞机时开始,直到卸离保险单所载明的目的地的飞机时为止。如果被保险货物不卸离飞机,则以飞机到达目的地的当日午夜起满 15 天为止,如果被保险货物需要在中途转运,则保险责任以飞机到达转运地的当日午夜起满 15 天为止,待装上续运的飞机,保险责任再恢复有效。

三、邮包运输货物保险

邮包运输是一种比较简便的运输方式。近年来,国际间采用邮包递送货样或少量质轻价高货品的情况逐渐增多。在我国,中国人民保险公司参照国际上的通行做法,结合我国邮政包裹业务的实际情况,于 1981 年 1 月 1 日修订并公布了一套较为完备的邮包运输保险条款,具体包括邮包险、邮包一切险及邮包战争险三种,其基本内容如表 9-6 所示。

表 9-6　我国邮包运输保险的主要险别与承保范围

险　　别	险别性质	承 保 范 围
邮包险	基本险	承保被保险邮包在运输途中由于恶劣气候、雷电、海啸、地震、洪水、自然灾害，或由于运输工具搁浅、触礁、沉没、碰撞、出轨、倾覆、坠落、失踪，或由于失火和爆炸意外事故造成的全部或部分损失；亦承保施救费用
邮包一切险	基本险	除包括上述邮包险的全部责任外，还负责被保险邮包在运输途中由于一般外来原因所致的全部或部分损失
邮包战争险	特殊附加险	承保被保险邮包在运输过程中直接由于战争、类似战争行为、敌对行为、武装冲突、海盗行为以及各种常规武器（包括水雷、鱼雷、炸弹）所造成的损失。但保险公司不承担因使用原子或热核制造的武器所造成的损失的赔偿

邮包险和邮包一切险的保险责任是自被保险邮包离开保险单所载起运地点寄件人的处所运往邮局时开始生效。直至被保险邮包运达保险单所载明的目的地邮局发出通知书给收件人当日午夜起算满 15 天为止，但在此期限内邮包一经递交至收件人的处所，保险责任即行终止。

邮包战争险的保险责任是自被保险邮包经邮政机构收讫后自储存处所开始运送时生效，直至该项邮包运达保险单所载明的目的地邮政机构送交收货人为止。

第五节　保险费计算及保险业务操作

一、保险费计算

货物运输险的保险费是以保险金额为基础计算的，因此首先应掌握保险金额的构成及其计算方法，在此基础上结合具体保险费率算出保费。

（一）保险金额的构成

保险金额是保险人承担赔偿责任的最高限额，也是保险人计收保险费的基础。投保人投保运输货物保险时，应向保险人申报保险金额。

国际货物运输保险的保险金额，一般是按 CIF 或 CIP 发票金额加成 10% 计算的。之所以要按 CIF 或 CIP 计算，主要是为了使被保险人在货物发生损失时，不仅货价的损失可获补偿，已经支出的运费和保险费也能获得补偿；而加一成投保的原因在于使买方为进行这笔交易所支付的费用和预期利润也能得到补偿。

对于加成投保的问题，贸易合同中如未做规定，则按《跟单信用证统一惯例》（国际商会 600 号出版物）及《2020 年国际贸易术语解释通则》的规定，卖方有义务按 CIF 或 CIP 价格的总值另加 10% 作为保险金额。当然，如果买方要求按较高的金额投保，而保险公司也同意承保，卖方亦可接受，但由此增加的保险费原则上应由买方承担。

(二) 保险金额的计算

1. 出口货物保险金额的计算

在已知 CIF 发票价和加成率的情况下,保险金额计算公式如下:

$$\text{保险金额} = \text{CIF 价格} \times (1 + \text{加成率})$$

由上式可知,保险金额是以 CIF 价格为基础计算的,如果对外报价为 CFR 价格,而国外买方要求改报 CIF 价,或者在 CFR 合同下由卖方代办保险,则保险金额不能直接以 CFR 价为基础来计算,而应先把 CFR 价换算为 CIF 价,再加成计算保险金额。从 CFR 价至 CIF 价的换算公式为

$$\text{CIF 价格} = \frac{\text{CFR 价格}}{1 - (1 + \text{保险加成率}) \times \text{保险费率}}$$

$$\text{保险金额} = \text{CIF(或 CIP) 价格} \times (1 + \text{保险加成率})$$

2. 进口货物保险金额的计算

按照某些保险公司的理论和做法,进口货物的保险金额直接以进口货物的 CIF 或 CIP 价为准,一般不再加成,即

$$\text{保险金额} = \text{CIF 进口货价}$$

或

$$\text{保险金额} = \text{FOB} \times (1 + \text{平均运费率} + \text{平均保险费率})$$

上式中,平均运费率及平均保险费率由进口企业与保险公司共同议定。应当注意的是,进口保险不加成的做法只是保险理论上的一种惯例,实际工作中,如果进口商要求加成投保,保险公司也可接受。

(三) 保险费的计算

投保人向保险人交付保险费,是保险合同生效的前提条件。在被保险人支付保费前,保险人可以拒绝签发保单。保险费是保险公司经营业务的基本收入,也是保险公司用作支付保险赔款的保险基金的主要来源。

货物运输险的保险费以货物的保险金额和保险费率为基础计算,其计算公式为

$$\text{保险费} = \text{保险金额} \times \text{保险费率}$$

例题:我国某公司出口一批商品到欧洲某港口,原报 CFR 欧洲某港口,总计金额为 10 000 美元,现客户要求我方代办保险,投保一切险(保险费率为 0.6%)及战争险(保险费率为 0.03%),保险加成率为 10%。问:该批货物的保险金额和保险费是多少?

解:

$$\text{CIF 价} = \frac{\text{CFR 价格}}{1 - (1 + \text{保险加成率}) \times \text{保险费率}}$$

$$= \frac{10\ 000}{1 - (1 + 10\%) \times (0.6\% + 0.03\%)}$$

$$= 10\ 069.78 (\text{美元})$$

$$\text{保险金额} = 10\ 069.78 \times (1 + 10\%) = 11\ 076.76 (\text{美元})$$

$$\text{保险费} = \text{保险金额} \times \text{保险费率}$$

$$=11\ 076.76 \times (0.6\% + 0.03\%)$$
$$=11\ 076.76 \times 0.006\ 3$$
$$=69.78（美元）$$

当然,上例中保险费也可通过将 CIF 价与 CFR 价相减而得出。

二、保险业务操作

国际货物贸易中,进出口商在办理货物运输保险时通常涉及的工作有选择保险公司及投保方式、确定险别及保险金额、办理投保并交付保费、领取保单以及在货损发生时办理保险索赔等。

(一) 选择保险公司

投保人无论是通过保险经纪人、保险代理人间接购买保险,还是直接从保险公司购买保险,选择保险人都是十分重要的。对保险人的选择直接影响发生损失时被保险人能否顺利获得赔偿。对投保人而言,选择保险人时应考虑以下因素。

1. 保险公司的经济实力和经营的稳定性

保险公司履行对投保人的承诺,是以其经济实力和经营的稳定性为基础的。投保人一般要选择经济实力雄厚、经营稳健、操作规范、资信好的保险公司,以便保险标的受损时确实能得到应有的赔偿。

2. 保险公司的综合服务水平

投保前,投保人需要很多有关保单的咨询,保险人或其代理人能否给予全面的、客观的回答;投保后,投保人或被保险人的一些合理需要能否得到满足;保险标的发生损失后,保险理赔是否迅速、合理,是否与此前的承诺一致等,这些都是保险公司服务水平、态度的表现。为此,投保人在投保前有必要做好市场调查,对各保险公司的服务水平尤其是理赔反应和理赔能力进行比较与了解,在此基础上做出正确选择。

3. 保险公司的收费水平

保险公司的收费水平主要体现在保险费率的高低上,因为费率高低决定了保费的多少,因此也是选择保险人时应考虑的因素。同等情况下选择收费较低的保险公司,有利于节省不必要的保费支出,提高经济效益。

(二) 选择投保方式

1. 预约保险

对于进口业务较多的外贸公司,为了简化保险手续并防止进口货物在国外装运后因信息传送不及时而发生漏保或来不及办理投保等情况,进口商可以采取预约投保方式,即与保险公司签订预约保险合同,合同中规定承保货物的范围、险别、费率、责任、赔款处理等条款,凡属预保合同规定范围内的进口货物,一经起运,保险公司即按预保合同订立的条件自动承保。预约保险方式下,进口商无须对每批进口货物填制投保单,只需在获悉货物装运详情后填写《国际运输预约保险起运通知书》送交保险公司。

2. 逐笔投保

我国出口货物的投保一般采用逐笔投保，即被保险人就每一批货物单独向保险公司提出书面投保申请，投保单经保险公司接受后，由保险公司签发保险单。如果时间仓促，也可通过口头或电话方式向保险公司申请投保，如获允许，保险也可生效，但随后一定要补填投保单。对于不常有进口业务的外贸公司，一般也采用逐笔投保，即在接到国外的装船通知后，立即向保险公司投保。

（三）选择险别

在国际货物运输保险中，选择何种投保险别，需综合考虑多种因素。既要考虑使货物得到充分保障，又要尽量节约保险费的支出，降低贸易成本，提高经济效益。投保人选择险别时应考虑下列因素。

1. 货物的特性

不同性质和特点的货物，在运输途中可能遭遇的风险和发生的损失往往有很大的差别。因此，在投保时必须充分考虑货物的特性，据以确定适当的险别。例如，玻璃器皿、瓷器、家具等的特点是比较容易碰损、破碎，因而可在投保平安险或水渍险的基础上加保碰损、破碎险。服装等纺织品容易受到水湿及沾污损失，可在水渍险的基础上加保淡水雨淋险和混杂、沾污险。茶叶、化妆品、药材等容易受串味损失而丧失其使用价值，因此可加保串味险或直接投保一切险。此外，对某些大宗货物（如散装桐油、原煤、天然橡胶）及冷藏货物，需选择专门险进行投保，以求得到充分保障。

2. 货物的包装

货物的包装方式和包装材料直接影响货物在运输途中的安全和损失程度，因此选择险别时应参照包装条件。例如，大宗的矿石、矿砂等散装货物在装卸时容易发生短量损失，可加保短量险；散装的豆类等可能因混入杂质而受损，可加保混杂、沾污险；包装货物如袋装大米可能因在装卸时使用吊钩而使外包装破裂，大米漏出而致损，可加保包装破裂险等。应当注意的是，若因货物包装不足或不当，以致不能适应国际货物运输的一般要求而使货物遭受损失，则属于发货人责任，保险人一般不负责。

3. 货物价值

货物价值的高低对投保险别的选择也有影响。对贵重商品，由于其价格昂贵，一旦损坏对其价值影响很大，所以应投保一切险，同时在保险公司能接受的条件下提高加成投保的比例，以期获得充分的保障。而对于矿石、矿砂及建材类商品，因其价格低廉，也不易受损，故海运一般仅需在平安险的基础上加保短量险。

4. 运输路线及停靠港口

就运输路线而言，运输路线越长，所需的运输时间越长，货物在运输途中可能遭遇的风险就越大；反之，运输路线越短，货物可能遭受的风险就越小。运输路线和停靠港口不同，货物可能遭受的风险和损失也有很大的不同。某些航线途经气候炎热的地区，如果载货船舶通风不良，就会增大货损，此时可考虑加保受热受潮险。而在政局动荡不定，或在已经发生战争的海域内航行，货物遭受意外损失的可能性自然会增大，应加保战争险。因此，投保前应进行适当的调查，了解可能发生什么样的损失，以便选择适当的险别予以保障。

5. 运输方式

货物通过不同的运输方式进行运输,途中可能遭遇的风险并不相同,可供选择的险别也因运输方式而异。例如,海运方式下可选择的基本险包括平安险、水渍险和一切险;空运方式下可选择航空运输险或航空运输一切险;陆运方式下可选择陆运险或陆运一切险等。投保人或被保险人应根据不同的运输方式和运输工具选择合适的保险险别。随着运输技术的发展,多式联运方式越来越多地被采用,货主在投保时应全面考虑整个运输过程中采用的各种运输方式,分段选择相应的保险险别。

6. 国际惯例与各国贸易习惯

险别的选择还与国际惯例及各国的贸易习惯有关。例如,国际商会《2000 通则》规定,如无相反的明示协议,CIF 术语下的卖方只需按协会货物保险条款或其他类似条款中最低责任的险别投保;再如,按比利时的贸易习惯,CIF 条件下卖方常负责投保水渍险;按澳大利亚的行业习惯,CIF 条件下卖方须负责投保水渍险和战争险等。

(四) 确定保险金额、支付保费

国际货物运输保险业务中,进出口商在选定保险公司、投保方式及投保险别后,还需确定保险金额、办理保险并支付保费。保险金额及保险费的计算方法前文已做了详细解释,这里不再赘述。

(五) 获取保单

1. 取得保险单据

保险单(insurance policy),简称保单,是保险人与被保险人之间订立保险合同的证明文件。当发生保险责任范围内的损失时,保单是保险索赔和理赔的主要依据。信用证方式下,保单还是一种议付单据,保单与信用证相符是开证行付款的条件之一。因此,出口商在收到保险公司出具的保单后,应根据合同、信用证等进行逐项审核,审核要点如表 9-7 所示。

表 9-7 保单的主要内容及审核要点

类别	保单内容	审 核 要 点
人	保险人	保险公司名称
	被保险人	投保人的名称,信用证方式下应与受益人名称一致
货	承保货物名称	可以使用大类货物名称,但应与发票、提单、产地证所列货名一致
	包装和数量	参照发票,且需与信用证描述一致
	唛头标记	参照发票,可注明"As per Invoice No. …"
船	运输工具	注明装载运输工具名称及航次
	开航日期	允许填写大约日期,海运时常填写"As per B/L"
	运输起讫地	应参照运输单据,如中途转船须注明"With Transshipment"字样

续表

类别	保单内容	审核要点
险	保险金额	按信用证要求加成投保，通常按照 CIF 发票金额的 110% 投保，小数点后一律进为整数
	承保险别	险别内容必须与合同及信用证的规定一致。中国人民保险公司亦可以接受按"协会货物条款"投保
	保费和费率	一般只打"按照约定"(As Arranged)
	保险赔付地	一般在目的港或目的地赔付
单	单据名称及编号	单据上应有"保险单"字样。在信用证要求出具保单时，不能用保险凭证代替
	签发日期及地点	保单的签发日期不得迟于运输单据的签发日期
	保险公司签章	保单右下角处由保险人或其代表签章

2. 保单的批改

保单在签发后，在有效期内，其内容一般不宜更改。但在实际业务中，投保人由于种种原因可能需要补充或变更保单内容。此时可向保险公司提出书面申请，以批单（endorsement）方式注明更改或补充的内容。批改内容如涉及保险金额增加和保险责任范围扩大，保险公司只有在核实货物未出险的情况下才同意办理。批单原则上须粘贴在保单上，并加盖骑缝章，作为保单不可分割的一部分。保单一经批改，保险公司即按批改后的内容承担责任。

3. 保单的转让

保单的转让，即保单权利的转让。这种转让可以采用由被保险人在保单上背书或采用其他习惯方式进行。按照习惯做法，采取空白背书方式转让的保单可以自由转让；采取记名背书方式转让的保单则只有被背书人才能成为保单权利的受让人。保单的转让无须取得保险人的同意，也无须通知保险人。即使在保险标的发生损失后，只要被保险人对保险标的仍然具有可保利益，保单仍可有效转让。

（六）保险索赔

1. 报损

一旦获悉或发现被保险货物受损，被保险人应立即向保险公司或其指定的代理人发出损失通知。保险人或指定的代理人接到货损通知后，一方面对货物提出施救意见并及时对货物进行施救，避免损失扩大；另一方面会尽快对货物的损失进行检验，核定损失原因，确定损失责任等，以免因时间过长而导致货物损失原因难以查清，责任无法确定。

2. 报验

被保险人在向保险人或其代理人发出损失通知的同时，还应向其申请货物检验。货物的检验对查清损失原因、确定保险责任极其重要，因而被保险人应及时申请检验。在出口运输货物保险单中，发生货损后，被保险人必须采取就近原则，向保单指定的代理人申请检验。对于进口运输货物保险，当货物在运抵目的地后发现有损失时，一般由保险人或其代理人和被保险人进行联合检验,共同查明损失的原因,确定损失金额及责任归属。如果货损情况非常复杂,一般应申请检验检疫部门或保险公证机构进行检验,出具检验报告。检验报告是保险人据以核定保险责任及确定保险赔款的重要依据。

3. 索取货损货差证明

被保险人或其代理人在提货时如发现被保险货物整件短少或有明显残损痕迹,除向保险公司报损外,还应立即向承运人、港务当局或装卸公司索取货损货差证明。货损货差证明是货物运抵目的港或目的地卸下船舶或其他运输工具的过程中出现残损或短少时,由承运人、港口、车站、码头或装卸公司等出具的理货单据,如货物残损单、货物溢短单和货运记录等。这类单据须由承运人或其他责任方签字认可。如货损货差涉及承运人、码头、装卸公司等方面的责任,还应及时以书面形式向有关责任方提出索赔,并保留追偿权利。

4. 提交索赔单证

被保险货物的损失经过检验,并办妥向承运人等第三者责任方的追偿手续后,应立即向保险公司或其代理人提出赔偿要求。按照中国货物运输保险条款的规定,被保险人在索赔时应提供以下单证:①正本保险单(original policy);②运输单据(transportation document);③发票(invoice);④装箱单(packing list)和重量单(weight memo);⑤货损货差证明(certificate of loss or damage);⑥检验报告(survey report);⑦索赔清单(statement of claim);⑧海事报告(master's report or marine accident report);⑨保险人要求的其他证明和资料。

上述索赔单证中,海事报告由船长签发,主要记载海上遭受风险的情况、货损原因及采取的措施等,对于确定损失原因和保险责任具有重要的参考作用。

编制索赔清单时,应事先了解保险公司对于某种险别有无"免赔率"的规定。有些险别是不计免赔率(irrespective of percentage, I. O. P.)的;另一些险别(如碰损破碎险和短量险)则定有"免赔率",如果损失额没有超过免赔率,则保险公司不予赔偿。免赔率有相对免赔率(franchise)和绝对免赔率(deductible)之分。前者是指货损一旦超过免赔率则保险公司对所有损失均予以赔偿;后者是指货损超过免赔率的,保险公司仅对超过部分进行赔偿。我国保险公司现行的是绝对免赔率。

5. 获赔

被保险人在有关索赔手续办妥后,即可等待保险公司最后确定保险责任、领取赔款。如果向保险公司提供的证件已经齐全,而未及时得到答复,应该催赔。如果货损涉及第三者责任方,被保险人在获得赔偿的同时应签署一份权益转让书,作为保险人取得代位追偿权(right of subrogation)的证明,使保险人可以凭此向第三者责任方追偿。

第六节 合同中的保险条款

保险条款是国际货物买卖合同的重要组成部分之一,必须订得明确、合理。在国际货物贸易中,不同术语项下办理保险的当事人不一样,因此合同中的保险条款也有所区别。

一、由买方办理保险

采用 FOB、CFR、FCA 或 CPT 术语成交时,买卖合同的买方负责办理保险,此时合同中的保险条款可订为:

Insurance:To be covered by the Buyer(保险:由买方负责办理。)

如果买方委托卖方代办保险,则应明确规定保险金额、投保险别、保险条款以及保费由买方负担、保费的支付时间和方法等。

二、由卖方办理保险

以 CIF 或 CIP 条件成交的出口合同,买卖合同的卖方负责办理保险,此时合同中的保险条款可订为:

例1:Insurance:To be covered by the Seller for 110% of total invoice value against All Risks and War Risk as per Ocean Marine Cargo Clause of PICC dated January 1, 1981.(保险由卖方按发票金额的 110% 投保一切险和战争险,以中国人民保险公司 1981 年 1 月 1 日的《海洋货物运输保险条款》为准。)

例2:Insurance:To be covered by the Seller for full invoice value plus 10% against ICC(A) and Institute War Clauses—Cargo, subject to Institute Cargo Clauses dated January 1,1982.(保险由卖方按足额发票加成 10% 投保协会货物(A)险及协会战争险,以 1982 年 1 月 1 日生效的协会货物保险条款为准。)

从以上保险条款中可以看出,买卖合同中的保险条款主要包括以下内容:

(1) 投保人。合同中应依据所用的贸易术语明确保险由哪一方当事人办理,如"Insurance to be covered by the Seller"或"Insurance to be covered by the Buyer",如属委托办理保险或代办保险,也应予以明确。

(2) 保险金额。保险金额一般为 CIF 或 CIP 价的 110%,如买方要求按更高的金额投保,卖方在正式签约前应征得保险公司的同意。

(3) 投保险别。投保险别应具体明确,根据成交商品的特性或特殊需要订立,避免使用"通常险"(usual Risk)、"惯常险"(customary risks)、"海运保险"(marine risks)等笼统的规定方法。

(4) 投保险别所依据的保险条款。主要指合同中应明确投保险别所依据的是《中国保险条款》(CIC)还是《协会货物保险条款》(ICC)。应当注意的是险别所依据的保险条款与"向哪家保险公司投保"并没有必然的联系,当进出口商向中国人民保险公司投保时,亦可要求按《协会货物保险条款》投保。

本章应知应会术语

1. insurer　保险人
2. underwriter　承保人
3. the insured　被保险人
4. subject matter insured　保险标的

5. insurable interest   保险利益（可保利益）

6. insured amount   保险金额

7. insurable value   保险价值

8. The People's Insurance Company of China, PICC   中国人民保险公司

9. principle of insurable interest   可保利益原则

10. principle of utmost good faith   最大诚信原则

11. principle of indemnity   补偿原则

12. principle of proximate cause   近因原则

13. perils of the sea   海上风险

14. natural calamity   自然灾害

15. fortuitous accidents   意外事故

16. extraneous risks   外来风险

17. total loss   全部损失

18. actual total loss   实际全损

19. constructive total loss   推定全损

20. partial loss   部分损失

21. general average   共同海损

22. general average sacrifice and contribution   共同海损牺牲与分摊

23. particular average   单独海损

24. sue and labor expenses   施救费用

25. salvage charges   救助费用

26. China Insurance Clause, C.I.C.   中国保险条款

27. Ocean Marine Cargo Clauses   《海洋运输货物保险条款》

28. Free from Particular Average, F.P.A.   平安险

29. With Particular Average, W.P.A.   水渍险

30. All Risks   一切险

31. exclusions   除外责任

32. warehouse to warehouse clause, w/w clause   "仓至仓"条款

33. general additional risks   一般附加险

34. fresh water and rain damage, F.W.R.D.   淡水雨淋险

35. theft, pilferage and non-delivery, T.P.N.D.   偷窃、提货不着险

36. special additional risks   特殊附加险

37. war risks   战争险

38. strike risks   罢工险

39. Institute Cargo Clauses, I.C.C.   《协会货物保险条款》

40. risks covered   承保范围

41. insurance policy   保险单

42. open policy   预约保单

43. open cover　保险合同

44. endorsement　批单(背书)

45. sea protest　海事报告

46. irrespective of percentage, I.O.P.　不计免赔率

47. franchise　相对免赔率

48. deductible　绝对免赔率

49. right of subrogation　代位追偿权

思考题

1. 什么是可保利益？国际货物运输保险对可保利益原则的特殊规定是什么？
2. 什么是重复保险分摊原则？制定该原则的目的是什么？
3. 什么是共同海损？构成共同海损的条件有哪些？共同海损和单独海损有何区别？
4. 共同海损牺牲如何得到赔偿？
5. 施救费用和救助费用有何不同？
6. 我国海洋运输货物保险的基本险有几种？它们的责任范围有何不同？
7. 我国海洋运输货物保险的附加险有哪些？投保一切险时，是否包括上述所列举的附加险？
8. 保险索赔的一般程序是什么？
9. 伦敦保险协会的保险条款主要包括哪些险别？其中，ICC(A)、ICC(B)、ICC(C)与中国《海洋运输货物保险条款》中三种基本险的对应关系如何？
10. 我国某公司按CIF贸易术语对外发盘，若按下列险别作为保险条款提出是否妥当？如有不妥，试予更正并说明理由：
    (1) 一切险、偷窃提货不着险(TPND)、串味险；
    (2) 平安险、一切险、受潮受热险、战争险、罢工险；
    (3) 水渍险、碰损、破碎险；
    (4) 偷窃、提货不着险、钩损险、战争险、罢工险。

案例分析题

1. 我方以CFR贸易术语出口一批货物，在从出口公司仓库到码头待运的过程中，货物发生损失，该损失应由何方负责？如买方已向保险公司办理了货物运输保险，可否通过买方向保险公司索赔？

2. 2012年3月，新加坡籍集装箱船"BARELI"轮在福州江阴港发生重大触礁事件，船舶触礁后形成的巨大冲击力导致船上2 000多个货柜落入海中。问：从损失的性质看，

落海的 2 000 多个货柜的损失是共同海损还是单独海损？落海货柜的损失如何得到赔偿？

3. 某货轮从上海驶往德国汉堡，在航行途中船舶货舱起火，大火蔓延到机舱，船长为了船、货的共同安全，下令往舱内灌水，火很快被扑灭。但由于主机受损，无法继续航行，于是船长决定雇用拖轮将船拖回上海修理，修好后重新驶往汉堡。这次事故造成的损失共有：(1)800 箱货被火烧毁；(2)400 箱货被水浇湿；(3)主机和部分甲板被烧坏；(4)拖轮费用；(5)额外增加的燃料和船上人员的工资。问：从损失的性质看，上述损失各属何种损失？为什么？

4. 我国某外贸公司按 CIF 术语出口一批货物，装运前该公司按发票总值的 110% 向保险公司投保了平安险。船舶启程后不久在海面遭遇暴风雨，使该批货物遭到部分水渍损失，损失 USD3 000；数日后该轮又在航行途中发生触礁事故，致使该批货物再次发生部分损失，损失价值为 USD8 000。问：保险公司对该批货物的损失是否会赔偿？赔多少？为什么？

5. 某批货物投保了水渍险，装载于船舶的 A 舱中。载货船舶在航行途中淡水舱水管破裂，水流入 A 舱导致该批货物遭到水渍损失。问：在上述情况下，保险公司是否负责赔偿？为什么？

计算题

1. 我方以每袋 80 美元 CIF 西雅图的价格出口某商品 1 000 袋，货物出口前我方向中国人民保险公司投保了水渍险(费率 0.6%)、串味险(费率 0.2%)和淡水雨淋险(费率 0.3%)，按发票金额加成 10% 投保。问：该批货物的保险金额和保险费分别是多少？

2. 我国某公司出口一批商品到鹿特丹，原报 CFR 鹿特丹价，总金额为 20 000 美元，现客户要求改报 CIF 鹿特丹价，由我方投保一切险(保险费率为 0.8%)及战争险(保险费率为 0.05%)，保险加成率为 10%。问：改报 CIF 价后保险金额和保险费各为多少？

第 10 章

国际货款的收付

第一节 支付工具

国际货款的收付大多采用非现金结算,需要使用一定的支付工具来结清国际间的债权债务。票据就是一种具有货币的支付功能,可以发挥结算作用的支付工具。国际结算中使用的票据主要包括汇票、本票和支票三种。汇票是最典型、使用最为广泛的国际贸易支付工具;支票多用于国内同城支付;本票分为银行本票和商业本票,在国际结算和国内结算中都极少使用。

一、汇票

(一)汇票的定义

汇票是票据的典型代表,也是国际结算中使用最为广泛的一种票据。我国《票据法》第 19 条对汇票的定义是:汇票是出票人签发的,委托付款人在见票时或者在指定日期无条件支付确定的金额给收款人或持票人的票据。各国广泛引用或参照的《英国票据法》对汇票的定义是:汇票是由一人向另一人签发的无条件书面命令,要求受票人即期、定期或在将来某个可确定的时间,向某人或其指定人或持票人支付一定金额的书面命令。我国和英国的两种定义实质是相同的,即都强调汇票是出票人签发的无条件的书面付款命令。

(二)汇票的内容

汇票的内容是指汇票上记载的项目,根据其性质及重要性的不同,这些项目可以分为绝对必要记载项目和相对必要记载项目。

1. 绝对必要记载项目

(1)"汇票"字样。汇票上必须注明"汇票"字样,如 Bill of Exchange、Exchange 和 Draft,其主要目的是表明票据的性质和种类,以区别于本票和支票。

(2)无条件的书面支付命令。

① 命令:汇票本质上是一种付款命令,而不是一种请求,因此在英文汇票中必须使用能够体现汇票这一本质的祈使句,如 Pay to the order of John Smith the sum of five thousand US Dollars Only。

② 无条件的:汇票的支付命令必须是无条件的,凡是附带条件的支付命令都将使汇

票无效。例如,Pay to ABC Co. the sum of ten thousand US Dollars upon their delivery of the goods(ABC 公司发货之后,支付 1 万美元给该公司)。再如,Pay to ABC Co. the sum of ten thousand US Dollars on the condition that the goods they supply meet the contract standards(如果 ABC 公司提供的货物达到合同标准,支付 1 万美元给该公司)。上述两例以 ABC 公司发货或所交货物与合同相符为付款条件,属于附带条件的支付命令,违背了汇票的本质,将使汇票无效。

③ 书面的:命令必须是书面的,而不能是口头的,凡手写的、打字的、印刷的、计算机打印出来的都是书面的。

(3) 确定的金额。汇票票面上的金额包括文字大写金额(amount in words)和数字小写金额(amount in figures)两项,"exchange for"后填写小写金额,"the sum of"后填写大写金额,二者必须同时记载,且金额必须确定。"确定"的含义是不论出票人、付款人还是持票人,任何人根据票据文义结算的结果都一样,不能用大约或者有选择性的表达方式。例如,About GBP1 000、USD1 000 plus interest 和 EURO1 000 by installments 都是不确定的金额,付款人不易履行,都将导致汇票无效。

(4) 付款人(drawee)。付款人是指票据上载明的承担付款责任的人。相对于出票人而言,付款人也称受票人。汇票上付款人的名称记载一定要准确,最好连同其详细地址一并注明,以便持票人能顺利找到且不会弄错。

(5) 收款人名称(payee)。收款人又称受款人,是票据的最初权利人,即主债权人。实务上习惯称汇票的收款人为"抬头",主要有下面三种填写方法。

① 指示性抬头:最常见的表示方式为"Pay to the order of …",如 Pay to the order of ABC Co.。指示性抬头的汇票可经收款人或持票人背书后转让,在实际业务中最为常用,故一般汇票在印刷时会事先印上"Pay to the order of …"的字样。

② 限制性抬头:表示为"Pay to ABC Co. only"或"Pay to ABC Co. not transferable"。这种抬头的汇票不可流通转让,实务中基本不用。

③ 持票人抬头:亦称来人抬头,即将款付给来人(持票人),表示为"Pay to bearer"或"Pay to holder"。制成这种抬头的汇票无须持票人背书即可转让,风险很高,实务中未见使用。应当注意的是,我国《票据法》明确规定,不允许汇票做成来人抬头。

(6) 出票日期(date of issue)。出票日期是汇票签发的具体时间,各国都将汇票的出票日期作为汇票的必要项目,出票时未注明日期的,收款人必须补上,否则汇票无效。出票日期的意义在于:第一,它可以用来决定汇票的有效期,如我国《票据法》规定即期汇票的有效期为出票日起的 2 年内;第二,可用以判断出票人出票时是否有行为能力;第三,对于"出票后××天付款"的汇票,出票日期是决定汇票到期付款日的重要依据。

(7) 出票人签章(drawer's signature)。汇票必须经出票人签字才能成立,这是《票据法》最重要的原则之一。无签字、伪造签字、未经授权的人签字都将使汇票无效。应当注意,签字并非确认债务的唯一方法,我国的《票据法》规定,签名、盖章或签名加盖章均可。出票人若是受人委托而签名,应在签名前做出说明。例如,当个人代表其公司签字时应在公司名称前加"For、On behalf of 或 For and on behalf of"的字样,并在个人签字后写上职务名称。

2. 相对必要记载项目

除了上述必须记载的内容外,还有三个"相对必要记载项目",这些项目很重要,但如果不记载并不会导致汇票失效,而是由法律另做规定,对这些事项加以补充。

(1) 出票地点(place of issue)。出票地点是指出票人签发汇票的地点。这一项目的意义在于,当发生有关出票的法律冲突时,以出票地所在国的法律为准。出票地是汇票的一项重要内容,但未注明该项内容并不导致汇票无效。我国《票据法》规定:"汇票上未记载出票地的,视出票人的营业场所、住所或经常居住地为出票地。"

(2) 付款地点(place of payment)。付款地点是持票人提出票据要求承兑或付款的地点,当发生承兑、付款、到期日计算等方面的纠纷时,适用付款地的法律。付款地的记载非常重要,但不注明付款地并不导致汇票无效。我国《票据法》规定,票据上未记载付款地点的,视付款人的营业场所、住所或经常居住地为付款地。

(3) 付款期限(tenor)。付款期限是付款人履行付款义务的期限。汇票上关于付款日期的记载有以下几种形式:

① 即期付款。即期付款的汇票在票面印就的"At…Sight"间空白处添上"—"或"××"即可,变成"At Sight",如图 10-1 所示,表示见票即付。在汇票被提示时,付款人应立即付款。

BILL OF EXCHANGE

No.　RX 6080800

For　USD 3,857.28　　　　　　　　　　　　DALIAN CHINA, AUGUST 20, 2021
　　　(amount in figure)　　　　　　　　　　　(place and date of issue)

At　×××××　　　　　sight of this FIRST Bill of exchange (SECOND being unpaid)

pay to　BANK OF CHINA, DALIAN BRANCH　　　　　　　　　or order the sum of

US DOLLARS THREE THOUSAND EIGHT HUNDRED AND FIFTY SEVEN AND CENTS TWENTY EIGHT ONLY

(amount in words)

Drawn under
　　CONTRACT NO. RS303/008 AGAINST SHIPMENT OF GLASS-WARE FOR COLLECTION

To:　DAIWAN ART AND CRAFTS CO., LTD　　For and on behalf of
　　NO. 5001 SEOCHO-DONG SEOCHO-GU,　　DALIAN E. T. D. Z.
　　SEOUL, KOREA　　　　　　　　　　　　YUXI TRADING CO., LTD

　　　　　　　　　　　　　　　　　　　　　(Signature)

图 10-1　汇票示例(1)

② 出票日后若干天付款(at ×× days after date)。例如,"at 30 days after date",同

时将汇票上印就的"sight"一词划掉,其意为以本汇票所记载的出票日期后第 30 天为付款到期日。

③ 见票日后若干天付款(at ×× days after sight)。例如,"at 30 days after sight",如图 10-2 所示,其意为持票人向付款人提示汇票时,付款人先承兑,以承兑日后第 30 天为到期日,付款人付款。

```
                       BILL OF EXCHANGE

No.   SMSV07210
For   USD80,391.40                           SHANGHAI OCTOBER 4,2021
      (amount in figure)                     (place and date of issue)

At    30 DAYS AFTER SIGHT of this    FIRST Bill of exchange(SECOND being unpaid)

pay to   BANK OF CHINA,SHANGHAI BRANCH                   or order the sum of

U.S. DOLLARS EIGHTY THOUSAND THREE HUNDRED AND NINETY ONE AND CENTS
FORTY ONLY
(amount in words)

     Value received for   564CARTONS        of    PORCELAIN DINNERWARES
                         (quantity)                   (name of commodity)

Drawn under     THE ROYAL BANK OF CANADA
L/C No.  ROYAOBKDLC071501       dated    AUGUST. 31,2021


To:   THE ROYAL BANK OF CANADA       For and on behalf of
      4022 SHIPPARD AVE. E           SHANGHAI MORVING STAR TRADING
      SCARBOROUGH TORONTO            CO.,LTD.
      CANADA
                                     (Signature)
```

图 10-2　汇票示例(2)

④ 提单签发日后若干天付款(at ×× days after on board B/L date)。例如,"at 90 days after date of B/L",同时将汇票上印就的"sight"一词划掉,其意为以提单日后第 90 天为付款到期日。

⑤ 定日付款。即以将来某个固定的日期为付款到期日。

上述各种付款期限的记载方式中,第一种和第三种方式使用最多,其余较为少见。尽管付款期限是汇票的一项重要内容,但如无记载并不会导致汇票无效。我国《票据法》及《英国票据法》《日内瓦统一票据法》都规定,汇票上未注明付款日期的,一概按见票即付处理。

(三) 汇票的票据行为

1. 出票

我国票据法规定,出票(issuance)是指出票人签发票据并将其交付收款人的票据行为。出票行为包括两个动作:一是出票人填写汇票并签字盖章(draw and sign);二是交付(delivery),即将开立的汇票交付收款人。出票行为在交付以后才算完成。出票人签发汇票后,即承担保证该汇票必然会被承兑和/或付款的责任。

2. 背书

背书(endorsement)是指持票人在票据背面签名,以表明转让票据权利的意图。背书行为的完成包括两个动作:一是由汇票持有人在汇票背面签上自己的名字和日期,或再加上受让人的名字;二是将汇票交付受让人。经背书后,汇票的收款权利便转移给受让人。转让人称为背书人(endorser),受让人称为被背书人(endorsee)。受让人可以再加背书,再转让出去,背书的次数在法律上是没有限制的。对受让人来说,所有在他以前的背书人及原出票人都是他的"前手",而对转让人来说,所有在他以后的受让人都是他的"后手"。前手对后手负有担保汇票必然会被承兑或付款的责任。

背书的方式主要有特别背书和空白背书两种。

(1) 特别背书(special endorsement),又称记名背书,是指背书人不仅在票据背面签名,还指定被背书人或其指定人(如图 10-3 所示)。这种经特别背书的汇票,被背书人还可再次背书。

```
汇票背面:
            Pay to the order of ABC Co.(付给 ABC 公司指定的人)
               For and on behalf of
        Xiamen Import and Export Co.,Ltd(厦门进出口公司签章)

                    ─────────────────────
                      Authorized signature(s)
```

图 10-3 记名背书示例

(2) 空白背书(blank endorsement),又称不记名背书,是指背书人在票据背面签名,但不指定被背书人(如图 10-4 所示)。这种汇票仅凭交付即可继续转让。

```
汇票背面:
                 For and on behalf of
        Xiamen Import and Export Co.,Ltd(厦门进出口公司签章)

                    ─────────────────────
                      Authorized signature(s)
```

图 10-4 空白背书示例

3. 提示

提示(presentation)是指持票人向付款人出示票据,要求承兑或付款的行为。提示分为提示付款和提示承兑两类。

(1) 提示付款(present for payment):汇票的持票人向付款人(或远期汇票的承兑人)出示汇票要求付款人(或承兑人)付款的行为。

(2) 提示承兑(present for acceptance):远期汇票的持票人向付款人出示汇票,并要求付款人承诺付款的行为。

汇票的提示应在规定的期限内做出,否则持票人将丧失对前手的追索权乃至丧失票据权利。对提示的期限,各国票据法有较大的不同。我国《票据法》规定,即期汇票自出票日起1个月内做付款提示;见票后定期付款的汇票自出票日起一个月内做承兑提示;定日付款或出票后定期付款的汇票应在汇票到期日前做承兑提示。

4. 承兑

承兑(acceptance)从字面上看即"承诺兑现"的意思,是指付款人在汇票正面签名,以承诺在远期汇票到期时付款给持票人的行为。

承兑的手续包括三个要素:一是由付款人在汇票正面写上"承兑"(accepted)字样;二是注明承兑日期;三是签名,交还持票人。例如:

Accepted　　　　　　　　("承兑"字样)
John Smith　　　　　　　(承兑人签名)
May 30, 2022　　　　　　(承兑日期)

承兑的意义在于:付款人在汇票正面做出承兑,表明他认可了出票人发出的远期付款命令;付款人对汇票做出承兑,即成为承兑人(acceptor),并成为汇票人的主债务人,而出票人成为汇票的从债务人(或称次债务人)。

5. 付款

付款(payment)是指付款人向持票人支付汇票金额的行为。票款支付后,收款人(持票人)应在汇票上签收。付款后,付款人的付款义务解除,汇票上的一切债权债务即告终止,该汇票退出流通并由付款人收存。

6. 拒付

拒付(dishonor)也称退票,是指付款人在持票人按《票据法》规定做提示时,拒绝承兑或拒绝付款的行为。汇票遭拒付的原因多种多样,总体上可分为两类:一是付款人无能力付款或承兑;二是付款人有能力但不愿意付款或承兑。

7. 拒绝证书

拒绝证书(protect)是证明持票人按规定行使票据权利而遭拒绝的书面文件,其实质是持票人为保全票据权利和行使追索权依法请求拒付地的公证机构(notary public)所做的证明拒付事实的公证书。

8. 拒付通知

拒付通知(notice of dishonor)又称退票通知,是指持票人将拒付的事实以书面的形式告知被追索人。拒付通知通常由持票人向前手发出,前手背书人应在接到通知后的一定时限内再通知他的前手,直至通知到出票人(方法一)。当然,持票人也可以同时向所有前手及出票人发出书面拒付通知(方法二)。

9. 追索

当票据被付款人拒付或被承兑人拒绝承兑后,最后的持有人有权向所有"前手"中一人或数人或全体行使追索权(right of recourse),一直追索到出票人。追索(recourse)的金额包括被拒付的票据金额、票据金额自到期日起至清偿日的利息、取得有关拒绝证书和发出拒付通知的费用。

10. 贴现

贴现(discount)是指持票人将已承兑但尚未到期(already accepted but not yet fallen due)的远期汇票出售给银行或贴现公司,后者从票面金额(face value)中扣减一定的贴现利息(discount interest)后将余款支付给持票人的行为。

贴现利息的计算是按照票面金额乘以贴现率再乘以贴现天数而得的。因为贴现率是以年率表示的,计算时应折算成日利率,按惯例,美元、欧元按 360 天计算,英镑按 365 天计算。贴现利息的计算公式为

$$贴现利息 = 票面金额 \times 日贴现率 \times 贴现天数$$
$$= 票面金额 \times \frac{贴现率}{360} \times 贴现天数$$

$$贴现净额 = 票面金额 - 贴现利息$$

(四) 汇票的种类

1. 按出票人划分

(1) 银行汇票(banker's draft):出票人和付款人均为银行的汇票。

(2) 商业汇票(commercial draft):出票人为工商企业或者个人,付款人为其他工商企业、个人或者银行的汇票。

2. 按承兑人划分

(1) 商业承兑汇票(commercial acceptance bill):由工商企业或个人承兑的远期汇票。商业承兑汇票建立在商业信用的基础上,其出票人也是工商企业或个人。

(2) 银行承兑汇票(banker's acceptance bill):由银行承兑的远期汇票。银行承兑汇票通常由商号或个人签发,银行对汇票承兑后即成为该汇票的主债务人,而出票人则成为从债务人,或称次债务人。银行承兑汇票建立在银行信用的基础上,因此在金融市场上流通性和接受度更高。

3. 按付款期限划分

(1) 即期汇票(sight bill,demand bill):又称见票即付汇票,是指持票人向付款人提示后付款人立即付款的汇票。

(2) 远期汇票(time bill,usance bill):在一定期限或特定日期付款的汇票。如前所述,远期汇票包括出票后若干天付款、见票后若干天付款、提单日期后若干天付款及定日付款几种。

4. 按是否随附运输单据分

(1) 跟单汇票(documentary bill):附带运输单据(shipping documents)的汇票。这里

"运输单据"是一个广义的概念,指包括提单、商业发票、保单、装箱单等在内的全套商业单据。跟单汇票的付款以附交代表物权的运输单据为条件,汇票的付款人必须付清票款才能取得运输单据提货,从而实现了票款与单据的对流,为进出口双方提供了一定的保障。

(2)光票(clean bill):不附带货运单据的汇票。光票的出票人可以是工商企业或个人,也可以是银行。在国际结算中,光票一般仅限于贸易从属费用、货款尾数、佣金等的托收或支付时使用。银行汇票多为光票。

二、支票

(一)支票的定义

根据《英国票据法》的定义,支票是以银行为付款人的即期汇票。我国《票据法》第81条则规定,支票是出票人签发的,委托办理支票存款业务的银行或者其他金融机构在见票时无条件支付确定的金额给收款人或者持票人的票据。支票的示例见图10-5。

```
Check for USD10,000.00                    Xiamen, May 4, 2022

Pay to the order of John Smith the sum of ten thousand US Dollars only.

To: Bank of China,                        For and on behalf of
    Xiamen, China                 China National Arts & Crafts Imp. & Exp. Corp.


                                          _____
                                               Authorized signature(s)
```

图 10-5 支票示例

(二)支票的必要项目

(1)票面显示"支票"字样,以区别于汇票和本票。

(2)无条件的支付命令。

(3)确定的金额:支票上的金额可由出票人授权补记。

(4)付款人名称:支票的付款人只能是银行。

(5)出票日期:出票日期是计算支票有效期的基础。我国《票据法》第91条规定,支票的持票人应当自出票日起10日内提示付款。《日内瓦统一票据法》规定,若出票与付款在同一国家,支票的提示期限自出票日起算8天,出票与付款不在同一国家但在同一洲的为20天,不同国又不同洲的为70天。

(6)出票人签章:这是支票生效的重要条件。

(三)支票的特点

(1) 支票的出票人必须是银行的存款户,在银行开立支票账户、有足够的存款并预留签字样本。支票的出票人是主债务人。

(2) 支票的付款人仅限于银行,不可以是个人或其他企业。

(3) 支票都是即期的,付款行必须见票即付,所以支票无须注明付款期限。

目前,支票只在国内同城支付中用于大额转账及小额提现的支付,而在国际贸易支付中,自20世纪90年代起,已经极少使用甚至可以说基本不使用支票了。

三、本票

(一)本票的定义

我国《票据法》第73条规定,本票是出票人签发的,承诺自己在见票时无条件支付确定的金额给收款人或者持票人的票据。《英国票据法》对本票的定义是:本票是一人向另一人签发的,保证即期或定期或在可以确定的将来时间,对某人或其指定人或持票人支付一定金额的无条件的书面承诺。

(二)本票必须记载的事项

本票需记载的事项包括:票面注明"本票"字样;无条件的支付承诺;确定的金额;收款人名称;出票日期及出票人签章。

(三)本票的特点

本票是出票人向收款人做出的无条件书面付款承诺。本票的基本当事人只有两个:出票人(maker)和收款人(payee)。本票的出票人同时就是付款人。依据出票人的不同,本票有银行本票和商业本票之分(见图10-6和图10-7),出票人是银行时称为银行本票,出票人是工商企业或个人时称为商业本票。我国不承认银行以外的企事业、其他组织和个人签发的本票。

Promissory Note for GBP5000.00　　　　　　　London,5th April,2022

　　At 60 days after date we promise to pay ABC Co. or order the sum of five thousand pounds only.

　　　　　　　　　　　　　　　　　　　　　　For Bank of Europe,London.

　　　　　　　　　　　　　　　　　　　　　　　　　(signature)

图10-6　银行本票示例

```
Promissory Note for USD10,000.00          New York, May 20, 2022

On June 20, 2022 fixed by the promissory note we promise to pay BA the sum of ten thousand US
Dollars only.

                          For and on behalf of
                                  CD
                          _____
                          Authorized signature(s)
```

图 10-7　商业本票示例

第二节　汇　　付

国际货款结算的基本方式有汇付、托收和信用证三种,汇付是其中最简单的一种。在早期的国际贸易结算中,汇付是最主要的方式,在结算方式多样化的当今,汇付方式因其简单、便捷、快速的特点,仍然被广泛使用,并得到大量中小企业的青睐。

一、汇付的定义

汇付(remittance),又称汇款,是指付款人(债务人)主动通过银行将款项汇交收款人(债权人)的一种结算方式。国际贸易中采用汇付结算方式时,买方按贸易合同中规定的条件和时间主动通过银行渠道将货款汇给卖方。

二、汇付方式的当事人

(一) 基本当事人

(1) 汇款人(remitter):汇出款项的人。在国际贸易中,汇款人通常是进口商,其责任是填写汇款申请书、提供所要汇出的金额并承担有关费用。

(2) 收款人(payee or beneficiary):收取款项的人。在国际贸易中,收款人通常是出口商。

(3) 汇出行(remitting bank):受汇款人委托汇出款项的银行,通常是进口地的银行。

(4) 汇入行(paying bank):受汇出行的委托解付汇款的银行,又称解付行。在国际贸易中,汇入行通常是出口地的银行。

(二) 当事人间的契约关系

(1) 汇款人与收款人之间事先订有贸易合同,进口商按合同中约定的条件和时间将货款的全部或一部分汇给出口商。

(2) 汇款人在委托汇出行办理汇款时,要出具境外汇款申请书(如图10-8所示),此项申请书是汇款人与汇出行之间的一种契约,也是汇款人的委托指示及银行办理汇款的基本依据,填写时必须清楚明确、避免错漏。

图 10-8　中国银行境外汇款申请书样本

（3）汇出行与汇入行之间事先订有代理合同,在代理合同规定的范围内,汇入行对汇出行承担解付汇款的义务。

三、汇付的种类及其业务流程

（一）电汇

电汇(telegraphic transfer,T/T)是指应汇款人的申请,汇出行通过发送SWIFT电文(MT100)的方式,指示其国外分行或代理行(汇入行)解付一定金额给收款人的一种汇款方式。早期汇出行向汇入行发出付款指示(payment order,P.O.)的方式包括电报、电传等,现在基本都被SWIFT电文方式取代。

从银行的角度看,电汇业务中最关键的环节是汇入行判断汇出行发出的付款指示的真伪,即需验证收到的付款指示是否为电文上所称的银行发出。实际业务中,核对密押(test key)是验证汇出行真伪的唯一方式,各银行都有专门人员根据本行程序和规则审核密押正确与否。电汇业务流程如图10-9所示。

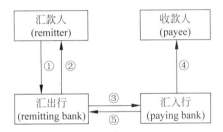

①申请电汇业务、交款、付费;②电汇回执;③以SWIFT方式对外发出付款命令;④验证密押并付款;⑤付讫借记通知书。

图10-9　电汇业务流程图

（二）信汇

信汇(mail transfer,M/T)是指汇出行应汇款人的申请,将信汇委托书邮寄给汇入行,授权其解付一定金额给收款人的一种汇款方式。信汇业务流程与电汇流程基本相同,唯一的区别是信汇业务下汇出行以邮寄方式将书面的付款指示发送给汇入行,而电汇业务下付款指示是以SWIFT电文方式发出的。信汇方式虽然费用低廉,但邮寄速度慢,资金在途时间长,且书面付款指示还有丢失、延误的风险。现代国际结算中信汇方式已基本不用,许多银行早已停办信汇业务。

（三）票汇

票汇(remittance by banker's demand draft,D/D)是指汇出行应汇款人的申请,开立以其分行或代理行为解付行的银行即期汇票,交由汇款人自行携带出国或寄送给收款人,收款人凭汇票向解付行(汇入行)取款的一种汇款方式。票汇业务中,汇出行向汇入行发出的付款指示以汇票方式体现并传递,该汇票具有如下特点:

（1）票汇项下的汇票是银行汇票,出票人和受票人都是银行。其中,出票人为汇出行,受票人(付款人)为汇入行。

(2) 票汇项下的汇票是即期汇票,汇入行见票即付。

(3) 汇票抬头可灵活处理。票汇业务中汇票的抬头一般是国外的收款人,但也可以作成凭汇款人指示。国外收款人拿到汇票后既可以自己取款,也可以通过背书方式转让汇票。

综上所述,票汇业务较为灵活,但由于该业务下的汇票在银行体系之外传递,传递环节较多、速度较慢,且存在丢失、被盗风险,因此安全性较低。

票汇业务流程如图10-10所示。

①申请票汇业务、交款、付费;②开立银行即期汇票;③寄送汇票;④提示付款;⑤验证汇票后付款;⑥汇入行向汇出行发出付讫借记通知书。

图 10-10　票汇业务流程图

四、三种汇付方式异同点比较

电汇、信汇、票汇作为汇付的三种方式,都是汇款人通过银行渠道主动将货款汇给收款人,均属顺汇范畴。所谓顺汇,是指债务人主动将款项交给本国银行,委托银行使用某种结算工具(票据、电报、邮寄支付凭证、付款指示等),将款项汇给国外债权人或收款人。因为结算工具的传送方向与资金的流动方向相同,所以称之为顺汇。

表10-1从汇款速度、费用、安全性、流通性等方面对三种汇付方式的不同点进行了比较。

表 10-1　电汇、信汇、票汇不同点比较表

汇付方式	付款指示发出方式	收款人取款方式	汇款速度	汇款费用	安全性	流通性
电汇	SWIFT电文	汇入行通知取款	快	较高	高	不可转让
信汇	邮寄信函	汇入行通知取款	慢	低	低	不可转让
票汇	银行汇票	持票人自行前往汇入行取款	较慢	低	较低	可转让

五、汇付方式在国际贸易中的应用

在电汇、信汇、票汇三种汇付方式中,电汇占绝对主流地位。下面以电汇为例,分析汇付方式在国际贸易结算中的使用情况。

（一）装船前汇付（前 T/T）

"装船前 T/T"是进口商先将货款的全部或一部分汇交出口商，出口商收到货款后，按约定时间将货物发运给进口商的一种汇款结算方式，也称预付货款。预付货款有全额预付和部分预付之分。全额预付方式下买方承担极大风险，因此通常只适用于本企业联号、分支机构、个别极可靠的客户或紧俏商品的买卖；部分预付主要指出口商在装船前向进口商收取一定比例的定金，通常占合同金额的 20%～30%。

（二）装船后汇付（后 T/T）

实务操作中，"装船后汇付"与"货到付款"有一定的区别，指出口商先发货，待取得提单（海运方式下）后将提单传真给进口商（收货人）作为已发货证明，收货人收到提单传真件后将货款的全部或一部分汇交出口商，出口商收妥约定的款项后将提单正本连同其他单据寄给进口商以便后者提货。100%后 T/T 方式下，出口商承担着极大风险，因为货物发出后进口商可能由于各种原因拒收货物，从而导致出口商陷入极度被动的局面。

（三）"前 T/T"加"后 T/T"

前述两种方式下，无论是 100%前 T/T 还是 100%后 T/T 都将造成买卖双方资金和风险承担的极大不平衡，客观上需要有一种结算方式，使买卖双方的权责及风险承担趋于平衡，实务中"前 T/T"加"后 T/T"结算方式就具备这种功能。以某企业贸易合同中的支付条款为例：T/T 20% deposit,80% within 7 days against fax copy of original shipping documents（以电汇方式支付 20%定金，剩余 80%货款在收到正本运输单据传真件后 7 日内支付），本例实际上使用了 20%前 T/T 加 80%后 T/T 的结算方式，对买卖双方均较公平。

（四）赊销

赊销交易（open account,O/A）又称货到付款。如前所述，实务中"货到付款"与"后 T/T"是有一定区别的。"赊销"或"货到付款"是指出口商先发货，待进口商收到货物后，立即或在一定期限内将货款汇交出口商的一种汇款结算方式。例如，"O/A 30 days, payment by T/T"，意即"货到后 30 天以 T/T 方式支付货款"。

（五）电汇与托收相结合

国际货物贸易实务中，为了降低托收业务的风险，出口商在合同谈判时有时会要求进口商在合同签订后约定期限内以电汇方式支付一定比例的定金，余额再以托收方式收取，如"20%T/T+80%D/P"。这种结算方式有助于减少进口商恶意拒付的风险。

（六）电汇与信用证相结合

电汇与信用证的结合主要有两种方式：一是"前 T/T 加 L/C"，即预付定金部分以汇付方式支付，余款以信用证方式支付；二是"大部分货款以信用证方式支付，尾款在货物运抵目的港后,按实际到货数量确定余款,以汇付方式支付",如"90% L/C 加 10% T/T"。这种方式主要用于粮食、矿砂等散装货物的交易。

第三节 托 收

托收是国际结算中常用的一种支付方式。用于货款结算时,托收是出口商委托银行向进口商收款的一种方式。我国进出口贸易实践中,托收结算方式并不少见,它是一种商业信用,卖方货款能否顺利收取取决于买方的资信状况和财务状况。

一、托收的定义

托收(collection)是委托收款的简称。在国际货物贸易中,托收是指出口商出具债权凭证委托银行向进口商收取货款的一种支付方式。

国际商会第 522 号出版物《托收统一规则》对托收的定义是:托收是由接到托收指示的银行根据所收到的指示处理金融单据和/或商业单据,以便取得付款/承兑,或凭付款/承兑交出商业单据,或凭其他条件交出单据。在此定义中,金融单据(financial document)是指汇票、本票、支票或其他类似用于取得款项的凭证。商业单据(commercial document)是指商业发票、运输单据、保险单或其他任何非金融单据的单据。

二、托收业务的基本当事人

(一)基本当事人

(1) 委托人(principal):委托银行向国外付款人代收货款的人,通常为出口商。

(2) 托收行(remitting bank):接受出口商的委托,转托国外银行代为收款的出口地银行。托收行实际上是传递指示和寄送单据的银行。

(3) 代收行(collecting bank):接受托收行的委托代其向付款人收取货款的银行,一般为进口商所在地银行。

(4) 付款人(drawee):根据托收指示被提示单据,向代收行付款的进口商。

托收业务有时还涉及"需要时的代理"(customer's representative in case-of-need),该代理人在托收项目发生拒付时,代理出口商在进口地办理货物存仓、保险、转售、运回等事宜。

(二)当事人间的契约关系

(1) 委托人(出口商)与付款人(进口商)之间的关系是以双方所订立的贸易合同的债权债务关系为依据的。委托人(出口商)应当履行贸易合同中事先约定的相关责任,包括按时按质按量装运货物并提供符合合同要求的单据,从而获得收取货款的权利。

(2) 委托人与托收行之间是委托代理关系。办理托收业务时,委托人应填写托收委托书(collection order)(如图 10-11 所示),在委托书上详细写明委托的内容、指示、要求等。托收行接受托收委托书后,该委托书即成为委托代理合同,委托人与托收行之间即构成委托代理关系。托收委托书中的指示应当具体明确,如因委托人指示不明确造成托收款项的延误或损失,一概由委托人自行承担。

图 10-11 托收委托书示例

（3）托收行与代收行之间是委托代理关系。托收行在接受委托人的委托后要依据"托收委托书"打印"托收指示"，后者的内容应与前者严格一致，并注明"根据URC522办理"的字句，经有权签字人签章后，将托收指示连同委托人提供的全套单据一起寄给代收行。代收行接受该托收指示后，托收行与代收行之间即构成委托代理关系。由此可见，托收业务下具有双重的委托代理关系：一是委托人与托收行之间的委托代理关系；二是托收行与代收行之间的委托代理关系。二者不可混淆。

（4）代收行与付款人之间不存在契约关系，付款人对代收行付款是基于付款人与委托人之间订立的贸易契约，而非付款人对代收行具有付款义务。

三、托收的种类及业务流程

根据委托人签发的汇票是否附有单据，托收可以分为光票托收和跟单托收。

（一）光票托收

光票托收（clean collection）是指委托人仅签发金融单据而不附带商业单据的托收，即提交金融单据委托银行代为收款。这里的金融单据包括汇票、本票、支票等资金单据，商业单据指代表物权的货运单据。应当注意的是，如果一张汇票仅附有一些非货运单据，如发票、垫款清单等，这种托收也被视为光票托收。光票托收的金额一般都不大，通常用于收取货款的尾数、样品费、佣金等贸易从属费用或小额款项。

（二）跟单托收

跟单托收（documentary collection）是指委托人签发汇票并附上相关商业单据一并提交银行委托收款的方式。实务中，为了减少贸易商用于汇票的印花税支出，跟单托收还存在无汇票仅凭商业单据托收的情况，此时发票金额代替汇票金额成为托收金额。按照代收行向进口商交单条件的不同，跟单托收又分为付款交单和承兑交单两种。

1. 付款交单

付款交单（documents against payment，D/P）是指代收行以进口商付款为条件向进口商交单，如果进口商拒付，则不能从代收行取得全套货运单据，从而也无法提取运输单据项下的货物。付款交单有即期付款交单和远期付款交单之分。

（1）即期付款交单（D/P at sight）：托收单据寄到进口国后，经代收行提示，进口商付款，代收行交单。即期付款交单业务流程如图10-12所示。

①发货；②填写托收委托书、交单；③寄单；④提示付款；⑤a付款；⑤b放单；⑥付款；⑦付款。

图10-12 即期付款交单业务流程图

(2) 远期付款交单(D/P after sight):托收单据和汇票寄到进口国后,经代收行提示,进口商即在汇票上签字承兑;汇票到期后,代收行向进口商提示付款,进口商付款后向代收行取得单据。汇票到期付款前,汇票和运输单据由代收行掌握。采用远期付款交单通常是为了给予进口商一段时间以准备或筹集资金。远期付款交单业务流程如图 10-13 所示。

①发货;②交单(并填写托收委托书);③寄单;④提示承兑;⑤承兑;⑥(汇票到期)提示付款;⑦a 付款;⑦b 放单;⑧提货;⑨汇出收妥款项;⑩贷记收妥款项。

图 10-13 远期付款交单业务流程图

2. 承兑交单

承兑交单(documents against acceptance,D/A):代收行以进口商的承兑为条件向进口商交单。托收单据寄到进口国后,经代收行提示,进口商在汇票上承兑,代收行交单,待汇票到期时进口商再履行付款义务。承兑交单业务流程如图 10-14 所示。

①发货;②交单(并填写托收委托书);③寄单;④提示承兑;⑤a 承兑;⑤b 放单;⑥提货;⑦提示付款;⑧付款;⑨汇出收妥款项;⑩贷记收妥款项。

图 10-14 承兑交单(D/A)业务流程图

四、托收方式下的资金融通

(一) 对出口商的资金融通

出口押汇(outward bill purchased)是托收项下银行向出口商提供资金融通的主要方式,指托收银行以买入出口商向进口商开立的跟单汇票的办法,向出口商垫付货款以提供资金便利。

托收项下出口押汇的基本做法是:出口商将汇票及全套单据交托收行请求其购买,银行审查同意,并扣除从垫款日到预计收到票款日的利息及手续费后,将净款垫付给出口商。随后银行凭跟单汇票及全套单据通过代收行向进口商收回全额货款。如果出现拒付,垫款行有权向出口商追索。

简言之,出口押汇是银行向出口商提供的一种有追索权的买单垫款融资服务。实务中,银行对托收项下的押汇申请审批很严格,如要求进出口商双方资信良好、押汇单据是全套货权单据、考虑出口商品的市场行情等。一般情况下,出口商在托收行(垫款行)需有综合授信额度才能获得此项融资。

(二) 对进口商的资金融通

在远期付款交单的托收业务中,货物已到达目的地而付款日未到时,进口商想提前赎单而资金不足时,可通过出具信托收据(trust receipt,T/R)向代收行借单提货,于到期时再付清货款。这实际上是代收行凭信托收据给予进口商提货便利的一种融资方式,又称进口押汇。

信托收据是进口商借单提货时提供的书面信用担保文件,具有保证书性质。进口商借单提货并售出货物后,所得款项最迟应于汇票到期时交到银行。如果代收行借出单据后到期不能收回货款,则由代收行承担责任。实务中,代收行为了控制风险,对进口商凭信托收据借单是很慎重的,通常情况下进口商在代收行需有综合授信额度方能获得此项融资便利。

需要注意的是,如果出口商主动授权代收行通过信托收据放单,即所谓远期付款交单凭信托收据借单(D/P·T/R),到期时若进口商拒付,则与代收行无关,一切风险由出口商自行承担。D/P·T/R 方式与 D/A 相差无几,使用时需谨慎。

五、托收方式下出口商的注意事项

(一) 交易前的注意事项

1. 调查进口商资信

出口商在同意采用托收结算方式前,应当对进口商的资信状况和经营状况进行调查,在确信进口商的付款能力和付款意愿的情况下,方能采用托收方式。

2. 调查了解进口国的贸易外汇管制情况

总体上应了解进口国的政治、经济、法律状况,尤其应了解进口国有无外汇管制,或进口许可证是否容易获得,避免因进口商未申请到进口许可证或对外付汇受限而影响交易的进行及货款的收取。

3. 了解所售货物在进口地的价格走势和销售情况

当所售货物在进口地市场价格看跌或销售不佳时,应避免采用托收方式,在此情况下当市场价格跌至合同价以下时,进口商拒付的风险非常大。

4. 考虑货物的属性与特性

易腐烂变质的货物不宜采用托收方式进行结算。出口这类货物时如遭进口商拒付,则货物还来不及转卖就已变质不可销售。定制的货物(tailor-made goods)也不可采用托收结算方式,这类货物如遭拒收拒付,则难以再转卖他人。因此,只有在市场行情和属性上均易于重新销售的货物才适合采用托收支付方式。

(二) 贸易合同谈判时的注意事项

1. 争取一定比例的定金(down payment)或预付款

对于资信欠佳或诚信度无充分把握的客户,如必须采用托收结算方式,贸易合同谈判时可争取一定比例的定金(如20%～30%),从而使结算方式变为20%T/T加80%D/P,在此情况下出口商的主动权明显提高,进口商恶意拒付的可能性将大大降低;如确实遭拒付,出口商可以迅速采取打折售出货物等多种灵活处理方式。

2. 选好代收行

托收项下货款的收回主要取决于进口商,但如果代收行选择得好,也能起到促收货款的作用。国外代收行一般不由买方指定,确需由买方指定时,必须征得托收行的同意方可运作。

3. 选择合理的交单条件

合同谈判时尽量选择即期D/P结算方式,慎用远期D/P,尽可能避免使用D/A。目前,托收行一般拒绝接受远期D/P的托收业务,或直接把远期D/P托收当成D/A处理。这主要是考虑到货物已经到目的港,如果不提货处理,货物压在码头会面临被拍卖或退港等不利于货方的处理办法,在实际托收业务操作中将遇到困难。

4. 选好价格术语

托收业务中,银行不承担付款人必然付款之责,出口商承担较大的风险。因此,出口商在货物发运后,直到进口商付清货款之前,都应关心货物的安全。考虑到这一点,采用托收方式时原则上应由出口商办理运输和保险,即争取采用CIF或CIP术语成交,以便必要时出口商能主动与运输公司和保险公司联系解决,减少货物损失。

5. 酌情考虑投保出口信用保险[①]

通过与保险公司合作,了解进口商资信情况,在托收遭到拒绝的情况下,能通过出口信用保险公司的赔付减少出口商损失。

(三) 履约时的注意事项

1. 及时发货

履约时,出口商应按合同规定的时间与地点及时发货,所交货物必须与合同一致。

2. 及时制单交单

履约时,出口商所制单据应确保完整性、准确性、真实性,且应在规定的期限内提交。在单据的填制方面,应特别注意提单要做成空白抬头并加背书,切勿做成以进口商为抬头的记名提单,以免影响转让货物。提单如需做成代收行抬头,需与银行联系。

(四) 遭拒付时的注意事项

1. 快速反应、果断作为

出口商按合同规定发货交单后,应密切关注货款收取情况。如果托收的款项遭拒付,

---

① 关于出口信用保险的内容详见本章第六节。

应及时采取措施以减少损失。例如,付款交单项下的托收遭拒付时,根据拒付原因的不同,出口商可采取的处理措施包括降价将货物售于进口商、付款交单结算方式改为承兑交单、转卖、拍卖、运回、弃货等,同时保留诉讼(或仲裁)与索赔的权利。无论采取何种方式,关键在于"快速反应、果断作为",任何拖延都将导致到港货物仓储费、滞期费、滞箱费等各种费用的增加及损失的扩大。

2. 寻求"需要时的代理"的帮助

考虑到出口商距离进口国遥远,采用托收结算方式时可事先在目的港或目的地找好需要时的代理,以便在货款遭拒付的情况下由其协助办理存仓、保险、转售或运回等事宜。"需要时的代理"通常是与出口商关系较好的客户或货运代理,理论上也可以是代收行,但实际业务中以代收行为"需要时的代理"并不现实,因为银行无论从时间、精力或是专业的角度,均不适宜作为代理处理货物的人选,也鲜有代收行愿意担此责任。

六、托收方式下进口商的注意事项

托收业务中进口商面临的风险主要体现在付款交单结算方式下的两个方面:一是付款提货后发现货物与合同规定不符,是次货、错货,甚至是假货;二是付款赎单后发现单据不足或造假,以致无法顺利清关提货或销售。此时,进口商尽管可以与出口商协商换货、退货等,但因货款已付,处理起来往往十分被动;进口商也可就上述问题起诉出口商并要求赔偿,但跨国官司往往很难打,即使胜诉也未必能执行。为避免这两类风险,进口商应注意以下几个问题:

(1)慎重选择贸易伙伴。通过适当途径,对出口商的资信、经营作风等事先做好充分调查。

(2)付款交单项下,由于在付款赎单前无法验货,进口商可要求出口商提供由权威商检机构出具的品质检验证书及数量(重量)检验证书,以降低货物与合同不符的风险。

(3)事先了解本国清关或货物最终销售所需要的一切单据、证明、授权等,并在合同中明确规定卖方需提交的单据清单。

(4)付款前进口商应仔细验单以确保全套单据符合要求,防止接收伪造的票据、单据。

七、《托收统一规则》与托收业务中银行的角色

(一)《托收统一规则》

《托收统一规则》(Uniform Rules for Collection,URC),是国际商会编写的关于国际贸易和国际结算的重要国际惯例。在国际贸易中,各国银行办理托收业务时,往往由于各方当事人对权利、义务的不同解释及各银行业务做法上的差异而出现争议和纠纷。国际商会为协调各方当事人的矛盾,早在1958年即草拟了《商业单据托收统一规则》,后经多次修订,于1995年4月公布了新的《托收统一规则》(简称URC522),并于1996年1月1日正式生效与实施。应当注意的是,《托收统一规则》并不是国际上公认的法律,而是关于托收业务的国际惯例,当事人只有事先约定,才受该规则约束。

《托收统一规则》对各当事人的义务与责任、托收项下的程序等均做了详尽明确的规

定。全文共七部分,26条。以下结合《托收统一规则》的相关内容对托收业务中银行扮演的角色及其责任义务进行归纳总结,以便与后续章节中信用证项下银行的角色进行对比。

(二) 托收业务中银行的角色与责任义务

(1) 银行扮演金融中介的角色,并不是"保证人"或"担保人"。托收业务中,银行只是委托人的代理人,只提供代为收款的金融服务,并不保证一定能收到货款。托收的信用基础仍然是商业信用,委托人能否顺利收到货款,完全取决于付款人的资信状况(credit standing)和财务状况(financial status)。

(2) 银行依据托收委托书的书面指示办理托收业务,而不是依据委托人的"口头指示"或"习惯做法"行事。托收委托书中如有错误或遗漏,委托人不能要求银行按其"习惯做法"办理托收业务而忽略错误或遗漏的事实。因此,委托人在填写托收委托书时应谨慎小心以便给出完整、清晰的指示。国外代收办理托收业务应以托收指示为准。一切寄出的托收单据均须附有托收指示,并注明该托收按照 URC522 办理。

(3) 银行对托收单据的处理。银行必须确定所收到的单据与托收指示中所列表面相符,如有不符,应毫不延误地以电信方式或其他快捷方式通知从其收到指示的一方。此外,银行将按所收到的单据办理提示而无须做更多的审核。银行对于任何单据的形式、完整性、准确性、真伪性或法律效力,或对单据上规定的或附加的一般性和/或特殊条件概不承担责任,对单据、信息、信件等在传递途中发生的延误和丢失不承担责任。

(4) 银行不处理货物。托收业务中,除非事先征得银行同意,货物不应直接运交银行,如货物直接运交银行或以银行为收货人,银行无提货义务。银行对托收项下的货物没有义务采取任何行动,对此项货物的风险和责任由发货人承担。银行对于任何单据所表示的货物的描述、数量、重量、质量、状况、包装、交货、价值或存在与否概不负责。

(5) 银行对第三方当事人的行为免责。银行对于发货人、承运人、运输行、收货人、保险人及其他任何人的诚信、行为和/或疏忽、偿付能力、行为能力,概不负责。

(6) 银行对不可抗力免责。银行对由于天灾、暴动、骚乱、叛乱、战争或超越银行控制能力的任何其他原因导致的延误或后果,概不承担责任。

(7) 银行对托收被拒付的处理。托收如遭拒付,提示行(通常是代收行)应尽可能确定付款人拒绝付款或拒绝承兑的原因,毫不延误地向发出托收指示的银行发出拒付通知,并请委托行收到此项通知后对单据如何处理给予相应的指示。提示行(代收行)在发出拒付通知后 60 天内仍未收到此项指示的,可将单据退回发出托收指示的银行,不再承担任何责任。

第四节 信 用 证

信用证结算是在托收基础上演变出来的一种比较完善的结算方式,是银行参与国际结算时从仅提供服务逐步演变到既提供服务又提供信用和资金融通的过程中出现的,其主要作用是把由进口商履行的付款责任转为由银行来承担,保证出口商安全迅速收到货款、买方按时收到货运单据,在一定程度上解决了进出口商之间互不信任的矛盾。目前,信用证作为一种银行信用,已成为国际结算中一种重要的支付方式。

一、信用证的定义

根据《跟单信用证统一惯例》(国际商会第 600 号出版物)(以下简称 UCP600)第 2 条的规定,"信用证意指一项不可撤销的安排,不论其如何命名或描述,该项安排构成开证行对相符交单予以承付的确定承诺。"

具体来说,信用证(letter of credit,L/C)是银行根据申请人的申请和指示,向受益人开立的承诺在一定期限内凭规定的单据支付一定金额的书面文件。简言之,信用证是银行开立的一种有条件的承诺付款的书面文件。

上述定义中的银行称为开证行,由一家进口地银行担任;进口商因申请开立信用证,称为开证申请人;出口商可以利用信用证交单收款获得利益,故称为受益人。开证行承诺付款的条件是"单证相符,单单相符",即受益人提交的全套单据与信用证的规定相符,且单据与单据间不存在互不一致的情况。在受益人满足"相符交单"条件的情况下,开证行保证付款;反之,开证行就有拒绝付款的权利。由此可见,信用证本质上是开证行以其自身信用向受益人做出的有条件的付款保证,是一种银行信用。

二、信用证业务的当事人及主要当事人间的契约关系

(一)信用证业务的当事人

信用证结算方式的主要当事人有四个,即开证申请人、开证行、通知行和受益人。此外,还涉及其他关系人,如保兑行、议付行、付款行和偿付行等。

(1) 开证申请人(applicant):向银行提出申请要求开立信用证的一方,在国际贸易中,开证申请人通常是进口商。

(2) 开证行(issuing bank):应申请人要求开出信用证的银行,一般是进口商所在地的银行。

(3) 通知行(advising bank):应开证行要求通知信用证的银行,一般是出口商所在地的银行。

(4) 受益人(beneficiary):信用证中受益的一方,是信用证金额的合法享有者,也是信用证项下汇票的出票人。受益人一般是出口商。

(5) 议付行(negotiation bank):接受开证行的邀请,并根据受益人的要求,对受益人提交的符合信用证规定的跟单汇票垫付货款的银行。实务中,通知行往往同时扮演议付行的角色。

(6) 保兑行(confirming bank):根据开证行的授权或请求对信用证加具保兑的银行。保兑行与开证行均承担第一性付款责任。

(7) 付款行(paying bank):被开证行指定为信用证项下汇票的付款人,或是代开证行执行付款责任的银行。付款行可以是开证行本身,也可以是另外一家银行。

(8) 偿付行(reimbursing bank):开证行指定的对议付行或代付行进行偿付(清偿垫款)的银行。当开证行与议付行之间无账户关系,或信用证采用第三国货币结算时,为方

便结算,开证行常委托另一家有账户关系的银行代向议付行偿付。

(二) 主要当事人间的契约关系

(1) 开证申请人(进口商)与受益人(出口商)之间的权利义务关系以贸易合同为依据。进口商应在合同规定的期限内,向进口商所在地银行申请开出信用证。

(2) 开证行与开证申请人之间的契约是开证申请书。进口商在申请开证时,应根据开证行的要求,交付押金及手续费;开证行应根据开证申请书条款,正确、及时地开出信用证。信用证开出后,开证行要对信用证独立负责,承担第一性付款责任,不能因进口商拒绝赎单或无力付款而拒绝承担保证承付的责任。

(3) 受益人与开证行间的契约关系以"信用证"的形式得以体现,通过开立信用证,开证行向受益人做出"有条件"的付款保证,受益人需按合同发货并提交相符单据方能获得开证行的付款。

(4) 通知行与开证行间是互为代理的关系,双方间存在代理协议,通知行应根据与开证行之间的代理合同来开展业务。

三、信用证的基本流程

信用证的基本流程可细分为开证流程、改证流程及使用结算流程。由于议付信用证的使用较其他各类信用证更为普遍和广泛,以下以 SWIFT 形式开立的即期议付信用证为例介绍信用证的基本流程。

(一) 开证流程

信用证的开证流程(L/C issuance)如图 10-15 所示。

①申请开证;②开证行开证;③通知来证。
图 10-15 信用证开证流程

1. 申请开证

以信用证为支付方式的贸易合同签订后,进口方必须在合同规定的期限内,或合同签订后的合理期限内,向本地信誉良好的银行(开证行)提交开证申请书。开证申请书是开证银行开立信用证的依据,也是申请人对开证行的开证指示,因此其内容应与买卖合同条款相一致,且完整、简洁和准确,不要列入过多细节。

2. 开证

收到开证申请后,开证行审查开证申请人的资信并进行授信核定。一般情况下,进口商需向银行提供保证金、抵押品或第三方担保,银行才会考虑开出信用证。以抵押品或第三方担保为条件申请开证时,通常银行在审批后会授予开证总额度,即一次审批、额度范围内可多次开证。资质审查及授信核定后,银行根据申请人的开证申请书开立信用证,以SWIFT方式传递给出口商所在地的银行,委托其向出口商通知信用证。

3. 通知来证

出口地的通知行收到信用证后,应先凭密押(电开信用证)验定和注明其真实性。此外,根据我国的实际做法,通知行收到信用证后,为保证安全及时收汇,还要对开证行资信、受证额度、索汇路线及方式以及其他信用证条款进行全面审查。

(二)审证、改证流程(L/C amendment)

受益人收到经通知行通知的信用证后,首先要对信用证进行仔细审核,确定来证是否与合同一致、是否存在软条款(soft clause)。如果来证与合同不符或含有对其不利或无法执行的条款,必须立即联系开证申请人,向其提出修改信用证的要求,申请人再通过原来开证的路线,最终将修改内容转递到受益人处。当然,如信用证审核无误,则改证流程(见图10-16)可省略。

①提出改证要求;②申请改证;③发出改证通知;④通知改证。

图10-16 改证流程

(三)信用证使用及结算流程

如图10-17和图10-18所示,信用证的使用及结算流程(L/C utilization and settlement)包括三部分内容:一是"货",指信用证审核无误后受益人发货;二是"单",指受益人通过银行向开证申请人(进口商)传递单据;三是"款",指开证申请人通过银行渠道向受益人付款。

①发货;②交单;③审单议付;④寄单索偿;⑤审单偿付;⑥审单付款;⑦放单。

图10-17 信用证使用及结算(理论流程)

①发货;②交单;③审单议付;④寄单索偿;⑤通知单到、告知审单结果、限期反馈;⑥付款赎单;⑦对外偿付。

图 10-18　信用证使用及结算(实际流程)

(1) 发货。受益人在确定信用证无误后,应在信用证规定的装运期内保质保量地装船发货。

(2) 交单。受益人备妥全部单据后,应在信用证规定的交单期内,在银行营业时间向指定银行交单议付,获得银行的资金融通。

(3) 议付。议付行根据开证行的授权,凭相符单据向受益人垫款。

(4) 寄单索偿。议付行垫款后向开证行寄单索偿,要求开证行偿付自己垫付的款项。

(5) 开证行偿付。开证行接到议付行寄来的单据后,应立即审核单据,凭表面与信用证条款相符的单据于五个银行工作日内(从收到单据翌日起算)向议付行付款。如果开证行发现不符点,而且是实质性的不符点,根据《UCP600》第十六条 a 款规定,可以拒绝付款,解除开证行的第一性付款责任。当开证行确定交单不符时,也可以自行决定联系申请人询问其是否愿意放弃不符点,但必须在五个银行工作日内做出决定,否则开证行将丧失拒付的权利。

(6) 申请人付款。开证行对议付行付款之后,马上通知申请人赎单,向其提示单据要求付款。申请人在赎单之前有权审查单据,如果发现不符点,可以提出拒付,但拒付理由一定是单单之间或单证之间表面的不符点问题,而不是就单据的真实性、有效性提出拒付。实务中有时尽管存在不符点,如果不符点是非实质性的,申请人也可以接受单据。

(7) 开证行放单。申请人付款后,开证行将信用证项下的单据交给申请人,一笔信用证业务到此结束。

申请人赎单后就可以安排提货、验货、仓储、运输等,如果申请人发现所收到的货物与合同不符,有权根据买卖合同向出口商索赔,但与信用证业务本身无关,申请人不能根据信用证向开证行要求赔偿。

实际业务中,开证行收到议付后所寄出的单据并审单后,并非立即对议付行进行偿付,而是缮制单到通知书,向申请人告知审单结果并要求申请人在单到通知书规定的期限内反馈是否对外付款。开证申请人如因单据有不符之处而拒绝付款,应提出书面拒付理由,由开证行按国际惯例确定能否对外拒付。如确定申请人所提拒付理由不成立,开证行有权主动办理对外付款,并从申请人账户中扣款支付。

四、信用证的特点

1. 开证行承担第一性付款责任

信用证支付方式是一种银行信用,是开证行以自身信用向受益人做出的付款保证。

信用证一经开出，开证行即成为主债务人，承担第一性的付款责任。只要受益人提交了与信用证规定相符的单据，无论开证申请人是否有付款能力和付款意愿，开证行都要承担付款责任。由此可以看出，开证行的付款不以进口商的"不付款"作为前提条件，因此其承担的付款责任是"第一性"的，而非"第二性"的。

2. 信用证的"独立性"

信用证虽在贸易合同的基础上开立，但它一经开立，就成为独立于贸易合同的另一种契约。贸易合同是买卖双方之间签的契约，只对买卖双方有约束力；信用证则是开证行与受益人之间的契约，开证行只受信用证的约束，既与贸易合同无关，也不受贸易合同的约束。对此，《跟单信用证统一惯例》第3条明确规定："信用证与其可能依据的销售合约或其他合约是性质上不同的业务。即使信用证中包含关于该合约的任何援引，银行也与该合约完全无关，并不受其约束。"

3. 信用证业务的"单据性"

在信用证业务中，各有关方面处理的是单据，而不是与单据有关的货物。银行只需对全套单据进行审核，看其是否与信用证的规定表面相符。银行没有能力，也不可能检验受益人所发的货物是否与信用证条款相一致。可见，信用证业务是一种纯粹的凭单付款的单据业务，单据是银行付款的唯一依据。

应当注意，银行的审单义务强调的是单据内容与信用证条款的"表面相符"，而非"实质相符"。瑕疵货物乃至假货配上完美单据（相符单据）也能获得开证行的付款；反之，完美货物配上瑕疵单据则可能遭到开证行拒付。正如UCP600第34条的规定：银行对任何单据的形式、充分性、准确性、内容真实性、虚假性或法律效力，或对单据中规定或添加的一般或特殊条件，概不负责；银行对任何单据所代表的货物、服务或其他履约行为的描述、数量、重量、品质、状况、包装、交付、价值或其存在与否，也概不负责。可见信用证是一种纯粹的单据业务。

在信用证结算方式下，单据质量是影响结汇安全的重要因素。"单证一致、单单一致"是信用证下银行付款的条件。信用证要求单据的一致性，外贸工作者在缮制外贸单据时须做到正确、完整、及时、简明、整洁，单据上多写一个单词、少写一个单词甚至是一个字母都有可能造成单证不符，遭到银行的拒付。这就要求外贸从业人员在日常的工作和学习中养成严谨细致、精益求精、字斟句酌的工匠精神，爱岗敬业，提高制单的正确率。

五、信用证的形式

（一）信开信用证

信开信用证又称以邮寄方式开立的信用证，是指以信函形式开立，并用航空挂号的方式传递的信用证。信用证的英文名称letter of credit就是因为信用证初创时是采用信函(letter)的形式开立的。信开信用证一般套打一式多份，第一联正本和第二联副本寄通知行，分别供受益人使用和通知行留存；其余各份供开证申请人、开证行及偿付行等使用。这种形式目前已很少使用。

(二) 电开信用证

电开信用证又称以电信方式开立的信用证,是指银行将信用证内容以加注密押的电报、电传或 SWIFT 的形式开立的信用证。电开信用证分为以下三种形式。

1. 简电本

简电本(brief cable advice)信用证指仅记载信用证号码、受益人名称和地址、开证人名称、金额、货物名称、数量、价格、装运期以及信用证的有效期等主要内容的电开信用证,以便出口商及早备货、安排装运。简电本由于内容简单,并非有效的信用证文件,不足以作为交单议付的依据。简电本往往注明"详情后告"(full detail to follow)等词语,受益人须收到证实书并核对无误后方可发货,否则容易造成单据与证实书不符。

2. 全电本

全电本(full telex)即开证行以电信方式开证,把信用证全部条款传达给通知行。全电本信用证是一个内容完整的信用证,可作为交单议付的依据,无须另寄信用证证实书。有些银行在电文中注明"有效文本"(operative instrument),以明确该全电本的性质。

3. SWIFT 信用证

随着计算机和通信技术的发展,为节省时间与费用,申请全电开证的客户越来越多。银行做全电开证时,大多采用 SWIFT 方式。SWIFT 是环球银行间金融电信协会(Society for World Interbank Financial Telecommunication)的简称,于 1973 年在比利时布鲁塞尔成立。该组织设有自动化的国际金融电信网,其成员银行可以通过该电信网办理信用证业务以及外汇买卖、证券交易、托收等。SWIFT 的成员银行均可使用 SWIFT 办理信用证业务。

SWIFT 信用证具有标准化、固定化和统一格式的特征,且传递速度快捷、安全可靠、成本较低,现已被西北欧、美洲和亚洲等国家与地区的银行广泛使用。我国银行开出或收到的信用证电开本中,SWIFT 信用证已占很大比重。开立 SWIFT 信用证的格式代号为 MT700 和 MT701,如对开出的 SWIFT 信用证进行修改,则采用 MT707 标准格式传递信息。表 10-2 是 MT700 开立跟单信用证的标准格式。

表 10-2　MT 700 开立跟单信用证标准格式

M/O(选择)	Tag(标记)	Field Name(栏目名称)	中 文 含 义
M	27	Sequence of Total	报文页次
M	40A	Form of Documentary Credit	跟单信用证类别
M	20	Documentary Credit Number	信用证号码
O	23	Reference to Pre-Advice	预通知的编号
O	31C	Date of Issue	开证日期
M	31D	Date and Place of Expiry	到期日及到期地点
O	51a	Applicant Bank	申请人的银行(开证行)

续表

M/O(选择)	Tag(标记)	Field Name(栏目名称)	中文含义
M	50	Applicant	开证申请人
M	59	Beneficiary	受益人
M	32B	Currency Code, Amount	货币代号、金额
O	39A	Percentage Credit Amount Tolerance	信用证金额加减百分比
O	39B	Maximum Credit Amount	最高信用证金额
O	39C	Additional Amounts Covered	可附加金额
M	41a	Available With... By...	信用证兑付方式
O	42C	Drafts at...	汇票期限
O	42a.	Drawee	付款人
O	42M	Mixed Payment Details	混合付款指示
O	42P	Deferred Payment Details	延迟付款指示
O	43P	Partial Shipments	分批装运
O	43T	Transshipment	转运
O	44A	Loading on Board/Dispatch/Taking In Charge at/from	转船/发送/接管地点
O	44B	For Transportation to...	运至
O	44C	Latest Date of Shipment	最迟装运日
O	44D	Shipment Period	装运期
O	45A	Description of Goods	货物描述
	46A	Documents Required	应具备单据
O	47A	Additional Conditions	附加条件
O	71B	Charges	费用
O	48	Period for Presentation	提示期间(交单期限)
M	49	Confirmation Instructions	保兑指示
O	53a	Reimbursing Bank	偿付行
O	78	Instructions to the Paying/ Accepting/ Negotiating Bank	对付款/承兑/议付银行的指示
O	57a	"Advise Through" Bank	通知行
O	72	Sender to Receiver Information	银行间的通知

注：M=Mandatory；O=Optional。

六、SWIFT 信用证的内容

(一) 信用证本身固有的内容

(1) 开证行名称、地址。SWIFT 信用证电文开头的发电行(Sender)或电文中的 51A,均可看出开证行详细的名称及地址,该项内容可使其他当事人知悉是什么银行开出的信用证。

(2) 信用证的类型(form of documentary credit)。SWIFT 信用证的 40A 为"跟单信用证的类型",主要应注明该证是否可撤销。可转让信用证则应标明"TRANSFERABLE"。

(3) 信用证号码(documentary credit number)。开证行的信用证编号,这是一项必不可少的内容。该号码将出现在受益人提交的单据中,以表明单据同该证的关系。此外,各相关银行在与开证行的业务联系中也必须引用该编号。

(4) 开证日期(date of issue)。信用证必须标明开证日期,它往往是信用证有效期的起算日。电开信用证中若无开证日期,则以发电日为开证日。

(5) 到期日及到期地点(date and place of expiry)。信用证的到期日是允许受益人向指定银行提交单据的最后日期。受益人应在到期日之前或当天向指定银行提交全套单据。到期地点(expiry place)是受益人在上述有效期限内向指定银行提交单据的地点,到期地点最好是出口地银行,以便受益人掌握交单取款的时间。

(6) 开证申请人(applicant)。信用证的申请人就是买卖合同中的买方,应标明完整的名称和详细地址。

(7) 受益人(beneficiary)。唯一有权支取信用证款项的人,一般为出口商,证中必须标明出口商完整的公司名称及地址。

(8) 通知行(advising bank)。应开证行的要求向受益人通知信用证的银行。通知行一般是出口地银行,应包括全称和地址。如通知行是受益人的往来行,业务处理更为便捷。

(9) 信用证金额(currency code,amount)。开证行承担付款责任的最高限额,应能满足贸易合同下全额货款的支付。采用 SWIFT 以 MT700 格式开证时,货币名称要准确,如使用缩写,则必须使用国际标准化组织制定的货币代号(如 USD、EUR、JPY、GBP 等)。

(10) 信用证兑现方式(available with... by...)。SWIFT 信用证的 41D 明确标出信用证的兑现方式,即受益人通过何种方式收取货款。信用证的兑现方式包括即期付款、延期付款、承兑及议付四种,最常见的是议付兑现方式。例如,available with any bank by negotiation,指受益人可向任何银行议付,以兑现信用证款项。在这类信用证条款中,with 后加指定银行名称,by 后加上四种兑现方式之一。

(二) 要求受益人履行的条件

1. 汇票条款

SWIFT 信用证中的汇票条款(draft clause),是指 42C 及 42A 两项内容,具体包括汇票期限、汇票金额,以及付款人名称和地址。根据 UCP600 的规定,信用证项下汇票的付款人不能是开证申请人,只能是开证行。汇票的金额不能超过信用证金额。

2. 货物条款

货物条款(commodity clause)是指 SWIFT 信用证中"Description of Goods"(45A)这一栏。该条款一般包括货名、货量、规格、单价、价格条件、总值、包装等。货物条款并非表明相关银行将查验卖方所发的货物是否符合信用证 45A 的规定,而是指卖方提交的全套单据中凡涉及货物描述的,必须与 45A 的内容及措辞相符。

3. 单据条款

SWIFT 信用证中十分重要的一项内容是在 46A 中列明受益人需要提交的单据,即单据条款(document clause),分别说明单据名称、份数及具体要求。46A 的单据顺序一般为:商业发票、运输单据、保险单据、其他单据。其他单据包括产地证、检验证书、装箱单、重量单、非木质包装声明、受益人证明等。受益人发货后需按照信用证 46A 的要求提交相符单据,方能获得开证行的付款。

4. 运输条款

信用证的运输条款(shipment clause)包括分批装运(43P)、转运(43T)、装运地(44A)、目的地(44B)及最迟装运日(44C)。"最迟装运日"表明出口货物必须在该日前装运。卖方提交的运输单据的日期(如提单日期)不得晚于信用证中规定的最迟装运日,否则将出现"单证不符"而导致银行拒绝付款。应当注意的是,UCP600 第二十九条 c 款规定:最迟装运日不因非银行工作日的原因而顺延,即最迟装运日不能延期。

(三) 其他条款

(1) 交单期限:受益人发货后应当在该期限内提交单据。例如,"48 Documents (are) to be presented within 15 days after the issuance of the shipping documents but within the validity of the credit."(全套单据应于信用证有效期内,在运输单据签发后 15 日内提交。)

(2) 银行费用:信用证业务下相关银行费用的承担。例如,"All banking charges outside the issuing bank are for account of beneficiary."(开证行之外的所有银行费用均由受益人承担。)

(3) 不符点费用:受益人提交瑕疵单据而被接受时,应当向开证行支付的费用。例如,"A discrepancy fee of USD60 or equivalent will be charged for each set of discrepant documents presented."(提交给我行的单据如有不符点,每套将收取 60 美元或等值于 60 美元的不符点费用。)

(4) 寄单条款:议付行应以何种方式将全套单据寄往开证行或指定银行。例如,"All documents (are) to be forwarded to Citibank of Hongkong in one cover by courier service unless otherwise stated above."(除非另有规定,所有单据应以快邮方式一次寄单至香港花旗银行。)有些情况下开证行会要求议付行"分两次连续寄单"至指定银行,其用意在于防止"一次寄单"方式下重要单据丢失的情况。

(5) 偿付条款:开证行或指定银行如何向议付行偿付的条款。例如,"In reimbursement, we shall cover you as requested."(一经要求,我行将立即偿付你行。)

(6) 议付行背批条款:开证行指示议付行应于议付后在信用证背面做相关批注。例如,"The amount of the draft under this credit should be noted by negotiating bank on the reverse hereof."(议付行应将本信用证项下的汇票金额批注在本证背面。)

(7) 跟单信用证统一惯例文句:信用证中需注明"This credit is subject to the Uniform Customs and Practice for Documentary Credits UCP 2007 revision, International Chamber of Commerce Publication No. 600"(本证根据国际商会2007年修订本第600号出版物《跟单信用证统一规则》办理)这类文句,表明开证行将以此为原则处理信用证业务,且发生业务纠纷时也将以此为准则解决。

SWIFT信用证示样如图10-19所示。

```
8APR02   08:38:36                                    LOGICAL TERMINAL XxxX
                                                              PAGE 00001
          ISSUE OF A DOCUMENTARY CREDIT              FUNC MSG700
                                                     UMR xxxxxxxx

MSGACK DWS7651 AUTH OK,KEY XxxxxxxxxxXxxxxxx,XXXXXXXX XXXXXXxX RECORD
BASIC HEADER F 01 XXXXXXXXXXXX XXXX XXXXXX
APPLICATION HEADER O 700 xxxx xxxxxx XXXXXXxAAXXX xxxx xxxxxx xxxxxx xxxx N
                                          * ING BANK N. V
                                          * ALL DUTCH OFFICES
USER HEADER            SERVICE CODE   103;
                       BANK. PRIORITY   113;
                       MSG USER REF   108 ;
                       INFO. FROM CI   115;
SEQUENCE OF TOTAL      *27:1/1
FORM OF DOC. CREDIT    *40A:IRREVOCABLE
DOC. CREDIT NUMBER     *20:DT123456
DATE OF ISSUE          31C:080330
EXPIRY                 *31D:DATE 080515 PLACE CHINA
APPLICANT              *50:TV IMPORTS,INC. ,ROTTERDAM,THE NETHERLANDS
                       *59:SHANGHAI DA SENG CO. ,LTD.
BENEFICIARY            UNIT C 5/F JINGMAO TOWER
                       SHANGHAI,CHINA
AMOUNT                 *32B:CURRENCY USD AMOUNT 88,920,00
AVAILABLE WITH/BY      *41D:ANY BANK
                       BY NEGOTIATION
DRAFTS AT ...          42C:AT SIGHT
DRAWEE                 42A:INGBNL2A
                       * ING BANK N. V.
                       * ALL DOUCH OFFICES
PARTIAL SHIPMENTS      43P:NOT ALLOWED
```

图 10-19 SWIFT 信用证示样

TRANSSHIPMENT	43T:ALLOWED
LOADING IN CHARGE	44A:SHANGHAI
FOR TRANSPORT TO…	44B:ROTTERDAM
LATEST DATE OF SHIP	44C:080430
DESCRIPT OF GOODS	45A:3000 SETS OF TELEVISION WITH AM/FM RADIO AND CD PLAYER
TERMS OF DELIVERY:	CIF SHANGHAI
DOCUMENTS REQUIRED	46A:+SIGNED COMMERCIAL INVOICE IN TRIPLICATE +3/3 PLUS ONE COPY OF CLEAN "ON BOARD" OCEAN BILLS OF LADING MADE OUT TO ORDER AND BLANK ENORSED MARKED "FREIGHT PREPAID" AND NOTIFY APPLICANT. +INSURANCE POLICY OR CERTIFICATE ENDORSED IN BLANK FOR 110 PCT OF CIF VALUE, COVERING W. P. A. AND WAR RISK. +SIGNED PACKING LIST IN TRIPLICATE +G. S. P. CERTIFICATE OF ORIGIN FORM A +BENEFICIARY'S CERTIFICATE STATING THAT ONE SET OF NON-NEGOTIABLE SHIPPING DOCUMENTS HAS BEEN SENT DIRECTLY TO THE APPLICANT AFTER SHIPMENT.
ADDITIONAL COND	47A:+T/T REIMBURSEMENT IS NOT ACCEPTABLE +DRAFTS TO BE MARKED'DRAWN UNDER L/C NUMBER (AS INDICATED ABOVE) OF ING BANK' +DOUMENTS REQUIRED MAY NOT BE DATED PRIOR TO THE DATE OF ISSUANCE OF THIS LETTER OF CREDIT
DETAILS OF CHARGES	71B:ALL CHARGES AND COMMISSIONS OUTSIDE THE ISSUING BANK ARE FOR ACCOUNT OF THE BENEFICIARY
PRESENTATION PERIOD	48:DOCUMENTS MUST BE PRESENTED WITHIN 15 DAYS AFTER THE DATE OF ISSUANCE OF THE SHIPPING DOCUMENTS BUT WITHIN THE VALIDITY OF THE CREDIT
CONFIRMATION	*49:WITHOUT
INSTRUCTIONS	78:+EACH DRAWING MUST BE ENDORSED ON THE REVERSE OF THIS L/C. + DOCUMENTS TO BE FORWARDED IN ONE SET BY COURIER SERVICE TO:ING BANK NEDERLAND, DOC. TRADE DEPT, BIJLMERDREEF 109 1102 BW AMSTERDAM + PAYMENT INSTRUCTIONS ARE TO BE INCORPORATED IN THE REMITTING BANK'S COVERING LETTER. + ANY(ADDITIONAL) INSTRUCTIONS FROM THIRD PARTIES WILL BE IGNORED. + UPON RECEIPT OF (DRAFT WITH) DOCUMENTS WE SHALL COVER YOU IN ACCORDANCE WITH YOUR INSTRUCTIONS.
TRAILER	ORDER IS 〈MAC:〉〈PAC:〉〈ENC:〉〈CHK:〉〈TNG:〉〈PDE:〉 MAC:XxxxxXxx CHK：XxxxxXXXxXxx

图 10-19 （续）

七、信用证的种类

(一)常见信用证

信用证种类繁多,通常按照期限、兑现方式、可否转让等分类。常见的信用证类型如表 10-3 所示。

表 10-3　常见信用证的种类及主要特点

分类标准	信用证类别	主 要 特 点
按汇票是否随附单据划分	跟单信用证	凭跟单汇票或凭规定的单据付款的信用证,国际结算中使用的信用证绝大部分是跟单信用证
	光票信用证	凭不附单据的汇票付款的信用证
按期限划分	即期信用证	开证行或其指定的银行在收到符合信用证条款的汇票及/或单据后即予以付款的信用证
	远期信用证	开证行或其指定的银行在收到符合信用证条款的远期汇票及/或单据后,在规定的期限内保证付款的信用证
	假远期信用证	开证行应进口企业请求,在开出的信用证中规定受益人开立远期汇票,由付款行进行贴现,并规定贴现利息和承兑费用由进口企业承担的信用证。这是一种"远期汇票即期付款"的信用证
按能否撤销划分	可撤销信用证	信用证开出之后,开证行不征求受益人的同意甚至不通知受益人即可随时撤销的信用证。实务中,开立可撤销信用证的情形较少,故 UCP600 删除了可撤销信用证的概念及其有关规定
	不可撤销信用证	信用证一经开出,在有效期内,未经受益人及相关当事人的同意,开证行不得片面修改和撤销,只要受益人提供的单据符合信用证条款,开证行必须履行承付义务
按是否加保兑划分	保兑信用证	除开证行之外,有另一家银行承诺对相符交单履行兑付义务的信用证。保兑行与开证行都承担第一性的付款责任。保兑行通常是通知行,有时也可以是出口地的其他银行或第三国银行
	不保兑信用证	仅有开证行承担付款责任的信用证。当开证银行资信较好且成交金额不大时,则信用证没有保兑的必要,一般都使用不保兑的信用证
按兑现方式划分	即期付款信用证	开证行或指定银行收到符合信用证规定的单据后,立即履行付款义务的信用证。受益人根据开证行的指示开立即期汇票,或无须汇票仅凭运输单据即可向指定银行提示请求付款
	延期付款信用证	开证行在信用证中规定货物装船后若干天付款受益人交单后若干天付款或在将来某个固定的日期付款的信用证。这类信用证不要求受益人开立汇票,因此又称"不要汇票的远期信用证",也称"无承兑远期信用证"
	承兑信用证	信用证指定的付款行在收到符合信用证规定的远期汇票和单据时,先在汇票上履行承兑手续,待汇票到期时再履行付款责任的信用证

续表

分类标准	信用证类别	主 要 特 点
按兑现方式划分	议付信用证	开证行在信用证中邀请其他银行对受益人提交的相符单据予以承购,在扣除手续费和利息后将票款垫付给受益人的信用证。议付信用证有限制议付信用证和公开议付信用证之分,前者只准许特定的银行进行议付,后者没有明确规定由哪一家银行议付,受益人可选择任何银行进行议付
按能否转让划分	可转让信用证	特别注明"可转让(transferable)"字样的信用证。应受益人(第一受益人)的要求,可转让信用证可以全部或部分转让给其他受益人(第二受益人)兑用
	不可转让信用证	受益人不能将信用证权利转让给他人的信用证,一般信用证都是不可转让的

(二)其他信用证

其他信用证包括使用相对较少的对开信用证、对背信用证、循环信用证及预支信用证。

1. 对开信用证

对开信用证(reciprocal L/C)是在易货贸易、补偿贸易和来料加工中通过相互向对方开立信用证进行结算的一种方式。在补偿或易货贸易中,为了解决进出口平衡,由两国不同的开证行相互以对方申请人为受益人开立两份信用证,从而形成"对开"。两张信用证可同时开立生效,也可先后开立生效。这样交易双方都不用担心自己先开信用证而对方不开证的情况出现。采用这种相互联系、互为条件的开证办法,可以彼此约束。

2. 对背信用证

对背信用证(back-to-back L/C)是指信用证的受益人以原证为保证、以自己为申请人,向通知行或其他银行申请开立以实际供货人为受益人的信用证(新证),新证与原证形成"对背"关系。对背信用证的产生主要是基于中间商的需要。如果信用证不允许转让,或实际供货人不接受买方国家开立的信用证,则可以采用对背信用证。对背信用证的开立与原证申请人、原开证行无关,信用证表面也无"对背"的字样。除开证人、受益人、金额、单位、装运期限、有效期限等可有变动外,其他条款一般与原证相同。

3. 循环信用证

循环信用证(revolving L/C)是指信用证的部分金额或全部金额被使用后能恢复原金额被再次利用的信用证。循环信用证适用于大额的、长期合同下的分批交货。采用循环信用证,进口商可节省手续费和开证保证金,出口商也可省去等待开证和催证的麻烦。循环信用证可分为按时间循环信用证和按金额循环信用证。按时间循环信用证是指受益人在一定的时间内可多次支取信用证规定的金额。按金额循环信用证是指在信用证金额议付后,可以恢复到原金额再次使用,直至用完规定的总额为止。

4. 预支信用证

预支信用证(anticipatory L/C)是指在信用证上列入特别条款授权议付行或保兑行在受益人交单前预先垫付款项(全部或部分货款)给受益人的信用证。为了醒目起见,信用证中的预支条款常用红色字体打印,因此预支信用证又称"红条款信用证"。

八、信用证项下的融资

(一) 对出口商的资金融通

1. 打包贷款

打包贷款(packing loan)是指出口地银行为支持出口商按期履行合同义务、出运货物而向出口商提供的以合格正本信用证为质押的贷款,其原意是指出口企业在取得信用证后,为了将货物包装妥当以备出口,而向银行申请用于支付包装费用的贷款,故称为打包贷款。发展至今,打包贷款已不拘泥于包装费用的融资,其用途扩大到包括采购、备料、生产、加工以及装运信用证项下货物的所有开支及从属费用。

打包贷款本质上是出口地银行对信用证受益人提供的一种"装船前短期融资",它以正本信用证作为质押,期限一般为3个月,最长不超过一年,贷款金额通常是信用证金额的70%～80%,还款来源为信用证项下出口商品的外汇收入。

打包贷款申办流程为:

(1) 出口商在收到信用证后,向银行提出打包贷款申请,并提供信用证正本及贸易合同、贸易情况介绍等有关资料。

(2) 银行对信用证及其修改的真实性、条款等项内容进行审核。

(3) 审核通过后,银行与出口商签署《打包贷款合同》,发放打包贷款。为确保专款专用,银行有权审核客户的用款情况。

(4) 出口商利用资金采购或生产出口货物,按信用证要求及时发货。

(5) 出口商出货物取得信用证项下有关单据后向放款银行交单议付,收到出口货款后及时归还银行打包贷款。

2. 出口信用证押汇

出口押汇主要分为出口托收押汇和出口信用证押汇(negotiation under documentary credit),这里讨论的是信用证项下的出口押汇。

出口押汇是指企业(信用证受益人)在向银行提交信用证项下单据议付时,银行(议付行)根据企业的申请,凭企业提交的全套单证相符的单据作为质押进行审核,审核无误后,参照票面金额将款项垫付给企业,然后向开证行寄单索汇,同时向企业收取押汇利息和银行费用并保留追索权的一种短期出口融资业务。

从上述定义看,出口信用证押汇与"议付"十分相似。事实上,银行界、法律界和学术界对如何理解信用证的议付一直是颇有争议的。《跟单信用证统一惯例》(UCP600)对议付的定义为:议付是指被授权议付的银行对汇票及/或单据支付对价,只审查单据而未支付对价不构成议付。尽管这一定义已经十分清晰,但实际情况是,我国多数银行对"议付"的处理方法往往是"议而不付",即仅审核单据,企业如果还需要银行垫付货款(支付对价),则需再办理押汇手续。

出口押汇申办流程为:

(1) 企业如需向银行申请叙做出口押汇,须向银行提供注册、经营、财务情况有关资料,作为银行融资审核的依据。

(2) 企业应填制《出口押汇申请书》及《出口押汇质押书》各一式二份,加盖公司公章及有权签字人签字,连同出口单据和正本信用证一并交银行审核。

(3) 银行在收到企业提交的《出口押汇申请书》和出口单据后,如符合条件,经审核无误后参照票面金额垫付货款给企业,并向企业收取押汇利息和银行费用。

(4) 银行向开证行(或指定银行)寄单索汇,收汇后用于归还银行垫款。

从上述定义及流程来看,信用证项下的出口押汇与打包贷款有着明显的不同,其不同点如表10-4所示。

表10-4 出口押汇与打包贷款比较

不 同 点	打 包 贷 款	出 口 押 汇
融资时间	装船前	装船后
质押物	信用证	全套货运单据
订立协议	打包贷款协议	出口押汇申请书及质押书
融资金额	信用证金额的70%～80%	汇票金额扣减利息和手续费

3. 福费廷

福费廷(forfeiting)又称无追索权的融资或称买断,源于法语的"à forfait",本来是"放弃权利"之意,指包买商(通常为出口地银行)从出口商处无追索权地购买已经承兑的且通常由进口商所在地银行担保的远期汇票的融资业务。福费廷业务最大的特点是包买商无追索权地买断远期汇票,从而使出口商能立即回笼资金,在获得出口融资的同时消除了远期收汇的汇率风险和利率风险。

福费廷业务起源于二战后东西方之间的谷物贸易,后来逐渐转向资本性商品交易。机械、电子或成套设备等资本性货物交易,因交易金额大、进口商延期付款期限长,更适合叙做福费廷。总体而言,传统福费廷业务多是为大型资本货物提供中长期融资,融资期限通常在半年以上,以5～6年为多,最长的可达10年之久,融资金额一般不少于100万美元。

随着国际贸易的发展及银行业竞争的加剧,福费廷业务对商品类别、融资期限和金额的要求不断放宽。国内外包买商为扩大市场,对非资本性商品的交易也提供福费廷业务。与此同时,对融资期限和融资金额的要求也大幅降低,并非只有金额巨大的交易才能叙做福费廷,具备中短期融资条件的交易都适合采取这种融资方式。例如,交通银行规定:办理福费廷业务的信用证远期期限一般不超过6个月,在金额上则没有做出规定。

在我国,福费廷业务称为"票据包买业务",是指银行根据收款人或持票人的要求,无追索权地买入开证行承兑的远期信用证项下跟单汇票的行为。

远期信用证项下票据包买业务的流程为:

(1) 出口商询价。出口商对某地区有出口意向,在洽谈业务和签订合同前,应向包买商咨询出口项下票据包买的价格,并提供拟出口业务的相关信息,包括进口方国家、开证行、合同金额、融资期限、货物名称等。

(2) 包买商报价。包买商接到出口商的询价后,首先要分析进口商所在国的政治风险、商业风险和外汇汇出风险,核定对该国的信用额度,然后审核开证行的资信情况、偿付能力,以及出口货物是否属正常的国际贸易,合同金额、期限能否接受等。若以上几方面均令银行满意,银行便会根据国际包买票据市场情况做出报价,报价的内容包括贴现率(discount rate)、承担费(commitment fee)和宽限期(grace days)。

(3) 签约。出口商在接受了包买商的报价后,需要与包买商正式签订"票据包买协议"。

(4) 出口商发货交单。出口商收到进口方银行开立的远期信用证后,出运货物,并向议付行(或直接向包买商)提交相应单据,再由该行向开证行提示出口单据。

(5) 开证行审单。开证行审核单据无误后发出承兑电。

(6) 包买商收到开证行的承兑电后,向出口商提供无追索权的票据买断。出口商即可得到资金并转移一切有关风险和义务。

(二) 对进口商的资金融通

1. 进口押汇

进口押汇(inward bill receivables)是指开证行在收到国外出口商寄来的信用证项下单据后,如单证相符,银行可向开证申请人(进口商)提供用于支付该笔信用证款项的短期资金融通。由于此时进口商无须支付信用证项下的款项即可取得信用证项下的单据,因此节省了占用资金的成本,而且获得了融资便利。

进口押汇本质上是开证行给予进口商的一种专项资金融通,仅可用于履行特定贸易项下的对外付款责任。进口押汇利息自垫款之日起计收,利率通常高于市场利率。押汇期限一般与进口货物转卖的期限相匹配,并以销售回笼款项作为押汇的主要还款来源。

进口押汇的申办流程为:

(1) 出口单据到达后,开证申请人提出办理进口押汇的要求,并填写《进口押汇申请书》;

(2) 开证申请人向银行提供近期财务报表、进口合同、开证申请书等材料;

(3) 开证申请人向银行出具信托收据,并在必要时提供相应的担保措施;

(4) 上述手续办妥后,银行向开证申请人发放进口押汇款。

2. 提货担保

提货担保(delivery against bank guarantee)是指在货物先于信用证项下提单或其他物权凭证到达的情况下,为便于进口商办理提货,尽快实现销售及避免货物滞港造成的费用和损失,银行根据开证申请人的申请向船公司出具书面担保。银行在担保书中承诺日后补交正本提单,换回有关担保书。

提货担保占用授信额度一般仅限于信用证项下使用。进口商办理提货担保,必须向银行提交提货担保申请书、船公司到货通知、致船公司的预先提货保证书,以及提单和发票等的复印件。银行对上述文件进行审核,以确保所指货物确属该信用证项下的货物。申请人还应在提货担保申请书上保证承担船公司收取的一切费用及赔偿可能由此遭受的一切损失。

值得注意的是,为了解决近洋贸易中"货到单未到"的问题,实际业务中更为常见的做法是由托运人出具"电放保函",向承运人申请不凭正本提单放货,而是凭电放提单的传真件放货。

第五节　银行保函与备用信用证

在国际货物贸易中,有些交易难以用一般信用证进行结算,当一方当事人对另一方所做的履约承诺感到不安全时,可要求另一方提供银行保函或备用信用证,以保证其履行合同责任。银行保函和备用信用证在性质上属于银行信用,适用于国际货物买卖、国际工程承包项目等交易期限长、交易条件较复杂的场合,还可用于融资等国际经济合作业务。

一、银行保函

(一) 银行保函的基本概念

保函(letter of guarantee,L/G),又称保证书,是指银行、保险公司、担保公司或个人(担保人)应申请人的请求,向第三方(受益人)开立的一种书面信用担保凭证,保证在申请人未能按双方协议履行其职责或义务时,由担保人代其履行一定金额、一定期限范围内的某种支付责任或经济赔偿责任。

出具保函的担保人可以是商业银行、保险公司、担保公司或其他金融机构,也可以是商业团体等。其中凡属商业银行出具的保函叫作银行保函。适用于保函的最新版国际惯例为《2010年见索即付保函统一规则》(简称 URDG758),该惯例由国际商会制定,并于2010年7月1日起生效。

(二) 银行保函的性质

根据性质的不同,银行保函一般分为有条件保函和见索即付保函两种。

1. 有条件保函

有条件保函(conditional L/G)又称从属性保函(accessory L/G),其中的银行信用是备用性的,即如果保函申请人没有履行某项合同中所规定的责任和义务,则银行作为担保人向保函受益人进行经济赔偿;如果保函申请人正常履行了合同,则银行无须做任何赔偿且可从中赚取担保费。因此,银行承担的是第二性的、附属性的偿付责任。

2. 见索即付保函

见索即付保函又称无条件保函(unconditional L/G)或独立性保函(independent L/G),是担保人替申请人向受益人开出的凭规定单据赔款的承诺书。目前国际结算中使用的保函都是这类保函,只要银行保函规定的偿付条件(一般规定为提交某种单据或声明)已经具备,担保银行便应偿付受益人的索偿。至于申请人是否确未履行合同项下的责任义务,是否已被合法地解除了该项责任义务,担保银行概不负责。银行在见索即付保函中承担第一性的付款责任。

(三) 银行保函的主要当事人

1. 申请人

申请人(applicant)是向银行提出申请,要求银行出具保函的一方。

2. 受益人

受益人(beneficiary)是指享受保函利益的人,通常为基础交易的债权人。

3. 担保人

担保人(guarantor)又称保证人,是根据申请人要求开立保函的银行或其他金融机构。

4. 通知行

通知行(advising bank)又称转递行(transmitting bank),是受担保人的委托,将保函通知或转递给受益人的银行。它一般是受益人所在地银行。

5. 保兑行

保兑行(confirming bank)是根据担保人的要求,对保函加具保兑的银行,或称第二担保人,一般为受益人所在地的大银行。

6. 反担保人

反担保是指由反担保人(counter-guarantor)应申请人的要求向担保人开立书面反担保文件,承诺在申请人违约后向担保人做出赔偿。

(四)银行保函的业务流程

银行保函有直开和转开之分,实际业务中,直开保函更为常见。直开保函的流程如图 10-20 所示。

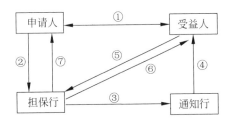

①申请人与受益人签订基础合同;②申请人向担保行申请开立保函;③担保行审查同意后向受益人开立保函;④通知行验明保函真实性后通知受益人;⑤若申请人违约构成索偿条件,受益人向担保行索偿(若基础合同执行完毕申请人无违约,则保函业务结束);⑥担保行审核单据,达到索偿条件,向受益人付款;⑦担保行要求申请人赔偿。

图 10-20 直开保函流程图

(五)银行保函的常见种类

银行保函根据用途的不同,可分为多种,常见的有投标保函和履约保函两种。

1. 投标保函

投标保函(tender guarantee / bid bond)又称投标保证书或投标担保,是银行根据投标人(保函申请人)的要求向招标方(保函受益人)开立的一种书面保证文件,以保证投标人在投标有效期内不撤回投标或修改原报价,中标后保证与招标方签订合同,在招标方规定的日期内提交履约保函,否则担保行按保函的金额向招标方赔偿。

投标保函的担保金额一般为合同金额的 1%～5%(具体比例视招标文件而定),投标保函自开出之日起生效,其有效期至开标日后 15 天止。若投标人中标,则保函有效期自动延长至投标人与招标人签订合同并提交规定的履约保函为止。

2. 履约保函

履约保函(performance guarantee / performance bond)是银行应申请人的请求,向受益人开立的保证申请人履行某项合同项下义务的书面保证文件,保证如果发生申请人违反合同的情况,银行将根据受益人的要求向受益人赔偿保函规定的金额。履约保函多用于进出口贸易、供货或承包工程项下,即中标人与招标人签订供应货物或承包工程合同时所要提供的担保。

进出口业务项下的履约保函主要包括进口履约保函和出口履约保函。

(1) 进口履约保函是担保人应申请人(进口人)的申请开给受益人(出口人)的书面保证文件。出口人按期交货后,如果进口人未按合同规定付款,则由担保人负责偿还。

(2) 出口履约保函是担保人应申请人(出口人)的申请开给受益人(进口人)的书面保证文件。如果出口人未能按合同规定交货,则由担保人负责赔偿进口人的损失。

承包工程的履约保函金额由招标人确定,一般为合同金额的5%～10%(具体金额主要视履约保函的功用而定),其有效期是从开立日起至中标人按合同规定完成工程或供货时为止。

二、备用信用证

(一) 备用信用证的概念

备用信用证是开证行根据申请人的请求,对受益人开立的承诺承担某项义务的凭证,即开证行保证在开证申请人未履行其应履行的义务时,受益人只要按照备用信用证的规定向开证银行开具汇票(或不开汇票),并提交开证申请人未履行义务的声明或证明文件,即可取得开证行的偿付。但如果申请开证人已履约付款,则该证便不起作用,所以叫备用信用证。

从定义可知,备用信用证只在申请人违约时才使用,起支援、补充作用,其实质是一种银行保函。可以说,备用信用证是具有信用证形式和内容的一种银行保函。1995年12月颁布的《独立保函和备用信用证的联合国公约》、1998年4月国际商会以第590号出版物的形式颁布的《国际备用信用证惯例》(简称ISP98),是专门适用于备用信用证的权威国际惯例。

(二) 备用信用证的主要种类

备用信用证通常用作履约、投标、还款的担保业务。按照用途的不同,备用信用证主要分为以下几种。

1. 履约备用信用证

履约备用信用证(performance standby L/C)用于担保履行责任而非担保付款,包括对申请人在基础交易中违约所造成的损失进行赔偿的保证。在履约备用信用证有效期内如发生申请人违反合同的情况,开证人将根据受益人提交的符合备用信用证的单据(如索款要求书、违约声明等)代申请人赔偿保函规定的金额。

2. 投标备用信用证

投标备用信用证(tender bond standby L/C)用于担保申请人中标后执行合同的责任和义务。若投标人未能履行合同,开证申请人须按备用信用证的金额向受益人履行赔款义务。

3. 预付款备用信用证

预付款备用信用证(advance payment standby L/C)用于担保申请人收到受益人的预付款以后应履行已订立的合约义务,如不履约,开证行退还受益人预付款和利息。

4. 直接付款备用信用证

直接付款备用信用证(direct payment standby L/C)用于担保到期付款,尤指到期没有任何违约时支付本金和利息。直接付款备用信用证主要用于担保企业发行债券或订立债务契约时的到期支付本息义务。直接付款备用信用证已经突破了备用信用证"备而不用"的传统担保性质。

(三)备用信用证与跟单信用证的区别

尽管跟单信用证和备用信用证均属于信用证的范畴,但又有显著的区别。

1. 使用范围不同

跟单信用证只用于进出口贸易结算支付方式,而备用信用证因与保函功能相同,可以涉及任何需要银行担保的业务领域,可用于投标、履约、赊购赊销、赔偿金的支付等业务,因此备用信用证使用范围比跟单信用证广。

2. 开立目的和使用情况不同

商业跟单信用证用于受益人履约收款,而备用信用证用于申请人违约赔款。在商业跟单信用证下,只有受益人履行其买卖合同义务后提交了符合信用证条款的单据,开证行才必须向受益人或其指定人进行承付。备用信用证下,只有在申请人未按照基础合同的规定履约时,开证银行才会根据受益人的索偿要求,凭相符单据按照备用信用证所规定的内容赔付款项。因此,商业信用证下的款项支付一般是必然会发生的,而备用信用证下如果申请人履约,则赔偿不会发生。

3. 要求受益人提交的单据不同

跟单信用证要求受益人提交符合信用证要求的货运单据、商业发票、保险单、商检单等作为付款的依据。备用信用证中开证行要求受益人索赔时出具证明开证申请人违约的声明或证明文件、索赔通知书及其他有关文件或单据,而这些单据往往比跟单信用证要求的单据简单。

(四)备用信用证与保函的区别

1. 适用法律不同

备用信用证适用的是国际商会第600号出版物《跟单信用证统一惯例》(UCP600)或国际商会第590号出版物《国际备用证惯例》(ISP98),而银行保函则遵循国际商会第758号出版物《见索即付保函统一规则》(URDG758)。

2. 银行付款责任不同

备用信用证的开证行承担第一性付款责任,但为次债务人;而保函的担保行既可承担第一性付款责任,也可承担第二性付款责任。

3. 付款依据不同

备用信用证一般要求受益人在索赔时提交汇票及表明申请人未能履约的书面声明或证明,而银行保函一般不要求受益人提交汇票,仅凭受益人提交的书面索偿声明或证明即付款。

4. 付款金额不同

备用信用证项下一般付款金额为规定支付的金额,而银行保函项下付款金额为合同价款或履约赔偿金或退款等。

第六节 国际保理与出口信用保险

在出口业务中采用托收方式(D/P 或 D/A)或赊销方式(O/A)结算货款时,出口商均需承担较大风险,为避免或减少货款无法收回的损失,出口商可使用国际保理或出口信用保险以转嫁收汇风险。此外,信用证支付方式下,当开证行资信不足或开证行所在国政治风险较高时,出口商也可考虑投保出口信用保险。

一、国际保理

(一) 国际保理的含义

国际保理(international factoring)又称保付代理,是指在国际贸易中出口商以赊销(O/A)、承兑交单(D/A)等商业信用方式向进口商销售货物时,出口商将应收账款卖断给保理商,由保理商向其提供进口商资信评估、资金融通、销售账户管理、信用风险担保、账款催收等一系列服务的综合金融服务方式。

(二) 国际保理业务的功能

1. 信用控制(credit control)

保理商可以利用保理协会广泛的代理网和资信调查机构等多方面、多渠道地获取与进口商有关的资信状况,以及对货款的收取有直接影响的外汇管制、金融政策、国际政局等方面的情况,在此基础上对进口商核定一个合理的信用额度,并根据进口商资信的变化情况进行调整。与此同时,保理商对卖方的资信及其经营和生产能力也要进行调查了解,以便决定是否接受其申请。

2. 贸易融资(export trade finance)

贸易融资是指卖方在发货后,将发票副本提交给保理商,即可立即获得不超过 80% 发票金额的无追索权的预付款融资。这是保理业务最大的优点,出口商可以从保理商处及时获得无追索权的融资,且简单易行,手续简便。

3. 销售账务管理(maintenance of sales ledger)

出口商发出货物后,将有关的售后账务管理交给保理商。保理商一般由专业公司或银行所属的机构办理保理业务,拥有完善的账务管理制度,完全有能力为客户提供优良的账务管理服务。保理商可以根据出口商的要求,定期向卖方提供应收账款的回收情况、逾期账款情况、账龄分析等,发送各类对账单,协助出口商进行销售管理,使出口商可以集中力量进行生产、经营和销售。但是,从实务来看,我国银行的保理业务几乎没有包含此项功能。

4. 风险担保(protection for buyer's credit)

风险担保又称坏账担保或买方信用担保,是指保理协议签订后,进口保理商要在协议生效前对进口商核定一个信用额度,如果进口商在付款到期日拒付或无力付款,保理商将在付款到期日后的第90天无条件地向出口商支付不超过其核定的信用额度的货款。当然,保理商提供风险担保有一个前提条件:卖方出售给保理商的必须是正当的、无争议的债务请求权,对于因商品质量、服务水平、交货期限等引起进口商拒付而造成的坏账,保理商不负责赔偿。

5. 代收账款(collection of receivables)

货款能否及时收回,直接影响出口商的资金周转。保理商设有专门的收债人员,拥有专门的收债技术和丰富的经验,并利用所属大银行的威慑力来收债,所以收债率极高。此外,保理商一般都设有专门的部门处理法律事务,一旦出口商通过正常的途径无法收取债款,保理商可随时提供一流的法律服务,其有关的费用也由保理商承担,这就帮出口商解决了跨国收债的难题。

在上述国际保理的五大功能中,出口商可以根据自己的需要选择适当的保理服务。其中,出口商使用最多的是信用控制、贸易融资和风险担保三大功能。

(三)国际保理业务的基本流程

(1) 出口商向保理商提出申请,将自身经营状况、资产负债表等财务状况提交给保理商,并将进口商的名称、地址及交易详情报告给保理商;

(2) 出口保理商亲自或委托进口地的保理商(通常是银行)对进口商的资信及经营状况进行调查,并根据出口商提供的资料核批进口商的信用额度;

(3) 出口保理商对其认可的交易与出口商签订保理协议,协议内明确规定信用额度;

(4) 出口商在保理协议规定的额度内与进口商签订买卖合同;

(5) 出口商严格按合同规定发货,并将全套货运单据寄给进口商;

(6) 出口商将发票副本交给保理商;

(7) 保理商先按发票金额的80%向出口商支付货款;

(8) 保理商定期向进口商催款、到期向进口商收取货款;

(9) 进口商向保理商支付货款;

(10) 保理商将货款余额支付给出口商。

二、出口信用保险

(一)出口信用保险的含义

出口信用保险(export credit insurance)是承保出口商在经营出口业务的过程中因进口商的商业风险或进口国的政治风险而遭受的损失的一种信用保险,是国家为了推动本国的出口贸易,保障出口企业的收汇安全而制定的一项由国家财政提供保险准备金的非营利性的政策性保险业务。中国出口信用保险公司及其各地分支机构是开展该业务的唯一单位。

(二) 出口信用保险的类型

按出口合同的信用期分类,出口信用保险分为短期出口信用保险和中长期出口信用保险。短期出口信用保险的信用期一般在180天以内。短期出口信用保险适用于一般性商品的出口,包括所有消费性制成品、初级产品及工业用原材料的出口,汽车、农用机械、机床工具等半资本性货物出口也可适用。中长期出口信用保险适用于资本性货物的出口,如电站、大型生产线等成套设备项目,飞机、船舶等大型运输工具。一般来说,信用期为2~5年的称为中期出口信用保险,信用期为5年以上的称为长期出口信用保险。本节主要介绍短期出口信用保险。

(三) 短期出口信用保险的适保范围

凡在中华人民共和国境内注册的,有外贸经营权的经济实体,采用付款交单(D/P)、承兑交单(D/A)、赊账(O/A)等一切以商业信用为付款条件,产品全部或部分在中国制造(军品除外),信用期一般不超过180天的出口,均可投保短期出口信用保险。经保险公司书面同意,也可适用于以信用证(L/C)为付款条件的合同。

(四) 短期出口信用保险的承保风险

出口信用保险(简称出口信保)承保的对象是出口企业的应收账款,承保的风险主要是人为原因造成的商业信用风险和政治风险。

1. 托收及赊销方式下出口信保的承保风险

当支付方式为付款交单(D/P)、承兑交单(D/A)、赊账(O/A)且付款期限不超过180天时,出口信用保险公司承保下列风险。

(1) 商业风险。商业风险主要包括:买方破产或无力偿付债务;买方拖欠货款;买方拒绝接受货物。

(2) 政治风险。政治风险主要包括:买方所在国家或地区禁止或限制买方以合同发票列明的货币或者其他可自由兑换货币向被保险人支付货款;禁止买方购买的货物进口;撤销已颁布发给买方的进口许可证;发生战争、内战或者暴动,导致买方无法履行合同;买方支付货款须经过的第三国颁布延期付款令。

2. 信用证方式下出口信保的承保风险

当支付方式为不可撤销的跟单信用证且付款期限不超过180天时,出口信用保险公司承保以下风险:

(1) 开证行风险。开证行风险包括:开证行破产、停业或被接管;单证相符、单单相符情况下开证行超过最终付款日30天仍未支付信用证款项;单证相符、单单相符情况下开证行拒绝承兑远期信用证项下的单据。

(2) 政治风险。政治风险包括:开证行所在国家或地区禁止或限制开证行以信用证载明的货币或者其他可自由兑换货币向被保险人支付信用证款项;开证行所在国家或地区,或信用证付款须经过的第三国颁布延期付款令;开证行所在国家或地区发生战争、内战、叛乱、革命或者暴动,导致开证行不能履行信用证项下的付款义务。

(五) 短期出口信用保险的保险费率

短期出口贸易险项下,出口信用保险公司以出口国别、支付方式和信用期限为确定费率的基本因素,根据国别风险等级、支付方式的种类和信用期限的长短制定相应费率表,在此基础上综合考虑出口企业投保范围及风控水平、国外买方的资信状况、贸易双方交易历史、出口市场风险程度等各方面因素,在基准费率的基础上适当调整以确定最终费率。一般情况下,当出口国家和地区的类别及信用期限相同时,L/C 支付方式下的出口信用保险费率最低、D/P 费率居中、D/A 及 O/A 费率最高。例如,出口到美国等 A 类国家且信用期限为 90 天时,L/C 项下基准费率为 0.21%,D/P 项下基准费率为 0.51%,D/A 及 O/A 项下基准费率为 0.74%。

(六) 短期出口信用保险的损失赔偿比例

保险公司为了促使被保险人谨慎从事,尽可能避免或减少损失,都要求被保险人自己承担一定比例的损失,不实行百分之百的赔偿。

(1) 由政治风险造成损失的最高赔偿比例为 90%;
(2) 由破产、无力偿付债务、拖欠等其他商业风险造成损失的最高赔偿比例为 90%;
(3) 由买方拒收货物所造成损失的最高赔偿比例为 80%。

(七) 短期出口信用保险的除外责任

(1) 在支付货款时已经或通常能够由货物运输险或其他保险承保的损失;
(2) 由汇率变更引起的损失;
(3) 由卖方本人或代表的任何人违反合同或不遵守法律引起的损失;
(4) 在货物交付前,买方已有严重违约行为,卖方有权停止发货,但仍向其发货而造成的损失;
(5) 在交付货物时,由于买方没有遵守所在国法律、法令、命令或条例,因而未得到进口许可证或进口许可证展期所引起的损失;
(6) 由于卖方的或买方的代理人或承运人破产、欺诈、违约或其他行为引起的损失;
(7) 卖方向未经信保公司批准信用限额的买方出口所发生的损失;
(8) 在卖方遵守有关规定的情况下,在货物交付承运人之日起两年内未向投保公司索赔的损失。

第七节 不同结算方式的选用与结合使用

国际贸易的基本结算方式有汇付、托收和信用证三种,还有保函、备用信用证、保理、福费廷等派生结算方式。各种结算方式都有自己的特点,各有利弊,应根据不同的贸易背景、贸易对象等因素加以权衡,选择最合适的结算方式。

一、选择结算方式时应考虑的因素

如前所述,在实际业务中,各种结算方式对不同的当事人来说各有利弊,因而在具体运用时应针对不同国家、客户对象和交易的实际情况,全面衡量,趋利避害。签订贸易合同选择结算方式时通常应考虑下列因素。

(一)客户资信

在国际贸易中,依法订立的合同能否顺利地得到履行,客户的信用起着决定性的作用。因此,在国际贸易中要做到安全收汇,必须事先调查国外客户的资信情况、经营能力和经营作风,以便根据客户的具体情况选用适当的结算方式。对于信用不佳或并不充分了解的客户,应选择风险较低的结算方式。例如,在出口业务中,一般可采用跟单信用证方式,如果可能,应争取以预付货款方式结算。如果是与信用好的客户进行交易,由于风险较低,可以选择手续比较简单、费用较低的结算方式,如在出口业务中采用 D/P 方式。除非是本企业的子公司或分支机构,或者确有把握者,否则不宜采用承兑交单或赊账交易。

(二)银行的资信及经营水准

银行的资信对结算方式的选择有一定影响。例如,信用证结算方式确实为出口商安全收款提供了银行信用作为保障,但这种保障的优越性也是相对于商业信用而言的。当开证行自身的资信评级很低或较低时,其开立的信用证对出口商的保障力度是相当有限的,此时坚持选用信用证结算方式对出口商并无太大意义,即使是保兑信用证也不见得是最优选择。进口地银行资信较差时,出口商对进口商的资信如确无把握,可考虑选用"100% 前 T/T"模式;如进口商资信较佳,则可考虑选用"前 T/T+后 T/T"或"前 T/T+D/P"方式。

(三)市场供求状况

市场供求状况对贸易双方的谈判能力有很大的影响。如果是卖方市场,商品供不应求,行情看涨,卖方就有较强的谈判能力,选择结算方式的空间较大。此时,预付货款、即期信用证等结算方式有助于卖方快速、安全地收回出口销售货款。而在买方市场条件下,买方选择结算方式的空间较大,可坚持以使用 D/P、D/A、O/A 等作为成交的前提条件,从而获取延期付款和融资便利。当今国际市场属于买方市场,出口方为达成交易、占据国际市场,也可以考虑风险较高的商业信用支付方式,此时出口商可选择一些自己付费的附属性结算方式,如出口保理或投保短期信用险以降低出口收汇风险。

(四)货物属性与特性

结算方式的选择与成交货物的属性有关。如果出口商品属易腐烂、易变质的货物,则不宜采用托收结算方式,因为托收方式下卖方发货在先收款在后,货物发出后如遭买方拒付,则货物由于保质期短,很可能还来不及转卖或运回就已变质不可销售。定制的货物也不宜采用托收结算方式,这类货物是按照买方的特定需求制作的,发货后如遭拒收拒付,则很难再转卖他人。上述货物因其特殊的属性,结算时应避开托收方式,转而采用预付货款(前 T/T)或即期信用证方式。

(五) 交易目的

在市场开拓阶段,出口商通常最为关注产品的市场占有、知名度的培育及市场营销网络的构建。此时,审慎地应用具有促销效应的托收、O/A(赊销)、汇款等支付方式,有助于实现这一阶段性目标;而当出口商已获得了一定的市场地位并拥有了稳固的客户群体时,寻求出口收益的扩大会促使其更加关注债权实现的安全性,故信用证结算方式可能成为其稳妥收汇的首选工具;如果出口商期望在某一目标市场上推出试销产品,或以尽可能经济的手段出售小批量货物(如展品、出口剩余产品)时,寄售是最理想的支付方式之一。

(六) 运输单据

选用结算方式时应考虑运输单据是否为物权凭证。在海上运输方式下,如果运输单据为海运提单,因为海运提单是货物所有权凭证,是在目的港凭以向船公司提货的凭证,所以在交付进口商前,出口商能够控制货物,可以采用信用证方式和托收方式结算货款。如果运输单据为不可转让的海运单(seaway bill)或航空运单、铁路运单、邮包收据等非货物所有权凭证,进口商(收货人)提取货物时不需要凭这些单据,而是凭航空公司、铁路部门签发的到货通知和有关证明提货。出口商掌握航空运单、铁路运单等非物权凭证并不能控制货物,利益自然得不到保证。因此,空运、国际铁路联运、邮政运输及以海运单为运输单据的情况下,不适合以托收作为结算方式。

二、不同结算方式的结合使用

国际贸易中一笔交易通常只选择一种结算方式,但由于不同的结算各有利弊,为了平衡买卖双方的资金负担和风险负担,加快资金周转,降低收汇风险,在同一笔交易中也可结合使用两种或两种以上的结算方式。

(一) 信用证与汇付结合

信用证与汇付结合是指部分货款采用信用证,预付款或余款采用汇付方式支付。例如,矿砂、煤炭、粮食等散装货物的交易,进出口双方在合同中约定 90% 货款以信用证方式支付,其余 10% 在货物运抵目的港、经检验合格后,按实际到货数量确定余款,以汇付方式支付。又如,对于需要进口商预付定金的特定商品或特定交易,也可规定预付定金部分以汇付方式支付,其余货款以信用证方式支付。这种结算方式下卖方的收汇一般是安全的,因为出口商在收到预付款和信用证后开始备货,发货交单后进口商一般不会苛刻要求开证行以单据中的"不符点"来拒付信用证项下的货款,否则定金将无法收回。

(二) 信用证与托收结合

信用证与托收方式结合使用是将一笔交易的部分货款以信用证方式支付(通常为合同金额的 40%~70%),其余货款以 D/P 方式结算。具体操作时通常必须由信用证的开证行兼任托收项下的代收行,并在信用证中规定出口商开立两张汇票,一张用于信用证项下凭光票付款,另一张须附带全套单据,按跟单托收处理,在进口方付清发票的全额后才可交单。这种做法对于进口商而言可减少开证保证金和开证额度的占用,加速资金周转;对于出口商来说虽有一定的风险,但因为部分货款有信用证作保证,其余货款也要在进口商付清货款后才放单,因此能起到控制风险的作用。

(三) 跟单托收与汇付结合

贸易合同谈判过程中,如果国外进口方坚持采用跟单托收结算方式,出口商可要求进口商支付一定比例的定金(如 20%~30%),出口方待收到定金后再发货,余款通过银行托收。这样一来,结算方式变为 T/T 加 D/P,出口商因事先收到一笔定金而大大改善了其被动地位,进口商因顾及已付的定金随意拒付的可能性也大大减小。确遭拒付的情况下,出口商可迅速采取打折转卖货物、运回等多种灵活处理方式,此时打折售出货物的损失或运回货物产生的运保费、利息、损失等可通过此前收到的定金得到全部或部分弥补。

(四) 跟单托收与备用信用证(或保函)结合

采用跟单托收与备用信用证相结合的方式,主要是为了防范托收项下货款被拒付的风险。托收项下货款被拒付时,出口商可出具"进口商拒付声明"并开立汇票、凭备用信用证要求开证行给予偿付。应当注意的是,备用信用证(或银行保函)的有效期要晚于托收付款期限后一段时间,以便有充裕时间向开证行办理追偿手续。

(五) 汇付、托收、信用证结合

大型机械、成套设备、飞机、轮船等大型交通工具的交易,由于货物金额大、制造生产周期长、检验手段复杂、交货条件严格及产品质量保证期限长等特点,往往采用两种或两种以上的结算方式。预付货款部分以汇付方式结算,大部分货款以信用证方式结算,尾款部分待设备安装调试成功并正常运转一段时间,经验收合格后以托收方式收取。

第八节 买卖合同中的支付条款

国际货物买卖合同中有关货款收付的规定通常以支付条款(terms of payment)的形式出现,支付条款的重要性不亚于价格条款,必须予以重视。

一、汇付条款

国际货物贸易中,汇付方式适用于预付货款和赊账交易等。为明确责任,防止拖延收付货款的时间、影响及时发运货物和企业的资金周转,对于使用汇付方式结算货款的交易,在买卖合同中应当明确规定汇付时间、具体的汇付方法和金额等。

课堂练习:两位同学一组对如下三个汇付条款进行翻译,并说明三个汇付条款的类别分别属于前 T/T、后 T/T 还是前 T/T+后 T/T。

(1) Payment: Total contract value to be effected by T/T within 15 days after signing this contract.

(2) Payment: by T/T Payment to be effected by the Buyer within 30 days after receipt of the documents listed in the contract.

(3) Payment: by T/T,20% deposit to be paid before shipment,80% to be paid within 7 days against fax copy of original shipping documents.

二、托收支付条款

以托收方式结算货款的交易,在买卖合同的支付条款中必须明确规定交单条件及付款期限等内容。例如:

(1) Upon first presentation the Buyers shall pay against documentary draft drawn by the Sellers at sight. The shipping documents are to be delivered against payment only.

(2) The Buyers shall duly accept the documentary draft drawn by the Sellers at 30 days sight upon first presentation and make payment on its maturity. The shipping documents are to be delivered against payment only.

(3) The Buyers shall duly accept the documentary draft drawn by the Sellers at 45 days sight upon first presentation and make payment on its maturity. The shipping documents are to be delivered against acceptance.

对于买卖双方经过长期交往、对跟单托收已确立习惯做法的交易,买卖合同中的托收支付条款也可适当从简。例如,payment by D/P at sight、payment by D/P at 30 days' sight、payment by D/A at 45 days after sight 等。

三、信用证支付条款

国际货物贸易中采用信用证结算方式时,一般应在买卖合同的支付条款中就开证银行资信、开证时间、信用证种类、信用证金额、到期日及到期地点等做出明确规定。

例: Terms of payment: The buyer shall open through a bank acceptable to the seller an irrevocable sight Letter of Credit for 100% of the contract value, to reach the seller not later than MAR. 10,2022 and to remain valid for negotiation in China until the 15th day after the date of Shipment. In case of late arrival of the L/C, the seller shall not be liable for any delay in shipment and shall have the right to rescind the contract and/or claim for damages.

上例包含了信用证条款的各大基本要素:

(1) 开证行资信。为确保收汇安全,在买卖合同中一般还应对开证银行的资信地位做必要的规定。例如,规定信用证应"通过卖方可以接受的银行"(through a bank

acceptable to the seller）开立。在国际上也有用"第一流银行"（first class bank）代替"卖方可接受的银行"的。

（2）信用证开到时间。根据国际贸易惯例和相关法律规定，在信用证支付条件下，按时开立信用证是买方在货物买卖合同中的主要义务。如买卖合同未规定开证时间，按一般的惯例，买方应在"一个合理的时间"内开立，这个合理的时间应从合同规定的装运期的第一天往回推算。由于各国法律均未对开证的"合理时间"做出解释，为防止可能由于对此理解不同而引起纠纷，最好在买卖合同中具体规定开证时间并订明信用证延迟开到的后果。如上例，"to reach the seller not later than MAR. 10, 2022"，表明信用证不得迟于2022年3月10日开到；"In case of late arrival of the L/C, the seller shall not be liable for any delay in shipment and shall have the right to rescind the contract and/or claim for damages"，表明如信用证延迟开到，卖方对"迟装运"将不承担责任且有权取消合同或就其损失提出索赔。

（3）信用证类别。信用证种类繁多，且随着具体交易的不同，对信用证种类的要求也有所不同。因此，每个买卖合同均须明确规定信用证的类别。上例中 "Payment by irrevocable sight Letter of Credit"表明信用证种类为"不可撤销即期信用证"。

（4）信用证金额。信用证金额是开证行承担付款责任的最高限额，应在买卖合同中做出规定，在实践中一般规定为合同金额的100%，如"for 100% of contract value"。出口合同中对装运数量订有"约数条款"或"溢短装条款"的，则应要求买方在信用证内规定允许装运数量多交或少交的百分率，同时，信用证金额也应允许有相应幅度的增减，以利于货物溢短装时灵活处理。

（5）到期日和到期地点。信用证的到期日（expiry date）又称信用证的有效期（validity），是指开证行或指定银行承担即期付款、延期付款、承兑或议付责任的期限。与到期日密切关联的到期地点，是指"指定议付行"或"指定付款行"的所在地，即在信用证有效期内应向何地的指定银行交单为准。在出口业务中，一般要求买方来证规定："to remain valid for negotiation in China until the 15th day after the date of shipment"（装运日后15天内在中国议付有效），其中应当特别注意应以中国为到期地点。

本章应知应会术语

1. bill of exchange, exchange, draft 汇票
2. amount in words 文字大写金额
3. amount in figures 数字小写金额
4. drawee 付款人
5. date of issue 出票日期
6. tenor 付款期限
7. at sight 见票即付
8. issuance 出票
9. endorsement 背书
10. endorser 背书人

11. endorsee 被背书人(受让人)

12. special endorsement 特别背书

13. blank endorsement 空白背书

14. presentation 提示

15. present for payment 提示付款

16. present for acceptance 提示承兑

17. acceptance 承兑

18. acceptor 承兑人

19. dishonor 拒付

20. protect 拒绝证书

21. notary public 公证机构

22. notice of dishonor 拒付通知

23. right of recourse 追索权

24. discount 贴现

25. face value 票面金额

26. discount interest 贴现利息

27. banker's draft 银行汇票

28. commercial draft 商业汇票

29. commercial acceptance bill 商业承兑汇票

30. banker's acceptance bill 银行承兑汇票

31. sight bill 即期汇票

32. time bill, usance bill 远期汇票

33. documentary bill 跟单汇票

34. clean bill 光票

35. remittance 汇付

36. remitter 汇款人

37. payee 收款人

38. remitting bank 汇出行

39. outward remittance 汇出汇款

40. paying bank 汇入行

41. inward remittance 汇入汇款

42. telegraphic transfer, T/T 电汇

43. payment order, P.O. 付款指示

44. test key 密押

45. mail transfer, M/T 信汇

46. remittance by banker's demand draft, D/D 票汇

47. banker's draft 银行汇票

48. sight draft 即期汇票

49. open account, O/A 赊销

50. collection 托收

51. financial document 金融单据

52. commercial document 商业单据

53. principal 委托人

54. remitting bank 托收行

55. collecting bank 代收行

56. drawee 付款人

57. customer's representative in case-of-need 需要时的代理

58. collection order 托收委托书

59. clean collection 光票托收

60. documentary collection 跟单托收

61. documents against payment, D/P 付款交单

62. d/p at sight 即期付款交单

63. d/p after sight 远期付款交单

64. documents against acceptance, D/A 承兑交单

65. outward bill purchased 出口押汇

66. trust receipt, T/R 信托收据

67. D/P·T/R 远期付款交单凭信托收据借单

68. down payment 定金

69. Uniform Rules for Collection, URC 《托收统一规则》

70. letter of credit, L/C 信用证

71. applicant 开证申请人

72. issuing bank 开证行

73. advising bank 通知行

74. beneficiary 受益人

75. negotiating bank 议付行

76. confirming bank 保兑行

77. paying bank 付款行

78. reimbursing bank 偿付行

79. Society for World Interbank Financial Telecommunication 环球银行金融电信协会

80. letter of guarantee, L/G 保函

81. international factoring 国际保理

82. export credit insurance 出口信用保险

思考题

1. 试比较电汇、信汇、票汇这三种汇付方式的异同点。
2. 汇票与票汇有何区别?
3. 电汇在国际货物贸易结算中是如何应用的?
4. 采用付款交单方式成交时进出口商分别应注意哪些事项?
5. 托收业务中银行扮演什么角色?其责任义务是什么?
6. 信用证的本质和特点是什么?绘制流程图说明信用证业务的完整流程。
7. 信用证项下银行对出口商的融资有几种方式?具体如何操作?
8. 托收结算方式与信用证结算方式的区别是什么?
9. 选用结算方式时应考虑哪些因素?
10. 备用信用证与跟单信用证有何不同?

案例分析题

1. 厦门某外贸公司通过中行厦门分行收到一份美国花旗银行开来的不可撤销信用证。该公司按信用证要求装运货物,并备齐全套信用证要求的严格相符的单据向中行议付。过后中行转来美国银行的拒付电稿,称开证申请人(进口商)已倒闭,本开证行不再承担付款责任。开证行的做法是否正确?

2. 厦门某进出口公司与日本某公司签订 10 吨香菇销售合同,价值 10 万美元。日本公司通过日方银行开出全额信用证。后因日方市场畅销,双方另外增补合同数量 2 吨,金额增加 2 万美元。双方签字同意。厦门公司出口后,将数量 12 吨、金额 12 万美元的单据交银行议付,但被银行以单证不符为由拒付。议付行的做法合理吗?

3. 某国外开证行按照信用证对受益人提交的相符单据履行了付款责任。但进口商付款赎单提货后发现质量与合同规定不符,要求开证行退款并赔偿损失。进口商的要求是否合理?

4. 某纺织品公司与国外公司按 CFR 条件签订了一份棉纺品出口合同。合同规定装运期为 10 月,但未规定具体开证日期。外商拖延开证,我方见装运期快到,从 9 月底开始,连续多次催证。10 月 5 日,收到开证的简电通知书。我方因怕耽误装运期,即按简电办理装运。10 月 28 日,外商开来 L/C 正本,正本对有关单据做了与合同不符的规定。我方审证未注意,交单议付时,银行也未发现,开证行即以单证不符为由,拒付货款。我方应从事件中吸取哪些教训?

第 11 章

进出口商品检验

第一节 商品检验的含义与重要性

国际货物买卖中的商品检验(commodity inspection),简称商检,是指由国家设立的检验机构或向政府注册的独立机构,对进出口货物的质量、规格、数量、卫生、安全等进行检验、鉴定,并出具证书,目的是经过第三者证明,保障对外贸易各方的合法权益。

商品检验是确定卖方所交货物是否符合合同规定的必不可少的环节,也是确定货损责任承担者的重要依据。国际货物买卖涉及面广、环节多、手续复杂,各方面的原因造成货损货差的情况时有发生,其责任可能涉及发货人、运输部门、装卸部门、仓储部门、保险公司等多方面。为了明确责任归属,查明货损的原因和程度,避免纠纷,或出现争议后能够妥善解决,需要一个有资格的、权威公正的、独立的第三方即商品检验机构对货物进行检验或鉴定,以维护相关当事人的合法权益。进出口商品检验已成为买卖双方交接货物过程中必不可少的业务环节。

第二节 检验权及检验的时间和地点

一、检验权

检验时间和地点是指在何时、何地行使对货物的检验权。所谓检验权,是指买方或卖方有权对所交易的货物进行检验,其检验结果即作为交付与接受货物的依据。

关于买方的检验权,英美法、大陆法、《联合国国际货物销售合同公约》及我国《民法典》都做了相似的规定:买方"收到"(received)货物并不等于他已经"接受"(accepted)了货物,除非合同另有规定,当卖方履行交货义务后,买方有权对货物进行检验,如果发现货物与合同规定不符,且确属卖方责任,买方有权向卖方表示拒收,并有权索赔。但买方对货物的检验权并不是买方接受货物的前提条件。如未经检验买方就接受了货物,即使事后发现货物有问题,也不能再行使拒收的权利。此外,如果合同的检验条款规定以卖方的检验为准,就排除了买方对货物的检验权。

二、检验的时间和地点

确定检验的时间和地点,实际上就是确定买卖双方中的哪一方行使对货物的检验权,也就是确定检验结果以哪一方提供的检验证书为准。谁享有对货物的检验权,谁就享有对货物的品质、数量、包装等项内容进行最后评定的权利。由此可见,如何规定检验时间和地点,是直接关系买卖双方切身利益的重要问题,因而是交易双方商定检验条款时的核心所在。

在国际货物买卖合同中,根据国际的习惯做法和我国的业务实践,有关检验时间和地点的规定办法可归纳为以下几种。

(一) 在出口国检验

该方法又包括产地(工厂)检验和装运港(地)检验两种。

1. 产地检验

产地(工厂)检验是指货物离开产地(工厂)前,由卖方或其委托的检验机构人员或会同买方检验人员对货物进行检验,并由买卖合同中规定的检验机构出具检验证书,作为卖方所交货物的品质、重量(数量)等项检验内容的最后依据。卖方只承担货物离厂前的责任,运输途中品质、重量、数量等方面出现问题的风险,均由买方负责。

2. 装运港(地)检验

装运港(地)检验即以"离岸品质、离岸重量"(shipping quality and weight)为准。据此规定,货物在装运港或装运地交货前经由双方约定的检验机构对货物的品质、重量(数量)等项检验内容进行检验,并以该机构出具的检验证书作为最后依据。货物运抵目的港或目的地后,即使买方再对货物进行复验,也无权对商品的品质和重量等项检验内容向卖方提出异议,除非买方能证明,他所收到的与合同规定不符的货物是由于卖方的违约或货物的固有瑕疵造成的。

采用上述两种方法时,从根本上否定了买方的复验权,对买方极为不利。

(二) 在进口国检验

进口国检验是指货物运抵目的港或目的地卸货后检验,或在买方营业处或最终用户的所在地检验。

1. 目的港(地)检验

目的港(地)卸货后检验,也就是以"到岸品质、到岸重量"(landed quality and landed weight)为准。按照这种规定,货物运抵目的港或目的地卸货后的一定时间内,由双方约定的目的地检验机构进行检验,并以该机构出具的检验证书作为卖方所交货物品质、重量(数量)等项检验内容的最后依据。采用这种方法时,如检验证书证明货物与合同不符系属卖方责任,卖方应予负责。

2. 买方营业处所(最终用户所在地)检验

对于成套设备、精密仪器等商品,由于不能在使用之前拆开包装检验或需要具备一定的检验条件和检验设备才能检验,可将货物运至买方营业处所或最终用户所在地进行检验,以这里的检验机构出具的检验证书作为交货品质和交货数量的最终依据。

采取上述两种方法时,卖方实际上需承担到货品质、到货重量(数量)等责任,对卖方不利。

(三) 出口国检验、进口国复验

出口国检验、进口国复验是指卖方在出口国装运货物时,以合同规定的装运港或装运地检验机构出具的检验证书作为付款依据,即卖方要求买方支付货款或要求银行议付的必备单据之一;货物运抵目的港或目的地卸货后一定时间内,买方有权复验,如经约定的检验机构复验后发现货物与合同不符,且属卖方责任,买方有权在合同规定的期限内凭复验证书向卖方索赔。

与前两种方法相比,这种方法较为公平合理,兼顾了买卖双方的利益,因而是我国进出口业务中最常用的一种方法。

(四) 离岸重量、到岸品质

大宗商品交易的检验常将商品的"重量检验"和"品质检验"分别进行,即装运港(地)检验重量、目的港(地)检验品质,俗称"离岸重量、到岸品质"(shipping weight and landed quality)。按照该方法,装运港或装运地验货后检验机构出具的重量检验证书是卖方所交货物重量的最后依据,而目的港或目的地检验机构出具的品质检验证书是商品品质的最后依据。这种方法在一定程度上调和了买卖双方在商品检验问题上的矛盾。

应当注意的是,在规定商品的检验时间和地点时,应综合考虑贸易术语、商品特性、行业惯例、进出口国法律法规、检测手段等因素,尤其应考虑买卖合同中所使用的贸易术语。一般情况下,商检工作应在货物交接时或风险转移前进行,货物风险转移之后,卖方不再承担货物品质、数量等发生变化的责任,除非货物与合同不符是由于卖方违约或货物固有的瑕疵造成的。

第三节 检 验 机 构

商品的检验机构简称检验机构或商检机构,是接受委托对进出口商品进行检验和公证鉴定的专门机构。在买卖合同的检验条款中,一般都对检验机构做出明确的规定,由合同指定的检验机构出具的检验证书才对交易双方具有约束力。检验机构的选定关系买卖双方的切身利益,应引起有关当事人的重视。

一、国外的检验机构

国际上的商品检验机构种类繁多、名称各异,有的称作公证行(authentic surveyor)、宣誓衡量人(sworn measurer),也有的称作实验室(laboratory)。按照经营范围划分,检验机构有综合性的、专业性的,也有只限于检验特定商品的。按照性质划分,检验机构有官方的、半官方的和非官方的。

官方检验机构是指由国家或地方政府投资,按照国家有关法律法令对出入境商品实施检验、鉴定和监督管理的机构,如美国食品药物管理局(FDA)、美国动植物检疫署和美国粮谷检验署及日本通商省检验所等。

半官方检验机构是指具有一定权威、由国家政府授权、代表政府负责某项商品检验或某一方面检验管理工作的民间机构,如美国保险人实验室(Underwriter's Laboratory)。

非官方检验机构主要是指由私人创办的,具有专业检验、鉴定技术能力的公证行或检验公司,如英国劳埃氏公证行(Lloyd's Surveyor)、瑞士日内瓦通用公证行(Societe Generale de Surveillance,SGS)、英国英之杰检验集团(IITS)、日本海事鉴定协会(NKKK)、美国材料与试验协会(ASTM)、加拿大标准协会(CSA)、国际羊毛局(IWS)、中国检验认证(集团)有限公司(CCIC)等。

二、我国的检验机构

中华人民共和国国家质量监督检验检疫总局(General Administration of Quality Supervision,Inspection and Quarantine of the People's Republic of China,AQSIQ)(以下简称"国家质检总局")主管全国进出口商品检验工作。

国家质检总局设在各省、自治区、直辖市以及进出口商品的口岸、集散地的出入境检验检疫局及其分支机构(以下简称"出入境检验检疫机构"),管理所负责地区的进出口商品检验工作。国家质检总局对出入境检验检疫机构实施垂直管理。

我国《商检法》和《商检法实施条例》规定,在进出口商品检验方面,出入境检验检疫机构的基本任务有三项,下面逐一介绍。

1. 实施法定检验

(1) 法定检验的含义与范围。法定检验(compulsory inspection)是指出入境检验检疫机构依据国家法律、行政法规,对规定的进出口商品或有关的检验检疫项目实施强制性的检验或检疫。实施法定检验的范围是指列入《出入境检验检疫机构实施检验检疫的进出境商品目录》(以下简称《法检目录》)的进出口商品以及法律、行政法规规定须经出入境检验检疫机构检验的其他进出口商品。《法检目录》由国家质检总局制定和调整,并在实施之日30天前公布。

列入《法检目录》的进口商品,未经检验的,不准销售、使用;列入目录的出口商品未经检验合格的,不准出口。列入《法检目录》的进出口商品符合国家规定的免予检验条件的,由收货人、发货人或者生产企业申请,经国家质检总局审查批准,出入境检验检疫机构免予检验。

(2) 法检目录的大规模调减。《法检目录》制定后并不是一成不变的,国家质检总局可根据需要定期或不定期对其进行调整。在全球经济复苏缓慢、外需持续低迷的大背景下,国家质检总局、海关总署于2013年8月1日出台的第109号联合公告对《法检目录》进行了大规模的调减,此次调整范围为历年之最。

此次《法检目录》变动幅度巨大,我国对1 507个海关商品编码项下的一般工业制成品不再实行出口商品检验。其中,1 420个海关商品编码项下的商品调出《法检目录》,占2013年列入《法检目录》的2 141个出口商品检验编码的66.3%;87个海关商品编码项下的商品需要实施出境动植物检疫仍保留在《法检目录》中。同时,我国将对危险化学品、烟花爆竹、打火机、玩具及童车产品、食品接触产品、汽车和稀土等工业品继续实行出口商品检验;对出口危险化学品包装及其他危险货物包装继续实行性能和使用检验。

此次《法检目录》的大幅度调减将加快企业通关放行速度,降低企业出口成本,促进外贸出口的平稳增长。

2. 对法定检验以外的商品实施抽查检验

出入境检验检疫机构对法定检验以外的进出口商品实施抽查检验。法定检验以外的出口商品经抽验不合格的,可在出入境检验检疫机构的监督下进行技术处理,经重检合格的,方准予出口;不能进行技术处理或技术处理后仍不合格的,不准出口。法定检验以外的进口商品,经抽验不合格的,可在出入境检验检疫机构的监督下进行技术处理,经重检合格的,方可销售或使用。

3. 对进出口商品的质量和检验工作实施监督管理

国家质检总局、地方出入境检验检疫机构通过行政管理手段,对进出口商品的收货人、发货人及生产、经营、储运单位以及经国家质检总局许可的检验机构和认可的检验人员的检验工作实施监督管理,以推动和组织有关部门按规定要求对进出口商品进行检验。

第四节 检验标准与检验流程

一、检验标准

检验标准是商品检验机构对进出口商品实施检验的基本依据,买卖合同中检验标准的具体内容应视商品的种类、特性及进出口国家有关法律或行政法规的规定而定。

(一)国际上对检验标准的分类

在国际货物买卖中,商品的标准可归纳为以下三类。

1. 约定标准

约定标准是指买卖双方自行商定的具有法律约束力的标准,是国际货物买卖中普遍采用的检验标准,其中最常见的是买卖合同和信用证中约定的标准。

2. 强制标准

强制标准是指贸易有关国家所制定的强制执行的法规标准,主要指商品生产国、出口国、进口国、消费国或过境国所制定的法规标准,如货物原产地标准、安全法规标准、卫生法规标准、环保法规标准、动植物检疫法规标准。

3. 权威性标准

权威性标准是指在国际上具有权威性的检验标准,主要包括以下几种。

(1)国际专业化组织标准。如国际标准化组织制定的标准。

(2)区域性标准化组织标准。区域性组织所制定的标准,如欧洲标准化委员会、欧洲电工标准委员会等制定的标准。

(3)行业标准。如国际羊毛局、国际橡胶协会等制定和颁布的标准。

(4)某国权威性标准。某些国家制定的具有国际权威性的检验标准,如英国药典、美国保险商实验室安全标准等。

(二)我国对检验标准的分类

根据《中华人民共和国标准化法》和《中华人民共和国标准化法实施条例》的规定,商品的标准分为国家标准、行业标准、地方标准和企业标准。

对需要在全国范围内统一的技术要求,应制定国家标准。对没有国家标准而又需要在全国某个行业范围内统一的技术要求,可以制定行业标准(含标准样品的制作)。对没有国家标准和行业标准而又需要在省、自治区、直辖市范围内统一的工业产品的安全、卫生要求,可以制定地方标准。企业生产的产品没有国家标准、地方标准和行业标准的,应当制定企业标准,作为组织生产的依据。

(三) 我国商检机构对进出口商品实施检验的标准

根据《中华人民共和国进出口商品检验法实施条例》的有关规定,我国商检机构按下列标准对进出口商品实施检验。

(1) 法律、行政法规规定有强制性标准或者其他必须执行的检验标准的,按规定的检验标准检验。

(2) 法律、行政法规未规定有强制性标准或其他必须执行的检验标准的,按照合同规定的检验标准检验;凭样成交的,还应当按照样品检验。

(3) 法律、行政法规规定的强制性或其他必须执行的检验标准,低于合同约定的检验标准的,按合同标准检验;凭样成交的,还应当按照样品检验。

(4) 无强制标准或约定标准不明确的,按照生产国标准、有关国际标准或国家商检部门指定的标准检验。

二、检验流程

我国出口商品的检验流程如下。

1. 安装电子报检系统

现在已统一实行电子报检,出口企业需安装当地商检局指定的电子报检系统。若企业出口产品较少,可以提供代理报检委托书,请代理报检企业代为报检。

2. 电子报检

进入电子报检系统,按系统要求及出口产品信息输入相关资料,然后单击"发送",该单货物的报检信息即传输到商检局联网的系统,发送成功后会自动生成一个报检编号,这个过程相当于以前手动报检时在商检局报检大厅的电脑里输机过程的变形。

3. 提交报检资料

(1) 出境货物报检单(原件,出口企业自己报检则盖出口企业公章,若委托代理企业报检则盖代理报检企业章;报检单内容按电子输机的内容填写,务必保持一致;注明随附单据)。

(2) 工厂检验报告(原件,盖工厂检验章)。

(3) 该批货物外包装生产厂商提供的出口包装证(由商检局签发,复印件即可)。

(4) 出口合同(复印件)。

(5) 出口发票(复印件)。

(6) 出口装箱单(复印件)。

将全套报检资料交商检局相关负责商检抽样的部门,请其安排商检。

4. 商检机构受理报检

商检机构在审查上述单证符合要求后,受理该批商品的报检;如发现有不合要求者,可要求申请人补充或修改有关条款。

5. 检验

商检机构接受报检之后,认真研究申报的检验项目,确定检验内容,并仔细审核合同(信用证)对品质、规格、包装的规定,弄清检验的依据,确定检验标准、方法。检验方法有抽样检验、仪器分析检验、物理检验、感官检验、微生物检验等。检验的形式有商检自验、共同检验、驻厂检验和产地检验。

6. 签发证书

商检机构对检验合格的商品签发检验证书,或在"出口货物报关单"上加盖放行章。检验证书签发后,出口企业按照所核商检费用交费、拿发票、取单。出口企业在取得检验证书或放行通知单后,在规定的有效期内报运出口。

第五节 检 验 证 书

检验证书(inspection certificate)是检验机构对进出口商品进行检验后签发的书面证明。

一、检验证书的种类

国际货物买卖中的检验证书种类繁多。在实际业务中,常见的检验证书主要有以下几种。

(1) 品质检验证书(inspection certificate of quality),即证明进出口商品品质、规格、等级等的证书,证明进出口商品的质量是否符合买卖合同有关规定。

(2) 重量或数量检验证书(inspection certificate of weight or quantity),即证明进出口商品重量或数量的证书,其内容为货物经何种计重方法或计量单位得出的实际重量或数量,以证明有关商品的总量或数量是否符合买卖合同的规定。

(3) 包装检验证书(inspection certificate of packing),用于证明进出口商品包装及标志情况的证书。进出口商品包装检验一般列入品质检验证书或重量(数量)检验证书中证明,但也可根据需要单独出具包装检验证书。

(4) 卫生检验证书(sanitary inspection certificate)或健康检验证书(inspection certificate of health),即证明食用动物产品、食品在出口前已经过卫生检验、符合卫生标准、可供食用的证书。

(5) 兽医检验证书(veterinary inspection certificate),即证明动物产品在出口前已经过兽医检验、符合检疫要求的证书,适用于冻畜肉、冻禽、禽畜罐头、皮张、毛类、绒类、猪鬃、肠衣等出口商品。

(6) 动物检验检疫证书,即动物卫生证书(animal health certificate),适用于符合输入国家或地区和中国有关检疫规定、双边检疫协定及贸易合同要求的出境动物,也可用于符合检疫要求的出境旅客携带的伴侣动物及供港澳动物的检疫。

（7）植物检疫类证书。植物检疫类证书包括植物检疫证书（phytosanitary certificate）和植物转口检疫证书两种：前者主要证明出境植物、植物产品等已按照规定程序进行检验和检疫，符合输入国或地区现行的植物检疫要求；后者适用于从输出方运往中国转口到第三方（包括港、澳、台等地区）的符合检疫要求的植物、植物产品等。

（8）消毒检验证书（disinfection inspection certificate），是用于证明猪鬃、马尾、皮张、羽毛、山羊毛、蹄角、骨粉等动物产品在出口前已经过消毒处理、符合安全及卫生要求的证书。

（9）熏蒸证书（inspection certificate of fumigation），是用于证明出口的粮食、谷物、油籽、豆类、皮张等商品，以及包装用木材与植物性填充物等，出口前已经过熏蒸灭虫处理的证书，主要证明使用的药物、熏蒸的时间等情况。若国外不要求单独出证，可将其内容列入品质检验证书中。

（10）价值检验证书（inspection certificate of value），是证明出口商品价值的证书，通常用于证明发货人发票所载的商品价值正确、属实。

（11）产地检验证书（inspection certificate of origin），是用于证明出口商品原生产地的证书，通常包括一般产地证、普惠制产地证、野生动物产地证等。

（12）验残检验证书（inspection certificate on damaged cargo），是证明进口商品残损情况、估算残损贬值程度、判定致损原因的证书。

实际业务中，买卖双方应根据成交货物的种类、性质、有关国家的法律和行政法规、政府的涉外经济贸易政策和贸易习惯等确定卖方应提供何种检验证书，并在买卖合同中予以明确。

二、检验证书的作用

1. 检验证书是证明卖方所交货物符合合同规定的依据

在国际货物买卖中，卖方的基本义务之一是交付与合同相符的货物。因此，合同或信用证中通常都规定卖方交货时必须提交规定的检验证书，以证明所交货物与合同规定一致。检验证书是证明卖方所交货物的品质、数量、包装等符合合同规定的重要依据。

2. 检验证书是计算关税和报关验放的有效证件

检验证书是计算关税的依据。例如，重量、数量检验证书是海关核查征收进出口货物关税时的重要依据；残损证书可以作为向海关申请退税的有效凭证；产地证明书是进口国海关给予差别关税待遇的基本凭证等。检验证书还是报关验放的重要证件，在有关货物进出口时，当事人必须向海关提交符合规定的检验证书，否则海关将不予放行。

3. 检验证书是买卖双方办理货款结算的依据

在某些进出口业务中，根据买卖双方的约定，信用证项下要求提交的单据包括检验证书，在此情况下，卖方发货后向指定银行交单办理议付时，必须提供信用证规定的检验证书方能获得货款。

4. 检验证书是办理索赔、理赔和解决争议的依据

当报检货物与合同规定不符时，检验检疫机构签发的有关品质、数量、重量、残损证书，是收货人向有关责任方提出索赔和有关责任方办理理赔的重要依据。在国际货物买卖中,当交易双方发生争议未能协商解决,而提交仲裁或进行司法诉讼时,检验证书是当事人向仲裁机构或法院举证的重要凭证,也是仲裁机构或法院进行裁决的重要依据。

5. 检验证书是计算运输、仓储等费用的依据

检验的货载衡量所确定的货物重量或体积,既是承运人与托运人之间计算运费的有效依据,也是港口仓储运输部门计算栈租、装卸、理货等费用的有效凭证。

在填制检验证书时,要注意证书的名称和具体内容必须与合同及信用证的规定一致。此外,检验证书的签发日期通常不得迟于运输单据签发日期,但也不宜比运输单据签发日期提前时间过长。

第六节　买卖合同中的检验条款

国际货物买卖合同中检验条款的内容因商品种类和特性的不同而有所差异,但通常都包括检验时间和地点、检验机构、检验内容及需提供的证书、检验所依据的标准、检验费用的承担以及货物与合同规定不符时买方索赔的时限等内容。检验条款的作用是提供一个确定卖方所交货物是否符合合同的依据,关系合同的履行、索赔、诉讼等许多法律问题。现就我国进出口贸易合同中常用的检验条款举例如下。

例:It is mutually agreed that the Certificate of Quality and Weight (Quantity) issued by the China Entry-Exit Inspection and Quarantine Bureau at the port/place of shipment shall be part of the documents to be presented for negotiation under the relevant L/C. The Buyers shall have the right to reinspect the quality and weight (quantity) of the cargo. The reinspection fee shall be borne by the Buyers. Should the quality and/or weight (quantity) be found not in conformity with that of the contract, the Buyers are entitled to lodge with the Sellers a claim which should be supported by survey reports issued by a recognized surveyor approved by the Sellers. The claim, if any, shall be lodged within 60 days after arrival of the goods at the port/place of destination.

本例包含了检验条款的主要内容:

(1) 检验时间和地点。如前所述,国际货物贸易合同中,对检验时间和地点的规定通常有产地检验、装运港(地)检验、目的港(地)检验、买方营业处所或最终用户所在地检验、出口国检验进口国复验、离岸重量到岸品质等方法,具体应综合考虑贸易术语、商品特性、法律法规、行业习惯等加以选择并在合同中订明。上例的检验时间和地点为"at the port/place of shipment",即规定装运港(地)检验。

(2) 检验机构。检验机构就其性质而言有官方、半官方、非官方之分,国际贸易领域的检验机构众多,检验水平、工作作风、收费标准千差万别。公正性、权威性是选择商检机构的首要条件。在我国的出口业务中,商品需检验时应首先考虑中国出入境检验检疫局(China Entry-Exit Inspection and Quarantine Bureau),此外还可选择 SGS 等国际一流的公证行,这些机构信誉卓著、检验水平高、具备全球性的服务网络,收费也比较规范。

(3) 检验内容及证书。进出口商品检验的内容包括品质检验、数量重量检验、包装检验、卫生检验、安全性能检验等。对于某一商品而言,其具体的检验内容应根据商品的特点、相关法律的规定、行业习惯、技术标准等予以确定。确定检验内容后,买卖合同中的检验条款应相应地规定需出具的检验证书。例如,"It is mutually agreed that the Certificate of Quality and Weight (Quantity) issued by the China Entry-Exit Inspection and Quarantine Bureau at the port/place of shipment shall be part of the documents to be presented for negotiation under the relevant L/C"明确规定了以装运港(地)中国出入境检验检疫局出具的品质检验证书和重量(数量)检验证书作为信用证项下的议付单据之一。

(4) 检验费用的承担。关于检验费用的承担,国际上并没有统一的规定。目前常用的做法是,卖方负责装运前的检验费用,卸货后的检验费用(或复验费)则由买方承担。在我国,检验费用的支付一般由报验人负责。为了避免争议,检验费用由谁承担应在合同中明确规定。如上例,"The Buyers shall have the right to reinspect the quality and quantity of the cargo. The reinspection fee shall be borne by the Buyers."(买方有权对货物的质量和数量进行复验,复验费由买方承担。)

(5) 复验期限。在买方有复验权的情况下,复验期限实际上就是索赔的期限。只有在此期限内,由卖方同意的商检机构出具的证书才能作为有效的索赔依据。至于复验期的长短,应视商品特性和港口情况加以确定。通常来说,一般货物的复验期为货到目的地后30～45天;机器设备一般为60天及以上;对订有质量保证期限的商品可长达1年及以上。除买卖双方另有规定之外,复验地点一般应在目的地。例如,"Should the quality and/or quantity be found not in conformity with that of the contract, the Buyers are entitled to lodge with the Sellers a claim which should be supported by survey reports issued by a recognized surveyor approved by the Sellers. The claim, if any, shall be lodged within 60 days after arrival of the goods at the port of destination."(若发现质量和/或数量与合同规定不符,买方有权向卖方索赔,并提供经卖方同意的公证机构出具的检验报告。索赔期限为货物到达目的港后60天内。)

应当注意的是,合同中的检验条款除了包含上述内容外,还可根据业务需要规定检验方法和标准。同一种商品,采用不同的检验标准和方法,会得出不同的结果。因此,必须事先在合同条款中载明对商品进行检验的标准,而不能列上"某种或某几种"标准的字样,以免事后发生争议。此外,检验条款还必须与合同中的品质条款、数量条款、包装条款等相互衔接,以防由于某一条款订得过于苛刻或过于烦琐以致事后无法出具商检证书,或因所出证书不符而难以议付。

本章应知应会术语

1. commodity inspection　商品检验
2. shipping quality and weight　离岸品质、离岸重量
3. landed quality and landed weight　到岸品质、到岸重量
4. compulsory inspection　法定检验
5. inspection certificate　检验证书

6. inspection certificate of quality　品质检验证书

7. inspection certificate of weight or quantity　重量或数量检验证书

8. inspection certificate of disinfection　消毒检验证书

9. inspection certificate of fumigation　熏蒸证书

10. inspection certificate of origin　产地检验证书

11. inspection certificate on damaged cargo　验残检验证书

思考题

1. 国际货物买卖合同中对商品检验的时间和地点有哪些规定方法？各种规定方法的特点是什么？

2. 我国出入境检验检疫机构在进出口商品检验方面的基本任务是什么？

3. 何为法定检验？简述我国实施法定检验的范围。

4. 简述我国出口商品的检验流程。

5. 国际货物买卖中常见的检验证书有哪些？

6. 简述国际货物贸易中检验证书的作用。

7. 国际货物买卖合同中的检验条款一般包括哪些内容？试举例说明。

案例分析题

1. 我国 A 公司以 CIF 新加坡条件向新加坡 B 公司出口一批土特产，B 公司又将该批货物转卖给马来西亚 C 公司。货到新加坡后，B 公司发现货物质量有问题，但 B 公司仍将原货转运马来西亚。其后，B 公司在合同规定的索赔期限内凭马来西亚商检机构签发的检验证书向 A 公司提出退货要求。A 公司应如何处理？为什么？

2. 有一份 CIF 合同，我国某公司出口 600 公吨洋葱给澳大利亚某公司，规定在大连港装运，合同中检验条款规定"离岸品质、离岸重量"。装船时，经公证行检验证明洋葱完全符合商销品质，并出具了证明。但是，货物抵达澳大利亚时，洋葱已腐烂变质不可食用。买方经当地商检机构检验并凭其出具的检验证书向卖方索赔，要求退回货款，卖方不予受理。该案应如何处理？

第 12 章

争议的预防与处理

第一节 索 赔

一、违约责任

(一) 违约的含义

违约(breach of contract)是指合同的一方当事人未履行或未完全履行其合同义务的行为。除合同或法律规定的属于不可抗力原因造成者外,违约方都要承担违约责任,而受害方也有权依据合同或有关法律规定向违约方提出救济要求。

(二) 违约的形式及救济方法

1. 英国法的规定

英国法将违约的形式分为违反要件(breach of condition)与违反担保(breach of warranty)两种。前者指合同当事人违反合同中重要的、带有根本性的条款。根据《英国货物买卖法》,买卖合同中关于履行的时间,货物的品质、数量等条款都属于合同的要件。后者指当事人违反合同中次要的、从属的条款。按照英国法的有关规定,在违反要件的情况下,受损的一方可以解除合同,并要求损害赔偿;而在违反担保的情况下,受损方可以要求损害赔偿,但不能解除合同。

2. 美国法的规定

美国法根据违约的性质和带来的结果将违约分为两类:轻微违约(minor breach of contract)和重大违约(material breach of contract)。前者指债务人在履约中尽管存在一些缺陷,但债权人已经从合同履行中得到该交易的主要利益。例如,交货时间略有延迟、交货数量或质量与合同略有出入等,都属于轻微违约的范畴。后者指由于债务人未履行合同或履约有缺陷致使债权人不能得到该项交易的主要利益。当一方轻微违约时,受损方可以要求赔偿损失,但无权解除合同;在重大违约的情况下,受损方有权解除合同并要求损害赔偿。

3. 大陆法的规定

大陆法国家将违约的形式分为"不履行债务"和"延迟履行债务"两种。前者又称"给付不能",指债务人由于种种原因,不可能履行其合同义务。后者又称"给付延迟",指债务人履行期已届满,而且是能够履行的,但债务人未按期履行其合同义务。

4. 《联合国国际货物销售合同公约》的规定

《联合国国际货物销售合同公约》(以下简称《公约》)将违约分为根本性违约(fundamental breach of contract)和非根本性违约(non-fundamental breach of contract)。一方当事人违反合同的结果,如使另一方当事人蒙受损害,以至于实际上剥夺了他根据合同规定有权期待得到的东西,即为根本性违约。如违约的情况尚未达到根本违反合同的程度,则视为非根本性违约。从法律结果看,《公约》认为,构成根本性违约时受害方可以解除合同,同时向违约方提出损害赔偿的要求;反之,则只能请求损害赔偿。

5. 我国《民法典》的规定

我国《民法典》第563条规定的合同法定解除情形包括:当事人一方迟延履行债务或者有其他违约行为致使不能实现合同目的;当事人一方迟延履行主要债务,经催告后在合理期限内仍未履行。

应当注意的是,违约情况下的救济方法(remedies)除了上述"损害赔偿"及"解除合同"两种外,还包括"实际履行"。实际履行有两重含义:一是指受损方有权要求违约方实际履行合同,而不能用其他补偿手段(如金钱)代替;二是指受损方有权向法院提起实际履行之诉,由法院强制违约方按合同规定履行其义务。各国法律对实际履行作为一种救济方法都有规定,但差异较大。大陆法将实际履行作为一种主要的救济方法;英美法将实际履行作为例外的辅助性的救济方法;《公约》调和了二者的分歧,规定当事人可要求对方实际履行,但是,如当事人诉诸法院,法院并无义务判决实际履行。

二、索赔

(一) 索赔的含义

索赔(claim)是指买卖合同的一方当事人因另一方当事人违约致使其遭受损失而向另一方当事人提出要求赔偿的行为。在实践中,索赔不仅指要求责任方赔偿损害,还包括行使法律上规定的其他权利,如解除合同、拒收货物、实际履行等。理赔是指违约方对受害方提出的赔偿要求予以处理。索赔与理赔是一个问题的两个方面。

(二) 索赔的原因

索赔事件产生的原因是多方面的,买方向卖方索赔的原因主要包括不交货(non-delivery)、迟交货(late delivery)、所交货物与合同不符、提交的单据有瑕疵等。卖方向买方索赔的原因则包括未按合同规定受领货物与支付货款、信用证支付方式下未按时开证或不开证、FOB条件下不按合同规定派船接货等。国际货物贸易中,买方向卖方提出索赔的情况较多。为了便于处理这类问题,在国际货物买卖合同中,通常都应该订立索赔条款,一方面有利于促使合同当事人认真履约,另一方面也便于依约处理合同争议。

(三) 索赔对象

索赔对象是指需对索赔方承担损失赔偿责任的当事人。国际货物贸易涉及许多当事人,当出现索赔事故时,责任方(索赔对象)可能不仅局限于买卖双方,有时还涉及承运人、保险公司等其他当事人。因此,在发生索赔事故的情况下,应当认真做好调查研究,弄清事实、分清责任,以便确认索赔对象。

(四)索赔的依据

一方当事人向另一方当事人提出索赔时,必须有充分的依据。索赔依据包括法律依据和事实依据。法律依据指当事人间签订的合同和适用的法律规定。例如,贸易索赔的主要法律依据是买卖双方签订的贸易合同;运输索赔的主要法律依据是承运人与托运人间的运输契约(提单);保险索赔的主要法律依据是保险人向被保险人签发的保单等。事实依据指违约的事实、情节及其书面证明。

(五)索赔时效

索赔时效又称索赔期限或索赔有效期,是指受损方有权向违约方提出索赔的期限。根据法律和国际惯例规定,受损方只能在一定的索赔期限内提出索赔,否则将丧失索赔权。

1. 向卖方提出索赔的时效

当买卖双方在合同中明确规定索赔期限时,买方应在约定期限内向卖方提出索赔,如超过约定期限索赔,违约方可不予受理。买卖合同中索赔期限的长短须视买卖货物的性质、运输、检验的繁简等情况而定,且该期限的起算时间也应一并在合同中做出具体规定。常见的起算方法包括:①货到目的地后××天起算;②货到目的地卸离运输工具后××天起算;③货到买方营业处所或用户所在地后××天起算;④货到检验后××天起算。

如果合同中未约定索赔期限,则品质保证期限被认为是买方提出索赔的时效。如果合同中既没约定索赔期限又未规定品质保证期限,则按法定索赔期限处理。法定期限指法律所规定的索赔有效期,通常为两年。例如,《联合国国际货物销售合同公约》第39条规定:买方必须在发现或理应发现不符情况后一段合理时间内通知卖方,否则将丧失索赔的权利,但最长索赔时效为买方收到货物之日起不超过2年;我国《民法典》第621条也规定:买受人在合理期限内未通知或者自收到标的物之日起两年内未通知出卖人的,视为标的物的数量或者质量符合约定。

2. 向承运人提出索赔的时效

(1)海运方式下向承运人提出索赔的时效。《海牙规则》规定托运人或收货人在收取货物时,如发现货物灭失或损坏应在提货日起3天内提出。如果货主的索赔未被受理,则诉讼时效为货物交付之日起1年内。1992年生效的《汉堡规则》对此时效做了修改,依据该规则,托运人或收货人应在提货后15天内向承运人发出索赔通知。承运人延迟交货,收货人必须于收到货物后60天内书面通知承运人,否则承运人不承担赔偿责任。诉讼时效为2年。

(2)空运方式下向承运人提出索赔的时效。《华沙公约》规定收货人必须在收货后7天内提出。如承运人延迟交货,收货人应在货运后14天内提出。诉讼时效2年,从货物到达日或货物应到达日或运输终止日起算。

(3)国际多式联运方式下向承运人提出索赔的时效。《联合国国际多式联运公约》规定,货物灭失或损坏,收货人应在收货后 6 天内向多式联运经营人提出索赔。如属延迟交货,收货人应于收货后 60 天内提出。诉讼时效为 2 年。自货物交付之日起算,如货物未交付,则自货物应当交付的最后一日的次日起算。

应当注意的是公约将诉讼时效与索赔时效联系起来,如货物交付之日起 6 个月未提出索赔,则诉讼在此期限届满后失效。

3. 向保险公司提出索赔的时效

中国人民保险公司规定的索赔时效为 2 年,即从被保险货物在最后卸载港全部卸离海轮后起算,最长不超过 2 年。

(六) 索赔金额

由于索赔金额事先难以预计,因此订约时一般不做具体规定,待出现违约事件后,再由有关方面酌情确定。如合同中未具体规定赔偿金额的计算方法,根据有关的法律和国际贸易实践,计算赔偿金额的基本原则为:

(1) 赔偿金额应与因违约而遭受的包括利润在内的损失额相等;

(2) 应以违约方在订立合同时可预料到的合理损失为限;

(3) 由于受损方未采取合理措施使有可能减轻而未减轻的损失,应在赔偿金额中扣除。

与此相反,如果买卖合同中约定了损害赔偿额的计算方法,则按约定的方法计算赔偿金额并提出索赔。

(七) 合同中的索赔条款

买卖双方为了在索赔和理赔工作中有所依据,通常在合同中订立索赔条款。索赔条款一般是针对卖方交货质量、数量或包装不符合同规定而订立的,主要包括索赔期限、索赔依据、索赔处理方法等。例如:

Any claim by the Buyer regarding the goods shipped should be filed within 60 days after the arrival of the goods at the port of destination specified in the relative Bill of Lading and supported by a survey report issued by a surveyor approved by the Seller. Claims in respect of matters within responsibility of insurance company, shipping company/other transportation organizations will not be considered or entertained.

上例中,索赔条款包括索赔时效(索赔应于货物到达提单所载目的港之日起 60 天内提出)、索赔依据(须提供卖方认可的公证机构出具的检验报告)、索赔对象的澄清(凡属保险公司、船公司或其他有关运输机构责任范围内的索赔,卖方概不受理)等。

买卖合同中约定索赔条款时应注意下列事项。

(1) 应按公平合理原则约定索赔依据。在国际货物买卖合同的异议与索赔条款中,通常规定由双方约定的商检机构出具检验证明,作为双方交接货物、结算货款和办理索赔的依据。我国外贸公司在进出口业务中应选择公正、权威的检验机构出具的对双方都有约束力的证明文件作为索赔依据并在合同中明确规定,以维护自身利益。

(2) 索赔期限的长短应合理。索赔期限的长短,对买卖双方有利害关系。若索赔期过长,势必使违约方承担责任的期限也随之延长,从而加重其负担;若索赔期规定太短,有可能使受损方无法行使索赔权而蒙受更大的损失。因此,交易双方约定索赔期时必须根据不同种类商品的特点,并结合运输、检验条件和检验所需的时间等因素,酌情做出合理的安排。

(3)应注意索赔条款与检验条款之间的联系。索赔条款与商品检验条款有着密切的联系。例如,买方索赔的期限与买方对货物进行复验的有效期密切相关。约定索赔期限时,必须考虑检验条件和期限的长短等因素。为了使这两项条款的约定互相衔接和更加合理,以免出现彼此脱节或互相矛盾的情况,在买卖合同中可将这两项条款结合起来订立,并称之为"检验与索赔条款"(inspection & claim clause)。

第二节 罚金条款与定金罚则

一、罚金条款

(一)罚金条款的定义与主要内容

罚金条款(penalty clause),又称违约金条款(liquidated damage clause),是指在国际贸易买卖合同中规定违约的一方应向受损害的一方支付约定数额的罚金,以补偿对方的损失,主要适用于一方当事人迟延履约,如卖方延期交货、买方延期接货或延迟开立信用证等情况。罚金的支付并不解除违约方继续履约的义务。因此,违约方除支付罚金外,仍应履行合同义务,如因故不能履约,则另一方在收受罚金之外,仍有权索赔。

罚金条款的内容包括罚金数额或罚金的百分率。例如,合同规定:"如卖方不能如期交货,每延误一周,买方应收取迟交货总值的 0.5% 的罚金,不足一周者,按一周计算,延误 10 周时,买方除要求卖方支付延期交货罚金外,还有权撤销合同。"按一般惯例,罚金数额通常不超过货物总金额的 5%。罚金条款中还应当订明罚金的起算日期。计算罚金起算日期的方法有两种:一种是从约定的交货期或开证期终止后立即起算;另一种是规定宽限期(grace period),即在约定的有关期限终止后再宽限一段时间,在宽限期内仍可免于罚款,待宽限期满后再起算罚金。

(二)订立罚金条款的注意事项

(1)罚金条款通常只适用于连续分批交货的大宗货物买卖和机械设备类的商品,一般情况下,我国的进出口合同只订立"异议与索赔条款"或"检验与索赔条款"。

(2)罚金条款应当具有明确性和可操作性。诸如"一方如有违约行为,应该向对方支付罚金"的罚金条款只是空有其文,难以发挥实际的作用。违约责任条款由"适用条件"和"违约责任"两部分组成,适用条件中必须对是否违约有明确的判断标准,具有可识别性;违约责任的内容必须具有明确性,或是约定具体的罚金数额,或是约定具体的罚金率或损失赔偿计算方法。

(3)注意罚金与损失赔偿的区别。罚金不以造成损失为前提条件,即使违约结果并未导致任何实际损失,也不影响对违约方追究罚金责任。罚金数额与实际损失是否存在及损失大小无关,法庭或仲裁庭也不要求请求人就损失举证,故其在追索程序上比损失赔偿追索程序简便得多。

(4) 订立罚金条款时,应注意有些国家的法律对罚金条款不予承认和保护。例如,英美法系国家的法律认为,对于违约只能要求赔偿不能予以惩罚,因此只承认损害赔偿,不承认带有惩罚性质的罚金。当事人合同中订有固定赔偿金额条款时,英美等国的法院会区分其性质。如属"预定的损害赔偿",则不论损失大小均按合同约定的固定金额判付;如属"罚金",则对合同固定金额不予承认,赔偿金额根据受损方的实际损失确定。因此,在与英国、美国、澳大利亚、新西兰等国进行贸易时,应注意约定的罚金的合法性。

二、定金罚则

(一)定金的含义与定金罚则

定金(down payment)是指合同一方当事人按合同约定预先支付一定数额的金钱,以保证合同的订立、担保合同的履行及保留合同的解除权,它是作为债权的担保而存在的。定金条款由合同双方当事人约定,其主要内容包括:

(1) 定金的数额及支付定金的时间与方式。

(2) 如合同最终如期顺利履行完毕,定金是用于抵扣货款或是直接由预付方收回。

(3) 定金罚则。支付定金的一方不履行合同义务的,即丧失定金的所有权,因而无权请求返还定金;收取定金的一方不履行合同义务的,应双倍返还定金。

(4) 如果合同最终没有履行,而买卖双方都没有过错,则收取定金的一方应向支付定金的一方全额返还定金。

(二)约定定金条款的注意事项

(1) 约定定金条款时,合同中应明确使用"定金"字样或"违约应当双倍返还"的内容。如使用留置金、担保金、保证金、订约金、押金或者订金等字样,但没有约定定金性质,当事人主张定金权利时,法律不予支持。

(2) 注意区分"定金"与"订金"。事实上,"订金"并非规范的法律概念,它具有预付款的性质,但只是一种支付手段,其目的是解决合同一方资金周转的困难,不具备债权担保的作用。收取订金的一方违约,只须返还所收款项,无须双倍返还。

(3) 在合同中同时有罚金条款与定金条款的情况下,一方违约时,另一方可以选择适用罚金条款还是定金条款,二者只能选择其一,不能同时适用。

第三节 不可抗力

一、不可抗力的含义

对于什么是不可抗力,各国说法并不一致。我国《民法典》第180条规定:"不可抗力是不能预见、不能避免且不能克服的客观情况。"在英美法中,有"合同落空"之说;在大陆法中,有"情势变迁"或"契约失效"之说;按《联合国国际货物销售合同公约》第79条(1)款的解释,不可抗力是指合同签订后,发生了合同当事人订约时无法预见和事后不能控制的障碍,以致不能履行合同义务。尽管具体说法和解释不一,但基本精神和处理原则大体相同。

综上所述,不可抗力(force majeure)是指买卖合同签订后,不是由于合同当事人的过失或疏忽,而是由于发生了合同当事人无法预见、无法预防、无法避免和无法控制的事件,以致不能履行或不能如期履行合同,发生意外事件的一方可以免除履行合同的责任或推迟履行合同。因此,不可抗力是一项免责条款。

二、不可抗力的认定

不可抗力事件的不可预见性和偶然性决定了人们不可能列举出它的全部外延,不能穷尽可能发生的种种偶然事件。因此,尽管世界各国都承认不可抗力可以免责,但没有一个国家能确切地规定不可抗力的范围。对于不可抗力事件的认定,买卖双方商订合同时应达成共识,并具体写明,以免引起争议。

(一)不可抗力的范围

根据我国实践及多数国家有关法律的解释,不可抗力事件的范围就其原因而论可以分为以下几种情况。

(1) 自然原因引起的不可抗力。自然力量引起的水灾、旱灾、冰灾、雪灾、雷电、暴风雨、地震、海啸等。

(2) 社会原因引起的不可抗力。政府行为及社会异常事件引起的战争、暴动、骚乱、政府颁布禁令、封锁禁运和调整政策制度等。

应当注意的是,不能错误地认为所有自然原因和社会原因引起的事件都属于不可抗力。应严格区别诸如商品价格波动、汇率变化、利率变化等正常的贸易风险与不可抗力事件。

(二)构成不可抗力的条件

以上列举了一些不可抗力事件,但并不是说只要这些事件发生,遭受这些事件的当事人就可以免责。某一事件要构成不可抗力还需满足下列条件。

(1) 不可预见性。法律要求构成不可抗力的事件必须是有关当事人在订立合同时,对这个事件是否会发生是不可能预见到的。若当事人能预见到该事件的发生而未采取规避措施,则不能申请免责。

(2) 不可避免性与不可克服性。合同生效后,当事人对可能出现的意外情况尽管采取了及时合理的措施,但客观上并不能阻止这一意外情况的发生,这就是不可避免性。不可克服性是指合同的当事人对于意外发生的某一事件所造成的损失不能克服。如果某一事件造成的后果可以通过当事人的努力得到克服,那么这个事件就不是不可抗力事件。

(3) 非故意性与非过失性。合同当事人的故意行为或过失导致的事件,不能认定为不可抗力。

(4) 履行期间性。对某一个具体合同而言,构成不可抗力的事件必须是在合同签订之后、终止以前,即是在合同的履行期间内发生的。如果一项事件发生在合同订立之前或履行之后,或者一方履行迟延而又经对方当事人同意,则不能构成合同的不可抗力事件。

(5) 履约受阻性。事件的发生必须确实造成一方当事人不能履行或不能如期履行合同的事实,如果事件的发生对合同的履行没有影响,则对遭受事件的一方而言该事件不能认定为不可抗力,该当事人无权以不可抗力为由要求免责。

三、不可抗力的法律后果

不可抗力事件的发生可能对合同产生三种实质影响:造成合同完全不能履行、造成合同部分不能履行和造成合同不能按时履行。

(1) 对于不可抗力事件造成合同完全不能履行的,合同当事人有权解除合同。

(2) 对于不可抗力事件造成合同部分不能履行的,当事人可以免除部分不能履行的责任,对于仍可履行的部分,由双方当事人协商解决,可以解除,也可以实际履行尚存部分的义务。

(3) 对于不可抗力事件造成当事人不能按时履行的,当事人可以免除迟延履行的责任,合同是否继续履行依当事人自由协商决定,可以继续履行,也可以解除。但是,应当注意的是,当事人迟延履行后发生的不可抗力事件不能作为免责事由,因为当事人未按时履行合同,已构成违约,不得将自己违约后发生的任何事件援引为免责抗辩事由。

四、不可抗力事件的处理

如果发生不可抗力,致使合同不能得到全部或部分履行,有关当事人可根据不可抗力的影响,解除合同或变更合同而免除其相应的责任。

(1) 解除合同。当不可抗力事件致使合同履行成为不可能,或事件的影响比较严重、非短时期内所能复原时,适用解除合同的处理方法。例如,存货仓库发生火灾致使合同标的物灭失;强地震导致道路弯曲、变形,交通运输彻底中断,短期内难以修复等。

(2) 变更合同。适当地变更原订合同的条件或内容,包括替代履行、减少履行或迟延履行。当不可抗力事件只是部分地或暂时性地阻碍了合同的履行时,适用变更合同的处理方法。例如,农作物遭遇天灾减产可采用减少履行的方法、货物发运时遭遇台风导致装船延误可采用迟延履行的方法等。

总之,究竟是解除合同还是变更合同,应视事故的原因、性质、规模及其对履行合同所产生的实际影响的程度,由双方当事人酌情处理。

五、不可抗力的通知与证明

不可抗力发生后,不能按规定履约的一方当事人要取得免责的权利,必须及时通知另一方当事人,并提供必要的证明文件,而且在通知中应提出处理意见。

关于不可抗力的通知问题,我国《民法典》规定,不可抗力发生后,当事人一方因不能按规定履约要取得免责权利,必须及时通知另一方,并在合理时间内提供必要的证明文件,以减轻可能给另一方造成的损失。《联合国国际货物销售合同公约》也明确规定,如果当事人一方未及时通知而给对方造成损害,应负赔偿责任。在实践中,为防止争议,通常在合同的不可抗力条款中明确规定具体的通知期限。

关于不可抗力的出证机构，在中国，一般由中国国际贸易促进委员会（China Council for the Promotion of International Trade，CCPIT）出具；如由对方提供，则大多数由当地的商会或登记注册的公证机构出具。另一方当事人收到不可抗力的通知及证明文件后，无论同意与否，都应及时回复。否则，按有些国家的法律（如《美国统一商法典》）的规定，将被视作默认。

六、合同中的不可抗力条款

国际货物买卖合同中的不可抗力条款主要包括不可抗力的范围、对不可抗力的处理原则和方法、不可抗力发生后通知对方的期限和方法，以及出具证明文件的机构等。我国进出口合同中的不可抗力条款，按照对不可抗力事件范围规定的不同，主要有以下三种方式。

（1）概括式，即对不可抗力事件仅做笼统的提示，不具体规定哪些事件属于不可抗力。例如，"由于不可抗力的原因，而不能履行合同或延迟履行合同的一方可不负有违约责任，但应立即以电传或传真通知对方，并在××天内以航空挂号信向对方提供中国国际贸易促进委员会出具的证明书。"这种方法含义模糊，对不可抗力事件范围的伸缩性大，难以作为解释问题的依据，容易产生争议，不宜采用。

（2）列举式，即逐一订明不可抗力事件的种类，凡合同中没有规定的事件，发生后均不能作为不可抗力事故。例如，"由于战争、地震、水灾、火灾、暴风雪的原因而不能履行合同或延迟履行合同的一方不负有违约责任……"虽然具体明确，对不可抗力事件的解释不易发生争执，但难以概括全部情况，容易出现遗漏，一旦发生未列举的其他事件，就丧失了使用不可抗力的权利。

（3）综合式，即将概括式和列举式合并在一起，合同中在列明可能发生的不可抗力事件的同时，再加上"其他不可抗力原因"的文句。例如，"由于战争、地震、水灾、火灾、暴风雪或其他不可抗力原因而不能履行合同的一方不负有违约责任……"综合式弥补了前述两种方法的不足，是最为常用的一种方式。

课堂练习：以下不可抗力条款分别采用哪一种方式？概括式、列举式，还是综合式？两人一组进行翻译，并在每个条款中分别画出：①不可抗力的范围；②不可抗力的处理方法；③发出通知的期限和方法；④出证机构。

(1) If the shipment of the contracted goods is prevented or delayed in whole or in part by reason of war, earthquake, flood, fire, storm, heavy snow, the Seller shall not be liable for non-shipment or late shipment of the goods of this contract. However, the Seller shall notify the Buyer by tele-transmission and furnish the latter within ... days by registered airmail with a certificate issued by the China Council for the Promotion of International Trade (China Chamber of International Commerce) attesting such event or events.

(2) If the shipment of the contracted goods is prevented or delayed in whole or in part by reason of war, earthquake, flood, fire, storm, heavy snow or other causes of Force

Majeure, the Seller shall not be liable for non-shipment or late shipment of the goods of this contract. However, the Seller shall notify the Buyer by tele-transmission and furnish the latter within … days by registered airmail with a certificate issued by the China Council for the Promotion of International Trade (China Chamber of International Commerce) attesting such event or events.

(3) If the shipment of the contracted goods is prevented or delayed in whole or in part due to Force Majeure, the Seller shall not be liable for non-shipment or late shipment of the goods of this contract. However, the Seller shall notify the Buyer by tele-transmission and furnish the latter within … days by registered airmail with a certificate issued by the China Council for the Promotion of International Trade (China Chamber of International Commerce) attesting such event or events.

第四节 仲 裁

仲裁是解决对外贸易争议的一种重要方式,指买卖双方达成协议,自愿将有关争议交给双方所同意的仲裁机构进行裁决。因其灵活性、结案迅速、费用低廉等特点,仲裁已成为国际上解决争议普遍采用的方式。

一、解决争议的主要方式

在国际贸易中,买卖双方签订合同后,经常由于种种原因没有如约履行,从而引起争议。解决争议的方式很多,既可以由当事人双方自行协商处理,也可以由第三方出面调解,还可以通过诉讼或仲裁的方式处理。这些做法各有利弊。

(一) 协商

协商(consultation)又称友好协商,是指在发生争议后,由当事人双方直接进行磋商,自行解决纠纷。以协商方式解决争议的优点在于节省时间和费用,而且气氛和缓、灵活性强,有利于双方贸易关系的发展。此外,协商中由于没有第三者参与,当事人间有可能公之于众的争议就会在秘密的情况下化解,从而有效保护相关当事人的商业秘密。但协商方式也存在一定的局限性,当双方存在严重分歧或争议涉及的金额数目巨大时,通常很难通过协商解决争议。

(二) 调解

调解(conciliation)是指发生争议后,双方协商不成,则可邀请第三人(调解人)居间调解。调解应建立在确定事实、分清是非和责任的基础上,根据客观公正和公平合理的原则进行,以促进当事人互谅互让,达成和解。若调解成功,双方应签订和解协议,作为一种新的契约予以执行;若调解意见不为双方或其中一方所接受,则该意见对当事人无约束力,调解即告失败。

(三)诉讼

诉讼(litigation)是指由司法部门按法律程序解决双方的争议。在争议出现后,可由任何一方当事人依照一定的法律程序,向有管辖权的法院提起诉讼,要求法院依法予以审理,并做出公正的判决。诉讼具有下列特点:①诉讼带有强制性,只要一方当事人向有管辖权的法院起诉,另一方就必须应诉,争议双方都无权选择法官;②诉讼程序复杂、耗时长、诉讼费用较高;③诉讼处理争议,双方当事人关系比较紧张,不利于贸易关系的继续发展。

(四)仲裁

国际货物贸易中的争议,如经友好协商与调解都未成功,而当事人又不愿意诉诸法院解决,则可采用仲裁(arbitration)的办法。仲裁亦称公断,是指买卖双方按照在争议发生之前或之后签订的协议,自愿把相互间的争议交给双方都同意的仲裁机构进行裁决。仲裁有其自身的立法及程序,结案迅速、费用低廉。此外,仲裁比诉讼具有更大的灵活性,当事人自主性较大,对仲裁方式、仲裁地点、仲裁机构、仲裁员等,当事人都可以自由决定。因此,仲裁已成为国际上解决争议普遍采用的方式。

二、仲裁协议的形式和作用

根据国际上的习惯做法和一些国家的法律规定,凡采用仲裁方式处理争议时,当事人双方必须订有仲裁协议。

(一)仲裁协议的形式

仲裁协议必须是书面的,有以下两种形式。

(1) 合同中的仲裁条款(arbitration clause),即发生在争议之前,双方当事人在买卖合同或其他经济合同中订立的仲裁条款。

(2) 以其他方式达成的提交仲裁协议(arbitration submission),即双方当事人订立的提交仲裁的协议。这种协议可以在争议发生之前达成,也可以在争议发生之后达成,但必须是双方以书面形式订立的,包括合同书、信件、电报、电传、传真、电子数据交换和电子邮件等可以有形地表现所载内容的形式。

以上两种形式具有同等的法律效力。我国仲裁规则明确规定,无论是合同中的仲裁条款还是附属于合同的仲裁协议,均应视为与合同其他条款分离地、独立地存在的一部分,合同的变更、解除、终止、转让、失效、无效、被撤销及成立与否,均不影响仲裁条款或仲裁协议的效力。

(二)仲裁协议的作用

(1) 约束双方当事人只能以仲裁方式解决争议。由于已签有仲裁协议,当事人之间一旦发生争议,就只能以仲裁方式解决,既不能任意改变仲裁机构和仲裁地点,更不能单方面要求撤销仲裁协议。

（2）排除法院对有关案件的管辖权。对于大多数国家,仲裁协议还具有排除法院对有关争议管辖权的作用,双方当事人一经订立仲裁协议,则任何一方均不得向法院提起诉讼。如果一方自行向法院起诉,另一方可根据仲裁协议要求法院停止司法诉讼程序,并将争议案件退回仲裁机构予以审理。

（3）使仲裁机构取得对争议案件的管辖权。任何仲裁机构都无权受理没有仲裁协议的案件,这是仲裁的基本原则。

仲裁协议的以上三方面作用相互联系、不可分割。

三、仲裁程序

仲裁程序(arbitration procedure)是规定进行仲裁的手续、步骤和做法,主要包括以下几方面内容。

（一）提出仲裁申请

仲裁申请(arbitration application)是仲裁程序开始的首要手续。《中国国际经济贸易仲裁委员会仲裁规则》规定:仲裁程序自仲裁委员会或其分会收到仲裁申请书之日起开始。对于申请书,《中国国际经济贸易仲裁委员会仲裁规则》规定:当事人一方申请仲裁时,应向该委员会提交包括下列内容的签名申请书:①申诉人和被诉人的名称、地址。②申诉人所依据的仲裁协议。③申诉人的仲裁请求及所依据的事实和证据。申诉人向仲裁委员提交仲裁申请书时,应附上仲裁请求所依据的事实的证明文件,指定一名仲裁员,预缴一定数额的仲裁费。如果委托代理人办理仲裁事项或参与仲裁,应提交书面委托书。

仲裁委员会或其分会受理案件后,被申诉人应在收到仲裁通知之日起 45 天内向仲裁委员会秘书局或其分会秘书处提交答辩书。被申诉人如有反请求,应当自收到仲裁通知之日起 45 天内以书面形式提交仲裁委员会。

（二）组织仲裁庭

根据我国仲裁规则的规定,申诉人和被申诉人应当各自在收到仲裁通知之日起 15 天内在仲裁委员会仲裁员名册中指定一名仲裁员,并由仲裁委员会主席指定一名仲裁员为首席仲裁员,共同组成仲裁庭(arbitration tribunal)。双方当事人亦可在仲裁委员名册中共同指定或委托仲裁委员会主席指定一名仲裁员为独任仲裁员,成立仲裁庭,单独审理案件。当事人未在上述期限内选定或委托仲裁委员会主席指定的,由仲裁委员会主席指定。

（三）审理案件

仲裁庭审理案件的形式有以下两种:一是"不开庭审理"。这种审理一般是经当事人申请,或仲裁庭征得双方当事人同意,只依据书面文件进行审理后做出裁决。二是"开庭审理"。开庭审理又分为"公开开庭"与"不公开开庭"两种方式。开庭审理通常采取"不公开开庭"的方式。不公开审理的案件,双方当事人及其仲裁代理人、证人、翻译、仲裁员、仲裁庭咨询的专家和指定的鉴定人、仲裁委员会秘书局的有关人员等,均不得对外界透露案件实体和程序的有关情况。如果双方当事人要求公开开庭审理,由仲裁庭做出是否公开审理的决定。

审理案件的过程中,如果双方当事人有调解愿望,或一方当事人有调解愿望并经仲裁庭征得另一方当事人同意,仲裁庭可以在仲裁程序进行过程中对其审理的案件进行调解。经仲裁庭调解达成和解的,双方当事人应签订书面和解协议;除非当事人另有约定,仲裁庭应当根据当事人书面和解协议的内容做出裁决书结案。如果调解不成功,仲裁庭应当继续进行仲裁程序,并做出裁决。

(四) 仲裁裁决

仲裁裁决(arbitral award)是仲裁程序的最后一个环节。裁决做出后,案件审理的程序即告结束。《中国国际经济贸易仲裁委员会仲裁规则》规定,仲裁庭应当在组庭之日起6个月内做出裁决,裁决依多数仲裁员的意见决定,仲裁庭不能形成多数意见时,依首席仲裁员的意见做出裁决。仲裁裁决应以书面形式做出,裁决书的主要内容包括仲裁请求、争议事实、裁决理由、裁决结果、仲裁费用的承担、裁决的日期和地点,也可确定当事人履行裁决的具体期限及逾期履行应承担的责任。做出裁决书的日期,即为裁决发生法律效力的日期。

应当注意的是,与国际上大多数国家的做法一样,《中华人民共和国仲裁法》规定对仲裁实行一裁终局的制度。关于仲裁裁决的效力,根据《中国国际经济贸易仲裁委员会仲裁规则》,仲裁裁决是终局的,对双方当事人均有约束力,任何一方当事人不得向法院起诉,也不得向其他任何机构提出变更裁决的请求。有些国家虽然允许当事人上诉,但法院一般只审查程序,不审查实体,即只审查仲裁裁决在法律手续上是否完备,而不审查仲裁裁决在认定事实或运用法律方面是否正确。

四、仲裁裁决的承认与执行

仲裁裁决对双方当事人都具有法律上的约束力,当事人必须执行。但是,如果一方当事人在国外,则涉及一个国家的仲裁机构所做出的裁决要由另一个国家的当事人去执行的问题。如果当事人拒不执行仲裁裁决,便会发生仲裁执行问题。

为了解决各国在承认和执行外国仲裁裁决问题上存在的分歧,国际上除通过双边协定就相互承认与执行仲裁裁决问题做出规定外,还订立了多边国际公约。目前有关承认和执行外国仲裁裁决的最重要的国际公约是《1958年纽约公约》,即1958年6月10日在纽约签订的《承认与执行外国仲裁裁决公约》(Convention on the Recognition and Enforcement of Foreign Arbitral Awards)。截至2010年12月,《1958年纽约公约》的缔约国已经达到145个,我国于1987年1月22日加入该公约,并于1987年4月22日生效。《1958年纽约公约》强调了两个要点:一是承认双方当事人所签订的仲裁协议有效;二是根据仲裁协议所做出的仲裁裁决,缔约国应承认其效力并有义务执行。只有在特定的条件下,才根据被申诉人的请求拒绝承认与执行仲裁裁决。

由于我国已加入《1958年纽约公约》,我国仲裁机构的涉外仲裁裁决可以在世界上已加入该公约的国家与地区得到承认和执行。仲裁裁决要在与我国既无《1958年纽约公约》成员国关系,亦无司法协助或互惠关系的国家内申请执行的,应当通过外交途径,向对方国家的主管机关申请承认和执行。

五、合同中的仲裁条款

国际货物买卖合同中的仲裁条款一般包括仲裁事项(提请仲裁的争议)、仲裁地点、仲裁机构、仲裁程序和裁决的效力等内容。

(一) 仲裁事项

仲裁事项是指当事人提交仲裁解决的争议范围,也是仲裁庭依法管辖的范围。发生的争议超出仲裁条款所规定的范围时,仲裁庭无权受理。因此,仲裁条款中必须清楚规定仲裁事项。例如,买卖合同中可规定:"凡因与执行本合同有关的一切争议均提交仲裁解决。"(Any dispute arising from or in connection with this contract shall be submitted to… for arbitration.)

(二) 仲裁地点

合同中的仲裁地点与仲裁所适用的规则有着密切的关系,规定在哪国仲裁,往往就要适用该国的仲裁法律或规则,对买卖双方的权利、义务的解释就会有差别,因此确定仲裁地点是一个很重要的问题。我国进出口企业与外商签订仲裁条款时,首先应争取规定在我国仲裁。例如:Any dispute arising from or in connection with this contract shall be submitted to China International Economic and Trade Arbitration Commission for arbitration which shall be conducted in accordance with the Commission's arbitration rules in effect at the time of applying for arbitration. The arbitral award is final and binding upon both parties.

当然,签订仲裁条款时也可规定在被申诉方的所在国仲裁(The location of arbitration shall be in the country of the domicile of the defendant),或者规定在双方同意的第三国仲裁,选择这种规定方式时,所选择的国家应该是与我国比较友好的国家,同时对该国的仲裁法律和规则应有较深入的了解。

(三) 仲裁机构

仲裁机构是国际商事关系中的双方当事人自主选择的用来解决其争议的民间机构,其审理案件的管辖权限完全取决于当事人的选择和授权。

国际贸易仲裁机构主要有两种形式。一种是常设仲裁机构,如巴黎国际商会仲裁院、英国伦敦仲裁院、美国仲裁协会、日本国际商事仲裁协会、瑞典斯德哥尔摩商会仲裁院等。中国国际经济贸易仲裁委员会是我国的常设仲裁机构,凡双方同意在中国仲裁的,仲裁条款内都应订明由该仲裁委员会仲裁。另一种是由双方当事人根据仲裁条款或仲裁协议,在争议发生后指定仲裁员所组成的临时仲裁机构,当争议案处理完毕后,它将自动解散。

(四) 仲裁规则

如前所述,仲裁所适用的规则与仲裁地点密切相关,通常仲裁所在地的规则即为适用的仲裁规则。在我国,如当事人约定在中国国际经济贸易仲裁委员会仲裁,则视为同意按《中国国际经济贸易仲裁委员会仲裁规则》进行审理、裁决。

(五) 仲裁裁决的效力

合同中的仲裁条款通常都对仲裁裁决的效力进行约定,如"The arbitral award is final and binding upon both parties(仲裁裁决是终局的,对双方当事人均有约束力)",这表明仲裁裁决出具后,任何一方当事人不得向其他任何机构提出变更裁决的请求,这是因为仲裁是在双方当事人自愿基础上进行的,由双方当事人自行选定的仲裁机构和仲裁员做出的裁决,理应得到当事人的执行。

本章应知应会术语

1. breach of condition　违反要件
2. breach of warranty　违反担保
3. minor breach of contract　轻微违约
4. material breach of contract　重大违约
5. fundamental breach of contract　根本性违约
6. non-fundamental breach of contract　非根本性违约
7. remedy　救济方法
8. claim　索赔
9. penalty clause　罚金条款
10. liquidated damage clause　违约金条款
11. down payment　定金
12. force majeure　不可抗力
13. China Council for the Promotion of International Trade,CCPIT　中国国际贸易促进委员会
14. consultation　协商
15. conciliation　调解
16. litigation　诉讼
17. arbitration　仲裁
18. arbitration clause　仲裁条款
19. arbitration tribunal　仲裁庭
20. arbitral award　仲裁裁决

思考题

1. 索赔的法律依据与实际依据分别指什么?
2. 国际贸易中买方对卖方索赔的时效是如何规定的?
3. 罚金条款适用于何种情况?订立罚金条款应注意什么?
4. 约定定金条款应注意哪些事项?
5. 何谓不可抗力?构成不可抗力的条件有哪些?
6. 发生不可抗力事件后应如何处理?
7. 解决国际经贸争议的方式有哪些?仲裁方式的特点是什么?
8. 仲裁协议的形式有哪些?仲裁协议的作用是什么?

案例分析题

1. 我国某进出口公司以 CIF 鹿特丹条件出口食品 2 000 箱,共装入两个集装箱内(FCL/FCL)。该公司向中国人民保险公司投保一切险。货物发运后,承运人出具的提单显示"Two 40′ containers STC 2000 cartons of Canned Mushroom","Shipper's load, stow and count,container(s) sealed by the shipper."运输过程中,船舶在海上遇到暴风雨,船身严重倾斜,船舶面临沉没危险,船长果断下令抛货,船身恢复平衡继续前行。后查该公司有一整柜货被抛入海中。货到目的港后,收货人验货时发现:(1)只收到一个集装箱的货;(2)集装箱内实收 998 箱,短少两箱。经查,该集装箱无损坏痕迹,封铅完好。上述情况应分别向谁索赔?为什么?

2. 我国某出口企业以 CIF 纽约与美国公司订立 200 套家具的出口合同。合同规定某年 12 月交货。11 月底,该企业出口商品仓库发生雷击火灾,使约一半的家具被烧毁。我方以不可抗力为由要求免除交货责任,美方不同意,坚持要求我方按时交货。我方经多方努力,于次年 1 月初交货。美方要求赔偿。试分析:(1)我方免除交货责任的要求是否合理?为什么?(2)美方的索赔要求是否合理?为什么?

3. 我国某公司与外商订立一项出口合同,在合同中明确规定了仲裁条款,约定在履约过程中如发生争议,在中国进行仲裁。后双方因商品质量问题发生争议,对方在其所在地法院起诉我方,法院也发来传票。对此,我方应如何处理?

第四篇

国际货物买卖合同的履行

第 13 章

出口合同的履行

国际货物买卖合同成立后,买卖双方均应按合同规定严格履行合同义务。卖方的基本义务是按合同规定准时交货、交单和转移货物的所有权。买方的基本义务是接货和付款。合同的履行是一笔交易的最后阶段,不仅关系到买方所得到的货物是否货真价实,还关系到卖方能否安全及时地收回货款。因此,合同的履行阶段是交易的重要环节之一。

诚信是社会主义核心价值观的基本内容,在工作学习、社会生活、经济交往和外交关系中都是一项核心的道德素养。诚实守信贯穿出口合同履行的全过程,如商品的品质是否符合双方的合同要求、产品的等级是否符合国际标准、商品的数量是否存在缺斤短两、产品的包装是否符合国内外标准及环保的要求、出口商是否与船公司合伙利用运输环节进行欺诈、出口交单议付是否提交了虚假单据等。不诚信或许可以获取一时之利,但势必无法支持长远发展。将"讲诚信"融入进出口合同的履行中,是每一个外贸人必备的基本职业素养。

出口合同的履行是指出口方对买卖合同中所规定的出口方的权利和义务的履行。如果合同是按照 CIF 贸易术语为条件签订的,并以信用证方式收取货款,则出口方履行合同的环节包括货(备货、报检)、证(催证、审证、改证)、船(托运、报关、办理保险)、款(制单结汇)四个基本环节。这些环节可以先后或者同时进行,又是相互衔接的。卖方应该严格按照合同规定和法律、惯例要求,做好各项工作。同时,卖方必须密切关注买方的履约情况,互相配合,以保证出口合同的顺利履行。除了四个基本环节以外,出口方还应该做好出口核销和退税等后续工作,以保证出口业务工作的顺利开展及出口合同的圆满履行。

第一节 备 货

备货是指卖方根据出口合同或信用证的规定,按时、按质、按量准备好应交付的出口货物,以保证按时出运,如约履行合同。这是出口方履行合同的第一步。

《联合国国际货物销售合同公约》(以下简称《公约》)规定,按照合同交付货物、移交单据和转移货物所有权是卖方的三项基本义务,而其中交付货物又是最主要的义务,做好交付货物工作的基础是货物的准备。备货工作的主要内容是指卖方向生产部门下达生产货单,或者与国内供货人订立采购货物合同,安排货物生产,催交货物,在货物生产过程中和完成后对货物的数量、品质规格或花色品种、包装情况进行核实,验收入库或进行必要的加工整理、包装、刷唛,并准备出口货物所需的文件。

一、出口备货的基本原则

备货作为履行合同的第一步，出口商在备货时应注意坚持以下几个方面的原则，保证所备货物与出口合同及信用证一致。

（一）货物的品质必须与出口合同和信用证的规定相一致

凡凭规格、等级、标准等文字说明达成的合同，交付货物的品质必须与合同规定的规格、等级、标准等文字说明相符；凡凭样品达成的合同，则交付货物的品质必须与样品相一致；既凭文字说明又凭样品达成的合同，则交付货物的品质与二者均须相符。

按照有关法律，卖方所交货物除需达到以上合同和信用证的明示要求（明示担保）外，尚需承担默示担保义务，即货物的品质必须适用于同一规格货物通常使用的目的及在订立合同时买方通知卖方的特定目的。

随着新贸易保护主义的抬头，许多国家和地区均对进口商品有严格的品质规定和技术标准。对这些强制性规定，即使合同未做要求，我国出口企业在备货时也应予以注意，保证货物达到标准，否则将无法进入该进口国市场。

（二）货物的包装必须符合出口合同和信用证的规定

出口企业在备货时，凡是合同中对商品包装有明文规定的，卖方必须按照合同规定的包装方式交付货物。如果合同对包装没有具体要求，按照《公约》规定，应按照同类货物的通用方式包装。如果没有通用方式，则应该以保全和保护货物的方式进行包装。

在备货中，企业对货物的内外包装和装潢都必须认真核对与检查。例如，在内包装上出口企业要注意文字说明、包装材料、包装数量等是否符合合同规定，是否必须指明商标、牌号、品名、数量、产地、用途等，是否有语言要求；货物的外包装也应符合合同及信用证要求，运输标志（唛头）应按合同规定或客户要求刷制。如果进口国有关当局规定包装标志必须使用特定文字（如海湾国家要求用阿拉伯文等），一般应予照办。标志的刷写部位和字体大小要适当，图案字迹要清楚，并使用不易褪色的油墨。此外，还要注意衬垫物使用是否得当，不能违反进口国的相关规定，如防止植物病疫传染、污染环境，有的国家规定不得使用稻草等作为衬垫物等。

为了绕过国外对我国产品的不合理贸易壁垒，促进商品销售，我国出口企业常接受外国进口商要求，使用中性包装。出口企业在备货时，应注意检查货物的每一部分，防止在某些零部件上暴露生产国别。

在保证货物质量和不违反合同的前提下，还应该尽可能压缩货物包装的体积、降低包装重量，以节省运费。

（三）货物的数量必须符合出口合同和信用证的规定

按合同规定的数量交付货物是卖方的重要义务。在备货过程中，如果发现货物数量因工厂的生产能力不足而不能满足合同需要，应及时采取补救措施，如在规定期限内从其他途径购买同样品质、规格的货物来补足。考虑到货物的自然损耗和运输搬运中的货损，卖方备货数量一般应略多于出口合同规定的数量。

在实际交货过程中常发生多交或少交的情况,《公约》等法律法规对此都有明确的规定。根据生产和交货的实际需要,卖方在与买方磋商签订合同时,可对交货数量留有一定的机动幅度,如规定"溢短装条款",卖方在履行合同时,即可在规定幅度内最大限度地满足要求。一般应在合同允许的机动幅度内尽量多装,充分利用溢短装条款。卖方还应注意信用证结算方式下 UPC600 对"约"数的规定及在没有明确规定机动幅度时允许货物数量的伸缩幅度。

(四) 货物备妥时间应与合同和信用证装运期限相适应

交货时间是国际货物买卖合同中的主要交易条件,卖方必须在合同及信用证规定的期限内装运货物。若有违反,买方不仅有权拒收货物并提出索赔,甚至可以宣告合同无效。因此,卖方必须注意与供货厂家的沟通,跟踪货物生产进程。货物备妥的时间必须适应出口合同与信用证规定的交货时间和装运期限,并结合运输条件和船期进行妥善安排,严防脱节,否则会造成在仓库存放时间增加而多支付仓储费、"船舶等货"导致滞期、货物无法装上定期班轮等严重后果。为防止意外,在时间上应适当留有余地,即在装运前一段时间把货备好。

(五) 避免货物不合法或侵犯他人知识产权

卖方应保证对所售货物拥有完全所有权,有权出售该项货物,并保证买方可以安宁地占有和支配该货物而不受第三方侵扰,即卖方不能把非法侵占他人权利得来的货物出售给买方,以至于买方遭受货物合法权利人(包括所有权和抵押权)的追索或指控。

卖方所售货物不能侵犯他人商标、专利及其他知识产权。在企业实际业务中,接受买方的委托加工某些品牌产品,必须注意获得品牌使用许可,以避免通关问题及可能引起的法律纠纷。

二、出口备货的工作流程

出口主体不同,出口备货的流程也有所不同。进出口公司需要与生产供货企业签订国内购销合同;有进出口经营权的生产企业应及时安排好出口商品的生产;通过进出口公司代理出口的生产企业应该与代理公司密切合作,按时完成出口商品的生产。相对来说,进出口公司的备货流程环节最多。归纳起来,出口备货应重点做好以下几项工作。

(一) 下达联系单或签订国内购销合同

有出口经营权的实体企业通常由出口业务部门向生产加工及仓储部门下达联系单(或称加工通知单或信用证分析单),列明生产任务和要求;无实体的出口公司则与国内的供货工厂签订国内购销合同。有关业务部门凭生产联系单或国内购销合同,对应交的货物进行产品生产跟踪、质量控制、清点、加工整理、刷制运输标志,以及办理申请报检和领证等项工作。因此,业务人员应该根据与外商的出口合同,严格制作生产联系单或签订购销合同。

(二) 拟订跟单计划,跟踪把控货物质量

从签订合同到交货出运这段时间,出口商必须指定专门跟单人员,熟悉生产联系单和购销合同内容,实时了解供货工厂落实生产和交货进度。从产品投料生产到最后交货,跟单人员应定期到企业督促检查,与生产企业密切合作,对企业的生产设备、技术条件及工人操作水平做到心中有数。对有些具有特殊要求的产品,应协助企业制订生产工艺和生产计划。如果需要由买方提供相关原辅料或单证,卖方应适时提醒,敦促买方按时提供,并严明责任。如果合同规定由买方订舱、办理运输,则要敦促买方及时发出装运要求和指示(shipping instructions)。

质量监控是备货过程中一项非常重要的工作。为了保证按时、按质、按量对外交货,出口公司的跟单人员应积极参与全程质量监控,根据合同质量要求和标准,从原料采购、生产过程监督到产品检验,严格把控交货质量,督促企业提供合格的、符合客户要求的产品。一旦发现问题,跟单人员应立即提请有关生产方采取措施。对于以样品成交的合同,跟单人员应熟悉样品,认真参照样品质量跟踪验货,以保证交货产品与样品质量相符。

(三) 建立产品跟单文档备查

出口企业在实施跟单计划的过程中,应该要求跟单人员建立良好的文档资料。备货工作有案可查是企业履行出口合同工作的重要一环。跟单人员应该随时做好业务记录,分档保存该项合同的各类往来函电、工艺单、订单、操作要则、实施记录及各种生产样品等,这对完成出口备货、解决未来的争议都是至关重要的。

第二节 催证、审证、改证

在采用信用证支付方式时,卖方交货是以买方按约定开立信用证为前提的。因此,买方能否及时、正确地开出信用证,不仅是卖方能否安全收汇的保障,也是卖方如期履行合同义务的一个重要依据。因此,卖方及时取得信用证,并备妥信用证中规定的各种单据,是履行出口合同的重要内容。出口合同履行中信用证的掌握、管理和使用是业务工作的重要内容,主要包括催证、审证和改证三个重要环节。

一、催证

催证是指卖方根据出口合同规定通知或催促买方及时开出相关信用证。卖方通常在以下情况下需要催证:

(1) 出口合同签订后,合同装运期距合同签订时间较长,或规定买方需要在装运期前一段时间开出信用证。卖方催证是给买方一个提醒,以便顺利履行合同。

(2) 卖方提前备妥货物,希望比合同装运期提前交货,可以与买方商量提前开出信用证。

(3) 买方没有按照合同规定的开证时间办理信用证,或者买方信誉不良,故意拖延开证,卖方必须尽早催促买方开证。

实际业务中,买方可能因为各种各样的原因未能及时开出信用证,如国际市场形势变化、商品价格下跌,或者买方因为资金问题无法顺利开立信用证,因此需要卖方及时催证。

买方推迟开信用证可能给卖方带来风险,尤其是大宗商品交易或应买方要求而特制的商品交易,或一些大型机器设备、成套设备等产品的出口,带来的风险更大。为此,在交易磋商中及签订合同时,卖方应该要求买方在规定的合理时间内尽早开立信用证,并在合同中订明有关晚开信用证的处理办法,以督促买方及时开出信用证。

如果买方晚开信用证,卖方应尽快查明迟开信用证的原因,区别不同情况采取相应对策。如果买方未及时开证的原因是资金不足或企业不景气面临倒闭,导致银行不能开证,卖方应采取合理方式终止合同,停止供货,以免造成更大的经济损失。如果买方无理拒开信用证,则属于违约行为,卖方有权提出索赔或采取其他救济手段。

二、审证

信用证是根据合同条款开立的,其内容应该与双方订立的合同内容一致。在实际业务中,由于工作疏忽、电文传输错误、贸易习惯不同或进口商有意利用开证的主动权在信用证中加上对自己有利的条款("软条款")等各种原因,往往造成信用证条款与合同条款不符。为保证安全收汇,卖方必须在收到信用证后对信用证的所有文字、条款进行认真仔细的分析,逐字逐句检查,而不能粗心大意。审证工作包括银行审核和受益人(出口商)审证。

(一)银行审证的主要内容

(1)审核信用证内容是否符合我国的贸易政策,注意信用证上是否载有歧视性或错误的政治性条款。如有不符合我国对外政策和贸易规定的内容,应视具体情况予以退回,并要求改证。

(2)审核开证行的资信情况。信用证是一种银行信用,开证行负第一付款人的责任。开证行所在国家的政治经济状况和开证行的背景、资信情况、经营作风等对安全收回货款十分重要。如果开证行支付能力差或商业信誉不佳,原则上不应接受该行开立的信用证,除非该行所开立的信用证由另一家经常与我国有贸易往来的、资信情况较好的银行保兑。信用证中还应该有保证付款的说明,并对索汇方式和索汇路线进行分析,如果认为不妥,应要求开证行修改。

(3)审核信用证的控制文件。出口方银行接到开证行的电子信用证以后,应核对密押;接到普通信用证时应先核对印鉴(签字),如果没有问题,认定为真实的信用证一般要打上"印鉴相符"等字样的戳记。

(二)出口方审证的重点

信用证应以合同为依据开立,除非事前已征得卖方的同意,买方不得随意增减或改变其内容。然而,在实际业务中,信用证与合同常有不一致的情形发生。进口方和进口地银行在办理信用证的过程中,可能由于对出口国的具体政策和贸易习惯不了解,或者由于某种疏忽,或者因为电文传递的错误,或者在市场行情变化时为了自己的利益而故意在信用证上做文章,有意利用开证的主动权加列对自己有利的条款,使开来的信用证在个别内容上与合同条款不一致,给卖方带来业务风险。为确保收汇安全和合同顺利执行,卖方收到通知行转寄来的信用证以后,应根据合同中的有关条款对信用证进行认真审核。如需修改,应直接向进口商提出或经由通知行提出,使信用证中的规定与原订合同保持一致。

出口方在审核信用证时应重点审核以下几点。

1. 信用证的性质

按照UCP500第6条和第8条,信用证分为可撤销和不可撤销两种。信用证上未列明可否撤销字样的,均为不可撤销信用证。因为可撤销信用证对受益人没有提供任何保障,有很大的风险,只有不可撤销信用证才能给予受益人更大的付款保证。因此,UCP600中明确规定:信用证指一项不可撤销的安排,无论其名称或描述如何,该项安排构成开证行对相符交单予以承付的确定承诺。也就是说,UCP600删除了信用证"可撤销"的内容,从而可以更好地明确信用证的特征,保护受益人的利益。

2. 有无遵照现行信用证统一惯例的条文或保证支付条款

目前使用的有关信用证的统一惯例是从2007年7月1日开始正式实施的《跟单信用证统一惯例》国际商会第600号出版物(UCP600)。因此,来证应声明"本证是根据UCP600开立"的字样,如果没有则不宜接受。有的信用证还列出保证付款条款的责任文句,如"兹保证议付依本证条款开立的所有汇票"或"根据本信用证并按其所列条款而开具的汇票向我行提示并交出本证规定的单据者,我行同意对其出票人、背书人及善意持有人履行承兑付款责任"等。

在具体业务中,有些国家的开证行为了减轻自己的责任,甚至为了欺骗受益人而在所开立的信用证中的开证行付款责任方面加列某些"限制性"条款或"保留"条件的条款,这样不仅改变了银行首先付款的性质,甚至减轻或规避了银行保证付款的责任,给受益人带来极大的风险,受益人必须特别注意。

3. 信用证的类别

例如,按销售合同中规定是否为保兑信用证、即期还是远期信用证(特别注意真远期和假远期信用证的区别)、能否转让等。如果来证是循环信用证,应审核循环次数、金额及循环方式是否与合同规定相符,若不相符,则应要求对方修改。

4. 对开证人、受益人信息的审查

在审证时应仔细核对开证人、收货人及受益人的名称和地址是否完全相符,以防止错发错运。如果发现错误,包括数字上的小差错,都应及时改正,以避免制单议付时影响正常收汇。

5. 对信用证的装运期、有效期和到期地点的审查

信用证中规定的装运期必须与合同规定的时间完全一致,如规定"收到信用证后×天装运"。如果国外来证晚,无法按期装运,应及时电请国外买方延展装运期限。出口商在审证时应注意装运期与信用证到期日的时间间隔必须合理,即到期日须晚于装运期,一般为15天,以便装船后有充分时间完成制单、交单工作。在特殊情况下,如果来证规定了信用证的装运期而未规定有效期或只有有效期而无装运期,或者有效期与装运期为同一天,即所谓的"双到期",应该注意审查。对于第一种情况,应该要求对方改证,请对方明确信用证的有效期。对于后两种情况,如果船、货均无问题,也可以考虑接受。但要注意信用证的有效期,要留有充分余地,自动提前 10 天作为最后装运期,尽快发货,以保证在信用证有效期内制单结汇。

在实务中,如果信用证的到期地点为开证人所在地,出口商要把所有单据在信用证到期日前寄送到国外指定银行,有时难以控制,因此一般要求对方开立信用证的到期地点在中国。如果对方来证列明到期地点为开证行所在地,可要求修改。

有时,信用证上会列明一个交单期,即货物装运日后若干天内须向银行提交单据。出口商要审查交单期是否过短,若只有 2～3 天,则可根据实际情况要求改为 7 天以上,否则无法在规定期限内交单。

6. 出口货物描述条款是否与合同相符

信用证上有关货物的品名、品质、规格、数量、包装、运输方式、保险、付款方式等内容要严格按照交易合同表述,不能有相互矛盾的词句。特别要注意有无额外的特殊条款,应结合合同内容认真研究,做出能否接受或是否修改的决策。

7. 对信用证货币和金额的审查

信用证所使用的货币,一般为合同规定的可自由兑换的货币。如果信用证来自与我国订有支付协定的国家,使用货币应与支付协定规定相符。

首先,信用证金额应与开证行的资金实力相当;其次,信用证金额必须与合同大小写金额保持一致,单价与总值要填写正确。

8. 装运条件

审核信用证中规定的装运港(地)和目的港(地)。装运港(地)应该是中国某港口或某地。对于目的港(地),在信用证中应标注清楚,并且与合同中的规定相一致。

此外,应审核有关转运与分批装运的规定是否符合合同规定。按惯例,当信用证中对转运或分批装运不做规定时,可解释为允许转运或允许分批装运。如果信用证规定允许转运或分批装运,应注意证内对此有无特殊限制或要求,包括指定转运地点、船名或船公司,或限定第一批装运与第二批装运的间隔时间。有时信用证内加列许多特殊条款(special conditions),如指定船籍、船龄等条款,或不准在某个港口转船等,一般不应轻易接受,但若不影响我方利益,经咨询船运公司,也可酌情灵活掌握。

9. 对单据的要求

应弄清楚来证中要求受益人提供的各种单据及其他有关要求,包括对单据种类、份数、填写内容及文字说明等应进行严格的审查。若发现有不正常的规定,如要求商业发票或产地证明须由国外第三者签证以及提单上的目的港后面加上指定码头等字样,或者我方难以办到的事项,应及时要求对方改证,否则会导致我方处于被动地位。还有的信用证要求将 1/3 提单直接寄客户,2/3 提单送银行议付,以方便买方提前提货。这种做法卖方面临的风险很大。因为如果一份正本提单直接寄给买方,等于买方没有付款就获得了货物的所有权,买方可以不去银行支付货款而直接凭手中的提单提走货物。买方事后从银行收到的单据中有任何不符点都有可能拒付货款,银行对此也不会承担责任。应在信用证中去掉此条款。

审核信用证时,还应注意证中有无不能履行的条款。如果在出口地并无进口国的领事馆或进口地本身不能作为一个主权国家,却要求签发领事发票或领事签证,应请其删除或改由商会代签。

10. 防范信用证软条款

软条款是指置受益人于不利地位的弹性条款,出口方在审核信用证时必须特别注意。

(1) 货物检验证明或货物收据由进口商或开证人授权的人出具和签署,其印鉴应由开证行证实方可议付或必须与开证行的档案记录相符等。这些条款对受益人来说极为不利,因为进口商或进口商授权人如果不来履行就不能出具检验证书或货运收据,这必然影响货物出运。即使进口商检验并出具了证书或货运收据,如果未经开证行证实,也会造成单证不符。

(2) 国际贸易术语选择。例如,在 FOB 术语下,不规定买方的派船时间,或在 CFR 或 CIF 术语下,规定船公司、船名、装运期、目的港须取得开证申请人的同意。这是信用证中常见的软条款之一。前者使买方可以根据自己的意图决定是否派船和派船时间,致使卖方无法主动完成交货,不能按时收汇。后者同样使卖方在交货、收汇方面受控于买方。对此类条款,应采取删除或在合同中直接规定派船时间、船公司、船名、装运期、目的港等方法。

(3) 信用证生效条件,即在信用证中规定暂不生效条款,待某条件成熟时信用证方生效。例如,来证注明"接到我方通知后方能生效"(subject to receipt of our advice to that effect),或者"该证在开证申请人领取进口许可证后生效"(This L/C is not operative until import license granted),或者"本证仅在受益人开立了等额回头信用证并经本证的开证申请人同意接受后才能生效",或者"本证需等货样由进口方确认后才生效"等。这种信用证变成了变相的可撤销信用证,使开证行的责任处于不稳定状态,从而对出口商极为不利。对于这样的信用证,原则上不能接受。但如果上述限制条文确实是由于进口国的某些规定或者其他客观原因造成的,受益人应在装货前与进口商协商规定一个通知信用证是否生效的最后期限。否则,由于疏忽或急于发运,在信用证生效前已把货物装运出口,就会造成收汇困难等损失。

三、改证

改证是指在审证中,如果发现信用证的内容与合同规定有重大不符或有对我方不利的交易条件,按照合同的规定及时通知对方修改信用证。受益人在收到开证行的修改通知确定无误后才能发货。对可改可不改的内容,可酌情处理。

改证时应注意以下问题:

(1) 凡是不符合我国对外贸易方针政策,影响合同执行和安全收汇的情况,以及信用证的修改涉及有关方面权利与义务的变更时,应在征得各方同意后,要求国外客户通过开证行对信用证进行修改。修改手续费一般由提出修改方承担。

(2) 对信用证中要求修改的内容,应尽量做到一次性向开证申请人提出,尽量避免由于我方考虑不周而多次提出修改要求,除非客观情况变化不得不再次提出改证。这样可以节省时间和费用。

(3) 对信用证中与合同内容不相符的地方,要具体内容具体分析。非修改不可的,应坚决要求改证；如果一些条款与合同或惯例不符，但经过努力可以办到，对履行合同和安全收汇没有较大影响，可以不改，以示合作的诚意，节省双方的时间和费用。

（4）信用证的修改应按照一定的程序进行，可由出口方提出，也可由进口方提出。出口商发现信用证有与合同不符的条款时，应立即通知买方向开证行申请修改，开证行接受申请后，以电报或邮递的方式告知原通知行，原通知行再将修改条款转告出口商。进口商主动修改信用证应征得受益人同意。如果开证申请人事先未征得受益人同意就单方面修改信用证，受益人有权拒绝接受。

（5）对于改证通知书的内容，如果发现其中一部分内容不能接受，应该把改证通知书退回，待全部修改正确才能接受。受益人必须全部接受或全部不接受，不能接受其中一项或几项，而拒绝其他各项。

（6）卖方应坚持在收到银行修改信用证通知后，认为修改内容可以接受才能办理装运，对外发货，以免发生货物装出后而修改通知书未到的情况，造成我方工作上的被动和经济上的损失。发货后应将修改通知书与原信用证合并在一起，用于议付货款。

第三节 出口检验、托运、投保与报关

一、出口检验

出口商品分为法定检验出口商品和非法定检验出口商品。列入《出入境检验检疫机构实施检验检疫的进出境商品目录》(简称《法定检验目录》)及其他法律法规规定需要检验检疫的货物出口时，货物所有人或其他合法代理人在办理出口通关手续前，必须向口岸检验检疫机构报检。2013年8月1日国家质检总局和海关总署联合发文对《法定检验目录》进行了大规模的调减，对1 507个海关商品编码项下的一般工业制成品不再实行出口商品检验。该项措施旨在加快企业通关放行速度、降低企业出口成本、促进外贸出口的平稳增长。根据国家对外经济政策的调整和国际贸易的形势变化，《法定检验目录》可能随时调整。从业人员应该保持政策关注度，以便及时顺利履行合同。

法定检验出口商品的发货人应当在国家质检总局规定的地点和期限内，持合同等必要的凭证和相关批准文件向出入境检验检疫机构报检。法定检验出口商品未经检验或者经检验不合格的，不准出口。外贸合同或信用证规定或申请人要求由商检机构检验出具商检证书的商品，可在备好货后向商检机构申请报检。出口商品经检验合格后，由商检部门出具检验证明书，该证明书是海关放行和交单议付的重要依据。此外，合同或信用证规定需要某商检机构证书的，一般应向该商检机构报检。

（一）办理出口商品检验的主要步骤

1. 报检时间

出口方对需实施检验的出口商品应按有关规定及时向出入境检验检疫机构报检。出境货物最迟应于报关或装运前7天报检，对于个别检验检疫周期较长的货物，应留有相应的检验检疫时间。需隔离检疫的出境动物在出境前60天预报，隔离前7天报检。有下列

情况之一的应重新报检:①超过检验检疫有效期限的;②变更输入国家或地区,并且有不同检验检疫要求的;③改换包装或重新拼装的;④已撤销报检的。

2. 填写出境货物报检单

申请报检人必须按规定要求完整、准确、清晰地填写各项内容。其中未做说明的项目按实际情况填写或打"√",不得随意涂改。项目内容确实无法填写的以"×××"表示,不得留空。报检单位应加盖公章,并准确填写本单位在检验检疫机构登记的代码。需要签发外文证书的,有关项目应填打相应外文。出境货物报检单还应在当地商检机构规定的期限内及时填写,应附资料要齐整并与出境货物报检单一致。

出境货物报检单交商检部门,并经商检部门审查同意后,即完成了申请报检工作。

3. 受理检验和出证

出入境检验检疫机构根据出境货物报检单和商品的不同情况,并参阅合同副本或信用证副本等,或派员进行抽样,或直接派员对出口产品进行检验,检验的内容包括商品的质量、规格、重量、数量、包装及是否符合安全卫生要求等。检验的依据是法律、行政法规规定的强制性标准或者其他必须执行的检验标准(如输入国政府法令、法规规定的标准)或对外贸易合同所约定的检验标准。

出口商品经出入境检验检疫机构检验或者经口岸出入境检验检疫机构查验不合格的,可以在出入境检验检疫机构的监督下进行技术处理,经重新检验合格的,办理签证和放行,即可报关出口。检验证书份数由申请报检单位根据需要而定,但一般为正本一份、副本四份。

商检机构检验合格发给检验证书或者放行单的出口商品,应当在商检机构规定的期限内装运出口,超过期限的应重新报检。

(二) 出口商品报检应提供的材料

(1) 外贸合同或销售确认书或订单。

(2) 以信用证结汇的应提供信用证、有关函电传真等。如果信用证有修改,应提供修改函电。

(3) 商业发票。

(4) 装箱单。

(5) 凡实施质量许可、卫生注册或需经审批的货物,应提供有关证明。

(6) 出境货物须经生产者或经营者检验合格并加附检验合格证或检测报告;申请重量鉴定的,应加附重量明细单或磅码单。

(7) 凭样品成交的货物,应提供经买卖双方确认的样品。

(8) 报检出境危险货物时,必须提供危险货物包装容器性能鉴定结果单和使用鉴定结果单。

(9) 申请原产地证明书和普惠制原产地证明书的,应提供商业发票等资料。

(10) 出境特殊物品的,根据法律法规规定应提供有关的审批文件。

对尚未成交或已对外成交但尚未收到信用证的出口商品,为了提前做好出口准备,出口单位可向当地商检机构申请预检,经预检的商品,在向商检机构办理换证放行手续时,应加附该商检机构签发的"出口商品预检结果单"正本。发货人委托其他单位代理报检时,应加附发货人的委托书(原件)。

凡属凭样品成交的出口商品,原则上应由出口单位在对外寄送样品前,申请商检机构签封样品,一式三份,客户、出口单位、商检机构各执一份备查。报检服装、皮鞋、工艺品、纺织品等商品,尚需提供文字表达不了的样卡、包卡或实物标样。

(三)出口商品报检应注意的问题

(1)本地生产的产品出口,认真如实填写《出口检验申请单》,提供有关资料,由发货人在当地向有关检验检疫机构报检。在外地生产的产品出口,发货人如果是外贸公司,应提供正本委托报检书及其他相关文件,委托外地生产企业代办检验,获得《出境货物换证凭单》。

(2)根据规定,对出口商品卫生和安全进行检验。

(3)商品检验后,应在检验证书或《出境货物换证凭单》规定的期限内出口,逾期需要重新报检。

(4)法定检验商品,应在出口商品原产地报检。依合同或信用证报检的,应按合同或信用证规定的检验机构或双方同意的检验机构报检。

(5)凡列入需检验的纺织品目录的纺织品,还需提供包装唛头、标牌、吊牌等实物,杜绝冒牌货。

(6)仔细校对检验证书份数和内容,检验证书出证日期要早于提单日期。

(7)危险货物运输包装要鉴定,出具《出境危险货物运输包装使用鉴定结果单》。

出口方在办理出口检验时,应注意与有关检验机构配合,保证出口检验工作的顺利进行,以免耽误货物出口和合同的如期履行。出口方在申请信用证时,若发现对商检证书的内容、文种有特殊要求或在信用证上外文品名与合同规定不完全一致等非原则性问题,报检人应在申请单的备注栏注明,商检机构视情况决定能否受理;否则,应要求修改。在报检至取证期间,买卖双方凡有涉及商检内容的传真、函电等,报检人应及时向商检机构提供,以便按要求顺利检验和出证。如果需要修改检验证书,报检人应填写更改申请单,交附有关函电等证明单据,并交还证单,经审核同意后方可办理更改手续。

进出口商品的报检人对进出境检验检疫机构给出的检验结果有异议的,可以自收到检验结果之日起15日内,向进出境检验检疫机构申请复验,受理复验的进出境检验检疫机构或者国家质检总局应当自收到复验申请之日起60日内给出复验结论。

二、货物托运

在CIF、CIP、CFR和CPT条件下,托运或租船订舱是卖方的主要职责之一。托运是出口企业委托运输机构向承运人或其代理办理货物的运输业务。如果出口货物数量大,需要整船装运,出口方必须对外办理租船手续;如果出口数量不大,只要办理订舱事宜即可。出口方应掌握好备货进度,至少应该在交货前两个星期就备妥货物,而一旦货物备妥,就应立即着手进行托运工作,这样有利于尽早结汇并可减少货物的仓储保管费用,保证按时装运。出口方的托运工作主要包括以下几项。

1. 妥善选择货运代理公司

随着现代物流业的快速发展,货主选择货物运输的渠道更方便和多样化。出口方可以与运输工具承运人(如船公司)直接打交道,也可以选择由专业化较强的货运服务机构为其提供"门到门"的运输一体化的中介服务。这大大方便了进出口商,也形成了成本低、效率高的货物供应链。但出口方在选择运输公司办理运输业务时,要特别注意选择信誉良好的货运代理公司。这不仅涉及货物的安全运送、货权的安全交接,也涉及贸易双方的长期合作关系。

2. 办理租船订舱手续

各进出口公司在信用证符合要求和已备好货(或基本备好货)的情况下,应即着手向货运代理办理租船订舱手续。货运代理根据货主的具体要求按航线分类整理后,及时向船公司或其代理订舱。如果进出口公司自行办理租船订舱手续,则由进出口公司直接与外轮公司的代办公司办理有关手续。

进出口公司应根据合同或信用证中的有关规定,参照船公司每月发来的列明航线、船名、航次、国籍、抵港日期、截止收单期(接受托运的最后日期)、受载日期、停挂港口名称以及该船的性质(集装箱船还是散货船,班轮还是租船)和装载量等的船期表,认真填写出口货物托运单或订舱委托书中的货物名称、件数、毛重、尺码、目的港、装运日期等栏目,并及时将托单送运输公司或货运代理公司作为租船订舱的依据。托运单的填写内容要注意与信用证有关装运的条款内容一致。同时附交发票、装箱单、出口货物明细单、提货单(可凭以向指定的储存仓库或生产厂家提取货物)以及其他必要的证件(属于出口许可证管理的商品,应提供出口许可证;需有商检证书的,应提交商检证书;如属于危险商品,还需提交危险品准运证书、危险品说明书及危险品包装证明书)。一般船公司或货代公司都有自己抬头的针对集装箱货、散装货等不同运输类型的固定格式的托运单。

3. 船公司或其代理签发装货单

运输代理公司收到托运单据以后,审核托运单,然后根据货主提供的订舱委托书缮制海运出口"托运单"一套(如散装货共10联,集装箱运输共12联),或将货主提供的托运单连同全套单据,在截止收单日期前送交船公司或船公司代理,作为订舱的依据。如果采用集装箱整箱方式运输,还要缮打场站收据。出口企业或货代公司应完全根据信用证的规定严格填写托运单,因为其中许多内容均会在提单上显示。除此之外,出口企业还应在托运单的备注栏中注明:①货物的存放点;②集装箱的尺寸;③船公司的名称(如果信用证指定船公司运输时)。

有关船公司根据配载原则、货物性质、货运数量、装运港、目的港等情况,结合船期,安排船只和舱位,将托运单的配舱回单退回,然后由船公司据以签发场站收据或装货单(shipping order),俗称"下货纸",作为通知船方收货装运的凭证。装货单的作用主要是:①表示船公司承运该批货物。装货单一经签发,承运和托运双方均受约束。②海关凭此单查验货物。如果海关准予出口,即在装货单上加盖海关放行章。③通知船方装货。装货单是船公司或其代理给船方的装货通知和指令。

4. 提货装船获取大副收据(场站收据)

预订的轮船到达装运港以后,按照港区进货通知并在规定的期限内,由进出口公司或运输公司将货物从出口方仓库运送至港区码头集中等待装船,经海关查验后放行,凭装货单装船。

如果是散货出口,货物报关手续办理后,货代到出口企业仓库提货,送码头装船。装船后,由船上大副签发大副收据(mate's receipt,M/R)。大副收据是船方收到货物的凭证。如果采用集装箱整箱方式出口,货代公司向船公司或船代领取集装箱设备交接单到指定堆场领取空箱,然后到委托单位储存地点装箱(或委托单位送货到货代仓库装箱)后,将集装箱货物连同集装箱装运单、设备交接单送到码头集装箱堆场或场站。码头将船公司或船代提供的装货清单及集装箱装箱单送海关供海关监管装船,由场站签发场站收据。场站收据是承运人接管货物的凭证。

5. 取得海运提单

装船完毕后货代持大副收据或场站收据或电子托运单中"已放关,货物已装船,可放单"字样记录单,向船公司或其代理换取已装船提单,并向船公司交付运费。托运人在与货代结清运费等相关费用后,获取海运提单,以便在目的地及时提货。

6. 发装运通知

货物装船后,出口企业应及时向国外进口方发出装运通知(shipping advice),以便进口方及时办理保险和报关接货的手续。特别是以 CFR 或 CPT 贸易术语成交的出口业务,货物装船后出口方必须立即通知进口商有关装船情况。如果未发或迟发装船通知,造成进口方漏保货物险,出口方应该承担相应的责任。

7. 特殊要求

需要特种舱位(如冷藏舱、通风舱、油舱等)运输的货物,进出口公司应尽早通知船公司,以便及时安排舱位。

三、投保

凡是以 CIF 或 CIP 价格条件成交的出口合同,都由出口方办理投保手续;而在以 D 组贸易术语对外成交时,由于卖方自行承担风险,也必然要对出口运输货物办理保险。在我国,进出口货物运输最常用的保险条款是 CIC 中国保险条款。投保人办理保险时,要注意根据运输途中可能发生的风险,选择投保合适的险别。具体的保险程序如下。

1. 填写投保单,递交投保申请

投保人在确定投保险别与金额,而且货物已确定装运日期之后,即可向保险公司办理投保手续。按照保险公司仓至仓条款的保险责任范围,投保人一般应在货物从装运仓库运往码头或车站之前办妥投保手续。出口方首先要与保险公司联系,填制投保单一式两份:一份由保险公司签署后交投保人作为接受承保的凭证;一份由保险公司留存,作为缮制、签发保险单(或保险凭证)的依据。保险单一经签发,保险契约即告成立。

在填写投保单时应注意:①投保申报情况必须属实;②投保险别、币值及其他条件必须与买卖合同、信用证上所列保险条件的要求相一致;③投保后发现投保项目有错漏,应及时向保险公司申请批改,如保险目的地变动、船名错误及保险金额增减等。

在公司实际业务中,由于进出口公司业务多,与保险公司合作时间长,投保手续往往得以简化和变通。例如:

（1）如时间较紧，投保人直接以口头或电话向保险公司提出申请获允诺后保险合同即生效，但仍需补送投保单。

（2）业务量较大的外贸公司，为简化手续、节省时间，也可以发票、出口货物明细单或货物出运分析单、报关单或信用证的副本代替投保单。在这种情况下，须加注：①运输工具名称、航次、是否转船、提单号码；②开航日期；③运输方式；④投保险别；⑤投保金额；⑥赔款地点；⑦保单份数；⑧投保日期等保险所需资料。

（3）预约投保。专门从事出口业务的外贸公司或长期出口货物的单位，可与保险公司签订预约保险合同（简称预保合同）。签订预保合同，进出口公司一般能获得优惠的保险条件和保险便利。凡属预约保单规定范围内的出口货物，一经起运，保险公司即自动按预约保单所订立的条件承保。被保险人应在每笔货物起运前，及时将起运通知书（包括货物名称、数量、保险金额、船名或其他运输工具名称、航程起讫地点、开航或起运日期等）送交保险公司。

2. 缴纳保险费

投保人按约定方式缴纳保险费是保险合同生效的条件。保险费率是由保险公司根据一定时期、不同种类的货物的赔付率，按不同险别和目的地确定的。保险费则根据保险费率表按保险金额计算。交付保险费后，投保人即可取得保险单。签订有预保合同的企业，通常与保险公司按月结算保险费。

3. 取得保险单据

投保人交完保险费用即可取得保险单。保险单据是保险人与被保险人之间的投保契约，是保险人给予被保险人的承保证明。在发生保险范围内的损失时，投保人可凭以向保险人要求赔偿。在CIF交货条件下，它又是卖方必须提供给买方的出口单据之一。保险单据作为议付单据之一，必须符合信用证的规定。因此，出口商在收到保险公司出具的保险单据以后，必须根据合同、信用证等单证进行逐项审核。

如果发现投保项目有错漏，特别是涉及保险金额的增减、保险目的地变更、船名的错误等，投保人应向保险公司及时提出批改申请，由保险公司出立"批单"（endorsement）。保险单一经批改，保险公司即按批改后的内容承担责任。申请批改必须在保险人不知有任何损失事故发生的情况下，在货物到达目的地之前或货物发生损失以前提出。

4. 保险单的转让

与运输单据一样，保险单可以采用背书的方式转让给受让人。例如，在CIF合同中，一般均规定卖方有义务向买方提交保险单和提单等装运单据。在这种情况下，卖方取得保险单和提单后，通常是以背书方式把这些单据转让给买方，以履行其合同义务。

保险单据的转让无须取得保险人的同意，也无须通知保险人。即使在保险标的物发生损失之后，保险单仍可有效转让。保险单的受让人有权用自己的名义起诉，并有权在货物遭受承保范围内的损失时，以自己的名义向保险人要求赔偿。

四、出口报关

报关是指从事进出口贸易的有关当事人在货物、运输工具等进出境时向进出境地的海关申报、交验所规定的单据、证件，缴纳关税，申请海关查验放行的行为。按照《中华人民共和国海关法》(简称《海关法》)的规定,凡是进出口的货物和运输工具,必须经由设有海关的港口、车站、国际航空站进出,并向海关申报,经海关查验后方可放行。

(一)申报

申报是指进出口货物的收发货人、受委托的报关企业,依照《海关法》以及有关法律、行政法规和规章的要求,在规定的时间、地点,采用电子数据报关单和纸质报关单形式,向海关报告实际进出口货物的情况,并接受海关审核的行为。目前,随着技术的不断发展和更新,主要以电子数据报关单形式向海关申报,在向未使用海关信息化管理系统作业的海关申报时,报关企业可以采用纸质报关单申报形式。

无纸通关是海关根据我国进出口量大增的实际情况,为便利进出口企业报关工作,加快通关速度,利用中国电子口岸及现代海关业务信息化管理系统功能,对企业联网申报的进出口货物报关电子数据进行无纸审核、验放处理的通关方式。A类以上管理级别的企业,只要经营规范,没有违规行为,即可向海关申请使用无纸通关方式办理进出口业务。主管地海关负责接收企业申请,提出初步审核意见,报海关通关管理部门审批,并负责组织申请企业、海关、中国电子口岸数据中心三方签订无纸通关协议书。申请人保证在报关单电子数据放行之日起7日内向海关提交或者由其代理人向海关提交纸质报关单、发票、装箱单、提单以及海关认为需要提交的其他单证。未按规定时限交单或经催交7天内仍未交单的企业,现场海关暂停该企业无纸通关业务。

1. 企业申报应出示的证明

(1)申报单位在海关办理的"企业海关注册登记手册";

(2)申报人员的报关员证;

(3)申报单位和报关员盖章的"出口货物报关单"一式两份;

(4)随附单证,如出口许可证或有关主管机关的批准文件、法定商检证书、合同、发票、装箱单、减免税证明等海关认为必要的单据。

2. 出口报关具体程序

(1)报关单位按报关单的格式和填写规范填写报关单,报关单的主要内容包括品名、规格、数量、唛头、件数、重量、合同价格、金额和运输工具名称等。报关单交预录入公司录入审核并打印(也可以自行印制),经报关人审核无误后通知预录入公司提交审单中心向海关正式申报。

(2)海关在接受申报后,要对交验的各项报关单证进行全面、认真细致的审核。审核单证要求单证必须完备、齐整、清楚有效;单证所填内容必须真实可靠、准确无误;交验的各项单证之间内容必须相符;申报货物必须符合国家有关政策、法律规定。审单合格后,审单部门将报关单据移交查验部门。

(二)查验

出口货物查验是指海关在接受申报并审核报关单证的基础上对出口货物进行实际核对检查。查验的目的是核对实际出口货物与报关单证所报内容是否相符,有无错报、漏报、瞒报、伪报等情况,验证申报审单环节提出的疑点,审查货物的出口是否合法,确定货物的物理性质和化学性质、成分、规格、用途等,以确定货物的适用税目和税率,并为海关统计归类和后续管理提供可靠资料。

海关查验货物,一般应在海关规定的时间和海关监督区内进行。为了加速验收,根据货物实际情况(如矿砂、粮食、原油、原木等散装货物,化肥、水泥、钢材、食糖等大宗货物和危险品),海关有时也在船边等现场验收,以方便外贸运输。在特殊情况下,经报关单位的申请,海关根据需要和可能,也可同意在海关监管场所以外进行多方查验。在特殊情况下,出口货物的发货人及其代理人可以向海关申请提前或延迟查验。对出口鲜活商品、危险品、易腐或易变质货物,以及其他因特殊事由需要紧急验放的货物、物品,经出口货物发货人、物品所有人或其代理人申请,海关可优先安排查验。海关查验货物后,要填写一份验货记录。验货记录一般包括查验时间、地点,进出口货物的收发货人或其代理人名称,申报的货物情况,查验货物的运输包装情况(如运输工具名称、集装箱号、尺码和封号),货物的名称、规格型号等。

为了鼓励企业守法自律,提高海关管理效能,保障进出口贸易的安全与便利,海关根据企业遵守法律、行政法规、海关规章、相关廉政规定和经营管理状况,以及海关监管、统计记录等,设置 AA、A、B、C、D 五个管理类别,对有关企业进行评估、分类,并对企业的管理类别予以公开。海关总署按照守法便利原则,对适用不同管理类别的企业,制定相应的差别管理措施,其中 AA 类和 A 类企业适用相应的通关便利措施,B 类企业适用常规管理措施,C 类和 D 类企业适用严密监管措施。对 A 类企业,海关将实施"属地报关、口岸验放",优先选择作为海关便捷通关试点,优先派员到企业结合生产或装卸环节实施查验,业务现场优先办理货物申报、查验、放行手续,在进口货物起运后抵港前或出口货物运入海关监管场所前提前办理报关手续,优先安排在非工作时间和节假日办理加急通关手续,按规定实行银行保证金台账"空转"或不实行银行保证金台账制度,优先办理加工贸易备案、变更、报核等手续,优先办理报关注册登记手续,优先组织对报关员的报关业务培训和岗位考核等一系列通关便利措施。对 AA 类企业,除享受 A 类通关便利措施外,海关还将实行"担保验放",适用较低查验率,指派专人负责协调解决企业办理海关事务的疑难问题,专门组织对报关员的报关业务培训和岗位考核等通关便利措施。

从 2013 年 8 月 1 日起海关实施分类查验和查验分流两大新举措,以提高海关监管查验作业效能和口岸通关效率,引导企业守法自律。分类查验措施是指海关对经营单位为 AA 类且申报单位为 B 类(含 B 类)以上企业(以下简称"AA 类企业")的进出口货物,除特殊情况外,实施较低比例的随机抽查。对抽查中查获 AA 类企业存在涉嫌违法违规行为被海关立案调查的,海关将对该企业的进出口货物实施连续查验。海关主要通过稽查、核查等方式对 AA 类企业实施后续监管。查验分流措施是指进出海关特殊监管区域(如保税港区、保税区、保税物流园区、出口加工区等特殊监管区域)的货物,除法律法规另有规定外,不在口岸实施查验,对需查验的货物,均由海关特殊监管区域主管海关在区内实施查验。

(三)纳税

征收出口关税能起到限制出口的作用,而通常出口国征收出口关税的目的,是减少本国资源性商品的出口,并将其作为国家应对国际贸易环境变化调整本国贸易对策的一种手段。

出口货物经查验情况正常、应按章纳税的,必须在缴清税款或提供担保后,海关方可签章放行。根据我国《海关法》的规定,进出口货物的纳税义务人应当自海关填发税款缴款书之日起15日内缴纳税款;逾期缴纳的,由海关征收滞纳金。

海关在征税前应核定货物的完税价格。新《海关法》采用国际通行的海关估价准则,明确规定进出口货物的完税价格以货物的成交价格为基础确定。成交价格不能确定时,完税价格由海关估定。

(四)放行结关

放行是口岸海关监管现场作业的最后一个环节。口岸海关在接受进出口货物的申报后,经过审核报关单据、查验实际货物,并依法办理征收货物税费手续或减免税手续后,在托运单中的装货单一联上签印放行,海关的监管行为结束,发货人或其代理人必须凭此联才能装船发运。结关是指对经口岸放行后仍需继续实行管理的货物,海关在固定的期限内进行核查,对需要补证、补税货物做出处理直至完全结束海关监管的工作程序。

在货物放行后,出口方签领进出口货物报关单证明联,以备出口业务核销之用。对需出口退税的货物,发货人应在向海关申报出口时,增附一份浅黄色的出口退税专用报关单。出口企业应于海关放行货物之日起15日内(第15日为法定节假日时顺延)申领出口退税报关单。海关在报关单上加盖"验讫章"及已向税务机关备案的海关审核出口退税负责人的签章,并加贴防伪标签后,退还报关单位,由出口企业日后向当地税务机关办理出口退税手续。

第四节 制 单 结 汇

制单结汇是指进出口公司按照合同和信用证的要求,在货物装船之后,及时正确地制备所需单据,在信用证规定的交单有效期内,持所需单据向议付行议付货款。

一、出口单据制作要求

在货物装箱托运以后,出口公司应立即按合同或信用证要求,正确、完整、及时、简明、整洁地缮制各种单据。单据制作不仅是进出口业务的一项工作,也是收取货款必不可少的一个环节。在信用证业务中,由于其业务特性要求银行只管单据不管货物,只凭信用证不管买卖合同,单据的要求更加严格,要求业务人员准确、完整地制作各种单据,并及时送交银行,才能确保安全迅速收款。

1. 单据的正确性

信用证方式要求单据的正确性主要体现在单据表面的一致性,即单内一致、单单一致、单证一致。一方面,议付单据的内容首先要与信用证的有关规定一致,同时单单之间不能发生矛盾。单证一致不仅指单据的内容要与信用证一致,还包括单据提交的份数、提交的方式及提交的时间也要与信用证的规定一致。另一方面,单据表面的一致性是指银行在审核与信用证有关的单据时无须调查实际交货的真实性和具体情况,只需审核单据表面上显示的内容与信用证条款的内容是否一致。

关于单证与合同一致的问题,虽然单据制作以信用证为依据,但业务人员还需注意双方的买卖合同。维护买卖双方的合同权益,恪守合同,是双方贸易关系得以巩固和发展的基础。信用证是买方(开证申请人)依照买卖合同及有关贸易惯例向银行申请开立的,是银行审核单据以决定是否付款的依据。因此,买方通常会要求开证行在信用证中加列一些关于货物描述的条款,以便约束受益人单据上所列的货物与买卖双方在合同中约定的相一致。但是,信用证毕竟不能代替买卖合同,特别是对一些比较复杂的货物买卖,如大型的成套设备,信用证中也不可能详细规定货物的具体规格型号、技术指标、单价及包装情况等。对于这些内容,受益人在制单时可以按照合同的有关规定缮制,但必须注意,这些内容不能与信用证的规定相抵触。

2. 单据要求完整

单据的完整是指卖方所制作和提交的单据必须按信用证的规定齐全,不能短缺。提交单据的种类、每种单据的份数和每份单据的必要项目内容都必须完整。

3. 单据制作提交及时

制作单据必须及时,最好能在货物装运前,将除提单以外的有关单据制作好,送议付银行预先审核。这样有利于卖方给自己制单留下充足的时间来检查单据,提早发现不符点加以修改。发现信用证的问题,卖方才有时间在装运前请买方修改信用证。同时,货物出口所涉及的单据多达几十种,各种单据之间的关系又是错综复杂和相互联系的。出口货物的认证、商检、托运、报关和装运诸方面工作的进行都需要向有关部门提供一定的单据。例如,申领出口许可证、原产地证书需要提供商业发票,向承运人订舱需要填制托运单,向保险公司办理保险需要提交保单,等等。延误单据制作的时间会影响这些工作的正常进行。因此,议付单据的制作一定要及时,并且有机连接。

单据应该在信用证规定的交单日前或 UCP600 规定的交单期限内及时送交议付银行议付。业务人员应注意信用证的最晚交单日期和信用证有效期,以免耽误安全收汇。

4. 单据制作要简明

单据制作不是越复杂越细越好。单据内容应该按照信用证和 UCP600 的规定以及该惯例所反映的国际标准银行实务来填写,力求简单明了,切勿加列信用证未规定的内容,以免弄巧成拙,造成单证不相符、不正确。

5. 单证保持整洁

业务人员制单时应注意使单据布局美观、大方、整洁。所打制的内容字迹要清楚,单据表面保持干净,不能多处涂改。有个别更改的地方要加盖校对章。有些单据的主要内容部分不宜更改。

此外,单据制作应符合有关法规及商业惯例,符合有关国家的行政规定。特别是单据日期是制单容易疏忽和犯错的地方。例如,提单日期是确定各单据日期的关键,提单日不能超过信用证规定的装运期,也不得早于信用证的最早装运日;发票日期应在各单据日期之首;汇票日期应晚于提单、发票等其他单据日期,但不能晚于信用证的有效期;保险单的签发日应早于或等于提单日(一般早于提单日 2 天),不能早于发票日期;商检证日期不晚于提单日期,但也不能过分早于提单日期,尤其是鲜货与容易变质的商品;装箱单日期应等于或迟于发票日期,但必须在提单日期之前;产地证不早于发票日期,不迟于提单日期。

二、交单结汇

(一)交单

交单是指出口商(信用证受益人)在信用证到期日前和交单期限内向银行提交信用证规定的全套单据。这些单据经银行审核无误,根据信用证条款规定的不同付汇方式,由银行办理结汇。出口商在交单时应注意三点:一是单据的种类和份数与信用证规定相符;二是单据内容正确,包括所用文字与信用证一致;三是交单时间必须在信用证规定的交单期和有效期之内。如果信用证没有规定交单期,银行将不接受自提单签发日起 21 天后提交的单据,但在任何情况下,单据的提交不得迟于信用证的有效期。

一般出口商的交单方式有两种:一种是两次交单或称预审交单,即在运输单据签发前,先将其他已备妥的单据交银行预审,发现问题及时更正,待货物装运后收到运输单据,可以当天议付并对外寄单;另一种是一次交单,即在全套单据备齐后一次性送交银行,此时货已发运。银行审单后若发现不符点需要退单修改,耗费时日,容易造成逾期交单而影响收汇安全。目前很多出口企业与银行密切配合,采用两次交单方式,加速安全收汇。

(二)结汇

出口结汇是指议付银行将收到的外汇按当日人民币对外币现汇的市场买入价购入,结算成人民币支付给出口人。信用证的出口结汇方法一般有下面三种。

1. 收妥结汇

收妥结汇又称"先收后结",即出口地银行在审查出口企业交来的单据,认定单、证一致后,将单据寄往国外付款行索取货款,待收到国外付款行寄来的货款贷记出口地银行的通知时,才按当日外汇牌价折合成人民币向受益人结汇,交付受益人。

2. 定期结汇

定期结汇是指出口地银行在审查出口企业交来的单据后,根据向国外付款行索偿的邮程远近,预先确定一个固定的结汇期限(如出口地银行审单无误后 7~14 天),到期不管是否收妥票款,都将票款金额折合成人民币交付外贸企业。

3. 出口押汇

出口押汇也称"买单结汇",即出口地银行在审单无误的情况下,按信用证的条款买入出口企业(受益人)的汇票和单据,按照票面金额扣除从议付日到估计收到票款之日的利息,将净数按议付当日牌价折合成人民币,付给出口企业。该结汇方式相当于议付行向信用证受益人提供资金融通,可加速出口方的资金周转,有利于扩大出口业务。这也是目前进出口企业普遍采用的结汇方式。

出口押汇是银行对出口商保留追索权的融资,如超过押汇期限,经银行向开证行催收交涉后仍未收回议付款项,银行有权向企业行使追索权,追索押汇金额、利息及银行费用。但银行如作为保兑行、付款行或承兑行时或开证行拒付是由于银行本身的过错而致(如单据寄错、电报误发),则银行不能行使追索权。

(三) 单证不符的处理

在实际业务中,由于主客观原因,单、证不符的情形往往难以避免。单据常见差错如下:

(1) 汇票大、小写金额打错;
(2) 汇票的付款人名称、地址打错;
(3) 发票的抬头人打错;
(4) 有关单据(如汇票、发票、保险单等)的币制名称不一致或不符合信用证的规定;
(5) 发票上的货物描述不符合信用证的规定;
(6) 多装或短装;
(7) 有关单据的类型不符合信用证要求;
(8) 单单之间商品名称、数量、件数、唛头、毛净重等不一致;
(9) 应提交的单据提交不全或份数不足;
(10) 未按信用证要求对有关单据(如发票、产地证等)进行认证;
(11) 漏签字或盖章;
(12) 汇票、运输提单、保险单据上未按要求进行背书;
(13) 逾期装运;
(14) 逾期交单等。

出口方应该与议付银行密切配合,尽量保证单证正确无误,单、证相符和单单相符。对于所交单据的不符点,企业一般有如下处理办法:

(1) 在单据寄开证行前,可改正单据中的不符点。但要注意改单原则是谁出具的单据由谁修改,同时必须注意信用证议付期限。

(2) 如单据已寄,可在交单期限内第二次提交正确单据,修改不符点。

(3) 表提。受益人在提交单据时,主动向议付行书面提出单证不符点。议付行通常要求受益人出具担保书,如日后遭拒付,受益人自行承担后果。这种方式一般是单证不符情况不严重,或是实质不符,但事先已经开证人(进口商)确认接受。

(4) 电提。在单证不符情况下,议付行先向国外开证行拍发电报或电传,列明单证不符点,征询开证行和开证申请人意见,待开证行复电同意,再将单据寄出。这种处理办法一般是实质不符,金额较大。如获开证行同意议付行即寄单,若开证行不同意,受益人可采取措施处理货物。

(5) 改信用证项下托收。单有严重不符点,或信用证有效期已过,受益人为及时取得货款,只能委托银行在给开证行的寄单函中注明"信用证项下单据作托收处理",作为区别,称为"有证托收"。而一般的托收则称为"无证托收"。这时,信用证支付方式实际上由银行信用转为商业信用,因而对出口商有较大风险。由于申请人已因单证不符而不同意接受,故有证托收往往会遭到拒付,是一种不得已而为之的方式。

总之,制单人员要熟练掌握有关单据,当议付行通知单证不符时,凡是来得及并可以修改的,受益人应立即直接修改不符点,使之与信用证相符,从而保证正常议付货款。若无法做到单证一致或单单相符,或再行修改势必造成信用证有效期已过,受益人必须立即采取补救措施以期安全收取货款。

第五节 出口收汇核销与退税

一、出口收汇核销

根据我国现行的对外经济贸易政策和国家外汇管理局的有关规定,我国出口企业在办理货物装运出口及制单结汇后,应及时办理出口收汇核销(verification of export proceeds)手续。

出口收汇核销制度是国家加强出口收汇管理,确保国家外汇收入,防止外汇外流的一项重要措施。出口核销以出口货物的价值为标准,核对是否有相应的外汇收回国内的一种事后管理措施,即出口企业在货物报关出口后,向外汇管理部门报送银行出具的收汇证明以进行核对的程序。出口单位凭出口收汇核销单报关出口,收汇后到外汇管理部门办理核销,再向税务机关申请出口退税。

我国的出口收汇核销制度从 1991 年 1 月 1 日开始实施,对监督企业出口收汇、防止逃漏外汇、保证我国的外汇收入、维护国际收支平衡发挥了积极作用。2001 年,国家外汇管理局与海关总署开发了"中国电子口岸出口收汇系统",在中国电子口岸的公共数据中心建立了出口收汇核销单、出口报关单的电子底账,实现了管理部门间电子信息的共享。2002 年,国家外汇管理局又设计开发了"出口收汇核报系统",从而进一步完善了出口收汇核销管理,以促进贸易便利化。2012 年国家外汇管理局、海关总署和国家税务总局联合颁布《关于货物贸易外汇管理制度改革的公告》(国家外汇管理局公告 2012 年第 1 号),决定自 2012 年 8 月 1 日起在全国范围内实施货物贸易外汇管理制度改革,并相应调整出口报关流程、简化出口退税凭证。该公告主要包括如下三方面的内容。

首先,全面改革货物贸易外汇管理方式,简化贸易进出口收付汇业务办理手续和程序。取消货物贸易外汇收支的逐笔核销,改为对企业货物流、资金流实施非现场总量核查,并对企业实行动态监测和分类管理。

其次,调整出口报关流程,取消出口收汇核销单,企业办理出口报关时不再提供核销单。

最后,自 2012 年 8 月 1 日起报关出口的货物,企业申报出口退税时不再提供出口收汇核销单;税务部门参考外汇管理局提供的企业出口收汇信息和分类情况,依据相关规定,审核企业出口退税。

该规定实施后,出口企业的核销工作大为简化,有利于降低交易成本,促进企业进出口业务的开展。目前企业出口收汇后,无须向外汇管理局进行核销报告,也无须到外汇管理局办理核销手续,但应将用于核销的报关单进行网上交单,由外汇管理局按月通过出口收汇核报系统对其出口报关数据和银行收汇数据按时间顺序自动总量核销。出口单位无须凭核销单退税联办理出口退税手续,由税务部门根据从中国电子口岸数据中心接收的电子数据和外汇管理局按月向税务部门提供的已核销清单办理退税手续。

二、出口退税

出口退税是指有出口经营权的企业和代理出口货物的企业,除另有规定外,可在货物报关出口并在企业财务账册做完销售账处理后,凭有关凭证按月报送税务机关批准退还或免征增值税和消费税。出口产品退税制度是一个国家税收的重要组成部分,主要是通过退还出口产品国内已纳税款来平衡国内产品的税收负担,使本国产品以不含税成本进入国际市场,与国外产品在同等条件下竞争,从而增强竞争能力,扩大出口创汇。

我国从 1985 年开始对出口产品实行退税制度。1994 年国家相继出台《出口货物退(免)税管理办法》等有关退税的政策法规。为了加强管理,国家实行出口退税与出口收汇核销挂钩的政策,堵塞出口退税管理中的漏洞。退税率按照出口产品适用的税种、税目、税率的不同,根据国家税务部门公布的出口退税税目税率表执行。出口退税政策的实施对增强我国出口产品的国际市场竞争力,扩大出口,增加就业,保证国际收支平衡,促进国民经济持续、快速、健康地发展发挥了重要作用。同时,对出口产品实行退税是国际贸易业务中的一种通行做法,也是符合 WTO 规则的。中国作为世界上最大的发展中国家,市场经济、税制建设正处在不断完善的时期,产业结构、地区结构不平衡,能源、环境问题逐步凸显,因此国家按照不同时期的经济增长情况和问题,不断调整出口退税政策以达到调节和管理国家进出口活动的目的。

(一)出口退税的两种办法

(1)对外贸企业出口货物实行免税和退税的办法,即对出口货物销售环节免征增值税,对出口货物在前面各个生产流通环节已缴纳的增值税予以退税。

(2)对生产企业自营或委托出口的货物实行免、抵、退税办法,对出口货物本道环节免征增值税,对出口货物所采购的原材料、包装物等所含的增值税允许抵减其内销货物的应缴税款,对未抵减完的部分再予以退税。

(二)出口退税的程序

出口企业的出口退税全部实行计算机电子化管理,通过计算机申报、审核、审批。2003 年起启用了"口岸电子执法系统"出口退税子系统,对企业申报退税的报关单、外汇核销单等出口退税凭证,实现了与签发单证的政府机关信息对审的办法,确保了申报单据的真实性和准确性。出口退税的具体办理流程如下。

1. 出口退税资格的认定

外贸企业应于商务管理部门办理从事进出口业务备案登记之日起 30 日内填写《出口货物退(免)税认定表》(一式三份),并携带以下资料到国税局进出口税收管理处办理认定登记(原件和复印件,审核后原件退回):

(1)对外贸易经营者备案登记表或者代理出口协议;

(2)自理报关单位报关注册登记证书;

(3)外商投资企业需提供批准证书。

2. 出口退税申报系统软件的下载、安装、启动与维护

系统软件可在当地国税局网站或中国出口退税咨询网（http//：www.taxrefund.com.cn）下载获取。

3. 出口退税申报前准备事项

（1）外贸企业在取得增值税专用发票后，应当自开票之日起30日内办理认证手续；在货物报关出口之日起90天后第一个增值税纳税申报截止之日，收齐单证并办结退（免）税申报手续。

（2）外贸企业应及时登录"口岸电子执法系统"出口退税子系统，核查并准确地确认和提交出口货物报关单"证明联"电子数据。

（3）外贸企业提供的每一份出口货物报关单与对应的增值税专用发票的品名、数量、计量单位必须保持一致。

4. 出口退税申报

（1）申报明细数据录入，生成申报数据并打印申报表。这是申报中最主要的工作，不仅量大而且容易出错，必须细致认真。

（2）整理装订单证。按照出口明细表顺序逐票整理装订单证：增值税专用发票、出口报关单、出口发票、结汇水单或收账通知书，委托出口的还需要提供《代理出口货物证明》等国税局退税部门要求的单据和文件。装订封皮可到退税机关领取，并按税务机关的统一要求装订。

（3）上门申报退税。携带申报表（包括汇总表三份、进货明细表一份、出口明细表一份）、申报单证和电子申报数据（U盘）到申报大厅办理退（免）税申报。

（4）审核反馈处理。

（5）退税资料的返回。外贸企业应主动及时关注退税进度，随时在申报大厅取回已审批的退税资料，并跟踪和查询所报的退税款是否退税。

5. 税务机关审核

税务机关受理出口商的出口货物退（免）税申报后，应为出口商出具回执，并对出口货物退（免）税申报情况进行登记。税务机关应在规定的时间内，对申报凭证、资料的合法性、准确性进行审查，并核实申报数据之间的逻辑对应关系。税务机关重点审核：申报出口货物退（免）税的报表种类、内容及印章是否齐全、准确；提供的电子数据和出口货物退（免）税申报表是否一致；凭证是否有效，与出口货物退（免）税申报表明细内容是否一致等。

在对申报的出口货物退（免）税凭证、资料进行人工审核后，税务机关应当使用出口货物退（免）税电子化管理系统进行计算机审核，将出口商申报出口货物退（免）税提供的电子数据、凭证、资料与国家税务总局及有关部门传递的出口货物报关单、代理出口证明、增值税专用发票、消费税税收（出口货物专用）缴款书等电子信息进行核对，看是否与其相符。

税务机关在审核中发现不符合规定的申报凭证、资料，应通知出口商进行调整或重新申报；对在计算机审核中发现的疑点，应当严格按照有关规定处理。税务机关审核无误后审批，按照有关规定办理退库或调库手续，将退税款划拨出口企业。

出口企业在出口业务中应注意严格把控出口退税涉及的单证。特别是目前外贸企业大量代理生产企业出口，由于涉及生产企业数量大，规模不一，有些生产企业经营不良或信誉不佳，甚至出于骗税目的找外贸企业代理出口，外贸企业在代理业务中应该加强对委托企业的调查，明确与委托企业的代理关系，杜绝出口骗税和走私行为，维护国家和企业的经济利益。

以上是出口合同履行过程的主要内容。出口合同履行关系到买卖双方各自权益的实现及贸易关系的维系和发展，因此，出口企业应该认真履行合同，有关业务人员应该提高责任心和业务操作能力，以保证出口合同的顺利履行。出口合同履行的主要工作流程如图13-1所示。

图13-1 出口业务流程图

本章应知应会术语

1. performance of export contract 出口合同的履行
2. preparation of goods 备货
3. contact sheet 联系单
4. quality control 质量监控
5. urge L/C opening 催证
6. examination of L/C 审证
7. amendment of L/C 改证
8. export inspection form 出境货物报检单
9. consign for shipment 托运
10. shipping order 装货单
11. customs declaration for export 出口报关
12. customs clearance 结关
13. settlement of exchange 结汇
14. export bill purchased 出口押汇
15. tax refund for export 出口退税
16. verification of export proceeds 出口收汇核销

即测即练 扫码答题

思考题

1. 出口合同履行工作主要包括什么内容？
2. 业务人员在出口备货中应该注意什么问题？
3. 你认为外贸企业和生产企业在备货中的工作异同点有哪些？
4. 为什么卖方一般需要向买方催开信用证？
5. 你如何理解出口方审核信用证的重要性？
6. 信用证主要需要审核哪些内容？
7. 什么是信用证的软条款？请举例说明。
8. 修改信用证需要注意哪些问题？
9. 什么情况下，出口商品必须商检？
10. 本地产品和外地产品在出口检验方面有何不同？如何办理？
11. 如何选择合适的货运代理公司？
12. 散货和集装箱货物在码头交接取单有何不同？
13. 什么是预约投保？它的好处主要是什么？

14. 如何正确把握投保时间,维护买卖双方的利益?
15. 企业出口报关需要经过哪些程序?
16. 什么是报关企业分级管理?它的好处是什么?
17. 制单的要求是什么?如何制作正确的单据?
18. 银行结汇的三种办法是什么?其主要内容和区别是什么?
19. 单据常见的不符点主要有哪些?
20. 如果单证不符,应如何处理不符点以保证安全收汇?
21. 什么是出口收汇核销?目前我国出口收汇核销有何变化?
22. 什么是出口退税?如何理解它对我国出口贸易的促进作用?
23. 申报出口退税所需单证主要有哪些?
24. 出口企业如何办理出口退税手续?

案例分析题

1. 我国某公司与欧洲客户达成一笔圣诞节礼品的出口交易。合同规定以 CIF 为交货条件,交货期为 2021 年 12 月 1 日前,但合同未对买方开证时间予以规定。卖方于 2021 年 11 月上旬开始向买方催开信用证,经多次催证,买方于 11 月 25 日将信用证开抵我方,由于收到信用证较迟,我方 12 月 5 日才将货物装运完毕。当我方向银行提交单据时,遭到银行以单证不符为由拒付。问:(1)银行的拒付是否有理?为什么?(2)我方有哪些失误?

2. 中国一家企业出口一批货物,合同与信用证均规定为 CIF 条件。货物装运后,出口企业向船公司支付全额运费后取得了由船公司签发的已装船清洁提单,但制单人员在提单上漏打了"FREIGHT PREPAID"(运费预付)的字样,当时正值市场价格下跌,开证行根据开证申请人的意见,以所交单据与信用证不符为由拒付货款。试分析。

第 14 章

进口合同的履行

国际货物贸易包括出口贸易和进口贸易两部分。第 13 章介绍了出口合同履行的一般步骤和注意事项。在学习进口业务的过程中,可以参考出口贸易履行的很多业务知识要点,只不过买卖双方的角色互换了,需要从进口商的角度来注意业务的操作和风险的把握。出口贸易和进口贸易是企业贸易活动的两个基本内容,但进口合同的履行有其自身的特点,业务人员有必要了解进口合同在履行中需要掌握的业务知识和问题关键点。

进口合同依法订立后,买卖双方必须严格按照贸易合同履行各自的义务。在进口贸易中我方作为买方必须贯彻重合同、守信用的原则,按照合同、有关的国际条约和国际惯例的规定,支付货物的价款和收取货物,同时还要随时注意卖方履行合同的情况,督促卖方按合同规定履行其交货、交单和转移货物所有权的义务。

履行进口合同的环节和工作内容,主要取决于合同的类型及其所采取的支付条件。本章以 FOB 价格条件和信用证支付方式成交的进口合同为例,具体说明进口合同履行的业务流程和需要注意的问题。按照这些条件成交的进口合同,履行程序一般包括开立信用证、租船订舱、通知船期和催装、装运、办理保险、审单付款、接货报关、提货检验、拨交货物和办理索赔等。

第一节 信用证的开立和修改

一、申请开立信用证

进口合同签订后,进口企业应在合同规定的期限内到经营外汇业务的银行填写信用证申请书,及时办理开证申请手续。

(一)申请开证时间

信用证的开证时间应按合同规定办理。如果合同规定在装运期前若干天开立并送达,进口方应按期向开证行提出申请并考虑邮程的时间;如果合同规定在卖方确定交货期后开证,进口方应在接到卖方通知后再向银行申请开证;如果合同规定在卖方领到出口许可证、交付履约保证金或提供银行保函后向银行申请开证,则进口方应在收到相关通知后向银行申请开证。

如果合同未明确规定买方开立信用证的时间,只规定了装运期的起止日期,则应让受益人在装运期开始前收到信用证;如果合同只规定最迟装运日期,则应在合理时间内开证,以便卖方有足够时间备妥货物并按时出运。买方通常应在装运期前30~45天开证。

(二) 填写开证申请书

开证申请人在向开证行申请开立信用证时,应填写开证申请书,连同所需附件交开证行。开证申请书是银行开立信用证的依据,也是申请人与银行之间的契约关系的法律证据。开证行收到申请书后,经过审核进口人的资信等程序以后,按进口方的申请开立信用证。同时,进口商向开证银行交付一定比率的押金并支付开证手续费。

1. 开证的依据

买方开立的信用证以买卖双方签订的合同为依据,应确保信用证的主要条款和要求与合同条款严格一致。例如,信用证中品质、数量、价格、交货期、装货期、装货条件、装运单据等都要与合同中相应条款的规定相一致。因此,开证申请书应按照合同内容填写,并具体列明相关贸易要求,不能使用"按××号合同规定"等表达方式。信用证是一个自足文件,有其自身的完整性和独立性,不应参照或依附于其他契约文件。银行审单完全按照信用证的规定,而不会去参照双方的贸易合同。

2. 开证申请书的内容

开证申请书包括两个部分:第一部分是信用证的内容,包括受益人名称、地址,信用证的性质、金额,汇票内容,货物描述,运输条件,所需单据种类及份数,信用证的交单期、到期日和地点,信用证通知方式等。第二部分是申请人对开证银行的声明,其内容通常固定印制在开证申请书上,包括:承认遵守 UCP600 的规定;保证向银行支付信用证项下的货款、手续费、利息及其他费用;在申请人付款赎单前,单据及货物所有权属银行所有;开证行收下不符信用证规定的单据时申请人有权拒绝赎单等。

3. 填写开证申请书时应注意的问题

(1) 信用证的种类。按照 UCP600 的规定,信用证是不可撤销的,信用证中无须注明,除非特别强调可撤销。在进口业务中,一般不宜开立可转让信用证,以防卖方将信用证转让给其他受益人。在此情况下,买方可能因第二受益人不可靠而蒙受意外损失。

(2) 信用证金额,即受益人可以使用的最高限额。大小写金额要一致,除非确有必要,不宜在金额前加"约"(about)、"近似"(approximately)或类似词语,否则按 UCP600 规定将被解释为允许有不超过 10% 的增减幅度。

(3) 汇票的付款人和付款期限。汇票的付款人应为开证行或信用证指定的其他银行,而不能规定为开证申请人,否则该汇票将被视作额外单据;汇票是即期还是远期,应严格按照合同规定。

(4) 信用证的有关条件规定必须单据化。买方应该将对卖方的交货要求体现为信用证中的单据要求。开证申请书中必须明确说明据以付款、承兑或议付的单据的种类、文字内容及出具单据的机构等。UCP600 第 14 条 h 款规定:如信用证载有某些条件,但并未规定表明符合该条件的单据,银行将视这些条件为未予规定而不予置理。因而,进口方在申请开证时,应将合同的有关规定转化成单据要求。

例如,合同中规定货物按不同规格包装,则信用证中应要求受益人提交装箱单。如采用海洋运输,一般应要求提供全套凭开证行或申请人指示并经发货人空白背书的已装船清洁提单。合同以 CFR 或 CIF 条件成交的,信用证应要求受益人提交的清洁已装船提单上注明运费已付等。对集装箱运输、航空运输、铁路运输、邮包运输,则应规定在采用 FCA、CPT、CIP 等贸易术语的条件下方可受理,同时必须注明提交相应的运输单据。由于信用证是单据业务,银行不过问货物质量,因而可在信用证中要求对方提供双方认可的检验机构出具的装船前检验证明,并明确规定货物的数量和规格。如果受益人所交检验证明的结果与证内规定不符,银行即可拒付。

(5) 分批装运和转运。进口合同如规定不允许分批装运和转运,应在信用证中明确注明不准分批装运、不准转运。如果信用证对此不做规定,将被视为允许分批装运和转运。

(6) 交单到期日和到期地点。UCP600 规定信用证必须规定一个交单到期日,所规定的承付或议付的到期日即为交单到期日。可在某处兑付信用证的银行所在地即为交单地点。可在任何一家银行兑付的信用证的交单地点为任一银行的所在地。除规定的交单地点外,开证行所在地也是交单地点。到期地点一般为受益人所在地。

(7) 进口许可证号码。对于属于进口许可证管理的商品,信用证中应要求出口人在商业发票上记载进口许可证号码,以备进口通关时海关审单和验货。

(8) 其他要求。开证申请书的内容必须完整明确,为了防止混淆和误解,开证申请书中不应罗列过多的细节。

(三) 开立信用证的方式

在实际业务中,开证的方法一般有信开本和电开本两种。信开即以邮寄方式开证,分为平邮、航空挂号和特快专递等方式。电开即以电报、电传或 SWIFT 电文等电信方式开证,分为全电开证、简电开证及引用旧证的套证方式。目前,银行大量采用 SWIFT 方式开立信用证。

二、信用证的修改

按照 UCP600 规定,信用证开出后未经开证行、保兑行(如果有的话)和受益人同意,不能随意修改和撤销。进口商在申请开证时,必须认真按照合同条款开证。如果发现信用证内容与开证申请书不符,或因情况发生变化或其他原因,需对信用证进行修改,应立即向开证行递交修改申请书,要求开证行办理修改信用证的手续。开出的信用证通知给卖方后,如果卖方经过审证后不同意信用证的部分内容,也会来函要求修改信用证中的某些条款。开证申请人对于受益人提出的改证要求应区别情况决定是否同意。若同意修改,应及时通知开证行办理修改手续;若不同意修改,也应及时通知受益人,敦促其按原证条款履行装货和交单。

按照 UCP600 的规定,自发出信用证修改时起,开证行即不可撤销地受该修改的约束。受益人可以决定接受修改或拒绝修改,但应发出接受或拒绝修改的通知。在受益人告知通知修改的银行自己接受修改之前,原信用证的条款对受益人仍具有约束力。如果受益人未发出接受或拒绝的通知而其提交的单据与原信用证的条款相符,则视为受益人已拒绝了该修改;但如果提交的单据与经修改的信用证条款相符,则视为受益人已发出接受该修改的通知,从那时起,该信用证已被修改。

进口企业对信用证的开立和修改应持慎重态度。在申请开立信用证时,应做到开证申请书与合同相符,以避免不必要的修改及不符条款被受益人利用而受损;在修改信用证时,亦应注意修改内容是否正确,并应考虑受益人有可能拒绝修改而仍按原证条款履行的情况。

第二节 安排运输和保险

一、安排运输

在进口业务中,凡以 FOB 或 FCA 贸易术语成立的合同,应由进口方负责租船订舱工作或安排运输,订立运输合同,派运输工具到出口国口岸接运货物。

目前企业进口货物运输主要是通过海运。为了做好租船订舱和装运工作,进口方应注意了解有关轮船公司的船源情况和运价动态,以便在需要租船订舱时,以合适的价格租到合适的船或订到合适的舱位。此外,应注意保持与卖方的联系,经常互通消息,了解货物完成情况,以便及时排载,完成货物的交接。

租船订舱的时间应按照合同规定,及时跟踪卖方备货情况,并在货运公司规定的时间内提交订舱单,以保证及时排载。进口方应注意船货衔接,提醒出口商在合同规定的交货期前一定时间内,将预计货物备妥日期及货物的毛重、体积、预计装运日期等通知进口商,以便安排货运。进口商在正常期限内未收到此项通知时,应及时发函或发电催促出口商,要求对方按合同规定提供具体情况。进口商接到上述通知后,应及时向货运公司填交进口订舱联系单,连同合同副本,委托货运公司代为安排船只或舱位。进口企业在办妥租船订舱手续,接到货运公司的配船通知后,应该及时向卖方发出装船指示(shipping instruction)。通知内容一般包括即将装载的船名、预计到达装运港的日期、装载数量以及装运地货代和船公司联系方式等,以便卖方备货和联系船公司及其代理准备装船事宜。卖方收到通知后应确认并通知买方。

对于一些机械仪器等商品,装运次数多但每批数量不大的,为简化手续,不必事前订舱,可事先委托发货人与进口商船代理直接联系,安排装运。对于一些特殊商品,如单件货物超高、超长、超重,或易燃易爆等危险品的装运,出口商应及时通告,以便进口商在办理运输手续时,将商品的详细情况通知相关的船务公司,确保运输安全。

在进口业务中,国外供货商往往由于原料或劳动力成本上涨、出口许可证未及时获得、国际市场该商品价格上涨或无法按期安排生产等各种原因,不能或不愿按期交货。为了防止船货脱节和出现"船等货"的情况,进口企业应在合同中争取订立罚金条款等约束性条款,规定如果买方按卖方的通知及时派去合适的船只或已安排舱位,而因卖方未能及时装运货物所引起的后果应由卖方负全部责任。进口方还必须随时了解并掌握对方备货和装船前的准备工作情况,督促对方按期装运。对数量大或重要的、用户急需的物资进口,在交货期前一两个月就应发出函电催装,必要时也可请我国驻外机构在当地了解、督促对方根据合同规定,按时、按质、按量履行交货义务,或派人员前往出口地点检验监督。

对逾期未交货物者，如责任在卖方，进口商有权撤销合同并提出索赔。若仍需要该批货物，则可同意对方延迟交货，但可同时提出索赔。

卖方装船后，应向买方发出货物已装船的装船通知，以方便买方接货及按卖方提供的详细装船通知办理货物保险。装船通知应包括合同号、信用证号码、货名、数量、金额、船名及航次、起航日期、集装箱及封铅号等有关装运资料。

二、保险

以 FOB、CFR 或 FCA、CPT 术语成交的进口合同，由进口企业负责向保险公司办理货物的运输保险。保险直接涉及买方利益，买方应及时办理保险。

（一）进口货物运输保险方式

如前所述，货物运输保险主要有两种保险方式，即预约保险和逐笔投保。

进口企业和保险公司为了简化投保手续，防止因信息传递不及时或失误等原因发生来不及办理保险或漏保的情况，大多采用预约投保的方式。在实际操作中，进口业务较频繁的企业通常与保险公司签订海运、空运和陆运货物的预约保险合同，简称预保合同（open policy）。该合同对进口货物的投保险别、保险费率、适用的保险条款、赔付方法和承保货物的范围都做了具体的规定。根据预约保险合同，在预约保险合同规定范围内的货物一经启运，保险公司对有关进口货物负自动承保的责任。对于海运货物，外贸公司接到外商的装运通知后只需按要求填制预约保险启运通知书或进口货物装货通知，将合同号、起运口岸、船名、起运日期、航线、货物名称、数量、金额等必要内容一一列明，送保险公司，即可作为投保凭证，完成投保手续。对于空运和邮包运输的货物，也要根据预约保险合同的内容和承保范围，在收到供货商的装运通知后，立即填制进口货物装货通知送交保险公司投保。采用预约保险方式，保险费由保险公司每月计算一次向进口公司收取。

在未与保险公司签订预约保险合同的情况下，对进口货物需逐笔投保。外贸企业在接到卖方的发货通知后，应立即填制投保单或装货通知单，向保险公司办理保险手续。保险公司承保后将给公司签发一份正式保单作为双方之间保险合同的证明文件。

（二）进口货运保险的责任起讫

对于进口货物，买卖双方的风险责任以装运港海轮船上为界。在货物装船前，物权和风险责任都属于出口商，货物装船后，由买方承担货物的风险责任。货物装船前，买方不具有保险利益，即使买方在此之前已向保险公司投保，保险公司也不承担保险责任。因此，保险公司对进口方投保货物的海运货物保险的责任期限一般从货物在国外装运港装上海轮时起开始生效，到保险单据载明的国内目的地收货人仓库或储存处所终止。若未抵达上述仓库或储存处所，则以被保险货物在最后卸货港卸离海轮后 60 天为止。如果不能在此期限内转运，可向保险公司申请延期，延期最多为 60 天。应当注意的是：散装货物以及木材、化肥、粮食等货物，保险责任均至卸货港的仓库或场地终止，并以货物卸离海轮 60 天为限，不实行国内转运期间保险责任的扩展。少数货物（如新鲜果蔬、活牲畜）于卸离海轮时，保险责任即告终止。

第三节　审单与付款

国内外贸企业在进口业务中大多使用信用证方式结算货款。信用证的性质要求,只要出口方提交的单据完全符合进口方开立的信用证的条款,开证行必须付款,进口方相应地必须付款赎单。进口方为保证自身权益,必须认真做好审单工作,根据所开立的信用证条款认真审核出口方提交的单据。进口方应该配合银行做好审单付款的工作。

一、审单

在信用证付款方式下,国外发货人将货物交付装运后,即将汇票和/或各项单据提交开证行或保兑行(如有的话)或其他指定银行。银行收到国外寄来的单据后,必须合理审慎地审核信用证规定的一切单据,以确定其表面上是否符合信用证条款。进口商也必须对全套单据进行审核。银行审核单据的标准仅在于出口方提交的单据是否与信用证的条款一致,而与贸易合同无关。银行对任何单据的格式、完整性、准确性、真实性或法律效力,以及单据上规定的或附加的一般及/或特殊条件,一概不负责任;对于任何单据所代表的货物的描述、数量、重量、品质、状态、包装、交货、价值或存在,或货物的发货人、承运人、运输商、收货人或保险人或其他任何人的诚信行为或疏漏、清偿能力、履约能力或资信情况,也不负责任。出口商提交的单据不是信用证所规定的,银行将不予审核。银行如果收到这类单据,会将其退回交单人或转递而无须承担责任。如果信用证中规定了某些条件但并未规定需提交与之相符的单据,银行将视为未规定这些条件而不予理会。

银行审核主要单据的基本要求如下。

1. 汇票

(1) 信用证项下的汇票应按照信用证上的"出票条款"(drawn clause)列明开证行名称、信用证编号及开证日期作为缮制此汇票的依据。

(2) 汇票的出票人应为受益人,即出口商;汇票的收款人必须与信用证相符,通常为议付银行;汇票付款人应为开证行或指定的付款行。若信用证未规定,应为开证行,不应以申请人为付款人。

(3) 汇票的付款期限应符合信用证的规定,出票日期必须在信用证的有效期内,不应早于发票日期。

(4) 汇票金额应与信用证规定相符,不得超过信用证规定,一般应为发票金额。大小写应一致,使用的货币也应符合信用证的要求。国外开来汇票,也可以只有小写。信用证金额如有"about"(大约)字样,汇票金额不得多于10%。若单据内含有佣金或货款部分托收,则按信用证规定的发票金额的百分比开列。

2. 商业发票

(1) 发票的签发人与受益人以及汇票的出票人应为同一人。除非信用证另有规定,否则发票的抬头应为信用证的开证申请人。

(2) 发票上的商品描述,如商品名称、品质、单价、数量、重量及包装、价格条件、合同号码等描述,必须与信用证规定完全一致。

(3) 发票上的价格条件(如 CIF、CFR、FOB)、装运唛头、数量、船名、起运港、启运日期、目的港等应与其他单据一致。

(4) 发票必须记载出票条款、合同号码和发票日期。发票无须签字,除非信用证另有规定。

3. 提单

(1) 提单必须按信用证规定的份数全套提交。若信用证未规定份数,则一份也可算全套。提单应注明承运人名称,并经承运人或其代理人签名,或是船长或其代理人签名。

(2) 除非信用证有特别规定,提单应做成清洁已装船提单。提单上不得有任何说明货物表面或包装瑕疵的批注,并经船公司注明"Shipped on Board"(已装船)字样才能生效。

(3) 提单上的货名、唛头、数量、重量、船名等应与信用证一致,并与其他有关单据相符。货物描述可以用总称,但不能与发票货名相抵触。提单上的价格条款或有关运费的记载必须与信用证及其发票一致。若价格条件为 CIF 或 CFR,则应注明"Freight Prepaid"(运费预付)。

(4) 提单的签发日不得迟于信用证上规定的最迟装运日。

4. 保险单

(1) 保险单正本份数应符合信用证要求,全套正本应提交开证行。

(2) 投保的险别必须是信用证所规定的,投保的币种必须与信用证币种相同,投保金额通常是发票金额的 110%。

(3) 保险单上记载的船名、航线、转运港、卸货港、启运日期等内容必须与提单一致,投保货物名称、数量、唛头等内容应与提单、发票或其他单据一致。

(4) 保险单的签发日期应早于提单日期,最晚不得迟于货运单据的签发日期。信用证要求提交保险单时不得用保险凭证代替。

5. 产地证

(1) 产地证应由信用证指定的出口地法定机构签署,用以证明所发货物确系在该出口地生产。

(2) 货物的名称、品质、数量及价格等记述应与商业发票或其他有关单据一致。

(3) 产地证的签发日期不得迟于装船日期。

6. 检验证书

(1) 检验证书应由信用证所规定的机构检验签发。

(2) 检验项目及内容应符合信用证的要求。检验结果如有瑕疵,银行可以拒绝对外付款。

(3) 检验日期不得迟于装运日期,但也不宜比装运日期提前时间过长。

7. 装箱单、重量单

装箱单、重量单必须与商业发票一致,且不应与提单的内容有出入。

二、付款或拒付

开证行审单后,如果"单证一致、单单一致",则应即期付款,或承兑或于信用证规定的到期日付款。但开证行在对外付款前要交进口企业复审。按我国的习惯,如果进口企业在三个工作日内没有提出异议,开证行即按信用证的规定对外付款。开证行对外付款是没有追索权的,所以进口企业必须认真对待信用证项下的单据审核,以免给企业造成损失。开证行对外付款的同时,通知进口企业付款赎单。进口企业应在付款赎单前认真审核单据,如果发现单证不符,则可拒绝赎单。

开证行审单时如果发现单据与信用证规定不符,应该在收到单据次日起五个银行工作日内,用电信方式通知寄单银行,说明单据的所有不符点,并说明是否保留单据以待交单人处理或退还交单人。按 UCP600 规定,对于不符单据开证行有权拒付。实际业务中,开证行一般会就单据的不符点征求开证申请人意见,以确定是拒付还是接受。如果拒付,开证行必须用电信或其他快捷方式发出拒付通知。在通知发出后,可以在任何时候将单据退回交单人,在已事先垫付货款的情况下,其有权要求返还偿付的款项及利息。当然,当开证行知会进口商单据不符的详情,而进口商愿意接受不符单据时,在进口商保证付款的前提下,开证行可以代为接受不符单据,对外付款。

对于远期信用证或因航程较短,货物先于单据到达的情况,进口方可以采取下面两种方式先行提货:

(1) 信托收据。在进口企业尚未清偿信用证项下汇票(往往指远期汇票)时,可向银行开出信托收据,银行凭此将货运单据"借给"进口商,以利其及时提货,然后在汇票到期日偿还货款。

(2) 担保提货。进口货物先于提单到达目的地,进口企业可请求银行出具保函,向运输公司申请不凭提单提取货物,如果承运人因此而蒙受损失,由银行承担赔偿责任。

第四节 进口报关

进口货物到货后,进口企业应到海关办理报关手续。进口报关是指进口货物的收货人或其代理人向海关交验有关单证,办理进口货物申报手续的法律行为。进口企业可以自行报关,也可以委托货运代理公司或报关行代理报关。

一、进口货物的申报

进口货物的申报是指进口货物的收货人、受委托的报关企业,依照《海关法》及有关法律、行政法规和规章的要求,在规定的期限、地点,采用电子数据报关单或纸质报关单的形式,向海关报告实际进口货物的情况,并接受海关审核的行为。

(一) 申报时间

进口货物的法定申报时限为自运输工具申报进境之日起 14 天内,超过 14 天未向海关申报的,海关按自 2005 年 6 月 1 日起施行的《中华人民共和国海关征收进口货物滞报金办法》的规定对其征收进口货物滞报金。滞报金由海关按日以进口货物的 CIF(或 CIP)价格的 0.5‰征收。进口货物超过 3 个月未向海关申报的,由海关提取变卖,所得价款在扣除运输、装卸、存储等费用和税款后,尚有余款的,自货物变卖之日起 1 年内,经收货人申请予以发还。其中属于国家对进口有限制性规定,应当提交许可证件而不能提供的,不予发还。逾期无人申请或不予发还的,上缴国库。进口转关运输货物的收货人、受委托的报关企业应当自运输工具申报进境之日起 14 日内,向进境地海关办理转关运输手续,有关货物应当自运抵指运地之日起 14 日内向指运地海关申报。超过规定时限未向海关申报的,海关按照《中华人民共和国海关征收进口货物滞报金办法》征收滞报金。

(二)进口申报单证

进口货物申报应该填写一式两份进口货物报关单,并随附相关单证,如:提货单、装货单或运单;发票;装箱单;货物进口许可证或配额证明;自动进口许可证明或关税配额证明;商检机构出具的货物通关证明或免检货物证明,以及海关认为有必要提供的进口合同、信用证、厂家发票、产地证明和其他文件等。货物实际进口前海关已对该货物做出预归类决定的,申报时企业还应向海关提交《预归类决定书》。

进口货物报关单一式五联,即海关作业联、海关留存联、企业留存联、海关核销联、证明联(进口付汇用)。填报的项目要正确、齐全,字迹要清楚、整洁、端正。进口商应如实申报进口货物的商品名称、税则号列(商品编号)、规格型号、价格、运保费、成交条件及其他费用、原产地、数量等。不可用铅笔或红墨水笔填写。已填报项目凡有更改的,应在更改处加盖单位校对章。不同合同的货物或同一批货物中采用不同贸易方式的,不能填报在同一份报关单上;一份合同中如有多种不同商品,应分别填报。一张报关单上一般不超过五项海关统计商品编号的货物。要做到单证相符及单货相符,即报关单填报项目要与合同、批文、发票、装箱单相符;报关单中所报内容要与实际进口货物相符。

进料加工贸易的进口在申报时,还需提交进料或来料加工手册,以便海关登记进料情况,监管保税原料的进口和成品加工出口情况。

报关员在报关时须出示报关员证,并在报关单上加盖"HS"报关员专用名章,否则海关将不接受报关。海关接受进口货物的申报后,若非特殊原因,申报内容不得修改,报关单证不得撤销。

二、海关审单和货物查验

海关接受进口申报后,首先对各项单证予以签收,对报关单进行编号登记,并批注接受申报的日期;其次对进口企业所交的进口单证认真进行审核,如发现单证不符、不合格或缺失,应通知进口申报企业及时补充和更正。

根据我国《海关法》规定,进口货物除因特殊原因经海关总署批准的以外,都应当接受海关的查验。海关查验是指海关为了确定进出口货物申报人向海关申报的内容是否与进出口货物的真实情况相符,或者为了确定商品的归类、价格、原产地等,依法对进出口货物进行实际核查的执法行为。海关查验进口货物主要是海关在接受申报后,根据《中华人民共和国海关进出口货物查验管理办法》对进口货物进行实际的核对查验,以确定货物的物理性能或化学成分以及货物的数量、规格等是否与报关单证所列相一致。对进出口鲜活商品、危险品和易腐、易烂、易失效或易变质等不宜长期保存的货物,以及其他因特殊事由需要紧急验放的货物、物品,经进出口货物收发货人、物品所有人或其代理人申请,海关可优先安排查验。

海关查验货物应当在海关规定的时间和海关监管区内的仓库、场地进行。因货物易受温度、静电、粉尘等自然因素影响，不宜在海关监管区内实施查验，或者因其他特殊原因，需要在海关监管区外查验的，经进出口货物收发货人或其代理人书面申请，海关可以派员到海关监管区外实施查验。海关实施查验可以是彻底查验，也可以抽查。彻底查验是指逐件开拆包装、验核货物实际情况的查验方式。抽查是指按照一定比例有选择地对一票货物中的部分货物验核实际情况的查验方式。验关时，进口货物收货人或其代表应该到场并负责开拆包装。查验结束后，海关查验人员应当如实填写查验记录并签名。进口货物收货人或其代理人应当对查验记录进行在场签名确认。查验记录作为报关单的随附单证由海关保存。

进口货物的收货人向海关申报前，因确定货物的品名、规格、型号、归类等原因，可以向海关提出查看货物或者提取货样的书面申请。海关审核同意的，派员到场实际监管。查看货物或提取货样时，海关开具取样记录和取样清单；提取货样的货物涉及动植物及其产品以及其他须依法提供检疫证明的，应当按照国家有关法律规定，在取得主管部门签发的书面批准证明后提取。

海关查验进口货物造成损坏时，进口货物的收货人或其代理人有权要求海关赔偿。赔偿金额根据货物的受损程度由收货人和海关共同协商确定。赔偿金额确定后，由海关发赔偿通知单。收货人收到通知单第三天起三个月内凭单向海关领取赔款，逾期海关不再赔偿。海关查验货物后交给货主时，如果货主没有提出异议，则视为货物完好无损，以后如果再发现货物损坏，海关不予负责。

三、征税

海关征税是国家中央财政收入的重要来源，是国家宏观经济调控的重要工具，也是世界贸易组织允许各缔约方保护其境内经济的一种手段。海关通过执行国家制定的关税政策对进出口货物、进出境物品征收关税，起到保护国内工农业生产、调整产业结构、组织财政收入和调节进出口贸易活动的作用。对准许进口的货物，除另有规定者外，由海关根据我国《海关进出口税则》和《关税条例》规定的税率，征收进口税。进口税包括在进口环节由海关依法征收的关税、消费税、增值税等税费。

（一）进口关税

进口关税是指一国海关以进境货物和物品为课税对象所征收的关税。根据征税的主次程度可分为进口正税和进口附加税。进口正税是按海关税则法定进口税率征收的进口税。进口附加税是对进口货物除了征收正税以外另外征收的进口税，一般具有临时性，主要包括反倾销税、反补贴税、保障措施关税、报复性关税等。

收货人或其代理人按照法律法规及海关要求如实、准确申报进口货物名称、规格型号、价格等成交条件，并对申报货物进行商品归类，确定相应的商品编码。海关根据《商品名称及编码协调制度》对进出口商品实施归类管理，并以此作为计税依据。

进口关税按照计征方法可分为从价税、从量税、复合税、滑准税等。

(1) 从价税(ad valorem duty)以货物价格为计税标准,其计税公式为

$$应纳税额 = 完税价格 \times 关税税率$$

海关征税的依据是货物的完税价格。通常情况下,进口货物的 CIF 价、出口货物的 FOB 价即可作为海关征税的依据价格。但若 CIF 价或 FOB 价明显低于同期货物进口价格,或买卖双方存在特殊经济关系影响了进口成交价格,海关有权根据所掌握的市场情况,规定完税价格。

(2) 从量税(specific duty),即以货物的计量单位如重量、数量、容量等作为计税标准,其计税公式为

$$应纳税额 = 货物数量 \times 单位关税税额$$

我国目前征收从量税的进口商品主要包括冻鸡、石油原油、啤酒和胶卷等。

(3) 复合税(compound duty),即在海关税则中,一个税目中的商品同时使用从价、从量两种计税标准,计税时按两种税率合并计征。其计税公式为

$$复合税应征税额 = 从价部分的关税额 + 从量部分的关税额$$
$$= 货物完税价格 \times 从价税税率 + 货物计量单位总额 \times 从量税税率$$

我国目前征收复合税的进口商品主要包括录像机、放像机、摄像机、非家用型摄录一体机及部分数字照相机等。

(4) 滑准税(sliding duty),也称滑动税,是在海关税则中,对同一税目的商品按其价格高低而适用不同档次税率计征的一种关税。滑准税是关税税率随进口商品价格由高至低而由低至高计征关税的方法,即进口商品价格越高,其关税税率越低;进口商品价格越低,则关税税率越高。采取该方法的目的是使该进口商品无论进口价格高低,其税后价格保持在一个预定的价格标准上,以稳定进口国国内该商品的市场价格,使其免受国际市场影响。

(二) 进口环节海关代征税

进口货物、物品在办理海关手续放行后,进入国内流通领域,与国内货物同等对待,所以应缴纳应征的国内税。但为了简化进口货物、物品国内税的再次申报手续,这部分税依法由海关在进口环节代为征收,统称进口环节海关代征税。

目前,进口环节海关代征税(简称进口环节代征税)主要有增值税、消费税两种。

1. 增值税

增值税是以商品的生产、流通和劳务服务各个环节所创造的新增价值为征税对象的一种流转税。进口环节增值税是在货物、物品进口时,由海关依法向进口货物的法人或自然人征收的一种增值税。

进口环节增值税以组成价格作为计税价格,征税时不得抵扣任何税额。进口环节的增值税组成价格由关税完税价格加上关税税额组成,应征消费税的品种的增值税组成价格要另外加上消费税税额。计算公式为

$$进口环节增值税应纳税额 = (完税价格 + 实征关税税额 + 实征消费税税额) \times 增值税税率$$

例题:某进出口公司进口一批货物,经海关审核其成交价格总额为 USD90 000 CIF

厦门。已知该批货物不征收进口消费税,关税税率为20%,增值税税率为13%,外汇汇率为1美元=6.3元人民币。该批进口货物应缴交的增值税额是多少?

解:应征关税税额=完税价格×关税税率=90 000×6.3×20%=113 400(元)

$$应征增值税税额=(完税价格+关税税额)×增值税税率$$
$$=(567\ 000+113\ 400)×13\%$$
$$=88\ 452(元)$$

进口环节增值税税率的调整以及增值税的免税、减税项目由国务院规定,任何地区、部门均不得规定免税、减税项目。进口环节增值税的起征点为人民币50元,低于50元的免征。

2. 消费税

消费税是以消费品或消费行为的流转额作为课税对象而征收的一种流转税。我国开征消费税的目的是调节我国的消费结构,引导消费方向,确保国家财政收入。消费税是在对货物普遍征收增值税的基础上,选择少数消费品再予征收的税。

消费税的征收范围仅限于少数消费品。应税消费品大致可分为以下四种类型:

(1) 一些过度消费会对人的身体健康、社会秩序、生态环境等造成危害的特殊消费品,如烟、酒、酒精、鞭炮、焰火等;

(2) 奢侈品、非生活必需品,如贵重首饰及珠宝玉石、化妆品等;

(3) 高能耗的高档消费品,如小轿车、摩托车、汽车轮胎等;

(4) 不可再生和替代的资源类消费品,如汽油、柴油等。

我国进口的应税消费品消费税采用从价、从量和复合计税的方法计征。消费税的税目、税率,依照《消费税暂行条例》所附的《消费税税目税率表》执行;消费税税目、税率的调整,由国务院决定。进口环节消费税的起征点为人民币50元,低于50元的免征。

从价计征进口环节消费税的计算公式为

$$应纳税额=\frac{完税价格+实征关税税额}{1-消费税税率}×消费税税率$$

从量计征进口环节消费税的计算公式为

$$应纳税额=货物数量×单位消费税税额$$

征收税费环节的海关关员对报关单、随附单证及货物查验结果审核无误后,打印、签发各类税费专用缴款书。海关税款缴款书一式六联,第一联(收据)由银行收款签章后交缴款单位或者纳税义务人;第二联(付款凭证)由缴款单位开户银行作为付出凭证;第三联(收款凭证)由收款国库作为收入凭证;第四联(回执)由国库盖章后退回海关财务部门;第五联(报查)国库收款后,关税专用缴款书退回海关,海关代征税专用缴款书送当地税务机关;第六联(存根)由填发单位存查。纳税义务人收到税款缴款书后应当办理签收手续。

纳税义务人应当自海关填发税款缴款书之日起15日内向指定银行缴纳税款。逾期缴纳税款的,由海关自缴款期限届满之日起至缴清税款之日止,按日加收滞纳税款万分之五的滞纳金。缴款期限届满日遇星期六、星期日等休息日或法定节假日的,应当顺延至休息日或法定节假日之后的第一个工作日。国务院临时调整休息日与工作日的,海关应当按照调整后的情况计算缴款期限。

进口货物应按规定纳税的,必须在缴清税款或提供担保后,海关方可签章放行。

四、结关

结关又称放行,是指进口货物在办完向海关申报,接受查验,缴纳关税后,由海关在货运单据上签字或盖章放行,收货人或其代理人持海关签章放行的货运单据提取进口货物。海关在放行前,需再派专人将该票货物的全部单证及查验货物记录等进行全面的复核审查并签署认可,才在货运单上签章放行,交收货人或其代理人签收。放行意味着办完了海关手续,未经海关放行的进口货物,任何单位和个人不得提取或发运。对违反国家法律、行政法规的进口货物,海关不予放行。

2011年1月1日起实施的《中华人民共和国海关事务担保条例》规定,有以下情形之一的,当事人可以在办结海关手续前向海关申请提供担保,提前放行货物:进出口货物的商品归类、完税价格、原产地尚未确定的;有效报关单证尚未提供的;在纳税期限内税款尚未缴纳的;滞报金尚未缴纳的;其他海关手续尚未办结的。法律法规规定可以免于担保的除外。如果国家对进出境货物、物品有限制性规定,应该提供许可证件而不能提供的,以及法律法规规定不能担保的其他情形,海关不得办理担保放行。按此规定,进口企业如果因各种原因不能在报关时交验有关单证,或信誉优良的进口企业可以在进口关税款交清之前,向海关申请担保放行。进口企业应提交保证金或保证函,申请海关先行放行货物,过后补齐报关单证,并及时在到期时缴纳税款。海关经审查同意后,在货运单据上签章放行,收货人提货后可以投入生产和使用,加快企业资金周转和运营效率。进口企业必须注意及时补办报关纳税手续。

第五节 进口货物接货与检验

进口企业通常委托货运代理公司办理接货业务,可以在合同或信用证中指定接货代理,此时出口商在填写提单时,应在被通知人栏内填写被指定的货运代理公司的名称和地址。

船只抵港后,船方按提单上的地址,将准备卸货通知(notice of readiness to discharge)寄交接货代理,接货代理应负责现场监卸。如果未在合同或信用证中明示接货代理,也可由进口方在收到船方寄来的准备卸货通知后,自行监卸。在大多情况下,仍可委托货运代理公司作为收货人的代表,现场监卸。监卸时如发现货损货差,应会同船方和港务当局,填制货损货差报告。

在国际货物买卖中,除另有约定外,卖方交货后,买方应有合理机会对货物进行检验,以确定货物是否符合规定。如果发现卖方所交货物与规定不符,买方有权要求损害赔偿直至拒收货物并要求损害赔偿。因此,在买方有合理的机会对货物进行检验以前,不能认为买方已接受了货物。然而,如果买方表示已接受了货物,或在有合理机会对货物进行检验以后买方未表示拒收货物,或买方做出了与卖方的所有权相抵触的行为,则不能再拒收货物。不过,如果货物与合同或信用证规定不符,买方还可以要求以其他方式进行补救。因此,买方收到货物后,应在合同规定的索赔期限内对货物进行检查。对进口商品进行检验不仅是为了让进口方行使合同规定的权利,也是国家对部分进口商品必须进行检验的法律规定。

一、法定检验

法定检验是指依照国家法律,由授权的检验机构对法律规定必须检验的商品,按照法律规定的程序进行检验,经检验合格并签发证明书后才允许商品进口和出口。

根据2002年12月1日起施行的《中华人民共和国进出口商品检验法实施条例》及2000年1月1日起施行的《出入境检验检疫报检规定》,凡列入《法检目录》的进口商品,以及其他法律规定需要检验检疫的进口货物,货物所有人或其合法代理人在办理进口通关手续前,必须向口岸检验检疫机构报检。《中华人民共和国进出口商品检验法实施条例2022修订版》第二章第十六条规定,法定检验的进口商品的收货人应当持合同、发票、装箱单、提单等必要的凭证和相关批准文件,向报关地的出入境检验检疫机构报检;通关放行后20日内,收货人应当依照本条例第十八条的规定,向出入境检验检疫机构申请检验。法定检验的进口商品未经检验的,不准销售、使用。进口实行验证管理的商品,收货人应当向报关地的出入境检验检疫机构申请验证。出入境检验检疫机构按照海关总署的规定实施验证。

法定检验的进口商品应在收货人报检时申报目的地检验。大宗散装商品、易腐烂变质商品、可用作原料的固体废物以及发生残损、短缺的商品,应在卸货口岸检验。国家质检总局也可以根据便利对外贸易和进出口商品检验工作的需要,指定在其他地点检验。

采用中国电子口岸报检报关可先将通关单申报电子数据发送给检验检疫机构,审核无误后,检验检疫机构将通关单电子数据发送给海关。企业向海关电子申报后,海关电子通关系统将报关单和通关单的电子数据进行自动比对,办理相关通关放行手续,并将验放指令通过网络回执告知企业和港务、机场,企业收到回执后即可办理出运和提货手续。从申报到放行全程无须递交纸面通关单。

进口企业向出入境检验检疫机构报检时,应提交合同、发票、装箱单、提单等必要凭证和相关批准文件。品质检验的,应提供国外品质检验证书或质量保证书、产品使用说明书及有关标准和技术资料;凭样品成交的,须附加成交样品;以品级或公量计价结算的,应同时申请重量鉴定。其他特殊进口货物应提交相关入境许可文件。

二、非法定检验的进口商品检验

《法检目录》外不属法定检验的进口商品,到货后收货、用货单位应抓紧自行按规定验收,验收发现进口商品质量不合格或者残损短缺,需要由商检机构出证后对外索赔的,应及早向出入境检验检疫机构申请检验出证。进口商品在卸货时已发现残损的,应立即向口岸出入境检验检疫机构申请验残。

进口货物卸货后,货物可以在港口申请报检,也可以在用货单位所在地报检,但属下列情况之一的,进口企业应在卸货港向商检机构报检:①属于法定检验的货物;②合同规定应在卸货港检验的;③卸货时发现货损货差情况;④货到检验合格后付款的;⑤合同规定的索赔期限很短的货物。如无上述情况,而用货单位不在港口的,可将货物转运至用货单位所在地,由其自选验收,验收中如发现问题,应及时请当地商检机构出具检验证明,以便在索赔有效期内对外提出索赔。

对于关系国计民生、价值较高的重要进口商品和大型的成套设备,进口企业应当与出口人在买卖合同中约定在出口国装运前进行预检、监造或者监装以及保留最终检验和索赔权的条款。履行这些合同时,进口企业可以根据需要向商检机构申请,要求商检机构派出检验人员参加或组织实施装前预检、监造或监装。商检机构根据需要可以派出检验人员参加。

商检机构根据报检人的要求和有关买卖合同的规定,对进口商品进行检验、鉴定后,对外签发品质、数量、重量、包装、货载衡量、验残、海损鉴定等证书。进口商品检验不合格的,对外签发检验证书,供有关方面凭以进行索赔。入境货物需对外索赔出证的,应在索赔有效期前20天内向到货口岸或货物到达地的检验检疫机构报检。买卖合同规定须凭检验证书进行结算的商品,经商检机构检验后对外签发有关的检验证书,供买卖双方作为货款结算的依据。进口商品检验合格的,对内签发检验情况通知单,供收货、用货单位凭以调拨或使用该商品,此单仅限在国内使用。

三、进口报检手续

根据《出入境检验检疫报检规定》,对入境货物应在入境前或入境时向入境口岸、指定的或到达站的检验检疫机构办理报检手续。输入微生物、人体组织、生物制品、血液及其制品或种畜、禽及其精液、胚胎、受精卵的,应当在入境前30天报检。输入其他动物的,应当在入境前15天报检。输入植物、种子、种苗及其他繁殖材料的,应当在入境前7天报检。

进口货物的收货人在向商检机构申请对进口商品实施检验时,应按商检机构的要求,真实、准确地填写入境货物报检单,一般同一买卖合同、同一国外发票、同一装运单据填写一份申请单,并提供与出入境检验检疫有关的单证资料,按规定交纳检验检疫费。检验申请单应书写工整、字迹清晰,不得涂改;报检日期按检验检疫机构受理报检日期填写。报检单必须加盖报检单位印章。

商检机构应在国家商检部门统一规定的期限内检验完毕,并出具检验证书。对检验合格的进口商品,商检机构根据需要,可以加施商检标志或者封识。

货物检验合格后,应及时向用货单位办理拨交手续。若用货单位在卸货港所在地,则就近拨交货物;若用货单位不在卸货区,则委托货运代理将货物转运内地,并拨交给用货单位。进口公司如果不是用货单位,进口业务属于代理进口或贸易业务,应注意在货物交接中的货款风险。

第六节 进口付汇核销

按我国外汇管理规定,为了防止汇出外汇而不进口商品的逃汇行为,贸易进口项下的付汇需办理进口付汇核销手续。这是以付汇的金额为标准核对是否有相应货物进口到国内或有其他证明抵冲付汇的一种事后管理措施。我国外汇管理局在海关的配合和外汇指定银行的协助下,以跟"单"的方式对进口企业的进口付汇直至到货的全过程进行监管和核查。该制度对加强进口付汇监督管理、防止外汇流失有重要作用。随着我国经济不断强大、外汇储备不断增长、人民币地位不断提升,以及适应新经济环境和贸易发展的需要,国家对外汇核销和监管日益便利。

一、进口付汇核销业务流程

（1）进口单位经商务部或其授权单位批准或备案取得进出口权,并取得中国电子口岸IC卡。

（2）进口单位持有关材料向注册所在地外汇管理局申请办理列入对外付汇进口单位名录(以下简称"名录")。进口单位申请列入名录需提供的材料包括对外经贸主管部门的进出口经营权的批件、工商管理部门颁发的营业执照、技术监督部门颁发的企业代码证书、外汇登记证(外商投资企业)等。对于已经国家外汇管理局分支局核准开立经常项目外汇账户的企业,在申请办理名录时,无须再次提供进出口经营权备案登记表、工商营业执照及企业代码证书等资料,可直接凭"经常项目外汇业务核准件"企业留存联(第三联)和名录登记申请书办理。不在名录上的进口单位不得直接到外汇指定银行办理进口付汇。

（3）外汇管理局审核无误后,为进口单位办理名录手续。

（4）进口单位付汇或开立信用证前,判断是否需到外汇管理局办理进口付汇备案表手续。

进口付汇备案是外汇管理局依据有关法规要求企业在办理规定监督范围内付汇或开立信用证前向外汇管理局核销部门登记,外汇管理局凭以跟踪核销的事前备案业务。属于下列几种情况的企业需要办理进口付汇备案:①进口单位不在名录内的(备案类别为"不在名录");②到所在地外汇管理局管辖的市、县以外的外汇指定银行开证付汇的(备案类别为"异地付汇");③进口单位已被列入"由外汇管理局审核真实性的进口单位名单"内的(备案类别为"真实性审查");④其他采用特别方式的进口付汇(备案类别为"真实性审查")。

如不需要办理备案,进口单位持有关材料到外汇指定银行办理开证或购汇手续,包括填写进口付汇核销单、进口付汇备案表(如需)、进口合同、发票、正本进口货物报关单(货到付款方式)等。

（5）进口单位在有关货物报关后1个月内到外汇管理局办理进口核销报审手续(货到付款结算方式的进口付汇除外)。

办理报审时,进口单位应提交的材料包括正本进口货物报关单(如核销单上的结算方式为"货到付汇",企业可不提供该单据);进口付汇备案表(如核销单付汇原因为"正常付汇",企业可不提供该单据);贸易进口付汇到货核销表(一式两份,均为打印件并加盖公司章);贸易进口付汇核销单(如核销单上的结算方式为"货到付款",则报关单号栏不得为空);报关单核查系统IC卡;外汇管理局要求提供的其他凭证、文件;特殊情况下经核准付汇的提供有关核准件;结汇水单及收账通知单(如核销单付汇原因并非"境外工程使用物资"及"转口贸易",企业可不提供)等。上述单据的内容必须清晰、完整、准确、真实。进口单位须备齐上述单据，一并交外汇管理局进口核销业务人员初审。初审人员对于未通过审核的单据，应在向企业报审人员明确不能报审的原因后退还进口单位。初审结束后，经办人员签字并转交复核人员复核。复核人员对于未通过审核的单据，应在向企业报审人员明确不能报审的原因后退还进口单位。复核无误，则复核员签字后将企业报审的全部单据及IC卡留存并留下企业名称、联系电话、联系人。外汇管理局工作人员通过"中国电子口岸"进口付汇子系统检验进口货物报关单真伪，如纸质报关单与系统中的报关单电子底账无误，外汇管理局工作人员在到货核销表及进口报关单上加盖"已报审章"，进口货物报关单、结汇水单及收账通知书、IC卡退进口单位；如系统中无此笔报关单底账或与纸制报关单不一致，则要求企业说明情况，如是海关原因，需由企业到海关申请补录或修改，如核查后认定是伪造报关单，则将有关材料及情况转检查部门调查、处罚。

二、货到汇款项下贸易进口付汇自动核销管理

货到汇款是进口商在进口到货后再向出口商支付货款的结算方式。以前，货到汇款项下的进口，与信用证、托收等结算方式项下的进口一样，进口商在银行办理进口付汇手续后，必须在规定的时间内到外汇管理局办理进口付汇到货报审手续，外汇管理局对付汇、到货数据核对一致后予以核销。为了减少进口商往返银行和外汇管理局的成本与负担，国家外汇管理局发布了《货到汇款项下贸易进口付汇自动核销管理规定》，自2004年9月1日起，对结算方式为"货到汇款"的进口付汇业务实行自动核销，即进口单位在银行办理货到汇款项下贸易进口付汇业务的同时，履行进口付汇申报及到货报审义务，不再需要人工到外汇管理局进行到货报审。外汇管理局通过与银行间的信息传递机制，获得进口付汇核销的监管信息，通过事后审核自动完成货到汇款项下贸易进口付汇核销工作。

货到汇款项下的进口付款自动核销得益于近年来外汇管理电子化建设的快速发展。随着"中国电子口岸"进口付汇子系统逐渐完善，银行在为进口商办理付汇手续时，能够通过电子系统核对纸质进口货物报关单与电子数据的一致性，从而保障进口付汇的真实性；外汇管理局也能够从银行获得有关纸质凭证和电子数据，事后对进口商的付汇和到货情况进行交叉核查。这就为货到汇款项下进口付汇实行自动核销提供了技术保障。

三、预付货款项下进口付汇核销管理

预付货款是国际贸易中一种常用的结算方式。成套设备进口一般要求进口方预付一定比例的定金，一些跨国公司母子公司与关联公司间的进口以及一些临时、应急性的采购也往往需要预付部分定金。近年来国内很多企业在日常国际结算中都采用了这一方式。为了推进贸易便利化、方便企业，国家外汇管理局对预付货款项下的售付汇审核手续进行了简化。

属于名录的进口单位或"由外汇管理局审核真实性进口单位名单"的进口单位办理预付货款项下购付汇时，预付货款金额在等值20万美元（含20万美元）以下的，可不出具经银行核对密押的对方银行出具的预付货款保函，凭进口合同、进口付汇核销单及形式发票等相关单证直接到外汇指定银行办理。预付货款金额在等值20万美元以上的，进口单位仍须出具预付货款保函，并凭进口合同、进口付汇核销单及形式发票等相关单证到外汇指

定银行办理购付汇手续。

境内外商投资企业以预付货款方式向其境外总(母)公司或其境外总(母)公司在中国以外的国家和地区(含中国港、澳、台地区)设立的分公司、参股或控股的公司支付进口货款,可不出具预付货款保函,凭进口合同、进口付汇核销单、形式发票、外商投资企业外汇登记证或其他关联公司的证明等单证,直接到外汇指定银行办理购付汇手续。

境内中资集团公司以预付货款方式向其在中国以外的国家和地区(含中国港、澳、台地区)设立的分公司、参股或控股的公司支付进口货款,可不出具预付货款保函,凭进口合同、进口付汇核销单、形式发票、商务管理部门核发的海外投资企业批准证书或其他关联公司的证明,直接到外汇指定银行办理购付汇手续。

进口单位在办理进料加工贸易项下购付汇时,因进口料件集中报关暂时无法提供进口报关单的,可持进料加工合同、海关手册、加盖海关验讫章的贸易方式为"进料加工"的当期集中报关货物申报单(进口单位留存联)、提单、发票以及按期办理进口付汇核销手续的保证函等向所在地外汇管理局备案,凭所在地外汇管理局核发的进口付汇备案表及规定的购付汇凭证到外汇指定银行办理购付汇手续,并按规定办理进口付汇核销手续。

外汇管理局在审核进口单位提交的有关单证无误后,向进口单位核发备案类别为"真实性审核"的进口付汇备案表。

四、以托收结算的贸易进口付汇

以托收方式成交的进口合同,进口单位凭进口合同、付款通知单(D/A、D/P 单)、跟单托收结算方式要求的有效商业单据、进口许可证或登记表、进口证明(或有)、进口付汇备案表(或有)及委托代理协议(或有)到银行直接办理付汇手续。

五、以信用证结算的贸易进口付汇

以信用证方式成交的进口合同,进口单位凭进口合同、信用证开证申请书、信用证结算方式要求的有效商业单证、进口付汇备案表(或有)、进口许可证或登记表、进口证明(或有)以及委托代理协议(或有)到银行直接办理付汇手续。

六、进口外汇核销新变化

为进一步深化外汇管理体制改革,促进贸易便利化,国家外汇管理局、海关总署和国家税务总局自 2012 年 8 月 1 日起在全国实施货物贸易外汇管理制度改革。全国上线运行货物贸易外汇监测系统,停止使用贸易收付汇核查系统、贸易信贷登记管理系统、出口收结汇联网核查系统及中国电子口岸出口收汇系统。外汇指定银行和企业用户通过国家外汇管理局应用服务平台访问监测系统(企业登入 http://asone.safesvc.gov.cn/asone)。外汇管理局建立进出口货物流与收付汇资金流匹配的核查机制,对企业贸易外汇收支进行非现场总量核查和监测,对存在异常或可疑情况的企业进行现场核实调查,对金融机构办理贸易外汇收支业务的合规性与报送相关信息的及时性、完整性和准确性实施非现场和现场核查。外汇管理局定期或不定期对企业一定期限内的进出口数据和贸易外汇收支数据进行总量比对,核查企业贸易外汇收支的真实性及其与货物进出口的一致性。

外汇管理局对企业进行分类管理,根据非现场或现场核查结果,结合企业遵守外汇管理规定等情况,将企业分成 A、B、C 三类。外汇管理局在日常管理中发现企业存在违规行为,可随时降低其分类等级,将 A 类企业列入 B 类或 C 类,或将 B 类企业列入 C 类。对 B 类企业贸易外汇收支实施电子数据核查管理;对 C 类企业贸易外汇收支业务以及外汇管理局认定的其他业务,由外汇管理局实行事前逐笔登记管理,金融机构凭外汇管理局出具的登记证明为企业办理相关手续;在分类管理有效期内,对 A 类企业贸易外汇收支,适用便利化的管理措施。对 B、C 类企业的贸易外汇收支,在单证审核、业务类型及办理程序、结算方式等方面实施审慎监管。

针对进口付汇,不再按季度核查,但符合下列情况之一的进口业务,企业应当在货物进口之日起 30 天内,通过网上监测系统向所在地外汇管理局报送对应的预计付汇或进口日期等信息:

(1) 30 天以上(不含)的预付货款;

(2) 90 天以上(不含)的延期付款;

(3) 以 90 天以上(不含)远期信用证方式结算的贸易外汇收支;

(4) B、C 类企业在分类监管有效期内发生的预付货款,以及 30 天以上(不含)的延期付款;

(5) 单笔合同项下转口贸易收支日期间隔超过 90 天(不含)且先收后支项下收汇金额或先支后收项下付汇金额超过等值 50 万美元(不含)的业务。

以上是进口合同履行过程的主要环节和内容。进口合同签订后,买卖双方应该注意"重合同、守信用",及时履行各自的义务。在进口贸易中,我方作为买方,应该在自己恪守合同的同时,注意督促卖方认真履行合同,维护我方利益。进口企业在认真履行合同过程中,有关业务人员应该注意经营风险,提高责任心和业务操作能力。进口合同履行的主要工作流程如图 14-1 所示。

本章应知应会术语

1. customs declaration　报关

2. import duty　进口关税

3. import surcharges　进口附加税

4. ad valorem duty　从价税

5. specific duty　从量税

6. compound duty　复合税

7. sliding duty　滑准税

8. value-added tax　增值税

9. consumption tax　消费税

10. customs clearance　结关

11. notice of readiness to discharge　准备卸货通知

12. verification of import payment　进口付汇核销

图 14-1 进口业务流程图

思考题

1. 进口合同履行的基本程序是什么?
2. 进口方在开立信用证时应该注意哪些问题?

3. 如何慎重修改信用证？

4. 在 FOB 条件下，进口商应该如何安排船运？

5. 进口保险一般有哪几种方式？

6. 进口审单应注意哪些问题？

7. 远期信用证或因航程较短，货物先于单据到达的情况下，进口方可以采取什么办法解决提货问题？

8. 进口货物报关的期限有多长？超过此期限会有什么后果？

9. 进口申报单证要注意哪些要求？

10. 海关查验货物的主要内容是什么？

11. 从价税、从量税、复合税、滑准税各自的主要含义是什么？

12. 进口关税和进口环节海关代征税的内容是什么？有什么区别？

13. 进口方在什么情况下可以在办结海关手续前向海关申请先放行货物？

14. 什么是法定检验？如何办理进口报检手续？

15. 什么是进口付汇核销？目前进口付汇核销有哪些新变化？

计算题

某公司进口美国产机动混凝土搅拌车 10 辆，成交价格为每辆 100 000 美元 CIF 大连。计算应征关税税款和增值税税款（已知 1 美元 = 6.3 元人民币。增值税税率为 13％，确定适用最惠国税率：混凝土搅拌车归入税号 87054000，查得进口关税税率为 15％）。

第五篇 国际贸易其他方式

本书前面的章节介绍的主要是国际贸易业务中最常用的逐笔售定的贸易方式,即单独一笔进出口业务的操作。本篇将介绍国际贸易的其他方式,为了有效控制定价以便减轻学生购买教材的负担,除第 15 章加工贸易外的其他各章内容请扫描下方的二维码阅读。

第 15 章

加 工 贸 易

加工贸易(processing trade)是国际上普遍采用的一种国际贸易方式,在劳动力资源丰富、地理位置相对方便的国家和地区,加工贸易更是其对外贸易的重要方式。近年来,越来越多的跨国公司把我国作为其产品的生产基地,加工贸易在国内企业的国际贸易业务中也是一种重要的形式。加工贸易形式日益多样,因此有必要了解加工贸易的内涵和业务操作知识。

第一节 加工贸易的含义和基本形式

加工贸易是以加工为特征、以商品为载体的劳务出口。我国的加工贸易通常是指从境外保税进口全部或部分原辅材料、零部件、元器件、包装物料等,经过境内企业的加工或装配后,将制成品复出口的经营活动,包括来料加工(processing with customer's materials)和进料加工(processing with imported materials)两种基本形式。20世纪90年代末以来我国企业逐渐走出国门,到海外投资加工生产,开展境外加工贸易业务,这是加工贸易随着我国经济发展、企业实力增强出现的新形式。

根据2004年2月26日海关总署发布的《中华人民共和国海关对加工贸易货物监管办法》的规定,"加工贸易,是指经营企业进口全部或者部分原辅材料、零部件、元器件、包装物料(以下简称料件),经加工或者装配后,将制成品复出口的经营活动,包括来料加工和进料加工。"可见,加工贸易是以在一国境内加工为特征、以商品为载体的进出口相结合的国际贸易业务方式。

加工贸易的基本形式主要包括来料加工和进料加工。在加工贸易业务中,其加工形式表现多种多样,常见的主要有来料加工、来件装配(assembling with supplied parts)、进料加工、境外加工贸易(processing trade in foreign countries)等。

第二节 来料加工贸易

一、来料加工的含义

广义的来料加工包括来料加工和来件装配两种形式。来料加工是一种委托加工的贸易方式,通常是指国外客户作为委托方,提供材料辅料、零部件、元器件及/或包装物料,委托本国生产企业即加工业务承接方,以其厂房设备、技术和劳动力,按委托要求的质量、规格、款式等，加工或装配成成品后交由委托方处置，由委托方在国外销售的经营活动。加工装配企业只提供劳务并收取约定的工缴费。

来料加工贸易不同于一般的进出口贸易。一般进出口贸易属于货物的买卖，而来料加工虽然有原材料、零部件的进口和成品的出口，但不属于货物买卖业务。因为来料加工业务中，委托方对其所提供的原材料、辅料、零部件、元器件或包装物料，以及加工装配成的成品始终拥有所有权，在相关的进口和出口业务过程中没有发生所有权的转移。委托方自行承担原材料市场和成品销售市场的风险。承接方只提供劳务，按约定收取工缴费（加工费）。因此，来料加工实际上是一种劳务贸易，是以商品为载体的劳务出口，体现了加工成本高昂的国家利用人工成本低廉国家的生产能力，以降低成本、提高利润为目的，为其商务经营活动服务的经营策略。

二、来料加工业务的具体做法

来料加工业务主要有三种做法：一是外贸（工贸）企业直接对外承接业务，然后交由本企业加工装配生产；二是外贸企业对外承接来料来件加工装配业务，将国外提供的料、件委托国内工厂加工装配；三是接受加工装配的工厂参加对外谈判，对外交流技术，与外贸公司一起对外签订合同，工厂在生产和交货方面直接承担交货责任，外贸公司收取一定的手续费。

按加工企业生产用料是否全部由国外委托方提供，来料加工还可以分为全部来料来件的纯加工装配业务和部分来料来件加工业务（部分原材料采用国产料件，国产料件按实际价值收取外汇）。

三、来料加工合同的主要内容

加工、装配合同是明确规定委托方与承接方之间权利、义务和责任的法律文件。对外加工、装配合同的订立程序与一般买卖合同相同，其条款与一般的进出口合同有相似之处，但也有其特别之处。根据《中华人民共和国海关关于对外加工装配业务的管理规定》，对外加工装配合同必须具体列明以下内容：外商提供的料、件、设备；我方加工成品的名称、规格、数量、包装、价格；进口料、件、设备和加工成品的交货日期、进出口岸、运输方式、支付方式、用料定额、损耗率、工缴费标准；合同有效期和违约、撤约、索赔、仲裁办法；外商在我境内用外汇价购的料、件应按规定报经贸主管部门或有关外贸进出口总公司批准并在合同中注明。

签订来料加工合同时需重点关注以下内容。

1. 关于来料、来件的规定

来料加工业务委托方能否按时、按质、按量提供料、件，关系到承接加工方能否按时、按质、按量交付成品。因此，合同中应该明确来料、来件的品质要求并加强对来料、来件的验收保管，保证收进的料、件符合质量要求并防止散失受损。如果使用一部分承接方自有或在本国购置的料、件，则必须事先洽定质量标准及定价办法。为了保证加工装配生产业务有节奏地持续进行，需要确保料、件的及时均衡供应并保有一定的周转量。因此，在签订加工装配合同时，应对来料、来件的时间和数量以及未能如期、如数到达的责任做出具体明确的规定,写明具体处理办法及未按时提供料、件造成承接加工方停工、生产中断的补救办法。对加工期长、装配量大的合同或协议,为了照顾对方的资金周转,可以分期分批,但要规定分期分批的具体时间和数量。

2. 关于加工装配的成品的规定

按时按质按量地交付加工装配成品,是委托方的权利和期望,也是承接方的合同义务。合同应该对成品的质量规格以及交付时间、交付数量做出明确规定。

关于成品的质量,除了应在合同中做必要的文字说明以外,视交易需要,也可采取封样以确定实物标准。封样既可由双方会同加封,也可委托商检机构加封。为了保证产品质量,有的加工装配合同会订立技术条款,如由委托方派技术人员传授必要的加工装配技术及检验产品质量的方法,或由承接方派人员去对方所在地学习。

对于交货时间和数量,应根据加工装配能力在合同中明确规定,但应以料、件能按时按质按量到达加工装配地点为前提。为了防止可能出现的意外,在确定成品交付时间和数量条款时应留有适当余地。

3. 关于工缴费及其支付方式的规定

工缴费是涉及加工装配业务双方利益关系的核心问题。在核定工缴费时既要合理,又要有竞争性。所谓合理,就是要与实际生产成本(包括按工时计算的工资、设备折旧、水电、运输、仓储、保险、利息及税费等支出)相当。所谓有竞争性,就是要以国际劳务价格特别是邻近地区的工资水平为依据,还要考虑我国当前的劳动生产率及与国外的差距。同时,还要防止工缴费过低打击我国同类产品的正常出口。核定工缴费时还应考虑加工装配批量的大小和所使用货币的汇率趋势,必要时还应订立外汇保值条款。如果加工项目有发展前途,在项目开始初期工缴费可以稍低,随着技术进步和质量提高,在以后的加工合同中再提高价格。

工缴费的支付方式大致可分为两种情况:一种是来料、来件与成品均不计价,加工装配后由委托方支付工缴费。这种方式可考虑采用即期不可撤销信用证、即期付款交单托收或成品交付若干天前汇付(信汇、电汇或票汇)等方式;另一种是来料、来件与成品分别作价,其差额即为工缴费收入。后一种方式必须坚持先收后付的原则,即在收妥成品出口货款以后,再支付进口料件价款,以避免收汇风险。具体收付可以考虑采用:①对开信用证方式,即来料、来件用远期信用证,成品出口用即期信用证付款;②来料、来件用承兑交单托收,成品出口采用即期信用证或即期付款交单或汇付等方式。进口料、件远期付款期限必须考虑生产、运输、单证流转、议付收汇等流程所需时间,并适当留有余地,以确保成品货款收取在先,料、件款项支付在后。此外,料、件进口与成品出口一般应使用同一种货币,避免出现汇兑差额及增加不必要的换算手续。

4. 关于耗料率与残次品率的规定

耗料率又称原材料消耗定额,是指每单位成品消耗原材料的数额。残次品率是指不合格产品在全部产品中的比率。双方必须商定一个合理的料、件消耗率和残次品率。这两项指标过低,承接方将难以做到;过高则委托方势必增加成本,减少收入,会把损耗转嫁给承接方以降低工缴费。因此,在确定这两个指标时,要深入调查研究,切实根据自己的生产能力和技术水平的实际情况确定。

5. 关于运输和保险的规定

来料加工业务涉及两段运输：原料的运进和成品运出。在合同中应明确规定由谁承担运输责任和费用。由于原料和成品所有权都属于委托方，所以运输的责任和费用一般由委托方承担。但在具体业务中，双方也可以相互协商，灵活掌握。

来料加工涉及的保险包括两段运输险和产品加工期间存仓的财产险。在对外加工装配业务中，料、件的进口与成品的出口都需要投保货物运输险。料、件进口后在整个加工装配过程直至成品装运出口这一阶段，也应投保财产综合险。就法律责任而言，由于料、件和除工缴费外的产品的所有权均属委托方，应由委托方负责办理保险并支付保险费。根据中国人民保险公司有关条例，开设来料加工一揽子综合险，保险公司承担两段运输和存仓财产险，其保险费比分段投保低30%。在来料加工业务操作中，加工装配期间的财产综合险和成品出口运输险由承接方办理较为方便易行。如能进一步将料、件进口运输险一并由承接方承办，投保一揽子综合险，可以节约保险费、降低成本，其支付的保险费也可随同工缴费向委托方收取。对这些问题双方在洽谈加工合同时应协商考虑，并做出明确的规定。此外，对某些产品的加工装配还要考虑加保产品责任险。

6. 有关商标和专利等产权使用问题的规定

在加工贸易中国外委托方经常会要求国内承接方按特定的商标、外形设计和规格指标进行加工装配生产。为避免侵犯他人商标和专利等，承接方应该要求委托方提供有关商标或专利的注册登记文件或其他足以证明其拥有合法使用权的证明文件，或在加工合同中注明承接方是按照委托方提供的图纸、配方及指定商标进行加工装配和包装，如果对第三方造成侵权，责任全部由委托方承担，承接方因此遭受的损失应由委托方负责赔偿。

此外，来料加工业务如涉及委托方提供设备和技术，以及需要提供技术培训和专家派遣，合同还应订立相应条款，注明责任和费用等内容。除此之外，来料加工合同还应订立不可抗力和仲裁等条款。

四、来料加工贸易的办理程序

1. 来料、来件进口前的申报手续

承接方在来料、来件进口前，需向主管部门申报，办理开展加工贸易的申请，办理加工能力证明。《加工贸易企业经营状况及生产能力证明》有效期为一年。申报手续如下：

（1）备齐有关文件（加工装配合同和申报表）向主管部门办理报批手续。按规定加工装配申报表应填制一式四份并分别附有双方签署的合同副本。主管部门在报批表上加盖"合约已报备案"字样的图章并编上批准号码，然后留一份备查，三份退申报单位。

（2）向海关申办免税手续，申领登记手册。外贸（工贸）企业或生产单位凭主管部门批准的报批表及加工装配合同一份，自批准之日起的一个月内送交所在地海关或分管的海关，申报办理免税手续。经审批确认后，即根据主管部门的批准号码由海关核发《加工装配和中小型补偿贸易进出口货物登记手册》（简称《登记手册》）。每份合同办理一份《登记手册》，以后进口海关即凭《登记手册》免税放行进出口料、件和成品。没有办理《登记手册》的，海关不予放行，并做无证到货处理。

2. 来料、来件进口时的报关手续

来料、来件到达目的港口岸后,承接方应凭《登记手册》填写报关单一式三份,向进口地海关交验进口货物的发票、装箱单以及报关需交验的其他有关单证(提单或航空、铁路到货通知)。报关手续必须在货到目的港之日起 14 天内办理进口手续。逾期申报要收取滞报金。货物报关后应及时提取,否则港口、车站、机场要收取保管费。

3. 成品出口时的手续

(1) 成品出口时须先向外运机构办理托运手续,确定出运日期和订舱位。

(2) 向海关申报出口,填写来料加工出口报关单一式四份,一份由申报人留底,三份附发票、装箱托运单及《登记手册》向海关办理查验手续。在托运单及出口报关单上要写明料、件数额及工缴费金额。海关查验认可放行后方可装运出口。

(3) 货物出运后,按约定支付方式办理外汇结算事宜。

4. 核销手续

由于来料、来件和加工装配成品均属保税货物性质,因此自料、件进口至成品出口之日均属海关监管货物,未经海关同意,任何个人或单位均不能私自出售、转让或移作他用。生产单位应在加工装配合同履行完毕后,在合同约定期限或最后一批出运后 1 个月内,持《登记手册》,按海关要求,填写实际用料情况,办理核销结案手续。核销时应递交下列单证:①《对外加工装配进出口货物登记手册》;②经海关签章的进出口货物报关单;③对外加工装配补偿贸易合同核销申请(结案表);④对损耗率较高的产品,应提供详细的加工生产用料清单和加工工艺说明;⑤海关需要的其他有关材料。

在海关实地核查结案以前,对多余料、件或残次品,不得擅自处理。每份合同履行结束,确因承接方的生产工厂在生产过程中精打细算、技术革新而结余料、件的,海关可根据规定给予合同金额 2% 的部分以免税优惠。对客户多提供的料、件,或由于没有正常履约,造成料、件过剩而超过 2% 的,其超出部分须按海关规定交纳进口税、调节税和工商税后,方可作内销处理。根据海关规定,进口料、件必须加工、装配后全部出口。加工装配过程中产生的副、次品不能继续出口的,须经海关核销确认,并将副、次品折成料、件计算在 2% 范围以内,超出部分同样要按进口料、件价,折成人民币纳税后才能作内销处理。

第三节 进料加工贸易

一、进料加工的含义

进料加工是指企业用自有外汇从国外购进原料,加工生产出成品再销往国外的贸易方式。企业进口原料是为了出口,因此在我国又被称为"以进养出"。在进料加工业务中,本国经营企业与国外原材料、零部件供应商订立进口合同,以自有外汇在国际市场上购入国外的原材料、辅料、元器件或零部件,利用本国的技术、设备和劳动力,按照自己的设计加工成成品后,自己再销往国外市场。本国的经营企业既要与国外客户签订原材料、零部件进口合同,又要与国外客户签订成品出口合同。两个合同均以货物所有权的转移为特征,是两笔既相关又不同的货物买卖。由于原材料采购和成品出口是分别进行的,企业在实际操作时的具体做法与单边进口、单边出口无异。在进料加工贸易中,本国的经营企业自主性强,回旋余地大,一般有丰富的经营经验和较强的市场行情判断力。有较强经营能力的企业,只要经营得法,对行情判断准确,利润通常比单边的进出口贸易高。但企业必须注意把控原材料采购市场和成品销售市场的风险。

二、进料加工与来料加工的区别

进料加工和来料加工业务虽然均使用国外原材料、零部件,加工成品再出口到国外市场,都是"两头在外"的加工贸易方式,但二者有本质的区别。

1. 贸易双方的法律关系不同

在来料加工业务中,原材料的提供者和成品的接受者是同一家企业,交易双方不存在买卖关系,而是委托加工关系。来料加工业务虽然也包括进口原料和产品出口两个贸易过程,但这两个过程是同一笔交易的两个方面,而不是两笔交易,这种加工贸易实质上属于劳务贸易范畴。而进料加工业务中,原材料进口和成品出口是两笔不同的交易,交易双方是买卖关系。

2. 货物的所有权归属不同

在来料加工业务中,加工业务承接方对原材料、零部件不拥有所有权而只有使用权,即只能对来料、来件进行加工和装配,原材料和零部件以及加工后的成品归国外委托方所有;而在进料加工业务中,经营企业在对外支付后获得原材料、零部件的所有权,在对外成交和交付前,拥有成品的所有权。

3. 经营方式不同

来料加工业务是一种低级的纯劳务贸易,加工方只能赚取加工费,产品从原料转化为成品过程中绝大部分的附加价值归国外委托方占有,但承接加工企业不负盈亏、不担经营风险,原材料和零部件由国外委托方提供,成品也由委托方销售;而进料加工企业的经营目标是赚取成品销售的利润,必须自筹外汇购买原材料和零部件,自担风险、自负盈亏采购料、件和销售成品。

三、进料加工贸易的方式

1. 先签订进料合同,加工出成品后再销售

这种方式的好处是企业可以选择合适的时机,以较低的价格进口料、件。而且,一旦签订出口合同,企业可以尽快安排生产和交货,交货较有保证,交货期较短。但这种方式下,企业必须随时掌握国际市场行情动向,保证生产的产品适销对路,避免造成库存积压。采取这种方式的企业应该有多年的产品经营经验、较强的行情判断力和产品营销能力。

2. 先签订出口合同,再根据买方要求从国外采购原材料,签订进口合同

在业务实践中,通常是由买家提供样品和订货意向,成品的卖方与买方订立出口合同后,根据买方要求对外采购生产所需原材料,加工后完成出口合同。这种方式的优点在于成品销路有保障,加工方无须担心成品销路。但采取这种方式,必须落实原材料的采购,如果原材料提价、供应紧张,会影响企业经营利润和交货期。在原材料供应充足、价格稳定的情况下,企业采用这种方式通常比较安全。

3. 对口合同方式

加工企业在与国外客户签订进口原料合同的同时,与外商签订相应的成品出口合同。原料的提供者与成品的购买者可以是一家,也可以是不相关的两家。两个合同相互独立。这种方式的优点在于根据出口成品合同所需的原材料来确定进口合同,互相衔接,原料供应和成品销路都有保障。这对于企业来说是稳妥的加工贸易方法,风险易于把握,有利于企业稳健经营,因此很多企业采用这一方式进行进料加工业务。

四、开展进料加工业务的意义

进料加工贸易在改革开放后获得了快速发展,特别是在沿海开放城市和特区开展非常普遍,成为我国对外贸易的重要形式,对我国经济具有下列重要意义。

(1) 有利于解决国内一些原材料紧缺的难题,可以充分利用国外资源,发展出口贸易。我国目前一些原材料在质量上达不到国外用户的要求、在数量上不足,通过进口客户满意的原材料,可以提高产品质量,生产出让国外客户满意的产品,有利于增强出口竞争力、扩大出口。

(2) 开展进料加工有助于企业根据国际市场需求,组织原材料进口和加工生产,有利于产销对路,避免盲目生产,减少库存积压,提高企业经济效益。

(3) 进料加工使企业更深入地参与国际分工。企业可以利用我国劳动力资源丰富、劳动力价格相对低廉的优势,与国外优质的原材料资源和成熟的营销渠道相结合,将我国相对过剩的生产加工能力利用起来,促进我国对外贸易和国际分工的发展。

(4) 通过加工贸易的发展,企业可以引进国外先进技术和管理理念,有助于我国产业升级和产品质量的提高,使我国对外贸易在质的方面快速成长。

第四节 加工贸易与 OEM、ODM 方式

OEM 是 Original Equipment Manufacturing 的缩写,在我国俗称定牌生产、贴牌生产或代工生产,一般是指本国生产厂商按国外委托方设计好的或确认的商品图样、规格、零件、半成品或成品,以及国外委托方规定的加工程序、方法和质量标准,加工生产产品,然后将生产的产品贴上委托方的品牌或商标,在国际市场上销售。

ODM 是 Original Design Manufacturing 的缩写,在我国俗称设计代工或原厂委托设计,是指本国生产厂商自行设计、开发并生产产品,经国外品牌商同意,以原样或经修改后,贴上其品牌或商标,并由国外品牌商买断在国外市场上销售的业务。

OEM、ODM 方式是跨国制造企业充分利用品牌和营销渠道优势,减少生产投入和降低生产成本的重要战略。目前国内一般将 OEM、ODM 视为加工贸易在经济全球化背景下的新方式。采用这类做法的国外厂商一般为跨国企业,具有强大的品牌和渠道优势,信用度高。这些企业通过契约方式外包全部或部分生产制造业务。这些企业在向生产加工企业提供生产技术的同时,对生产企业的生产能力和质量管理提出严格要求。以品牌带动的加工生产方式,对加工企业要求更高,不仅能帮助生产加工企业尽快熟悉国际市场、快速拓展海外市场,而且有助于加工企业扩大生产规模、提高生产能力和水平,从而带动

本国产业升级。

在 OEM、ODM 方式下，国外生产商与国内生产商之间的法律关系表面上看是一种委托加工方式，实质上却是一种有关特定商品依约生产和交付的买卖关系。产品生产加工过程中所需的原材料、零部件，一般由本国生产厂商依据国外生产厂商要求的质量标准，在本国市场或国外市场上采购获得。该加工业务不一定是严格意义上的加工贸易业务，与上文所述的加工贸易的基本形式存在一定的差异，在业务实践中应注意区别。

第五节　境外加工贸易

在国外企业把中国作为其产品生产基地，在中国境内大规模投资设厂，发展加工贸易业务的同时，随着中国改革开放的不断深入，中国经济的日益发展和强大，越来越多的企业走出国门，到境外投资设厂，开展国际贸易业务。在境外的加工贸易是这些企业参与国际分工的重要形式。

一、境外加工贸易的含义及必要性

境外加工贸易是指我国企业在国外投资设厂，在以现有设备、技术在国外进行直接投资的同时，利用当地劳动力开展加工装配业务，以带动和扩大国内设备、技术、原材料、零部件及相关产品出口的一种国际经济合作形式。

开展境外加工贸易是我国经济发展到一定水平，企业经过多年对外贸易业务积累了国际业务经验，深入参与国际分工，融入经济全球化的必然结果。企业的境外加工贸易业务日益发展，已成为一种趋势，其主要原因如下。

（1）经过改革开放多年来的经济发展，我国总体经济实力增强，国际贸易规模已位居世界前列。我国国际贸易总量的扩大和产品价格的优势，对世界各国市场的占有率不断提高，引起很多国家接连出台贸易保护政策，贸易摩擦与纠纷也不断增加，一些发达国家对我国的反倾销、反补贴立案调查案件更是大幅增加。国际贸易环境不断恶化，使我国出口贸易增长面临困难。开展境外投资和加工贸易，有利于企业绕开贸易壁垒，不仅可以带动相关设备、技术和原材料的出口，而且可以打开东道国和第三国市场，缓解贸易不平衡的矛盾，避免贸易摩擦和纠纷。特别是一些有配额数量限制和原产地政策限制的出口商品，企业通过在当地投资，发展加工贸易，可以规避这些贸易保护限制。

（2）随着近年来国内经济的发展和人民生活水平的提高，在沿海等经济开放地区劳动力成本已经大幅提高，很多地区甚至出现用工荒，劳动力价格低廉的优势不断丧失。内陆地区的劳动力价格虽然比沿海地区相对便宜，但这些地区普遍存在基础设施配套落后、交通不便等问题。我国以劳动密集型产品出口为主的企业需要寻找生产要素更低廉的地区来增加自己产品的竞争力。因此，在劳动力低廉的国家投资设厂，通过加工贸易生产产品，进入国际市场，是企业发展的内在要求和必然趋势。

（3）我国一些传统的劳动密集型产业具有比较优势，技术和生产工艺相对成熟，向一些生产技术相对落后但自然资源丰富、劳动力低廉的国家转移，具有成熟的条件。每个国家在国际分工中的地位是随着自身经济发展而变化的。我国经济的发展必然会使一些低端的产业外移。这种做法有利于我国产业结构的调整和产业水平的提高,从而增强国际竞争力。

我国为了鼓励企业对外投资和发展境外加工贸易,也制定了一系列措施,主要包括资金支持、外汇管理、出口退税、金融服务和政策性保险等鼓励政策。相信随着我国经济的快速发展,企业境外加工贸易业务会越来越成熟。

二、开展境外加工贸易需注意的问题

(1) 企业需要国际经营的人才配备。在境外开展加工贸易业务,远比在国内开展国际贸易业务复杂得多。企业应该培养一批有国际视野和国际经营经验的人才。这些人不仅要有企业所投资经营的产品的专业知识和技术,还需要具备国际经贸知识、外语能力和国际营销经验。

(2) 企业必须了解投资市场和营销市场情况。企业要在当地从事加工贸易,必须认真调研,了解相关信息,特别是与投资和贸易有关的税收、法规、基础设施等的情况,在广泛深入调研当地情况的基础上,认真研究和分析,降低经营风险。

(3) 国家和行业组织应该制定具体措施,指导和帮助企业开展境外业务。国家和行业组织应该切实关注国际形势的变化和各国政策,指导和帮助企业制定最佳的投资方案。避免国内企业一窝蜂投资同一产品、同一市场,自相竞争。对一些国家政策的可能变化要提前预警,对出现的问题和纠纷要给予指导和帮助。

本章应知应会术语

1. processing trade　加工贸易
2. processing with customer's materials　来料加工
3. processing with imported materials　进料加工
4. assembling with supplied parts　来件装配
5. processing trade in foreign countries　境外加工贸易
6. original equipment manufacturing, OEM　定牌生产(贴牌生产或代工生产)
7. original design manufacturing, ODM　设计代工(原厂委托设计)

思考题

1. 加工贸易的含义和基本形式有哪些?
2. 来料加工的含义是什么?它与一般进出口贸易有何不同?
3. 来料加工业务的具体做法有哪些?
4. 企业在签订来料加工合同时应商定哪些主要内容?

5．来料加工的工缴费的支付方式可分为哪两种？
6．来料加工贸易的办理程序有哪些？
7．进料加工的含义是什么？它与来料加工有何不同？
8．进料加工贸易的做法有哪些？各有什么利弊？
9．我国开展进料加工业务的意义有哪些？
10．加工贸易与 OEM、ODM 方式有何不同？
11．境外加工贸易的含义是什么？为什么说其发展具有必要性？
12．企业在开展境外加工贸易时需注意哪些问题？

参考文献

[1] 黎孝先. 国际贸易实务:第7版[M]. 北京:对外经济贸易大学出版社,2020.
[2] 吴百福,徐晓薇. 进出口贸易实务教程:第8版[M]. 上海:上海人民出版社,2020.
[3] 莫莎. 国际贸易实务[M]. 大连:东北财经大学出版社,2008.
[4] 冷柏军. 国际贸易实务[M]. 北京:中国人民大学出版社,2012.
[5] 国际商会中国国家委员会. 国际贸易术语解释通则2010[M]. 北京:中国民主法治出版社,2011.
[6] 田运银. 国际贸易实务精讲:第5版[M]. 北京:中国海关出版社,2012.
[7] 陈岩. 国际贸易实务[M]. 北京:清华大学出版社,2008.
[8] 黄海东,孙玉红. 国际货物运输保险[M]. 北京:清华大学出版社,2012.
[9] 吴富定. 保险原理与实务[M]. 北京:中国财政经济出版社,2010.
[10] 郭建军. 国际货物贸易实务教程[M]. 北京:科学出版社,2005.
[11] 韩玉军. 国际贸易实务[M]. 北京:中国人民大学出版社,2007.
[12] 李昭华,潘晓春. 国际贸易实务:第2版[M]. 北京:北京大学出版社,2012.
[13] 鲁丹萍. 国际贸易实务[M]. 上海:上海交通大学出版社,2011.
[14] 项义军. 国际货物贸易操作实务[M]. 北京:科学出版社,2012.
[15] 林孝成. 国际结算实务[M]. 北京:高等教育出版社,2008.
[16] 梁琦. 国际结算[M]. 北京:高等教育出版社,2009.
[17] 祝卫,程洁,谈英. 出口贸易模拟操作教程:第3版[M]. 上海:上海人民出版社,2008.
[18] 张兵. 进出口报关实务[M]. 北京:清华大学出版社,2010.
[19] 黄锡光,吴宝康. 国际贸易实务(双语)[M]. 上海:复旦大学出版社,2007.
[20] 孟祥年. 国际贸易实务操作教程[M]. 北京:对外经济贸易大学出版社,2005.

附录

出口业务全套单据范例

附录1 销售确认书

SALES CONFIRMATION

To Messrs: SIMPSON TOY CO., LTD. S/C No.: HX-SIM-SC0330
158 EAST 43RD STREET, SUITE 1052, NEW YORK,   Date: MARCH 30, 2020
NY 10017, U.S.A.

We hereby confirm having sold to you the following goods on terms and conditions as specified below:

Art. No.	Name of Commodity & Specifications	Quantity	Unit Price	Amount
	RADIO CONTROL CARS		CIF NEW YORK	
18812	1:24 R/C RACE CAR	1 296 PCS	US$ 17.10	US$ 22 161.60
18814	1:24 R/C SPORTS CAR	1 296 PCS	US$ 17.10	US$ 22 161.60
18817	1:18 R/C SEDAN	1 224 PCS	US$ 18.60	US$ 22 766.40
18819	1:18 R/C MONSTER TRUCK	1 224 PCS	US$ 18.60	US$ 22 766.40
			Total:	US$ 89 856.00

Total Amount in Words: SAY US DOLLARS EIGHTY NINE THOUSAND EIGHT HUNDRED AND FIFTY SIX ONLY

Packing: 18812/18814: 1 PC/BOX, 18 PCS/CARTON, 72 CARTONS FOR EACH ART. NO.
　　　　18817/18819: 1 PC/BOX, 12 PCS/CARTON, 102 CARTONS FOR EACH ART. NO.
　　　　18812 AND 18814 TO BE LOADED IN ONE CONTAINER
　　　　18817 AND 18819 TO BE LOADED IN ANOTHER CONTAINER
　　　　TOTAL 348 CARTONS IN TWO 20' CONTAINERS.

Shipment: FROM XIAMEN, CHINA TO NEW YORK, U.S.A. ON OR BEFORE MAY 31, 2010
　　　　WITH PARTIAL SHIPMENTS AND TRANSSHIPMENT ALLOWED.

Payment: THE BUYER SHOULD OPEN THROUGH A BANK ACCEPTABLE TO THE SELLER AN IRREVOCABLE
　　　　LETTER OF CREDIT PAYABLE AT SIGHT FOR 100% OF THE CONTRACT VALUE
　　　　TO REACH THE SELLER BY APRIL 15 AND REMAIN VALID FOR NEGOTIATION IN

CHINA TILL THE 15th DAY AFTER THE DATE OF SHIPMENT.

Insurance: TO BE COVERED BY THE SELLER FOR 110% OF THE CIF VALUE AGAINST ALL RISKS AND WAR RISKS AS PER THE OCEAN MARINE CARGO CLAUSES OF PICC DATED 1/1/1981.

Confirmed by:

THE SELLER	THE BUYER
XIAMEN HUAXIN TRADING CO., LTD.	SIMPSON TOY CO., LTD.
吴奇恩	
(signature)	(signature)

厦门华新贸易有限公司　地址:中国厦门湖滨南路398号宏达大厦18楼　邮编:361001
XIAMEN HUAXIN TRADING CO.,LTD. 18TH FL.,HONGDA BLDG,NO.398
SOUTH HUBIN ROAD,XIAMEN 361001, CHINA
电话/Tel: 86-592-5042589 传真/Fax.: 86-592-5042588 www.HUAXIN.xm.cn

REMARKS:

1. The buyer shall have the covering letter of credit reach the Seller 45 days before shipment, failing which the Seller reserves the right to rescind without further notice, or to regard as still valid whole or any part of this contract not fulfilled by the Buyer, or to lodge a claim for losses thus sustained, if any.

2. In case of any discrepancy in quality/quantity, claim should be filed by the Buyer within 45 days after the arrival of the goods at port of destination; while for quantity discrepancy, claim should be filed by the Buyer within 15 days after the arrival of the goods at port of destination.

3. For transactions concluded on C.I.F. basis, it is understood that the insurance amount will be for 110% of the invoice value against the risks specified in the Sales Confirmation. If additional insurance amount or coverage required, the Buyer must have the consent of the seller before shipment, and the additional premium is to be borne by the Buyer.

4. The Seller shall not hold liable for non-delivery or delay in delivery of the entire lot or a portion of the goods hereunder by reason of natural disasters, war or other causes of Force Majeure. However, the Seller shall notify the Buyer as soon as possible and furnish the Buyer within 15 days by registered airmail with a certificate issued by the China Council for the Promotion of International Trade attesting such event(s).

5. All disputes arising out of the performance of, or relating to this contract, shall be settled through negotiation. In case no settlement can be reached through negotiation, the case shall then be submitted to the China International Economic and Trade Arbitration Commission for arbitration in accordance with its arbitral rules. The arbitration shall take place in XIAMEN. The arbitral award is final and binding upon both parties.

6. The Buyer is requested to sign and return one copy of this contract immediately after receipt of the same. Objection, if any, should be raised by the Buyer within 3 working days, otherwise it is understood that the Buyer has accepted the terms and conditions of this contract.

7. Special conditions: (These shall prevail over all printed terms in case of any conflict.)

附录2 信用证

```
2020 APR11 02:29:18                                        LOGICAL TERMINAL PI05
MT S700                                                            PAGE 00001
                       ISSUE OF A DOCUMENTARY CREDIT               FUNC SWPR3
                                                                   UMR 14635414
MSGACK DWS765I AUTH OK, KEY B6852DT5E5896814, BKCHCNBJ BOFAUS3N RECORD
BASIC HEADER           F    01   BKCHCNBJA300         2514       96851
APPLICATION HEADER     O    700  6814 BOFAUS3N 6323 938214 3268 560805 2514   N
                                      *  BANK OF AMERICA
                                      *  100 WEST 33RD STREET
                                      *  NEW YORK, NY 10001
USER HEADER            SERVICE CODE       103:
                       BANK. PRIORITY     113:
                       MSG USER REF.      108:
                       INFO. FROM CI      115:
SEQUENCE OF TOTAL      *27:  1/1
FORM OF DOC. CREDIT    *40A: IRREVOCABLE
APPLICABLE RULES       40E:  UCP600
DOC. CREDIT NUMBER     *20:  834LC43690341
DATE OF ISSUE          31C:  20 0410
EXPIRY                 *31D: DATE 20 0615PLACE NEGOTIATING BANK'S COUNTER
APPLICANT              *50:  SIMPSON TOY CO., LTD.
                             158 EAST 43RD STREET, SUITE 1052, NEW YORK,
                             NY 10017, U.S.A.
BENEFICIARY            *59:  XIAMEN HUAXIN TRADING CO., LTD.
                             18TH FL., HONGDA BLDG, NO. 398 SOUTH HUBIN ROAD,
                             XIAMEN 361001, CHINA
AMOUNT                 *32B: CURRENCY USD AMOUNT 89 826.00
MAX. CREDIT AMOUNT     39B:  NOT EXCEEDING
AVAILABLE WITH/BY      *41A: ANY BANK IN U.S.A.
                             BY NEGOTIATION
DRAFT AT               42C:  AT 30 DAYS AFTER SIGHT FOR FULL INVOICE VALUE
DRAWEE                 42A:  BANK OF AMERICA
                             100 WEST 33RD STREET
                             NEW YORK, NY 10001
PARTIAL SHIPMENTS      43P:  ALLOWED
TRANSSHIPMENT          43T:  ALLOWED
LOADING IN CHARGE      44E:  XIAMEN
FOR TRANSPORT TO...    44F:  NEW YORK
LATEST DATE OF SHIP.   44C:  20 0531
DESCRIPT. OF GOODS     45A:
```

                5040 PCS OF RADIO CONTROL CARS
                AS PER CONTRACT NO. HX-SIM-SC0330
                SHIPPING TERMS: CIF NEW YORK
                SHIPPING MARKS: SIMPSON TOY/HX-SIM-SC0330/NEW YORK/C. NO. 1-UP
DOCUMENTS REQUIRED   46A:
                1. SIGNED COMMERCIAL INVOICE IN TRIPLICATE SHOWING VALUE IN U. S.
                DOLLARS AND INDICATE FOB VALUE, FREIGHT AND INSURANCE PREMIUM
                SEPERATELY.
                2. SIGNED PACKING LIST IN TRIPLICATE INDICATING DIMENSIONS, GROSS WEIGHT AND NET WEIGHT OF EACH CARTON.
                3. CERTIFICATE OF ORIGIN ISSUED AND SIGNED BY CHAMBER OF COMMERCE IN 1 ORIGINAL AND 2 COPIES.
                4. FULL SET OF 3/3 ORIGINAL CLEAN ON BOARD BILLS OF LADING PLUS 3 NONNEGOTIABLE COPIES CONSIGNED TO APPLICANT MARKED 'FREIGHT PREPAID' AND NOTIFY APPLICANT WITH FULL NAME AND ADDRESS.
                5. INSURANCE POLICY OR CERTIFICATE IN DUPLICATE, ENDORSED IN BLANK FOR 120 PCT OF THE INVOICE VALUE, STIPULATING THAT CLAIMS ARE PAYABLE IN THE CURRENCY OF THE DRAFT AND ALSO INDICATING A CLAIM SETTLING AGENT IN USA, INSURANCE MUST INCLUDE: ALL RISKS AND WAR RISKS AS PER THE RELEVANT OCEAN MARINE CARGO CLAUSES OF PICC DATED 1/1/1981.
DETAILS OF CHARGES   71B: ALL BANKING CHARGES AND COMMISSIONS OUTSIDE OUR BANK
                             ARE FOR THE BENEFICIARY'S ACCOUNT.
PRESENTATION PERIOD   48: DOCUMENTS ARE TO BE PRESENTED WITHIN 5 DAYS AFTER
                             SHIPMENT DATE BUT ALWAYS WITHIN LC VALIDITY
CONFIRMATION   *49: WITHOUT
ADDITIONAL COND.   47B:
                1. DRAFT SHOULD BEAR A CLAUSE 'DRAWN UNDER BANK OF AMERICA LC NO. 834LC43690341 DATED 2020 0410.'
                2. WE SHALL MAKE PAYMENT ONLY AFTER THE GOODS HAVE PASSED THE INSPECTON AT THE PORT OF DESTINATION.
                3. BENEFICIARY SHALL FAX TO APPLICANT (FAX NR. 212 986-0333) WITHIN TWO WORKING DAYS AFTER SHIPMENT INDICATING:
                    + DESCRIPTION OF GOODS, QUANTITY AND VALUE OF THE GOODS
                    + DATE OF SHIPMENT
                    + PORT OF LOADING AND PORT OF DISCHARGING
                    + VESSEL'S NAME AND VOYAGE NO.
                    + B/L NUMBER
                BENEFICIARY'S CERTIFICATE TO THIS EFFECT IS REQUIRED.
                4. ALL DOCUMENTS MUST BEAR OUR NAME AND LC NO.
INSTRUCTIONS TO THE PAYING/ACCEPTING/NEGOTIATING BANK   78:
                T. T. REIMBURSEMENT IS NOT ACCEPTABLE.
                IN REIMBURSEMENT, NEGOTIATING BANK MUST DISPATCH ALL DOCUMENTS BY REGISTERED AIRMAIL OR AIR COURIER TO US IN ONE LOT.
                A DISCREPANCY FEE OF USD 110.00 WILL BE DEDUCTED FROM THE PROCEEDS IF DOCUMENTS ARE PRESENTED WITH DISCREPANCY (IES) AND ACCEPTANCE OF SUCH DISCREPANT DOCUMENTS WILL NOT IN ANY WAY ALTER THE TERMS AND CONDITIONS OF THIS CREDIT.

附录3 信用证修改电稿

```
2020 ARP16 5:50:07                                    LOGICAL TERMINAL PI05
MT S707          AMENDMENT TO A DOCUMENTARY CREDIT         PAGE 00001
                                                           FUNC SWPR3
                                                           UMR 19255629
MSGACK DWS765I AUTH OK, KEY B8375DT8G4802853, BKCHCNBJ BOFAUS3N RECORD
BASIC HEADER          F  01  BKCHCNBJA300 2514 96851
APPLICATION HEADER    O  700 6814 BOFAUS3N 6323 938214 3268 560805 2514    N
                             *BANK OF AMERICA
                             *100 WEST 33RD STREET
                             *NEW YORK, NY 10001
USER HEADER           SERVICE CODE       103:
                      BANK. PRIORITY     113:
                      MSG USER REF.      108:
                      INFO. FROM CI      115:
SENDER'S REFERENCE              *20: 834LC43690341
RECEIVER'S REFERENCE            *21: NONREF
NUMBER OF AMENDMENT             26E: 1
DATE OF AMENDMENT               30: 20 0415
DATE OF ISSUE                   31C: 20 0410
BENEFICIARY                     *59: XIAMEN HUAXIN TRADING CO.,LTD.
                                     18TH FL., HONGDA BLDG, NO. 398 SOUTH HUBIN ROAD,
                                     XIAMEN 361001, CHINA
INCREASE OF DOC CREDIT AMOUNT           *32B: USD 30.00
NEW DOCUMENTARY
CREDIT AMOUNT AFTER AMENDMENT           *34B: USD 89 856.00
NARRATIVE                       79:
++   UNDER FIELD   *41A
     AMEND "ANY BANK IN USA" TO "ANY BANK IN CHINA"
++   UNDER FIELD   *42C
     AMEND TO READ: AT SIGHT FOR FULL INVOICE VALUE
++   UNDER FIELD   46A
     AMEND "FULL SET OF 3/3 ORIGINAL CLEAN ON BOARD BILLS OF LADING ... CONSIGNED
     TO APPLICANT ... " TO "... CONSIGNED TO ORDER OF SHIPPER AND BLANK ENDORSED ..."
++   UNDER FIELD 46A
     AMEND "INSURANCE POLICY OR CERTIFICATE... FOR 120 PCT OF THE INVOICE VALUE ..."
     TO "...FOR 110 PCT OF THE INVOICE VALUE ..."
++   UNDER FIELD 48
     AMEMD TO READ: DOCUMENTS ARE TO BE PRESENTED WITHIN 15 DAYS AFTER
     SHIPMENT DATE BUT ALWAYS WITHIN LC VALIDITY
++   UNDER FIELD 47B
     DELETE THE CLAUSE "WE SHALL MAKE PAYMENT ONLY AFTER THE GOODS HAVE PASSED
     THE INSPECTION AT THE PORT OF DESTINATION."
ALL OTHER TERMS AND CONDITIONS REMAIN UNCHANGED
SEND. TO REC. INFO.   72 : /PHONBEN/
```

附录4 汇　　票

BILL OF EXCHANGE

No. HX-SIM-INV0516

For US$ 89,856.00　　　　　　　　　　　　　　XIAMEN JUN. 2, 2020

(amount in figure)　　　　　　　　　　　　　(place and date of issue)

At　****　sight of this　FIRST　Bill of exchange (SECOND being unpaid)

pay to the Order of　BANK OF CHINA, XIAMEN BRANCH

the Sum of　SAY U.S. DOLLARS EIGHTY NINE THOUSAND EIGHT HUNDRED AND FIFTY SIX ONLY

(amount in words)

Value received for　5040PCS　of　RADIO CONTROL CARS

(quantity)　　　　　(name of commodity)

Drawn under　BANK OF AMERICA

L/C No.　834LC43690341　　　　Dated　APR. 10 2020

To:　BANK OF AMERICA　　　　　For and on behalf of

　　100 WEST 33RD STREET　　　XIAMEN HUAXIN TRADING CO., LTD.

　　NEW YORK, NY 10001

　　　　　　　　　　　　　　　　　　(Authorized Signature)

附录 5 发 票

COMMERCIAL INVOICE

TO: SIMPSON TOY CO., LTD.
158 EAST 43RD STREET, SUITE 1052, NEW YORK
NY 10017, U.S.A.

INV. NO.: HX-SIM-INV0516
INV. DATE: MAY 16, 2020
S/C NO.: HX-SIM-SC0330

FROM: XIAMEN   TO: "NEW YORK   SHIPPED BY: _____

MARKS & NOS.	DESCRIPTION OF GOODS	QUANTITY	UNIT PRICE	AMOUNT
	5040PCS OF RADIO CONTROL CARS AS PER CONTRACT NO. HX-SIM-SC0330		SHIPPING TERMS:	CIF NEW YORK
SIMPSON TOY	18812 1:24 R/C RACE CAR	1 296 PCS	US $17.10	US $22 161.60
HX-SIM-SC0330	18814 1:24 R/C SPORTS CAR	1 296 PCS	US $17.10	US $22 161.60
NEW YORK	18817 1:18 R/C SEDAN	1 224 PCS	US $18.60	US $22 766.40
C. NO. 1-348	18819 1:18 R/C MONSTER TRUCK	1 224 PCS	US $18.60	US $22 766.40
		5 040 PCS		US $89 856.00

TOTAL AMOUNT IN WORDS: SAY U.S. DOLLARS EIGHTY NINE THOUSAND EIGHT HUNDRED AND FIFTY SIX ONLY
TOTAL G.W. /TOTAL N.W.: 3 922.800 KGS / 3 338.400 KGS
TOTAL PACKAGES: 348 CTNS

FOB VALUE: US $83 460.63   L/C ISSUING BANK: BANK OF AMERICA
FREIGHT: US $6 000.00   L/C NO.: 834LC43690341
INSURANCE PREMIUM: US $395.37

厦门华新贸易有限公司
XIAMEN HUAXIN TRADING CO., LTD.

(STGNATURE)

厦门华新贸易有限公司 地址：中国厦门湖滨南路 398 号宏达大厦 18 楼 邮编：361001
XIAMEN HUAXIN TRADING CO., LTD. 18TH FL., HONGDA BLDG, NO. 398 SOUTH HUBIN ROAD, XIAMEN 361001, CHINA
电话/Tel：86-592-5042589 传真/Fax.：86-592-5042588 www.HUAXIN.xm.cn

附录6 装 箱 单

PACKING LIST

TO： SIMPSON TOY CO. , LTD. 　　　　　　　　　　　　　INV. NO. ： HX-SIM-INV0516
　　　158 EAST 43RD STREET, SUITE 1052,NEW YORK,　　DATE： MAY 16,2020
　　　NY 10017,U.S.A.

FROM： XIAMEN　　　　TO： NEW YORK　　　　SHIPPED BY： XIN QING DAO/0095

C/NO.	DESCRIPTION OF GOODS	PKG.	QTY	G.W.	N.W.	MEAS.
	RADIO CONTROL CARS					
1-72	18812	72CTNS	1 296 PCS	972.000 KGS	792.000 KGS	12.468 CBM
73-144	18814	72CTNS	1 296 PCS	972.000 KGS	792.000 KGS	12.468 CBM
145-246	18817	102CTNS	1 224 PCS	989.400 KGS	877.200 KGS	12.481 CBM
247-348	18819	102CTNS	1 224 PCS	989.400 KGS	877.200 KGS	12.481 CBM
	TOTAL:	348CTNS	5 040 PCS	3 922.800 KGS	3 338.400 KGS	49.898 CBM

TOTAL PACKAGES IN WORDS：SAY THREE HUNERED AND FORTY EIGHT CARTONS ONLY

MARKS & NOS.　　SIMPSON TOY　　　　　L/C ISSUING BANK：BANK OF AMERICA
　　　　　　　　　HX-SIM-SC0330　　　　　L/C NO.：834LC43690341
　　　　　　　　　NEW YORK
　　　　　　　　　C. NO. 1 - 348

	DIMENSIONS	GROSS WEIGHT	NET WEIGHT	OF EACH CARTON
18812	78×30×74cm	13.5 KGS	11 KGS	
18814	78×30×74cm	13.5 KGS	11 KGS	
18817	61×59×34cm	9.7 KGS	8.6 KGS	
18819	61×59×34cm	9.7 KGS	8.6 KGS	

　　　　　　　　　　　　　　　　　　　　　　　厦门华新贸易有限公司
　　　　　　　　　　　　　　　　　　　　　XIAMEN HUAXIN TRADING CO. ,LTD.
　　　　　　　　　　　　　　　　　　　　　　　　　吴奇恩
　　　　　　　　　　　　　　　　　　　　　　　　(SIGNATURE)

厦门华新贸易有限公司 地址：中国厦门湖滨南路398号宏达大厦18楼 邮编：361001
XIAMEN HUAXIN TRADING CO. ,LTD. 18TH FL. ,HONGDA BLDG,NO. 398
SOUTH HUBIN ROAD,XIAMEN 361001, CHINA
电话/Tel：86-592-5042589 传真/Fax. ：86-592-5042588 www.HUAXIN.xm.cn

附录7 原产地证

ORIGINAL

1. Exporter XIAMEN HUAXIN TRADING CO., LTD. 18TH FL., HONGDA BLDG, NO. 398 SOUTH HUBIN ROAD, XIAMEN 361001, CHINA	Certificate No. C09/034856/M201 CERTIFICATE OF ORIGIN OF THE PEOPLE'S REPUBLIC OF CHINA		
2. Consignee SIMPSON TOY CO., LTD. 158 RAST 43RD STREET, SUTTE 1052, NEW YORK, NY 10017, U.S.A.			
3. Means of transport and route **FROM XIAMEN TO NEW YORK** **BY SEA**	5. For certifying authority use only		
4. Country/region of destination **U.S.A.**			
6. Marks and numbers	7. Number and kind of packages; description of goods	8. H.S. Code	9. Quantity	10. Number and date of invoices

6. Marks and numbers	7. Number and kind of packages; description of goods	8. H.S. Code	9. Quantity	10. Number and date of invoices
SIMPSON TOY **HX-SIM-INV0516** **HX-SIM-SC0330** **C. NO. 1-348**	348 (THREE HUNDRED AND FORTY EIGHT) CARTONS OF RADIO CONTROL CARS ************************** L/C ISSUING BANK: BANK OF AMERICA I/C NO.:834LC43690341	9503008200	5 040PCS	HX-SIM-INV0516 MAY 16, 2020

11. Declaration by the exporter The undersigned hereby declares that the above details and statements are correct; that all the goods were produced in China and that they comply with the Rules of Origin of the People's Republic of China. XIAMEN MAY 23 2020 吴奇恩 Place and date, signature and stamp of authorized signatory	12. Certification It is hereby certified that the declaration by the exporter is correct. XIAMEN MAY 26 2020 张强 Place and date, signature and stamp of certifying authority

附录8 提　　单

BILL OF LADING

1) SHIPPER XIAMEN HUAXIN TRADING CO., LTD. 18TH FL., HONGDA BLDG, NO. 398 SOUTH HUBIN ROAD, XIAMEN 361001, CHINA		10) B/L NO. SHANYK285201 CARRIER **COSCO** 中国远洋运输(集团)总公司 **CHINA OCEAN SHIPPING (GROUP) CO.** ORIGINAL Port-to-Port or Combined Transport BILL OF LADING		
2) CONSIGNEE TO ORDER OF SHIPPER				
3) NOTIFY PARTY SIMPSON TOY CO., LTD 158 EAST 43RD STREET, SUITE 1052, NEW YORK, NY 10017, U.S.A.				
4) PRE-CARRIAGE BY	5) PLACE OF RECEIPT			
6) OCEAN VESSEL VOY. NO. XIN QING DAO/0095	7) PORT OF LOADING XIAMEN			
8) PORT OF DISCHARGE NEW YORK	9) PLACE OF DELIVERY			
11) MARKS	12) NOS. & KINDS OF PKGS.	13) DESCRIPTION OF GOODS	14) G.W. (kg)	15) MEAS (m3)
SIMPSON TOY HX-SIM-SC0330 NEW YORK C. NO. 1 - 348 CCLU2937567/ 8375321 CCLU2937568/ 8375322	348CTNS	RADIO CONTROL CARS FREIGHT PREPAID CY TO CY L/C ISSUING BANK: BANK OF AMERICA L/C NO.: 834LC43690341	3 922.80KGS	49.898CBM
16) TOTAL NUMBER OF CONTAINERS OR PACKAGES (IN WORDS)		SAY TWO TWENTY FEET CONTAINERS ONLY		
FREIGHT & CHARGES	REVENUE TONS	RATE	PER	PREPAID	COLLECT
PREPAID AT TOTAL PREPAID	PAYABLE AT	17) PLACE AND DATE OF ISSUE XIAMEN MAY 28, 2020		
	18) NUMBER OF ORIGINAL B(S)L THREE	21) 中国外轮代理公司厦门分公司 CHIINA OCEAN SHIPPING AGENCY, XIAMEN BRANCH FOR THE CARRIER NAMED ABOVE		
LOADING ON BOARD THE VESSEL				
19) DATE MAY 28, 2020	20) BY			

附录9 保 险 单

中国人民保险公司
THE PEOPLE'S INSURANCE COMPANY OF CHINA 总公司设于北京　　　一九四九年创立
　　　　　　　　　　Head office：BEIJING　　　　Established in 1949

保 险 单　　　　保险单号次
INSURANCE POLICY　　　POLICY NO. **PYIE200959602849582401**

中国人民保险公司(以下简称本公司)
THIS POLICY OF INSURANCE WITNESSES THAT THE PEOPLE'S INSURANCE COMPANY OF CHINA (HEREINAFTER CALLED "THE COMPANY")

根据
AT THE REQUEST OF　**XIAMEN HUAXIN TRADING CO., LTD.**
(以下简称被保险人)的要求,由被保险人向本公司缴付约
(HEREINAFTER CALLED " THE INSURED ")AND IN CONSIDERATION OF THE AGREED PREMIUM PAID TO THE COMPANY BY THE
定的保险,按照本保险单承保险别和背面所载条款下列
INSURED UNDERTAKES TO INSURE THE UNDERMENTIONED GOODS IN TRANSPORTATION SUBJECT TO THE CONDITIONS OF THIS POLICY
特款承保下述货物运输保险,特立本保险单
AS PER THE CLAUSES PRINTED OVERLEAF AND OTHER SPECIAL CLAUSES ATTACHED HEREON

标记 MARKS § NOS	包装及数量 QUANTITY	保险货物项目 DESCRIPTION OF GOODS	保险金额 AMOUNT INSURED
SIMPSON TOY HX-SIM-SC0330 NEW YORK C. NO. 1 - 348"	348 CTNS	RADIO CONTROL CARS L/C ISSUING BANK：BANK OF AMERICA L/C NO.：834LC43690341	US $ 98 842.00

总保险金额：
TOTAL AMOUNT INSURED：**SAY U.S. DOLLARS NINETY EIGHT THOUSAND EIGHT HUNDRED AND FORTY TWO ONLY**

保费　　　　　费率　　　　　　装载运输工具
PREMIUM **AS ARRANGED**　RATE **AS ARRANGED**　PER CONVEYANCE SS. **XIN QING DAO/0095**

开航日期　　　　　　　　自　　　　　　　　至
SLG. ON OR ABT. **AS PER BILL OF LADING**　FROM **XIAMEN, CHINA**　TO **NEW YORK, U.S.A.**

承保险别：
CONDITIONS
　　　ALL RISKS AND WAR RISKS
　　　AS PER THE RELEVANT OCEAN MARINE CARGO
　　　CLAUSES OF PICC DATED 01/01/1981.

所保货物,如遇出险,本公司凭本保险单及其他有关证件给付赔款。
CLAIMS, IF ANY, PAYABLE ON SURRENDER OF THIS POLICY TOGETHER WITH OTHER RELEVANT DOCUMENTS

所保货物,如发生本保险单项下负责赔偿的损失或事故,
IN THE EVENT OF ACCIDENT WHEREBY LOSS OR DAMAGE MAY RESULT IN A CLAIM UNDER THIS POLICY IMMEDIATE NOTICE 应立即通知本公司下述代理人查勘。
APPLYING FOR SURVEY MUST BE GIVEN TO THE COMPANY'S AGENT AS MENTIONED HEREUNDER:

赔款偿付地点
CLAIM PAYABLE AT/IN   U.S.A. IN USD

出单日期
DATE   May 25th, 2020

地址:中国厦门市湖滨北路68号 TEL:0592-5316228
Address: 68 North Hubin Road Xiamen, China.

中国人民保险公司厦门分公司
THE PEOPLE'S INSURANCE CO. OF CHINA
XIAMEN BRANCH

General Manager

附录10 报 检 单

中华人民共和国出入境检验检疫
出境货物报检单

报检单位(加盖公章)： 厦门华新贸易有限公司　　　　　　　　　　　*编　号_____

报检单位登记号： 3100916301　联系人：黄萍　电话：0592-5042589　报检日期：2020 年 05 月 18 日

发货人	(中文)	厦门华新贸易有限公司					
	(外文)	XIAMEN HUAXIN TRADING CO., LTD.					
收货人	(中文)	***					
	(外文)	SIMPSON TOY CO., LTD					
货物名称(中/外文)		H.S.编码	产地	数/重量	货物总值	包装种类及数量	
遥控车		9503008200	厦门市	5 040 辆	89 856.00 美元	348 纸箱	

运输工具名称号码	船舶	贸易方式	一般贸易	货物存放地点	***
合同号	HX-SIM-SC0330	信用证号	834LC43690341	用途	***
发货日期	***	输往国家(地区)	美国	许可证/审批号	***
启运地	厦门	到达口岸	纽约	生产单位注册号	***
集装箱规格、数量及号码		海运20尺普通箱2个			

合同、信用证订立的检验检疫条款或特殊要求	标记及号码	随附单据(划"√"或补填)	
***	SIMPSON TOY HX-SIM-SC0330 NEW YORK C. NO. 1 -348	☐ 合同 ☐ 信用证 √ 发票 ☐ 换证凭证 √ 装箱单 ☐ 厂检单	☐ 包装性能结果单 ☐ 许可/审批文件

需要证单名称(划"√"或补填)		*检验检疫费	
☐ 品质证书　__正__副 ☐ 重量证书　__正__副 ☐ 数量证书　__正__副 ☐ 兽医卫生证书 __正__副 ☐ 健康证书　__正__副 ☐ 卫生证书　__正__副 ☐ 动物卫生证书 __正__副	☐ 植物检疫证书　__正__副 ☐ 熏蒸/消毒证书　__正__副 ☐ 出境货物换证凭单　__正__副 √ 出境货物通关单　1正2副	总金额 (人民币元)	
		计费人	
		收费人	

报检人郑重声明 1. 本人被授权报验 2. 上列填写内容正确属实，货物无伪造或冒用他人的厂名、标志、认证标志，并承担货物质量责任。 　　　　　　　签名： 黄萍	领取证单	
	日期	
	签名	

注：有"*"号栏由出入境检验检疫机关填写　　　　◆国家出入境检验检疫局制

附录11 报 关 单

中华人民共和国海关出口货物报关单

预录入编号： 51489214　　　　　　　　　　　　海关编号： 221820 100 5248 54301

出口口岸 厦门海关	备案号	出口日期	申报日期 2020-05-26
经营单位 厦门华新贸易有限公司	运输方式 江海运输	运输工具名称 XIN QING DAO/0095	提运单号 SHANYK285201
发货单位 厦门华新贸易有限公司	贸易方式 一般贸易	征免性质 一般征税	结汇方式 信用证
许可证号	运抵国（地区） 美国	指运港 纽约	境内货源地 厦门
批准文号 054983694	成交方式 CIF	运费 总价 6 000.00 美元	保费 总价 395.37 美元	杂费
合同协议号 HX-SIM-SC0330	件数 348	包装种类 纸箱	毛重（千克） 3 922.8	净重（千克） 3 338.4
集装箱号 CCLU2937567/20/2300 CCLU2937568/20/2300	随附单据 出境货物通关单：310294583969301		生产厂家
标记唛码及备注 SIMPSON TOY HX-SIM-SC0330 NEW YORK C. NO. 1 -348			

项号	商品编号	商品名称、规格型号	数量及单位	最终目的国（地区）	单价	总价	币制	征免
01	9503008200	遥控车 RADIO CONTROL CARS	5 040 套 3 338.4 千克	美国	17.828 6	89 856.00	USD	照章征税

税费征收情况

录入员	录入单位	兹声明以上申报无讹并承担法律责任	海关审单批注及放行日期(签章)	
报关员 　　　　3123562834892301 　　　　报关员　杨宏超			审单	审价
单位地址 厦门市湖滨南路398号宏达大厦18楼		申报单位(签章)	征税	统计
邮编 361001	电话 0592-5042589	填制日期 2020-05-26	查验	放行

教师服务

感谢您选用清华大学出版社的教材！为了更好地服务教学，我们为授课教师提供本书的教学辅助资源，以及本学科重点教材信息。请您扫码获取。

❯❯ 教辅获取

本书教辅资源，授课教师扫码获取

❯❯ 样书赠送

国际经济与贸易类重点教材，教师扫码获取样书

 清华大学出版社

E-mail: tupfuwu@163.com
电话：010-83470332 / 83470142
地址：北京市海淀区双清路学研大厦B座509
网址：http://www.tup.com.cn/
传真：8610-83470107
邮编：100084